Laura Morgenthaler García

Identidad y pluricentrismo lingüístico

Hablantes canarios frente a la estandarización

Lengua y Sociedad en el Mundo Hispánico
Language and Society in the Hispanic World

Editado por / *Edited by*
Julio Calvo Pérez (Universitat de València)
Luis Fernando Lara (El Colegio de México)
Matthias Perl (Universität Mainz)
Armin Schwegler (University of California, Irvine)
Klaus Zimmermann (Universität Bremen)

Vol. 19

Laura Morgenthaler García

Identidad y pluricentrismo lingüístico

Hablantes canarios frente a la estandarización

Vervuert · Iberoamericana · 2008

Bibliographic information published by Die Deutsche Nationalbibliothek
Die Deutsche Nationalbibliothek lists this publication in the Deutsche Nationalbibliografie;
detailed bibliographic data are available on the Internet at <http://dnb.ddb.de>.

Gedruckt mit Unterstützung des Förderungs- und Beihilfefonds Wissenschaft
der VG Wort.

© Iberoamericana, 2008
Amor de Dios, 1 – E-28014 Madrid
Tel.: +34 91 429 35 22
Fax: +34 91 429 53 97
info@iberoamericanalibros.com
www.ibero-americana.net

© Vervuert, 2008
Elisabethenstr. 3-9 – D-60594 Frankfurt am Main
Tel.: +49 69 597 46 17
Fax: +49 69 597 87 43
info@iberoamericanalibros.com
www.ibero-americana.net

ISBN 978-84-8489-298-4 (Iberoamericana)
ISBN 978-3-86527-320-8 (Vervuert)

Depósito Legal: SE-3418-2009

Diseño de la cubierta: Michael Ackermann
Fotografía de la portada: Alejandro de Ben Melgar
Impreso en España por Publidisa
The paper on which this book is printed meets the requirements of ISO 9706

ÍNDICE DE CONTENIDOS

ÍNDICE DE TRANSCRIPCIONES

ÍNDICE DE TABLAS

ÍNDICE DE FIGURAS

Un hombre viejo y sabio de las viñas le habló al oído a Marcela. Él le reveló su secreto: la uva, le susurró, está hecha de vino. Marcela Pérez Silva me lo contó, y yo pensé: si la uva está hecha de vino, quizá nosotros somos las palabras que cuentan lo que somos.

EDUARDO GALEANO

AGRADECIMIENTOS

Atravesar el desierto, las más de las veces solitario, que implica la realización de una investigación doctoral, no sería posible sin aquellas personas que nos dan agua en los tramos de más y menos sed. A continuación, quiero agradecer a todas y todos las/os que, de una manera u otra, me ayudaron a llegar al final de esta travesía.

En la universidad de Bremen quiero agradecer, en primer lugar, a mi *Doktorvater* el Prof. Dr. Klaus Zimmermann por haber apoyado desde el principio este trabajo, por la lectura atenta y detallada de los distintos capítulos y versiones de los mismos y por su crítica minuciosa, que, aunque no siempre fácil de digerir, me ayudó a ver con más claridad los errores de contenido, estructura y formulaciones incorrectas. Le agradezco también la existencia durante todos estos años del Coloquio de investigación "Problemas actuales de la Lingüística Iberoamericana", por la posibilidad de presentar y discutir en grupo aquellas partes más dificultosas de la investigación. Sin su ayuda, la realización de este trabajo no hubiera sido posible.

Agradezco también a mis compañeras de departamento Eva Gugenberger, Martina Schrader Kniffki, Ana Luengo, Bárbara Roviró y María José Pérez por haberme ofrecido su ayuda en distintos aspectos así como por su apoyo y amistad.

Al biólogo Dr. José A. Vélez, gracias por la ayuda en el formateo de las tablas, figuras y transcripciones por darme siempre su visión de cómo debe ser una tesis doctoral, desde el punto de vista de "nosotros los científicos", por su amistad y cariño.

Gracias a la Fundación Rosa Luxemburgo, por haber financiado esta investigación durante tres años, de abril de 2002 a abril de 2005. Especialmente, agradezco a las trabajadoras del *Studienwerk*, por la realización de distintos seminarios de formación y por su eficiencia en resolver cualquier problema surgido.

Gracias a la Fundación VG Wort por la financiación de esta publicación.

En Bremen, doy las gracias a todos los amigos que me han ayudado a sobrevivir el frío y la oscuridad de los inviernos con el calor de su amistad: Davut, Salim, Melek, Karina, Karen, Anna, José, Martin, Dierk... por todos lo buenos momentos, ¡gracias! Muy especialmente, agradezco a Davut Bilan, por haberme acompañado y dado ánimo del primer al último día, por su presencia incondicional, constante y generosa, por su optimismo natural. A Salim Rajeh, gracias por estar ahí sin muchas palabras, firme como un árbol robusto en el que apoyarse siempre. A su manera, son ellos quienes han posibilitado la realización de este trabajo. A ellos profeso mi mayor y más profundo agradecimiento y dedico este trabajo.

En Canarias quiero agradecer, en primer lugar, a todos aquellos y aquellas que se prestaron para la realización de las entrevistas y la grabación de las conversaciones naturales y a aquellas personas que me ayudaron a "encontrar" a las/los entrevistadas/os. Sería imposible nombrarlas aquí al completo, pero a todas ellas mi más profundo agradecimiento.

En la Universidad de La Laguna, agradezco al Catedrático Marcial Morera Pérez, por la lectura atenta del manuscrito, por proporcionarme diversos y valiosos materiales bibliográficos y por haber venido a Bremen para la defensa de la tesis.

Por la corrección atenta y cuidadosa del manuscrito, agradezco a varias personas, especialmente a Marian Méndez Herzog, Miguel Hernández y A. A.

Last but not least quiero agradecer profundamente:

A mi familia, muy especialmente a mis padres y a mi hermano Marco, por apoyarme en todo momento, por sus voces alentadoras al otro lado del teléfono.

A Miguel, por la corrección atenta, concienzuda y repetida del manuscrito, la escucha de las entrevistas, corrección de las transcripciones y lectura y corrección de la versión final. Por haber sido un incansable contertulio y por su enorme paciencia: gracias.

1. INTRODUCCIÓN

1.1. El español de Canarias: entre migraciones, periferia y folclorismo

Canarias, ese pequeño archipiélago superpoblado en la costa norteafricana del Atlántico, prueba de ensayo para la conquista de América, encrucijada entre tres continentes, territorio de destrucciones ecológicas y especulación inmobiliaria *ad infinitum*. Siete islas con su particular historia de dependencia, constituyen en el presente un escenario que cambia de decorado en función de los actores participantes. Para Europa, un paraíso fiscal de inversiones, una eterna primavera de playa y sol donde pasar los últimos años de la vida o algunas semanas de vacaciones. Para vecinos africanos arribados en pateras e inmigrantes latinoamericanos –de retorno y no– una puerta al primer mundo, a la esperanza de una vida mejor. Para el Estado español, una suerte de posesión de *ultra*mar –hoy *ultra*periferia–, un último y democratizado recuerdo de su pasado colonial. Para la población local un espacio cada vez más reducido. En fin, un verdadero enjambre donde se entrecruzan elementos muy dispares entre sí y que representan, por ello mismo, un interesantísimo y poco explorado objeto de estudio.

Cualquiera que conozca o se acerque a la realidad isleña actual y a los distintos discursos que se arbitran alrededor de ella –ya sean mediáticos, políticos o sociales– estará de acuerdo conmigo en afirmar que, entre los conceptos que más han sobresalido en los últimos años, está el de *identidad canaria*, superado recientemente por el de *inmigración*. Aunque claro está, con significaciones ostensiblemente distintas dependiendo de quiénes sean sus usuarios, parecen constituirse a partir de un denominador común: una visible y hasta virulenta preocupación cotidiana por dotarlos de significado y contenido.

Dentro del promovido paquete institucional de la "identidad canaria" y en los discursos arbitrados alrededor de esta categoría se encuentra –ocupando un lugar destacado– la variedad lingüística canaria. Esta ha servido de "símbolo identitario", es decir, se ha instrumentalizado como marca de cohesión despertando un alto poder de identificación grupal. No obstante, el folclorismo que ha acompa-

ñado y acompaña a esta reconstrucción institucional y mediática de la(s) varie-
dad(es) isleña(s), en vez de suponer una solución a las actitudes de inseguridad
lingüística de sus hablantes, se ha limitado a evocar un pasado rural, con la variedad diastrática propia del mismo, olvidando que la gran mayoría de la población
canaria es urbana y no habla de tal modo. El discurso acerca de "el canario" ha
servido aquí también de recurso político con, además, un claro tono de demagogia folclorista. Este trabajo pretende analizar dichos discursos desde un punto de
vista esencialmente crítico y contrastarlos con los discursos *ad hoc* de hablantes
canarios/as, con el fin de intentar aportar una visión más cercana a la realidad
actual del estatus del español en Canarias.

Resulta asimismo importante resaltar el hecho, hasta ahora totalmente omitido
por la lingüística canaria, de que tanto el turismo de masas, como los distintos
flujos inmigratorios, producen una serie de contactos sociolingüísticos de gran
interés. Como en toda situación de contacto, la lengua desempeña un papel fundamental. En Canarias, y debido a que los tipos de inmigración son polarmente
divergentes entre sí, las situaciones sociolingüísticas que estas conllevan también
lo son y, en mi opinión, solo pueden ser estudiadas con profundidad desde un
análisis individual de cada una de ellas. Aquí me centraré en la que, por razones
tanto de historia política como de inmigración actual, es una de las más relevantes: la inmigración interna procedente del resto del Estado español[1]. A pesar de
que uno de los temas de estudio centrales del trabajo son los flujos migratorios,
este no puede enmarcarse *strictu senso* en las premisas desarrolladas hasta ahora
por la nueva rama de la (socio)lingüística, *lingüística de la migración*[2] (Kluge
2005; Gugenberger 2003, 2004 a-b, 2005, 2006; Krefeld 2004; Zimmermann
2003). En estos estudios, se han analizado los procesos de acomodación (o no) de
los inmigrantes a la lengua o variedad de la población receptora y las consecuencias que esto posee en la construcción de su identidad como individuos o como
grupo. A diferencia de estos, se tratará aquí de analizar justo el caso opuesto. Es
decir, cómo influye la inmigración en la población receptora, en su construcción
de la identidad colectiva y en la valoración y uso de su variedad lingüística.

---

[1] A pesar de la llegada de inmigrantes africanos y de la explosión mediática que este tipo de
    inmigración provoca, este no es, ni mucho menos, el grupo más numeroso ni de más impor-
    tancia en el Archipiélago (ver punto 1.1.2). Tras la proliferación de la llegada de las así
    denominadas "pateras" o cayucos" en el año 2006, esta se ha visto reducida a la mitad en el
    mismo periodo de 2007 (ISTAC 2007). Desde una perspectiva lingüística, se puede apuntar
    que, al ser una inmigración tan reciente son aún muy difíciles de estudiar los procesos de
    contacto de lengua y las consecuencias del mismo, aunque en el futuro constituirá un campo
    de estudio interesantísimo para la lingüística de la migración.
[2] Un acercamiento amplio a las constelaciones de lengua y migración en el mundo hispánico
    en: Morgenthaler/Zimmermann 2007.

Antes es necesario hacer una aclaración inicial, válida para toda la investigación. En los objetos de estudio de este trabajo están los procesos de construcción de la identidad colectiva, tanto a nivel teórico como empírico. Por razones que serán explicadas en el capítulo 5, he preferido aquí la utilización de *identidad colectiva* a *identidad étnica*, a pesar de la ambigüedad que el primero pueda llevar consigo. Identidades colectivas puede haber muchas y de muy distintos tipos: de género, etaria, profesional, religiosa, política, del barrio, etc., y todas ellas pueden coexistir siempre y cuando no entren en conflicto entre sí[3]. En este sentido, se ha aducido, durante mucho tiempo, que la identidad étnica tiene una función aglutinadora: es "una identidad primaria que engloba al resto y que se sostiene por sí misma a lo largo del tiempo y del espacio" (Castells 1998: 29). No obstante, el proceso de globalización ha traído fragmentaciones y disyunciones en las identidades colectivas e individuales, y hablar de una identidad primaria aglutinadora se ha vuelto sumamente problemático. El término *identidad colectiva* permite en la actualidad una flexibilidad absolutamente necesaria, que el de *identidad étnica* ya no posee. Con todo, y a pesar de las dificultades que entraña hacer una definición a priori, es necesaria una primera acotación del término "colectiva". Primero quiero aclarar que *identidad* es entendida aquí como una construcción dinámica y siempre en proceso. En referencia a Canarias, *identidad colectiva* se entiende en un sentido étnico de la pertenencia a un *nosotros,* definido interactivamente por una fuente de sentido aglutinadora: el *ser canario/a* frente a otras formas de identificación como el *ser alemán, venezolano* o *saharaui.*

1.2. Dialecto, identidad y pluricentrismo

Desde las instituciones como la RAE, el Instituto Cervantes, las AALE y el mundo intelectual cercano a las mismas (apoyadas por un número considerable de empresas españolas) se ha arbitrado en los últimos años un conciliador discurso en torno al español como "lugar de encuentro", "lengua mestiza"[4] etc. en

---

[3] Esto ya fue postulado por Mead y ha sido reiterado innumerables veces desde la sociología, la antropología y la sociolingüística. Ver por ejemplo Jenkins (1997), Zimmermann (1992), Fernández Rodríguez (2000), Gugenberger (2004a).

[4] Valga únicamente recordar el controvertido discurso del Rey de España en 2001 "Nunca fue la nuestra lengua de imposición, sino de encuentro; a nadie se le obligó nunca a hablar en castellano: fueron los pueblos más diversos quienes hicieron suyo por voluntad libérrima, el idioma de Cervantes (Juan Carlos I <http://www.casareal.es/casareal/home>). Claras también a este respecto han sido aportaciones del actual director de la RAE García de la Concha como la siguiente: Es realmente emocionante cómo la lengua está sirviendo de lugar de encuentro y no sólo como canal de comunicación. (cit. en *El País* 9/7/2000) o también: "La lengua nos hace patria común en una concordia superior" ambos textos en: <http://www.elpais.com/todo-sobre/persona/Victor/Garcia/Concha/1209/>.

el que desaparecen, como por arte magia, las tensiones históricas existentes no sólo entre las distintas lenguas en contacto con el español, sino también entre la variedad estándar del español europeo y el resto de las variedades (ya sea dentro del Estado español o fuera). Si se siguen estas poderosas construcciones discursivas promocionadas bajo el lema de la *diversidad en la unidad*, no debería quedar ninguna duda de que el español es una *lengua de unión*[5]. Unión que, por cierto, está cargada de un importante grado de emotividad y hasta romanticismo. Con el poder económico indudable de estas instituciones, no les ha resultado demasiado difícil esconder[6] sutil, inteligente y reflexionadamente las relaciones profundamente jerárquicas que aún existen entre las distintas variedades del español; herencia indudable de un sistema colonial pasado, que, en la actualidad, parece haber cobrado nuevos bríos con la "conquista" (*cf.* Cecchini/Zicolillo 2002) de empresas españolas a lo largo de todo el continente americano. Esta profunda brecha que sigue existiendo entre las distintas variedades diatópicas del español en cuanto a su prestigio, ya sea cara a sus propios hablantes ya sea internacionalmente, así como la revaloración de algunas de estas variedades como lengua de distancia, que sustituye en prestigio al viejo estándar septentrional, podrían cuestionar una vez más la tan llevada y traída construcción de unidad del español.

Es el propósito de este trabajo analizar de manera crítica las relaciones existentes en el español actual entre la(s) variedad(es) estándar y las dialectales bajo el punto del pluricentrismo lingüístico, más concretamente como este ha sido definido por Clyne (1992) en su libro *Pluricentric Languages*. Para este autor (1992:

---

[5] En este interesantísimo volumen editado por del Valle (2007) en esta misma colección de LENSO se hace un crítico, profundo y revelador análisis sobre estos discursos, su unión con claros intereses económicos y políticos. Quedan en él despejadas todas las dudas acerca de la supuesta inocuidad de estos discursos conciliadores.

[6] Lo que he denominado aquí "esconder" es recogido por del Valle (2007) como 'ocultamiento' en el sentido que: "llama la atención el observar que las causas y posibles consecuencias de esta reorientación hayan despertado escaso interés entre los investigadores, y no digamos entre la población general, que parece incluso inconsciente de la existencia de una política lingüística española fuera del ámbito que les corresponde a los gobiernos de las Comunidades Autónomas con lengua propia. Un aspecto estratégicamente central de la política lingüística (...) es precisamente su invisibilidad. No pretendo sugerir, por supuesto, que la implementación de la misma tenga lugar a espaldas de la población. Muy al contrario, un gran número de actos públicos asociados con la puesta en práctica de esta política se caracteriza precisamente por su espectacularidad y por su amplia proyección mediática. No son, por lo tanto, los conceptos y prácticas culturales y lingüísticas en sí lo que es objeto de una suerte de ocultamiento sino el carácter político y económico de las mismas, es decir, su estrecha conexión, tanto en lo que se refiere a su formulación como a sus consecuencias, con intereses y proyectos que nacen en ámbitos más "prosaicos" de la vida nacional (del Valle 2007: en prensa)

1), una lengua pluricéntrica tiene una función tanto de unificación como de separación entre las comunidades de habla que la utilizan: une, por el hecho teórico de la inteligibilidad mutua, y separa, porque las distintas variedades sirven como marca de identificación grupal y funcionan, por tanto, a modo de frontera en sentido barthiano. Por otra parte, Clyne advierte que "la cuestión del pluricentrismo concierne a la relación entre lengua e identidad, por un lado, y lengua y poder, por el otro" (455). Justo bajo esta dicotomía será analizado el caso del español actual y más concretamente el español de Canarias, que se muestra como interesantísimo ejemplo de todo este complejo entramado social, político y fundamentalmente económico en el que se encuentra el español actual.

1.2.1. *Estado de la investigación en Canarias*

La relación dialecto-estándar y los fenómenos asociados a la construcción de la identidad han sido poco estudiados para el español de Canarias. Las pocas aportaciones realizadas al respecto se han hecho desde el ámbito sociolingüístico cuantitativo y sobre todo desde la dialectología[7].

Morera (1990, 2002, 2005) es el investigador que se ha ocupado de manera más profunda de la relación dialecto-identidad en Canarias. Sus trabajos tienen una importancia fundamental a la horaz de comprender la realidad lingüística del Archipiélago en referencia al plano social. Aunque no sigue una metodología sociolingüística, sus aportaciones abarcan aspectos de gran interés para una perspectiva metodológica cualitativa como la seguida en este trabajo, y que los estudios de la sociolingüística cuantitativa no hacen. En 1990, el autor publica *Lengua y colonia en Canarias*, obra que no es únicamente "una visión general de las hablas canarias" (Medina 1996: 24), sino mucho más un acercamiento sociohistórico a las mismas, que tiene en cuenta las relaciones de poder existentes a lo largo de la historia de Canarias y cómo estas han influido en la constitución y

---

7   La valoración y actitudes que los hablantes canarios tienen hacia su variedad ha sido estudiada de forma sociolingüística en referencia a variantes léxicas, fonéticas o morfológicas muy determinadas, que han sido analizadas de manera cuantitativa. La sociolingüística se desarrolla en Canarias tardíamente, y no es hasta finales de los ochenta y principios de los noventa que se realizan acercamientos más propiamente sociolingüísticos a las variedades insulares (Almeida (1989), Serrano (1994), Herrera Santana (1995). San Juan/Almeida (2005)). Esta rama de la sociolingüística ha sido ampliamente desarrollada en Canarias. No obstante, otras vertientes asociadas a la sociolingüística cualitativa, como la pragmática (cualitativa), la etnometodología con su respectivo análisis del discurso y la conversación o la etnografía de la comunicación –disciplinas cuyo desarrollo es temporalmente coetáneo a la sociolingüística cuantitativa– son campos totalmente inexplorados para el español de Canarias. La presente investigación es la primera que abarca algunos de estos aspectos.

paulatino desarrollo de su variedad lingüística. En lo que atañe a la relación dialecto-identidad, Morera la ha analizado desde la perspectiva humboldtiana de la
importancia de los significados. Un primer acercamiento a la relación variedad
dialectal-variedad estándar peninsular en Canarias y a los conflictos existentes
entre ambas fue realizada por Catalán (1989). Un poco más recientemente, y con
una visión de política del lenguaje, se han publicado dos interesantes aportaciones: Trujillo (2003), y, desde la sociología, Déniz Ramírez (1996). No obstante,
se puede decir que existe un vacío en la investigación acerca del estatus del español de Canarias en referencia a sus hablantes, a la variedad estándar y a las consecuencias que esto tiene para la construcción de la identidad como grupo.

Como se puede observar los estudios acerca del español de Canarias han sido de
corte lingüístico tradicional. Una perspectiva interdisciplinar, que tenga en cuenta los importantes aspectos sociológicos así como la influencia que la globalización tiene sobre la variedad canaria

1.2.2. Hablantes canarios frente a la estandarización

Los autores que se han ocupado de la valoración que los hablantes canarios hacen
de su propia variedad han coincidido en señalar el alto grado de inseguridad lingüística y la minusvaloración de la variedad vernácula frente a la estándar peninsular. Así lo han expresado:

> Nuestra impresión es que, en efecto, el hablante de las islas a través de algunos com-
> portamientos, que, sin ser generales, sí son frecuentes, manifiesta tener un concepto
> más bien negativo de su modo de hablar. No se explicarían si no estas actitudes en las
> que se aprecia que muchos hablantes canarios intentan imitar determinados rasgos del
> español peninsular, sobre todo en aquellas ocasiones en que, por su excepcionalidad se
> debe apelar a la corrección lingüística. Así, no es extraño observar cómo se reniega de
> particularidades tales como el seseo, la aspiración de eses implosivas, la no utilización
> del vosotros y formas adjuntas cuando se habla en la radio o en la televisión o cuando
> se interviene en público (Ortega 1981: 113).

> Este fenómeno de rechazo al léxico local va unido, pues, a un sentimiento de escaso
> prestigio, de inferioridad cultural y social, que arrastra al canario a la convicción de
> que no sabe hablar, lo que hace sentirse disminuido ante el español peninsular, siem-
> pre seguro del lenguaje que emplea, por más bravatas lingüísticas que profiera. Y no
> es que unos hablen bien y otros mal, sino, por el contrario, que unos viven en el con-
> vencimiento de la legitimidad de su norma lingüística, mientras que los otros carecen
> de una norma definida, lo que los hace dudar constantemente y estar inseguros de cada
> sonido y cada palabra. Tal es la terrible razón: el canario no está seguro de lo que dice
> y se amilana ante hablantes más seguros y con más aplomo (Trujillo 1981: 12).

El canario (...) siempre que tiene la más mínima oportunidad, traiciona a su grupo social e imita la norma que él considera correcta, que es, como ya hemos indicado, el español peninsular. Así nos encontramos en nuestras islas con numerosos locutores de radio y televisión, jóvenes que han hecho su carrera o el servicio militar en la Península, informantes de encuestas dialectales, etc. que no tienen el menor reparo en utilizar el vocabulario y la pronunciación de la norma académica (Morera 1990: 129).

No se puede decir que estas actitudes sean exclusivas de los hablantes canarios. Como demostraron los trabajos de Calvet (1981) y Trudgill (1978), los hablantes dialectales suelen tener una actitud negativa hacia ciertos rasgos de su variedad, que pueden convertirse en estigma.

El rechazo hacia la propia variedad, se ha articulado históricamente en Canarias a causa de distintos factores sociopolíticos, de estatus social de los hablantes están-dar frente a los canarios así como –en la actualidad– por la extrema influencia de los medios de comunicación masivos, que utilizan, por supuesto, una variedad estándar. No obstante, y según se advirtió brevemente en el punto anterior, es muy difícil hablar de un proceso (lógico) de estandarización. Esto se debe, por un lado, a las actitudes de los hablantes y, por otro, a la revaloración que desde ámbitos académicos y políticos se está haciendo de la variedad canaria. Cabe pues preguntarse, en qué medida se produce un proceso de estandarización lingüística, en qué dirección y qué actitudes tienen los hablantes frente a ello. Esta es una cuestión sumamente interesante no sólo para la variedad canaria, sino para muchas variedades del español (ver capítulo 6), que aún tienen un estatus indefinido, tanto políticamente como para sus hablantes.

1.3. Objetivos y estructura del trabajo

Según lo dicho hasta ahora, este trabajo persigue tres objetivos principales:

1. El primer y más importante objetivo persigue determinar qué ocurre en la actualidad con los procesos de estandarización de las distintas variedades del español, con especial hincapié en el español de Canarias y el papel que este juega en la construcción de la identidad colectiva de su comunidad hablante. Primera-mente, se planteará la relación existente entre variedad dialectal e identidad desde un punto de vista estrictamente lingüístico, cuestión que será abordada en el capí-tulo 3. Al centrarse el foco de interés en la influencia de la migración interna sobre la población local, se manifiesta como importante analizar de qué manera se relacionan la variedad estándar y la dialectal y sus respectivos hablantes. Esta pregunta se tratará a lo largo del capítulo 6. En este –el más relevante teórica-mente de toda la presente investigación– se estudiarán los distintos tipos de rela-ción dialecto-estándar, intentando aclarar ciertos aspectos terminológicos contro-

vertidos de la misma, desde el punto de vista de la teoría del pluricentrismo. A partir de ello, es mi propósito discutir y determinar, en la medida que esto sea posible, cuál es el estatus actual del español de Canarias. En los capítulos 7, 8, 9 y 10, me ocuparé extensamente de estas cuestiones sobre la base de los datos empíricos obtenidos. El estatus que otorgan los hablantes a su propia variedad, el tipo de relación dialecto-estándar reconstruida en el discurso, el punto del continuum en el que se sitúen los hablantes y las identidades que a partir de él se adscriben a sí mismos y a los otros, son algunas de las cuestiones a responder.

2. En referencia a la aludida problemática de la migración, se plantea el desarrollo de un marco teórico adecuado que posibilite respuestas a la cuestión principal de cómo, en la vorágine de la globalización, se producen los procesos de construcción de la identidad colectiva y qué papel juega la propia lengua o variedad en ello. Esto es de suma importancia para entender los procesos actuales de estandarización lingüística así como la resistencia a los mismos. Se recogerán las principales aportaciones sociológicas al respecto y se dará especial importancia a las que se han ocupado de la manera en que se (re)construye lo local en lo global y del modo en que se arbitran las identidades en el devenir, supuestamente estandarizador, que la globalización impone. Los capítulos 2 y 5 son los destinados a responder estas preguntas y están por ello íntimamente relacionados entre sí. En primer lugar, se hará un acercamiento socioeconómico al Archipiélago canario y a los datos oficiales de población, turismo y migración. La compleja situación social que se deriva de ellos, será analizada bajo la óptica de las relaciones centro-periferia en la era de la globalización. Cómo ambas cosas (globalización y periferia) afectan al posicionamiento de los hablantes frente a su propia variedad, frente a un presunto proceso de estandarización y, consecuentemente, a la construcción de su identidad como colectividad, será ampliamente estudiado en el capítulo 5. En los capítulos 7, 8 y 9, se estudiarán estas cuestiones bajo la óptica de los datos empíricos.

3. El tercer objetivo está relacionado con el plano metodológico. La observación y análisis de los procesos de construcción de la identidad colectiva en el discurso ha sido una cuestión ampliamente tratada por el análisis de la conversación y la etnometodología. No ha ocurrido lo mismo con el método de las entrevistas narrativas, ligado al estudio de la constitución de una identidad individual (autobiográfica). Cómo los hablantes construyen, desde su discurso individual, su identidad como grupo y si existe una manera discursiva afín (*narratividad colectiva*) de hacerlo serán las cuestiones principales a tratar. Para ello, se tomarán algunos postulados básicos del análisis de la conversación, haciendo especial hincapié en las narraciones conversacionales. También serán tenidas en cuenta ciertas premisas de las teorías constructivistas (construccionismo social y constructivismo radical) y del concepto de *afinidad en la construcción* de Zimmermann (2004a). La existencia o no

de una afinidad discursiva puede ser clave a la hora de analizar la "generalidad" de las actitudes de los hablantes canarios frente a su propia variedad y a la estandarización. Esto será abordado desde distintos puntos de vista en los capítulos 3, 4 y 5 y se analizará también bajo la óptica de los datos empíricos (capítulos 7, 8, 9, 10).

1.4. Metodología

Algunos de los objetivos teóricos recién planteados, requieren un enfoque interdisciplinar. Aunque la sociolingüística es, como su propio nombre indica, una ciencia que lleva implícito este carácter interdisciplinar, su vertiente sociológica ha sido a menudo descuidada. Esto ha provocado duras críticas no solo por parte de la sociología (Fishman 1991), sino también por algunos sociolingüistas (Fernández 2000)[8]. Según el propio Fishman, para realizar un trabajo sociolingüístico adecuado no basta con saber que existe una estratificación social y aplicarlo de manera simple a una situación de lengua concreta, pues esto puede hacerlo cualquier persona observando lo que ocurre a su alrededor (Fishman 1991: 128 y ss.). Para el autor, tiene que ver mucho más con "devolver lo *socio* a la sociolingüística" (127; Tr. LM). Aunque los aspectos enteramente sociológicos son fundamentales para cada caso sociolingüístico, esto es de especial relevancia cuando se pretende analizar la situación social de Canarias y los aspectos lingüísticos relacionados con ella. Para alcanzar los objetivos propuestos para esta investigación, se cristaliza como ineludible, profundizar en algunos posicionamientos teóricos de la sociología. Sobre todo para entender los flujos migratorios y los procesos de construcción de la identidad colectiva en la era de la globalización.

Además de este enfoque, se necesita una serie de métodos empíricos y analíticos adecuados, que ayuden a determinar el modo en que los hablantes construyen de manera interactiva una identidad colectiva, el papel que la variedad vernácula juega en ello, así como el estatus que otorgan a la misma. La metodología que hace que la identidad sea un "objeto empíricamente accesible" (Lucius-Hoene/Deppermann 2004: 11) implica distintos procedimientos. A continuación, expondré los utilizados aquí para alcanzar los objetivos señalados (elicitación de datos, selección y transcripción de los datos obtenidos e interpretación y análisis de los mismos).

---

[8]   Objeto de estas críticas ha sido sobre todo la sociolingüística variacionista norteamericana, por su orientación parsoniana y funcionalista. Para el sociolingüista Mauro Fernández (2000: 489), "lo esencial de tales reproches está (…) bien fundado y no solo porque fallemos (los sociolingüistas) en hacer explícitos los presupuestos teóricos de los que partimos, sino, a menudo, por nuestra imposibilidad de hacerlo ya que no estamos suficientemente familiarizados con la teoría social".

1.4.1. *Elicitación de datos*

a) Entrevistas narrativas, entrevistas centradas y conversaciones naturales

Los métodos utilizados para la obtención de datos han sido, en esencia, las entrevistas narrativas y las entrevistas centradas problemáticamente. Se grabaron también tres conversaciones naturales, que han servido como método de contraste y apoyo para el análisis de los datos recogidos mediante entrevistas. A ello, se unen las notas del cuaderno de campo y, por supuesto, la observación participante. En cuanto a esta última, es importante tener en cuenta mi condición de miembro del endogrupo, ya que esto ha traído ciertas ventajas e inconvenientes. En primer lugar, se puede afirmar con Roland Girtler que el investigador puede ser un "extraño en su propia sociedad" (2001: 19), en tanto en cuanto debe dejar atrás sus interpretaciones preconcebidas. De esta manera, la investigación y el análisis de la propia sociedad son tan válidos científicamente como los que se podrían realizar en una sociedad totalmente extraña y/o exótica al investigador. Borrar las interpretaciones sociales compartidas no es, sin embargo, una tarea fácil. Si no se hace esto, puede resultar que los datos obtenidos durante el trabajo de campo se contradigan profundamente con los planteamientos iniciales, como de hecho ha sucedido aquí. En contraposición a ellos, los hablantes no mostraron una actitud predominante de minusvaloración hacia su variedad, sino más bien todo lo contrario, según se verá en los capítulos empíricos.

Hubiera sido de gran utilidad e interés poder saber cuál hubiera sido el posicionamiento de los hablantes si la investigadora no fuera miembro del endogrupo. No obstante, para el objetivo principal de este trabajo –analizar la relación existente entre hablantes canarios y estándar, desde el punto de vista de los primeros– mi posición como miembro del endogrupo ha sido más de ventaja que de desventaja. Si se observan con detenimiento los datos aportados aquí, se verá que, en general, los hablantes han sentido un alto grado de confianza y hasta de complicidad por el conocimiento compartido que como miembro de su mismo grupo pudiera poseer. Los conflictos existentes entre los hablantes de ambas variedades han sido abordados de manera asombrosamente directa y abierta. Probablemente, estos conflictos no se hubieran expuesto en tal forma con una/un investigadora/or externa/o al endogrupo. La desventaja fundamental es que ciertas cosas han sido omitidas, precisamente por la presunción de un conocimiento compartido[9].

Para la realización de las entrevistas se han seguido dos métodos principales: la "entrevista narrativa" (Schütze 1987) al principio de la interacción y la "entrevis-

---

[9] Esto se observa en intervenciones como *bueno no hase falta que te ehplique lo que eh un guiri, ¿no?* (Pino S04/4).

ta centrada problemáticamente" (Witzel 1982, 2000) más avanzada la misma. Las entrevistas narrativas no han sido de carácter autobiográfico, debido a que ello no atañe a los objetivos analíticos de este estudio[10]. Su carácter ha sido narrativo, en el sentido que en toda su primera fase, la entrevistadora casi no intervino, se intentó que las/os entrevistadas/os "hablaran libremente" (Schütze 1987: 239). A diferencia de las entrevistas narrativas autobiográficas, que comienzan pidiendo al hablante que *cuente* su vida desde que se acuerda, la pregunta de salida fue ¿cómo es/ves tú/usted la vida en las Islas?[11] En la fase más centrada de la entrevista, se siguió también un método doble. Primero, se preguntó acerca de cuestiones que la/el hablante hubiera narrado, y luego, se hicieron (aunque no en todos los casos, porque ya fueron contestadas a lo largo de la interacción) algunas preguntas concretas del tipo ¿qué forma de hablar te gusta más, la canaria o la peninsular? En ningún momento, se atendió exclusivamente a las preguntas y estas eran absolutamente dependientes del desarrollo de la interacción.

El método de las entrevistas narrativas y las entrevistas centradas ha sido el más relevante en referencia a los objetivos de esta investigación. Esto se justifica en que su interés primordial reside en investigar los procesos de construcción de la identidad de la población canaria local con respecto a los distintos grupos de inmigrantes, especialmente los procedentes del resto del Estado español de manera cualitativa. El punto de mira se centra exclusivamente en los hablantes canarios, en la valoración de su propia variedad y en el estatus que le otorgan a la misma. Las entrevistas representan el mejor método para acercarse a estos objetivos por dos razones principales: a) permiten un acercamiento individual y profundo en el que los hablantes no están sujetos a la *opinión* de otros hablantes en la interacción; b) permiten determinar si existe un modo discursivo afín de construcción de la identidad colectiva.

b) Trabajo de campo y selección de hablantes

Para esta investigación se realizaron dos trabajos de campo, el primero de ellos en Tenerife, de febrero a abril de 2003, y el segundo en Gran Canaria, de julio a septiembre de 2004. Para que los hablantes tuvieran una representatividad lo más alta posible, se distinguió en primer lugar, entre el género y la edad, aunque también fueron consideradas las variantes del nivel sociocultural y la isla de procedencia[12].

---

10 Aunque, claro está, hay muchas partes autobiográficas en los datos.
11 Para ver las principales preguntas del cuestionario abierto ver anexo.
12 Para una relación completa de los hablantes por género, edad, nivel sociocultural, Isla de procedencia y estado de la transcripción, ver anexo (cuadros 2 y 3).

En total fueron realizadas 54 grabaciones, de las que 43 son entrevistas individuales: 22 mujeres y 21 hombres, también de todos los grupos etarios y estratos
sociales. Además de ello, se grabaron 8 entrevistas grupales (6 de dos personas y
2 de más de dos personas) y 3 conversaciones naturales. Uno de los objetivos iniciales del trabajo de campo era entrevistar el mismo número de hablantes de
todas las Islas. Esto ha sido, por cuestiones de tiempo y de financiación, enteramente imposible ya que hubiera sido necesario un trabajo de campo en cada isla.
No obstante, se hicieron entrevistas a hablantes procedentes de Tenerife, Gran
Canaria, La Palma, Lanzarote, La Gomera y Fuerteventura, faltando únicamente
El Hierro. El mayor número de hablantes entrevistadas/os fueron tinerfeñas/os,
seguidos de grancanarias/os y gomeras/os. Únicamente se entrevistaron dos
hablantes de Fuerteventura y dos de Lanzarote (Ver anexo).

b¹) El trabajo de campo en Tenerife: febrero-abril de 2003

En Tenerife, se realizaron un total de 41 grabaciones en distintos lugares de la
isla: en la zona urbana de Santa Cruz/La Laguna, en pueblos del norte (Tacoron-
te, El Sauzal, La Matanza, La Orotava, Buenavista, Garachico, Tejina) y en el sur
de la isla (Güímar, El Médano, Arafo, El Porís, Candelaria, Barranco Hondo).
Las grabaciones se dividen de la siguiente manera.

TABLA 1
Entrevistas individuales en Tenerife (febrero-abril de 2003)
Por género y edad

Edad (años)	Mujeres entrevistadas	Hombres entrevistados
18-35	6	6
35-55	5	4
55-85	6	5
Total	17	15

b²) El trabajo de campo en Gran Canaria: agosto-septiembre de 2004:

El trabajo de campo en Gran Canaria fue más reducido que el anterior. Se realizaron un total de 14 entrevistas: dos de dos personas y las restantes individuales.
Los lugares de grabación fueron tres: en Las Palmas (6 en casas particulares, 3 en
un bar y 1 en un museo), en el núcleo urbano de Vecindario (2) y en Agaete las 2
restantes, todas ellas en casas particulares.

TABLA 2
Entrevistas individuales en Gran Canaria (agosto-septiembre de 2004)
Por género y edad

Edad (años)	Mujeres entrevistadas	Hombres entrevistados
18-35	2	2
35-55	2	2
55-85	2	2
Total	6	6

TABLA 3
Entrevistas de grupo y conversaciones naturales en Tenerife y Gran Canaria

Isla	Entrevistas de Grupo		Conversaciones Naturales
	2 Personas	+ 2 Personas	
Tenerife	4	2	3
Gran Canaria	2	0	0
Total	6	2	3

A pesar de las limitaciones mencionadas, que acompañan a cualquier trabajo de campo, los datos han sido tanto cuantitativa como cualitativamente de gran riqueza. En total, se realizaron aproximadamente 60 horas de grabación, contenidas en CDs de 90 minutos cada uno. La duración de las entrevistas fue muy variable y osciló entre los 20 minutos la más corta y 1 hora y 40 minutos la más larga. La duración media, tanto de las entrevistas individuales como de las grupales, varió entre los 40 minutos y la hora. Las conversaciones poseen también duraciones distintas: la más larga –"conversación en la oficina"– una duración de 1 hora y 30 minutos y la más corta –"conversación en el invernadero"– con una duración aproximada de 30 minutos.

Es indudable la utilidad que hubiera tenido la grabación de más conversaciones naturales entre hablantes de las dos variedades. Con ellas, se hubiera podido analizar –mediante un análisis etnometodológico del discurso– las relaciones de poder existentes entre ambos grupos, la construcción de la identidad en tales secuencias conversacionales y el comportamiento lingüístico de los hablantes canarios en tales situaciones. Comparar estos resultados con los obtenidos en las entrevistas habría sido enormemente interesante. De especial trascendencia hubiese sido la grabación en situaciones de la esfera pública, como conversaciones médico-paciente o en la ventanilla de una institución, situaciones conflictivas reconstruidas por muchos hablantes, etc. Grabaciones de tal tipo fueron, a pesar de mis esfuerzos, imposibles de realizar. Las conversaciones naturales grabadas han sido todas ellas entre hablantes canarios, menos una "conversación en el invernadero", donde estaba presente un hablante madrileño. Como se analizará en el capítulo 10, en las conversaciones naturales resaltan reconstrucciones similares de situaciones de conflicto, percepciones acerca del futuro de la variedad así como el mismo tipo de actitudes hacia la variedad propia y la ajena. Por ello, han servido como método de apoyo en el análisis de las entrevistas y han hecho más válidos los resultados de las mismas, al estar en profunda consonancia con ellas.

Que los datos obtenidos se encuentren, en parte, en contraposición a los planteamientos iniciales de esta investigación ha tenido una consecuencia metodológica fundamental: se realizó un preanálisis exhaustivo de los materiales empíricos y, a partir de ellos, se replantearon los objetivos y cuestiones teóricas principales a tratar. Esto será explicado detalladamente en el capítulo 4, mediante el análisis de dos fragmentos representativos.

1.4.2. *Selección y transcripción de los datos*

Tras repetidas escuchas de las entrevistas y repaso de las notas del cuaderno de campo, se procedió a la selección de los datos. Debido a la gran cantidad de materiales obtenidos, estos no podían abarcarse en su totalidad. Atendiendo a un factor de relevancia, en referencia a los objetivos expuestos con anterioridad, se seleccionaron las entrevistas a transcribir. Gran parte de las mismas fueron transcritas enteramente, pero en otras se realizó un proceso de selección, antes de la transcripción. Los fragmentos finalmente seleccionados para el análisis se escogieron atendiendo a distintos aspectos. Algunos de ellos se explicitarán en el próximo punto y serán abordados con profundidad en el capítulo 4.

Las entrevistas se han transcrito siguiendo el sistema GAT –*Gesprächsanalytisches Transkriptionssystem*–[13] (Selting/Auer et al. 1998), desarrollado en el marco del análisis pragmático de la conversación. Se basa en distintos principios entre los que destaca el "principio cebolla": la transcripción puede ser más y más detallada,

---

[13]   Sistema de transcripción para el análisis de la conversación.

pero siempre hay un esquema básico suficiente. Se ha elegido este sistema debido a que, frente a transcripciones fonéticas, tiene un alto grado de legibilidad, los signos de transcripción siguen principios icónicos y son relevantes para el análisis.

Según este método de transcripción, todos los detalles de la grabación deben aparecer en un encabezado, aunque pueden reducirse por razones prácticas de espacio (Auer/Selting et al. 1998: 4). Siguiendo esto, me he limitado al *código* (nombre del hablante, fecha, número de transcripción, número de líneas) y a una frase relevante del contenido del fragmento. Además, el sistema GAT se caracteriza por seguir las reglas ortográficas establecidas, sin menoscabo de transcribir los rasgos dialectales. Por mi parte, he realizado una transcripción básica, donde los principales rasgos dialectales y prosódicos han sido transcritos debidamente[14]. Como ejemplo representativo, no solo de la transcripción, sino también del comienzo de las entrevistas narrativas "no-autobiográficas", tomaré el siguiente fragmento:

F. 1: Eduardo S04/9: 01-43[15] **'ehtán cambiando muy rápido lá:ccosa:por la iNmigra-**
sión y el turihmo'

01 L: ¿de qué ihla ereh?
02 E: pueh mira de nasimiento soy mahorero, pero como a loh quinse añoh mi:Ppadreh se
03 mudaron a la:PPalmah, dehpuéh ehtudié en Bellah Arteh
04 Tenerife y ahora ehtoy otra veh en la:PPalmah
05 L: ¿hmmm... ehtáh trabahando aquí?
06 E: trabaho aquí en ((nombre del lugar)) soy diseñadó:gráfico.
07 L: ahh, a mí me parese interesante el diseño gráfico...
08 E: sí que sobretodo eh entretenido, no te aburreh casi nunca eso me guhta...
09 L: ya... dime, y cómo veh tú... así la vida en las ihlah?
10 E: en Gran Canaria?
11 L: sí... por ehemplo ((bajito))
12 E: bueno... eh que la vida en las ihlah eh muy dihtinta, quiero desir de como era a lo
13 mehor hase añoh a ahora pueh ha cambiado mucho, no?
14 L: sí
15 E: por ehemplo aquí en la:PPalmah veo siempre cosah nuevah, no? en plan... siempre
16 veo algo que han hecho nuevo, algún edifisio grande... cohtantemente ehtán

---

[14] Para el significado de los símbolos de transcripción ver anexo.
[15] Donde S04 es la fecha: septiembre de 2004, 9 el número de transcripción por isla y 01-43 el número de líneas. Las entrevistas realizadas de febrero a abril de 2003 están marcadas como M03, al haber sido realizadas la mayoría de ellas en el mes de marzo.

17 cambiando=ya te digo sobretodo en la:Ppalmah que eh donde yo vivo, siempre ehtán
18 cohtruyendo, sentroh comersialeh nuevoh y eso... y las ihlah máh pequeñah pueh
19 también =hase poco que ehtuve en Lansarote
20 L: ah sí?
21 E: UFF! te veh mucha cohtrusión, en Fuerteventura también, ahí sí se nota un cambio
22 grande, bahtante fuerte...
23 L: ya&
24 E: &bueno, luego ehtá el tema de la iNmigrasión, no? Que bueno=que yo ehtuve
25 hablando con un tío así de Fuerteventura=uno que llevaba un baretillo no?
26 L: sí
27 E: y el tipo me comentaba...
28 L: ¿mahorero?
29 E: & sí mahorero=él ERA d:allí,... pero QUÉ pasa que por eHEmplo en Corraleho
30 que era donde iba también a veranear, allíii sieempree hubo un poco=HUboo movida
31 turíhtica, yo me acuerdo de verlo y sí, había algún sentro comersiá, chiquiTIto...
32 algo=no? Pero QUÈ PAsa que ahora cuando llegué... cuando llegué fue una cosa
33 alusinante@@@,
34 L: (xxx)
35 E: fue una cantidá de sentroh, todo eran luseh, fffff, montón de...llamadah
36 comersialeh así... anunsioh... por un tubo ((más rápido)) era una cosa masificada
37 para turihtah pero hoRRIble ademáh=como el SÚ como lo que se ha trahforMAdo el
38 sú de Tenerife o el sú de la:PPalmah y hablando con ehte tío=eso SÍ eh un problema
39 porque han venido un montón de emigranteh, que... surhen problemah entre la hente
40 de fuera que se hunta en banditah y la hente del local porque hay un choque cultural
41 así también y aparte lo que eh en sí ya la delincuensia, no?... Pero sí sí, yo creo que
42 ehtán cambiando muy rápido la:ccosah, por la iNmigrasión y el turihmo que eh de lo
43 que vivimoh aquí, no?

1.4.3. Interpretación y análisis de los datos

Para cada entrevista se realizó un preanálisis heurístico y crítico del que se extra-
jeron los aspectos que los hablantes construyeron como más relevantes. Del fragmento recién expuesto fueron tomadas como categorías primarias relevantes:
cambio, construcciones, inmigración y turismo[16]. Como se observa, a diferencia
de la mayoría de estudios que utilizan el método de la entrevista narrativa, el presente no se centra en el análisis de la construcción interactiva de una identidad
individual a través de la narración autobiográfica. Establecer un perfil individual
(por ejemplo en referencia a la acomodación o a la competencia comunicativa)
no entra dentro de los objetivos de esta investigación. Los hablantes son tomados
más como pertenecientes a una colectividad que como individuos con una auto-

---

[16] Categorías comunes, según se verá, en muchas otras entrevistas.

biografía determinada. En casi todos los hablantes entrevistados, ha primado más una construcción de sí mismos como miembros de un nosotros, que de un yo[17]. Al centrarme en los efectos de la inmigración interna, en la utilización y valoración que la población canaria hace de su propia variedad y en la construcción de su identidad como grupo, he creído necesario abarcar el mayor número posible de hablantes. Esto se justifica asimismo porque uno de los objetivos centrales del análisis es observar si se puede constatar la existencia de una narratividad colectiva con respecto a ciertos temas. Este propósito sería imposible de alcanzar a través de la realización de perfiles individuales. La consecuencia metodológica de todo ello es que los fragmentos han sido divididos según su contenido y temática correspondiente, y no según un hablante individual. No obstante, siempre se tomará en cuenta si ya se han analizado fragmentos de una/un hablante determinada/o, y se pondrá en relación con ello.

Todos los fragmentos han sido analizados individualmente. Se da especial importancia a los aspectos formales y a los recursos lingüístico-textuales utilizados en la construcción narrativa de la identidad y en la valoración de la propia variedad. El capítulo 4 está dedicado en su totalidad a un acercamiento metodológico, donde se expondrá en detalle el método de análisis a seguir y se estudiarán con profundidad dos fragmentos representativos.

---

[17] Puede que la primera pregunta de la entrevista indujera a ello, aunque esta era formulada en singular. No obstante, es difícil afirmar que esta es la razón.

2. ACERCAMIENTO SOCIOECONÓMICO AL ARCHIPIÉLAGO CANARIO

Este capítulo se divide en dos partes principales. En primer lugar, haré una exposición de datos socioeconómicos del Archipiélago canario. Como se advirtió en la introducción, tienen especial importancia los datos acerca de la inmigración ya que será necesario tenerlos en cuenta a lo largo de todo el trabajo. De estos datos socioeconómicos y de migración y también del estatus político-jurídico de Canarias, se puede extraer la conclusión principal de que el Archipiélago tiene un carácter de periferia. Esta situación ha sido escasamente tratada desde un punto de vista sociológico, exceptuando, como se verá, algunos trabajos de investigación realizados en la década de los setenta y principio de los ochenta. Por ello, en segundo lugar, me remitiré a las teorías acerca del binomio centro-periferia con la pregunta central de cómo han cambiado estas en la era de la globalización y cómo se reflejan en la coyuntura canaria. Esto se justifica, en el marco sociolingüístico de este trabajo, por varias razones:

1) Porque creo que el estatus de periferia que ha tenido y tiene Canarias desempeña un papel fundamental en la construcción de la identidad colectiva (en la población local).

2) Porque ejerce una influencia en las actitudes lingüísticas que los hablantes canarios poseen hacia su propia variedad y hacia el estándar.

3) Porque es causa y consecuencia simultánea del proceso de estandarización.

2.1. Características socioeconómicas

A continuación, y de manera breve, voy a exponer los principales datos socioeconómicos que caracterizan al Archipiélago canario, haciendo hincapié en los datos de flujos poblacionales por la importancia que estos tienen para este trabajo, con especial atención a la migración interna. Para ello me apoyaré en varias fuentes: en los datos e informes del Instituto Canario de Estadística (ISTAC), en los informes del Consejo Económico y Social de Canarias (CES) y en las interpretaciones que de ellos ha realizado el economista González Rodríguez (2003). No es mi objetivo interpretar estos datos, dado que se escapa a los objetivos de este trabajo; me ceñiré a las interpretaciones de los economistas expertos en su análisis. Para obtener una visión relativamente clara de cuál es la situación actual del Archipiélago, divido los factores en cinco grandes grupos: a) marco jurídico-político; b) turismo c) población e inmigración; d) insularidad y medio ambiente.

a) Marco político-jurídico:

Con la llegada de la democracia, el Estado español se dividió en 17 Comunidades Autónomas, de las cuales Canarias fue (es) una de ellas. Canarias adquirió este estatus en el año 1982, con el depósito del poder legislativo en el Parlamento y el ejecutivo en el Gobierno canarios respectivamente. Debido a la distancia, Canarias fue dotada de un régimen económico y fiscal especial (REF), al igual que muchos otros archipiélagos y/o pequeños estados insulares del mundo[1], y quedó definida fiscalmente como zona especial (ZEC).

Dentro de la Unión Europea, el Archipiélago posee el estatus especial de *ultraperificidad*, que comparte con otras seis regiones. En el Tratado de Maastricht, y posteriormente en el Tratado de Amsterdam (1997), estas regiones fueron denominadas Regiones Ultraperiféricas (RUP). Se encuadran en los marcos estatales de Francia, España y Portugal: en el Caribe, Guadalupe y Martinica (Francia); en Suramérica, Guayana (Francia); en el Índico africano, La Reunión (Francia); en el Atlántico europeo, Madeira y Azores (Portugal); en el Atlántico africano, Canarias (España). De acuerdo con el apartado 2 del artículo 299 del tratado de Amsterdam, la ultraperiferia presenta cinco características originales: 1) La integración en un doble espacio económico constituido, de una parte, por una zona geográfica de lejanía, y de otra, por el espacio político al que pertenecen; 2) el aislamiento relativo, debido a su gran lejanía del continente europeo y reforzado por su insularidad o condición de enclave; 3) las reducidas dimensiones del mercado interior local, relacionadas con el tamaño de la población; 4) condiciones geográficas y climáticas que limitan el desarrollo endógeno de productos primarios y secundarios (falta de materias primas, carácter de archipiélago, zonas volcánicas activas, etc.); 5) la dependencia económica de un número limitado de productos o incluso de un único producto. A las regiones ultraperiféricas se les ha otorgado por todo ello una serie de "ventajas" económico-fiscales, que fueron aprobadas en el Tratado de Amsterdam (CES 2002: 411).

---

[1] La OCDE explicitó la existencia de 40 países y regiones autónomas calificadas de "paraísos fiscales", entre los cuales 33 son de carácter insular (Informe CES 2002: 408).

Como se observa, la ultraperificidad no está caracterizada únicamente por la distancia[2], sino por razones fundamentalmente económicas, entre las que destaca la dependencia económica del exterior, característica inherente, como se verá a lo largo de este capítulo, a la condición de periferia.

b) Turismo

El cambio sufrido en la economía canaria a partir de la irrupción del turismo de masas en los años 70 ha sido ampliamente documentado (Burriel de Orueta 1981, Machado 1990, Aguilera 1994, González 2003, etc.)[3]. Hasta ese momento, la economía canaria se había caracterizado por ser una economía de subsistencia, basada exclusivamente en el sector de la agricultura y la ganadería. La historia económica del Archipiélago, marcada por la producción de monocultivos fuertemente dependientes de las coyunturas económicas exógenas, estuvo siempre caracterizada por incesantes crisis que afectaban principalmente a las clases populares que víctimas de una extrema pobreza, se veían obligadas a emigrar. El destino principal fue América Latina, especialmente Cuba y Venezuela, aunque también hubo otros como Argentina y Uruguay. Estas avalanchas migratorias eran tan cuantiosas, "que periódicamente asolaba la demografía isleña" (González 2003: 3, ver también Martín Ruiz 1987 y Yanes Mesa 1997). Las frecuentes crisis económicas de un sector agrícola dependiente y las consecuentes oleadas de emigración se siguieron produciendo hasta la década de los 70, cuando:

> Este esquema de la agricultura tradicional se vio afectado por condiciones nuevas, planteadas por las exigencias del desarrollo del capitalismo. Por una parte y por primera vez en la historia de Canarias la demanda exterior no va a ser de productos agrícolas, sino de algo muy diferente: las instalaciones necesarias para gozar de sus peculiares condiciones climáticas, sobre todo en invierno; es decir, el turismo (Burriel de Orueta 1981: 121).

El auge del turismo en Canarias ha sido tal que supone el 79% del producto interior bruto, superando los doce millones de turistas al año (ISTAC, González 2003: 13). Principalmente procedente de Europa, el turismo de masas está caracterizado en Canarias, al igual que en otras regiones similares del Estado español, por la búsqueda de mar y sol, por el desarrollo exorbitante de la especulación inmobiliaria, que ha afectado sobremanera al litoral de las islas, y por la inexistencia de una planificación de las ofertas de ocio (en el punto 2, se verá con Lash/ Urry (1994) que el turismo de masas supone el primer paso a un capitalismo

---

[2] Estos son la idea y el discurso más generalizados.
[3] Ver también informes del CIES, del CES y de las TIC.

desorganizado). Las consecuencias más importantes de la irrupción y consolidación del turismo de masas en las Islas han sido divididas por González (2003: 8-10) en diez principales: 1. Éxodo rural de dimensiones enormes hacia las zonas turísticas y hacia las capitales; 2. Terciarización de la economía acompañada de una explosión del sector de la construcción; 3. Desaparición de la agricultura tradicional de subsistencia y consecuente recrudecimiento de la dependencia comercial exterior; 4. Hacinamiento urbano: el campesinado se convierte en proletario urbano de poca cualificación, que vive en la ciudad en condiciones precarias; 5. Control de la propiedad por parte de extranjeros, especialmente de alemanes, amparados por la Ley (germana) de los Impuestos para la Ayuda en Países en Vía de Desarrollo, aprobada el 15 de marzo de 1968, que promovía las inversiones en países subdesarrollados (Machado 1990: 35, Böhnke 2002: 71)[4]; 6. La disminución del paro en algunas zonas; 7. El incremento de los niveles de consumo; 8. El alza del nivel cultural y profesional de la población; 9. La supresión de las corrientes migratorias hacia el exterior; 10. Dependencia del exterior, que sigue caracterizando a la economía isleña, solo que los monocultivos agrícolas han dado paso a otro tipo de "monocultivo": el sector terciario. Tal situación continúa impidiendo la diversificación de la economía, garantizando la dependencia del exterior y, como se verá a lo largo de este capítulo, el estatus de periferia.

c) Población e inmigración:

Según se expuso en la introducción, de la década de los años 90 hasta hoy, Canarias ha tenido un aumento exorbitante de la población residente. Se trata de un aumento significativamente mayor, si se comparan las cifras de las restantes CC. AA. La variación relativa de Canarias (11,9%), esto es, el cambio en relación con la población propia, es la segunda más alta del Estado, siendo la primera la correspondiente a las Islas Baleares (15,8%). Las islas canarias que más afectadas se han visto por este extraordinario aumento de la población son Lanzarote y Fuerteventura, con un ritmo de casi el 30% cada una en el intervalo mencionado, muy por encima del promedio regional (11,9%). En cuanto al aumento relativo, la siguiente isla es El Hierro, que ha crecido un 11,3%. A pesar de que sigue estando escasamente poblada, esta Isla muestra un comportamiento alcista motivado por las expectativas turísticas y el retorno de la emigración americana[5]. Tenerife y Gran Canaria, si bien aumentan a un promedio por debajo del regional

---

4   La Ley Strauss, conocida así por el político del mismo nombre, ofrecía exenciones fiscales a los ciudadanos alemanes, que invirtieran en países en vías de desarrollo. La isla de Tenerife fue objeto destacado de su aplicación.

5   Con la catástrofe del Estado de Vargas, Venezuela (Diciembre de 1999), regresaron a la isla de El Hierro alrededor de 200 venezolanos (emigrantes retornados).

–10% y 8,5% respectivamente–, su crecimiento afecta a un volumen y a una densidad demográfica mucho mayor que en las Islas anteriores.

Por último, La Palma y La Gomera manifiestan un ritmo más pausado de crecimiento en sus poblaciones, aunque en ningún caso detienen el proceso de aumento observado en el Archipiélago (ISTAC 2001). El incremento poblacional es una constante de cada año en Canarias. Según los datos del ISTAC, las Islas registraron solo en el año 2005 un aumento de la población de un 2,8%, uno de los más altos del Estado Español. Tenerife muestra el índice más alto, con 26.038 habitantes, seguida de Gran Canaria, con 11.887 habitantes más que en 2004. En total, la población residente ha crecido 52.740 habitantes en un año (ISTAC Informe anual 2005).

Este aumento de la población se debe sustancialmente a la inmigración, que en Canarias presenta un panorama de una altísima complejidad, en directa relación con la irrupción del turismo de masas y con el rotundo cambio experimentado en la situación económica a partir de la década de los 70. Hasta ese momento, Canarias se había caracterizado, como se vio en puntos anteriores, por una "continua y profunda diáspora migratoria" (González Rodríguez 2003: 109). Sin embargo, la explotación del sector turístico cambió este panorama, convirtiendo a las Islas en continuas receptoras de población foránea a lo largo de las últimas tres décadas, especialmente a partir de la mitad de los años 90. Destaca la tasa de crecimiento vegetativo anual, que mantiene en Canarias valores muy altos, "propios de países y comunidades en vías de desarrollo" (González Rodríguez 2003: 118). Como explica este mismo autor, esta es una característica casi exclusiva de Canarias en el Estado (exceptuando Murcia y Ceuta y Melilla), pero no consigue explicar "ni siquiera en un 40% el crecimiento desmedido de población", confirmándose así que este se produce principalmente por la llegada de inmigrantes. Los teóricos de la migración han distinguido siempre entre dos tipos de migración: la interna, que se produce dentro de las fronteras de un mismo estado, y la externa, que trasciende al marco internacional. Al respecto, y para el caso de Canarias, continúo con los datos aportados por el ISTAC y me apoyaré en las interpretaciones que de los mismos han hecho este Instituto y el economista González Rodríguez (2003).

1) Inmigración externa: la inmigración externa que se produce en el Archipiélago canario está compuesta por dos grupos principales: primeramente, inmigrantes de Europa occidental: ingleses y alemanes. En segundo término, aunque seguida muy de lejos, la inmigración latinoamericana, que en algunos casos, se trata de una inmigración de retorno. La inmigración europea, caracterizada por un alto poder adquisitivo y por asentarse en las islas sobre todo por las condiciones climáticas benévolas (población en renta), o atraída por la oferta de empleo

que generan las zonas turísticas, representa un 61% del total de inmigración, siendo en más de un 40% alemanes e ingleses, según el ISTAC (2001) y (79,18%) según el CES (2001: 12). A las cifras de residentes de los países de la UE, que en 1999 representaban 47.118, les siguen las del continente americano con 5.526 y el africano con 5.138. Es decir, la diferencia, teniendo en cuenta la densidad de población y territorio de estos dos últimos, es asombrosa.

2) Inmigración interna: La emigración procedente del territorio estatal ha aumentado cuantiosamente en los últimos años. Tras la caída del régimen, la implantación del Estatuto de Autonomía (1982) comienza a variar ligeramente la situación, experimentando un punto álgido culminante, en la década de los noventa, especialmente en su segunda mitad. Según el CES (CES 2001: 11), 95 de cada 100 personas que llegan al Archipiélago provienen de otras comunidades autónomas del Estado español. Solo en el año 1999, llegaron al Archipiélago 22.384 nuevos residentes. De esta cantidad, hay que distinguir entre aquellos con estudios superiores, cuyo 45% (aprox.) arroja otra vez una cifra altísima, si se compara con otras regiones del Estado, e incluso de la UE, donde no existe un porcentaje tan alto de inmigración cualificada. Esta población suele considerarse de "ida y vuelta", pues se trata de "mano de obra especializada, cuadros técnicos y titulados superiores, que permanecen en Canarias durante períodos de tiempo poco prolongados" (González 2003: 128). Frente a ella, se halla una inmigración poco cualificada, mayoritariamente de hombres jóvenes, vinculada al sector turístico, y en especial a la construcción. Según el ISTAC, el 23,4% de esta población no posee el graduado escolar y permanece en las Islas por menos tiempo, contratados como trabajadores temporales de las empresas constructoras. Además, son normalmente despedidos después de tres años, momento en que la empresa debe asumir los costos totales de la Seguridad Social[6].

En controversia con el Instituto, y a partir de los mismos datos, González (2003: 128) postula que "la población que fija definitivamente su residencia en Canarias se nutre ante todo de efectivos con escasa formación y vinculados a sectores especialmente exigentes en mano de obra no cualificada". Sin embargo, es destacable que, aún en el año 1999, un 45% de los inmigrantes de otras Comunidades Autónomas es altamente cualificado. Los puestos de trabajo a ocupar están relacionados con altos cargos, ya sea en el funcionariado, ejército, policía, agentes de banca o empresas. Según se estudiará en el próximo punto, esto ha sido interpretado en términos de dependencia y de relaciones centro-periferia. Es de gran

---

[6]   La mayoría de estos emigrantes es de procedencia andaluza, con 6.679 y gallega, con 4.843 (datos de 1999).

importancia mantener presente este dato, pues es reconstruido por los hablantes entrevistados (ver capítulo 6).

A este incremento de la población residente (registrada), hay que sumar la cifra superior a doce millones de turistas, que visita el Archipiélago cada año. Asimismo, el aumento exorbitante de la población y el extraordinario flujo turístico acarrean circunstancias de singular gravedad, como el problema medioambiental: producción de basuras, alto consumo de recursos naturales (agua) y/o energéticos, ocupación creciente del territorio, etc.

d) Insularidad y medio ambiente:

Los estudios sobre pequeños archipiélagos han cobrado importancia y reconocimiento en la comunidad científica muy recientemente (a partir de mediados de los 90). Como advierten los investigadores de Eurisles[7], este hecho se debe a que las ciencias económicas y sociales se han basado muchas veces en el concepto de nación o región, pero "no existe una teoría insular (...) el volumen de textos cae a nivel de un cuaderno de notas". No obstante, la denominada "pequeña insularidad" ha sido objeto de estudio en los últimos años por distintos investigadores. Así, Baldachino (2000, 2001) y Royle (2001) hacen un análisis de las tipologías de la insularidad a nivel global; Godenau/Hernández (1996) estudian la relevancia de la insularidad como objeto analítico, y el caso particular de las regiones insulares ultraperiféricas es tratado en Guillaumin (2000), Fortuna et al. (2001) y Hernández et al. (2002), CES, ERUP y en el propio Eurisles.

Común de casi todos los archipiélagos del mundo es la fragilidad medioambiental, con su biodiversidad amenazada, en tanto el recurso principal de esas regiones suele ser el turismo. Las pequeñas regiones insulares periféricas suelen sufrir condiciones económicas precarias, con un alto índice de desempleo y fuertes flujos migratorios (CES 2002: 407). En cuanto a la identidad colectiva, ha sido constatado en varios de los estudios nombrados anteriormente "la existencia de una importante cohesión social y hasta compulsiva tendencia a la valoración del sentimiento isleño".

En Canarias se reproducen todas estas características, aunque, como se dijo con anterioridad, su sociedad ha pasado de ser emigrante a ser receptora. Esta superpoblación ha traído consigo gravísimos y diversos problemas, como la inexistencia de la infraestructura necesaria para atender a tanta gente (por ejemplo, en la sanidad). Pero sin duda, el más grave es el medioambiental, apuntalado por la

---

[7] Instituto de estudios acerca de las Islas europeas (ver bibliografía).

especulación inmobiliaria que lleva a la construcción masiva y descontrolada, los planes de ordenación del territorio totalmente insensibles a su problemática, la falta de agua, el destrozo del litoral y el abandono absoluto de la agricultura tradicional. En la especulación del territorio y de las aguas han estado siempre implicados, como han denunciado distintas organizaciones ecologistas del Archipiélago, los distintos gobiernos autonómicos[8]. Son tantos los desastres ecológicos y los atentados contra el medio ambiente, que nombrarlos conllevaría la realización de una tesis doctoral completa. Por ello, remito a la bibliografía e informes dedicados al asunto.

2.2. Tipología de la relación centro-periferia. Su aplicación a Canarias

Como se anunció anteriormente, en este punto se abordará la relación centro-periferia, teniendo en cuenta primero las aportaciones "clásicas" al respecto, porque son indispensables para comprender el debate actual acerca de las mismas, y luego porque muchas de ellas siguen teniendo vigencia en la actualidad. En segundo lugar, se hará un acercamiento a cómo esta relación ha cambiado en el nuevo orden social. He tomado este término de *nuevo orden social* de Giddens. La discusión teórica acerca de cómo se denomina la época actual es interminable: posmodernidad, modernidad tardía, segunda modernidad, modernidad reflexiva, modernidad radicalizada, capitalismo desorganizado, etc. Sin profundizar, este debate terminológico refleja el hecho innegable del cambio que se ha producido con la irrupción de la globalización. Intentaré aplicar las conclusiones teóricas extraídas de esta aproximación a las relaciones centro-periferia en Canarias, que, como se explicará en el punto 2.3, tiene un carácter multidimensional.

2.2.1. *Aproximaciones clásicas*

De las teorías que se han ocupado de la relación centro-periferia, destacaré cuatro principales: Primero, la teoría del binomio centro-periferia, como fue establecido por su primer teórico, Raúl Prebisch (1949). En segunda instancia, la teoría de la dependencia, directamente surgida de los planteamientos anteriores, que centran su foco de interés en cómo estas relaciones se producen de manera internacional. Me centraré después en aquellas relaciones de dependencia y centro-periferia que se producen dentro de un mismo estado: colonialismo interno. Por último, me

---

[8]   Esta, como se verá con Hechter (1975) en el punto 2.2.1, es una característica más de la periferia y del colonialismo interno.

ocuparé del término *semiperiferia* de Wallerstein (1983), por la importancia que este tiene para Canarias.

a) El binomio centro-periferia y la teoría de la dependencia

El binomio centro–periferia se debe al economista argentino Raúl Prebisch, quien publicó con la CEPAL en 1949 el conocido *Estudio Económico de América Latina*, donde hacía un análisis de las relaciones entre América Latina y los países industrializados: periferia y centro respectivamente. La mayoría de los teóricos coinciden en señalar que la relación centro-periferia comienza a establecerse en la modernidad, a partir de la I Revolución Industrial inglesa y la explosión del capitalismo, propiamente dicho, hasta finales del siglo XIX. Es aquí cuando, a través de la articulación de una economía industrializada, comenzó la división entre países desarrollados y subdesarrollados, en virtud del grado de evolución industrial, definiendo como centros a aquellos lugares donde sí se producía tal desarrollo y en los que no, como periferia[9]. En palabras de di Filippo (1998: 5): "este criterio supuso profundas diferencias estructurales entre los países que comercian y fundamenta la relación centro-periferia en su versión decimonónica". La segunda etapa, que comienza con la II Revolución Industrial y decae con las dos Guerras Mundiales del siglo XX (di Filippo 1998, Dos Santos 1998), supone un cambio en las relaciones de producción, aunque no en la división centro-periferia. El cambio fundamental es la industrialización por sustitución de importaciones. Es decir, las periferias se convierten en economías productoras hacia afuera de productos primarios y consumidoras hacia adentro de manufacturas (di Filippo, 1998: 5)[10]. Incluso, a partir de los años 30 y hasta finalizada la II Guerra Mundial, se dio una sustitución de los productos industriales importados por las potencias desarrolladas por los producidos en las precarias economías periféricas nacionales (Dos Santos 1998: 5).

Justo en los años 50, tras la publicación del *Estudio* de Prebisch, comienza a establecerse un reordenamiento de la economía mundial, como consecuencia del fin de la contienda y de la nueva hegemonía económica de EE. UU., endureciéndose las asimetrías entre el centro y la periferia o, en palabras de Dos Santos, "el desa-

---

[9] Desde un punto de vista más estrictamente histórico, los centros imperiales siempre trataron de limitar el acceso de sus territorios dominados a los conocimientos tecnológicos, por la sencilla y mimética razón de garantizar la posición hegemónica de unos y la subordinada de otros.

[10] Quizá sea más preciso hablar de una mayor consolidación de tales relaciones de producción, y no tanto de cambio o conversión de las mismas, como si fuera un proceso que arranca en este momento histórico.

rrollo y el subdesarrollo". La tendencia sigue desarrollándose hasta el último tercio del siglo XX, en que la economía se internacionaliza cada vez más y las grandes empresas comienzan a instalar subsidiarias en zonas procesadoras de exportaciones, ubicadas casi siempre en regiones periféricas, pero que no desdibujan por ello las grandes diferencias entre ambos mundos. Al contrario, durante los años 70 sigue habiendo una distribución desigual del proceso tecnológico, dependencia del comercio internacional y, sobre todo, los préstamos exteriores tornan más dependientes a los países periféricos y abren más la brecha con el centro.

De las teorías sobre el binomio centro-periferia, la que ha tenido sin duda más alcance internacional ha sido la teoría de la dependencia. Primeramente, fue desarrollada para explicar la realidad de los países latinoamericanos, y tuvo un enorme y prolífico desarrollo en muy poco tiempo, representado por autores tan conocidos como Dos Santos, Gunder Frank, Rodolfo Stavenhagen y el propio Prebisch. Para Dos Santos (1998: 67), la acumulación de tantas propuestas teóricas "reflejaba la creciente densidad de su pensamiento social, que superaba las simples aplicaciones de reflexiones, metodologías o propuestas científicas importadas de los países centrales, para abrir un campo teórico propio, con su metodología propia, su identidad temática y su camino para una praxis más realistas". La preocupación principal era el análisis del desarrollo desigual entre los países desarrollados y los subdesarrollados, entre el centro y la periferia. Las principales características de la teoría de la dependencia son, según Dos Santos (1998): 1. El subdesarrollo está conectado de manera estrecha con la expansión de los países industrializados; 2. El desarrollo y el subdesarrollo son aspectos diferentes de un mismo proceso universal; 3. El subdesarrollo no puede ser considerado como la condición primera para un proceso evolucionista; 4. La dependencia, con todo, no es solamente un fenómeno externo, sino que se manifiesta también de diferentes formas en la estructura interna (Dos Santos 1998: 5).

Este último factor, que la dependencia no es solo un factor externo[11], será el punto de partida del siguiente punto de análisis, y posee especial interés para el caso de Canarias, ya que la dependencia se produce paralelamente dentro del Estado español y de la UE. Los centros y las periferias no se dan exclusivamente en lo internacional, sino también en un mismo estado, pudiendo hablar así de muchos centros y periferias distintos, sin que esto altere su relación de desigualdades.

---

[11] "La dependencia no es un factor externo, como se ha creído muchas veces. La situación internacional es tomada como condición general, no como demiurgo del proceso nacional, porque la forma en que esa situación actúa sobre la realidad nacional es determinada por los componentes internos de esta realidad". (Dos Santos 1998: 5).

b) Colonialismo interno

Como se acaba de decir, la relación centro-periferia no se produce únicamente entre Estados-Nación, sino sobre todo en aquellos con pasado colonial, dentro del Estado mismo. La relación centro-periferia dentro de un mismo estado ha sido definida como colonialismo interno y se presenta como una perspectiva de análisis interesante para la realidad canaria. Aunque los teóricos del *nuevo orden social* han dado por superados estos debates, como se expone en el próximo punto (Robertson 1992, Giddens 1994, Beck 1997, Bauman 1998, Appadurai 2001), las cifras estadísticas presentadas anteriormente inducen a la investigación a abordar esta perspectiva y a ver si aún hoy en día estas teorías pueden ser aplicadas de forma efectiva.

En 1920, en el Congreso de los Pueblos de Oriente, aparece por primera vez la noción de colonialismo interno, al denunciar los musulmanes su condición de colonia del imperio ruso. Se esbozaron así las relaciones centro-periferia dadas dentro de un gran Estado-Nación, como era la Unión Soviética[12]. Posteriormente, y paralelo al desarrollo de la teoría de la dependencia, el mexicano González Casanova (1965) empleó el término de colonialismo interno para definir la situación de los pueblos indígenas de México y Latinoamérica. El término quedó ligado a los fenómenos relacionados con la conquista en los que "las poblaciones de nativos no son exterminados y forman parte, primero, del estado colonizador y después, del estado que adquiere una independencia formal" (González Casanova 2003: 2)[13].

---

[12] Las primeras alusiones al colonialismo interno se remontan a Lenin, quien en *El derecho de las naciones a la autodeterminación* advertía que había que "evitar la preponderancia de Rusia sobre las demás unidades nacionales" y el hecho de que Rusia "en un mismo país es una prisión de pueblos". (Lenin, en Casanova 2003: 1).

[13] Las principales características de las poblaciones que sufren los efectos del colonialismo interno, según el autor (1969, 2003: 1) son las siguientes: 1. Habitan en un territorio sin gobierno propio. 2. Se encuentran en situación de desigualdad frente a las élites de las etnias dominantes y de las clases que las integran. 3. Su administración y responsabilidad jurídico-política concierne a las etnias dominantes, a las burguesías y oligarquías del gobierno central o a los aliados y subordinados del mismo. 4. Sus habitantes no participan en los más altos cargos políticos y militares del gobierno central, salvo en condición de "asimilados". 5. Los derechos de sus habitantes, su situación económica, política, social y cultural son regulados e impuestos por el gobierno central. 6. En general, los colonizados en el interior de un Estado-Nación pertenecen a una "raza" distinta de la que domina el gobierno nacional y que es considerada "inferior" o, a lo sumo, convertida en un símbolo "liberador", que forma parte de la demagogia estatal. 7. La mayoría de los colonizados pertenece a una cultura distinta y habla una lengua diferente de la "nacional" (González Casanova 2003: 1).

No obstante, el concepto de colonialismo interno no ha sido aplicado únicamente a América Latina, ni a casos como los de las comunidades indígenas. En 1975 se publica una investigación de Michael Hechter que lleva por título: *Internal colonialism. The celtic fring*. Este autor hace un recorrido del desarrollo nacional de Gran Bretaña, tomando a las regiones de Gales, Escocia e Irlanda como periferia de Inglaterra, donde se ha establecido a lo largo de la historia un sistema de colonialismo interno. Hechter describe un proceso socioeconómico discontinuo y disruptivo, desarrollado entre el centro (Inglaterra) y la periferia (Irlanda, Gales y Escocia), y la repartición asimétrica, tanto de los bienes como del mercado laboral. Estas desigualdades son institucionalizadas a través del monopolio político del centro. El estatus social privilegiado y prestigioso queda así garantizado para los habitantes del centro, que gozan de una economía diversificada y fuerte, mientras que los habitantes de la periferia poseen un estatus social más bajo, con una economía dependiente y altamente especializada en un único sector. Asimismo, las decisiones de inversión, créditos, etc. suelen ser tomadas desde el centro (1975: 10). De esta manera, se produce lo que Hechter denomina "división cultural del trabajo", que refiere a un sistema de estratificación, que "contribuye al desarrollo de identificaciones étnicas distintas entre los dos grupos" (ídem; Tr. LM). A diferencia del enfoque economicista de la teoría centro-periferia, la del colonialismo interno integra también factores sociales y de diferencia étnica, así como consecuencias lingüísticas y psicosociales, que tienen una gran influencia en el proceso de construcción de la identidad, de la imagen de sí mismo y del grupo y en las actitudes lingüísticas hacia la lengua o la variedad propias. Aunque en algunos casos la diferencia étnica no sea tan obvia, como en el caso de las comunidades indígenas de Latinoamérica, las diferencias son perpetuadas en casos como el británico a través de la "división cultural del trabajo". Esta es responsable de que tanto los habitantes del centro como los de la periferia se categoricen a sí mismos y categoricen a los otros mediante los roles que les son adscritos en ese sistema de división cultural del trabajo (40). De esta manera, es mantenida la diferencia étnica entre grupos culturalmente muy cercanos, como son los galeses, irlandeses, escoceses e ingleses.

c) Semiperiferia

Wallerstein desarrolla a finales de los años setenta y durante los ochenta una propuesta que amplía el binomio centro-periferia, a partir del concepto de semiperiferia. Sus análisis del sistema mundial capitalista pueden entenderse como uno de los primeros acercamientos a las teorías económicas de la globalización. Con claras influencias de Samir Amin, Gunder Frank y, en general, de las teorías de la dependencia y del centro-periferia, Wallerstein postula que la economía capitalista es eje hegemónico mundial, al que cualquier tipo de proceso social, político o cultural está supeditado. Wallerstein (1979) inaugura el concepto *sistema mundo*, que deja atrás a las sociedades nacionales cerradas y va restando importancia a los estados-nación como actores potenciales, en beneficio de un capitalismo mundial expansivo y globalizador. En el sistema mundo, todas las sociedades, los gobiernos, las culturas, clases e individuos se ven inmersos en un marco mundial de división del trabajo. Este sistema mundo es el causante de que cada vez se acentúen más las diferencias económicas entre los países desarrollados y los subdesarrollados, entre los que se establece, y eso es lo innovador en su teoría, un sistema tripartito: centro-periferia y semiperiferia.

Como concepto teórico, la semiperiferia categoriza la transición del sistema de formaciones sociales (economía inter-nacional) al sistema global (economía trans-nacional). Esta transición está dirigida por la mundialización de la ley del valor y de las estructuras capitalistas, manteniendo la estructura centro/periferia. Así, el capitalismo global hace que el desarrollo local de las economías semiperiféricas esté ligado objetivamente a la mundialización, que a su vez limita e incluso puede negar radicalmente la acción de los "factores" de tal desarrollo (inversión y mercado). Frente al resto de la periferia y ante la persistencia del subdesarrollo, los gobiernos en la semiperiferia pueden esgrimir un mayor nivel de desarrollo, unas mayores tasas de crecimiento económico e incluso un déficit de fuerza de trabajo, que permitirá admitir inmigrantes procedentes de las economías más pobres. Sin embargo, ni son centro ni forman parte del núcleo de la acumulación autocentrada del capital, porque no cuentan como mercados internos nacionales, sino como corona externa –y coyuntural– del mercado mundial. El sistema mundo existe por esta repartición intrínsecamente conflictiva, y padece de crisis periódicas que acentúan la repartición desigual del poder económico (Beck 1997: 66, Dürschmidt 2002: 33-38).

El concepto de semiperiferia parece muy interesante para el caso canario ya que, como se ha visto, a través del turismo, en los últimos años se ha producido un desarrollo económico de gran importancia que, al menos por ahora, no aconseja permitir la calificación de periferia total. No obstante, sí admite la que Wallerstein hace de semiperiferia, pues coincide exactamente con la situación canaria[14]:

---

[14] Semiperipherial states play a particular role in the capitalist world-economy, based on the double antinomy of class and function in the division of labour (core-periphery). The core-periphery distinction, widely observed in recent writings, differentiates those zones in which are concretated high profit, high technology, high wage diversified production (the core countries) from these in which are concentrated low-profit, low technology, low wage, less diversified production (peripherial countries). But there has always been a serie of

A raíz del enorme desarrollo turístico, llega a Canarias cada vez mayor número de inmigrantes de países subdesarrollados, aún más periféricos que el Archipiélago, jugando con respecto a ellos el papel de centro. A su vez, con respecto a la UE, representa una región con un régimen económico absolutamente dependiente del exterior y de indiscutible carácter periférico. Y no solo eso, a ello se une el hecho de la insularidad, que acentúa la diferencia con el verdadero centro y complica aún más la situación de perificidad.

2.2.2. *Nuevas aproximaciones: centro-periferia en la globalización*

Abordar la temática de la globalización se presenta como una importante labor para todo el enfoque de esta investigación, no solo para un posicionamiento teórico actualizado de cómo influyen estos procesos de globalización en las relaciones centro-periferia y de colonialismo interno, sino también de cómo influyen en la construcción de identidad y en las actitudes lingüísticas[15]. Antes de adentrarnos en la discusión, es necesario aclarar algunos conceptos, especialmente porque el concepto de globalización parece estar en boca de todo el mundo en referencia a muchas cosas distintas y, como suele suceder en estos casos, creando vaguedad y confusión en torno a su amplio significado. Como advierte Rodríguez Martín (2002: 20), "cuando un fenómeno se denomina con distintos nombres es porque su debate aún no ha terminado". Por tanto, intentaré aclarar de manera breve, y haciendo referencia a los teóricos principales, cómo se ha definido la globalización para analizar después qué consecuencias tiene ello en las relaciones centro-periferia.

a) *Nuevo orden social y globalización*

Por nuevo orden social o mundial, se entiende la transición del estado-nación, y todo lo institucional que le atañe, a un naciente gobierno mundial, cuyo poder real está concentrado en estructuras económicas privadas, que actúan a nivel internacional, provocando lo que comúnmente es conocido por globalización. La globalización puede ser abordada teóricamente desde dos perspectivas: Una económica (globalización) y otra, consecuencia de la primera, social y cultural, que suele ser denominada –para diferenciarla de la anterior– mundialización (Rodríguez Martín

---

countries which fall in between in a very concrete way and play a different role. The productive activities of these semiperipheral countries are more evenly divided. In part they act as peripherial zone for core countries and in part they act as a core country to peripherial areas. (Wallerstein 1983: 97)

[15]   Me ocuparé de ello en los capítulos 5 y 6.

2002: 20-21). El concepto de globalización implica, según algunos de sus teóricos más importantes (Robertson 1992, 1995; Giddens 1994, Beck 1997, Albrow 1996, 2000), tres campos conceptuales distintos: globalidad, globalización y globalismo. Roland Robertson, a quien le es atribuido el inicio del debate conceptual acerca de la globalización, la define como un concepto que "refiere tanto a la compresión del mundo como a la intensificación de la conciencia del mundo como un todo" (1992: 8; Tr. LM), y sienta con ello una de las bases principales en el debate: la globalización es tanto un hecho fáctico-material como un hecho de conciencia, por lo que no puede ser entendida únicamente como desarrollo y expansión mundial de la modernidad y del mundo occidental, sino también como una intensificación de la conciencia global, pero también de la social, étnica, local e individual (1992: 34). De esta manera, se distancia de Giddens, que ve la globalización únicamente como consecuencia de la modernidad occidental (radicalizada) y aporta una definición, que parece ser la predominante en los discursos sociales y en muchos de los científicos. Globalización es entendida por Giddens como: "la intensificación de relaciones sociales a nivel mundial, que conectan localidades distantes de tal manera que sucesos locales se forjan a través de eventos ocurridos a miles de millas y viceversa" (Giddens 1994: 64; Tr. LM). Robertson, sin embargo, va mucho más allá de ese simple hecho, al prestar mayor atención a la intensificación de la conciencia social, étnica y regional. Con ello, propone el término de **glocalización** (glocalization), una palabra compuesta por los términos global y local, que sintetiza lo que Beck (1997) denomina "dialéctica de la globalización": lo global y lo local no se excluyen, sino que en el proceso global se da también una re-localización y trans-localización de los espacios sociales, geográficos e imaginativos y, por tanto, una reconstrucción de la(s) identidad(es) a partir de estos nuevos patrones *glocales*[16] (Appadurai 1998, Castells 2000).

En la terminología de Robertson, existen estas dos tendencias paralelas: el hecho global en sí mismo, es decir, el proceso a través del cual "el mundo se convierte en un solo lugar" (1992: 135), y la intensificación de la conciencia que se desarrolla a partir del anterior. Ambos son denominados respectivamente globalización y globalidad. Esta última representa en sus palabras "la circunstancia de la conciencia extensiva del mundo como un todo" (78; Tr. LM). Giddens, en cambio, al tomar la globalización como uno de los fenómenos paralelos a la radicalización de la modernidad y como un desarrollo de los modelos institucionales occidentales, no da importancia al concepto de globalidad[17].

---

[16] Para concepto de glocalización, ver punto 5.3.
[17] La teoría de la globalización de Giddens es conocida como "the institutional model" y parte del hecho de que existe una configuración de cuatro instituciones independientes entre sí

Beck (1997) lo afronta de distinta manera, pues da a la globalidad un papel mucho más significativo. La globalidad es para este autor "el nuevo estado" en el que vivimos: *Weltgesellschaft* 'sociedad mundo' (Beck 1997: 30). Por otra parte, la globalización supone: "los procesos por cuyas causas los estados nacionales y su soberanía se ven conectados transversalmente por actores internacionales y sus oportunidades de poder, orientaciones, identidades y redes sociales" (28-29; Tr. LM). A su vez, constituye el proceso que crea vínculos sociales en espacios trans-nacionales y que revalora los espacios locales, creando a la par nuevas formas culturales. Así, la sociedad-mundo –*Weltgesellschaft*– es la totalidad de las rela-ciones sociales que no están integradas ni determinadas por la política del estado nacional (28-29; Tr. LM). De esta manera, los espacios cerrados se han hecho fic-ticios, dado que ningún grupo o país puede cerrarse a otro. La sociedad-mundo, al igual que el nuevo orden social, es siempre de carácter reflexivo. La globalidad, debido a esta reflexividad y al hecho de que existen en ella de modo paralelo e independiente las distintas lógicas de la globalización política, económica, cultu-ral ecológica y social, ha tomado según Beck (1997: 29) un carácter de irreversi-bilidad[18]. Martin Albrow (1996), otro importante teórico de la globalización, difiere en cuanto al concepto de globalidad, ya que considera que la globalidad es independiente de la conciencia y actuaciones humanas. Todas las formas de con-ciencia y actuación global son suscritas por Albrow al concepto de globalismo. Para este autor, el globalismo se da siempre: cuando los seres humanos asumen sus responsabilidades para con el mundo como un todo y cuando adoptan valores que toman el globo como su marco o punto de referencia (1996: 83).

Sin embargo, Beck (1997) y Robertson (1992) entienden globalismo de una manera radicalmente distinta: el globalismo es la ideología que lleva consigo la globalización económica. Más concretamente, Robertson (1992: 78) estima que el globalismo en el mundo contemporáneo comprende aquellas ideologías que,

---

("institutional clusters"), que constituyen y provocan la globalización de la modernidad: "Capitalism, industrialism, surveillance and military power". El modelo institucional occi-dental es globalizado, sin que esto signifique (Giddens lo remarca continuamente) que haya una imposición de este modelo (concepción esta bastante criticable) para bien de los países occidentales o poderosos, sino una "traducción" que pone en juego el deseo de hegemonía de dichos países occidentales (Giddens 1994: 51, 55, 62.).

[18] Para Beck (1997: 29-30) existen 8 razones por las que la globalidad es irreversible y que la caracterizan: 1. Ensanchamiento del mercado internacional y creciente intercambio. 2. Carácter global de la red de mercados financieros. 3. Nuevas tecnologías de la comunica-ción. 4. Consenso sobre la vigencia de los derechos humanos y la democracia como sistema de gobierno. 5. Cultura de la imagen. 6. Nuevos actores transnacionales junto a los gobier-nos: Naciones Unidas, FMI, Banco Mundial, G-7, ONGs. 7. El tremendo desafío de la pobreza global. 8. El problema ecológico, que cuestiona el modelo económico vigente.

basadas en el proceso de globalización, apuestan por una homogeneización cultural o un cosmopolitismo elitista. Hacia una línea similar se decanta Beck, para quien el globalismo es la ideología del régimen del mercado libre: El neoliberalismo, que reduce la multidimensionalidad (cultural, social, ecológica, lingüística) de la globalización a una sola dimensión: la económica. La principal consecuencia de todo esto y del proceso globalizador, que cada vez resta mayor importancia a los Estados Nación, es el crecimiento de un capitalismo desorganizado (Beck 1997: 32)[19] o capitalismo caótico (Appadurai 2001). Este estadio –y ello es lo que nos interesa– reorganiza o "desorganiza" los sistemas políticos y económicos existentes y, por tanto, desmorona las antiguas relaciones centro-periferia, dándoles un carácter diferente.

b) Relocalización y diversificación de las relaciones centro-periferia

Entre los autores y teorías que han intentado redefinir la nueva localización del binomio centro-periferia, hay dos posturas principales. Por un lado, aquella que mantiene que las relaciones centro-periferia, aunque con otras características, no solo se siguen reproduciendo en el sistema global, sino que se han visto intensificadas. Por el otro lado, las que sostienen que, debido a la expansión del capitalismo desorganizado, se ha producido una desterritorialización y dislocación de los centros y las periferias, impidiendo hablar más de esta relación en el sistema global. Seguidamente, se estudiarán ambas posturas, e intentaré trascenderlas al caso de Canarias.

b.1) La perpetuación e intensificación

Como se acaba de concluir en el punto anterior, una de las principales consecuencias de la globalización es que el aparato estatal, incluyendo no solo las funciones de orden administrativo y financieras, sino también sus instituciones jurídico-políticas, comienza a reorganizarse de acuerdo con la exigencia mundial de los mercados y según las líneas trazadas por corporaciones bancarias supranacionales, como el Fondo Monetario Internacional (FMI). Eliminados los controles nacionales, estas grandes corporaciones actúan a nivel mundial, a veces incluso en contra de los intereses estatales, estableciendo una nueva división del trabajo, que rompe con el esquema clásico de centro-periferia. Este fenómeno se produce porque las transnacionales se han convertido en agentes que afectan a los intere-

---

[19] Aunque no lo dice, Beck usa el mismo término que anteriormente emplearon Scott Lash y John Urry en (1987).

ses nacionales, tanto en los países metropolitanos como en las zonas anteriormente periferizadas o colonizadas por estos. Si antes se hablaba de una división internacional del trabajo, que abría brecha entre países céntricos y periféricos, y de una división cultural o étnica del trabajo, que la creaba entre las regiones céntricas y las periféricas dentro de un mismo Estado (que a su vez estaban directamente influenciadas por la anterior), ahora se produce una división global del trabajo y, con esto, una relocalización del centro y la periferia[20]. Un gran consorcio empresarial puede actuar igualmente en un país céntrico y en uno periférico. De hecho, las grandes empresas trasladan cada vez más sus filiales importantes a países periféricos, puesto que los costos de manutención, impuestos, etc., son menores. Como apunta Beck (1997: 106), "centro y periferia no se hallan, por tanto, ya en distintos continentes, sino que se encuentran y se contradicen de manera conflictiva en distintos tipos de relación, tanto aquí como allí" (Tr. LM).

Por todo lo dicho, centro y periferia quedan relocalizados de manera contradictoria, produciendo –como se explicará a continuación– una serie de situaciones de interdependencias entre los nuevos centros y las periferias, totalmente novedosas en la historia de estas relaciones. Es más, en muchos casos, no existen aún definiciones exactas, puesto que nos encontramos simultáneamente sumidos en el proceso (Beck 1997: 105; Bauman 1998: 323-331). De manera espacial, los centros están ahora en las denominadas *global cities*, que son a su vez productoras de todo un universo de signos y símbolos, difundidos planetariamente a través de los medios de comunicación masivos, y que empiezan a definir el modo de pensar, de sentir, de imaginar y de actuar de millones de personas a lo largo de todo el planeta. En palabras de Lash/Urry:

> The new core is clustered around information, communication and the advanced producer service, as well as other services, such as telecommunication airlines and important parts of tourism and leisure. Spacially these services are centred arround global cities, located in vast agglomerations, whose industries feed this services. (Lash/Urry 1994: 17)

Muchos autores coinciden en señalar que, sin embargo, la brecha entre ambos mundos se ha abierto aún más, produciéndose una relación incluso más desigual que antes: "The disparity in a between core and periphery in a restructured world order is likely to grow greater" (Lash/Urry 1994: 28). Se produce lo que para Bauman (1998) es la globalización de la riqueza y la localización de la pobreza. El centro y la periferia están paradójicamente, según este autor, más cerca y lejos que

---

[20] "(...) this interlocking set of processes entails a transformed stratification of core and periphery, one that differs both from the classical paradigm of bourgeoisie and proletariat, and also from the world system theory of the startification of nations". (Lash/Urry 1994: 28)

nunca, pues la globalización es una nueva forma de producción de la riqueza, pero también una nueva forma de producción de la pobreza. La globalización relocaliza y deslocaliza, pero este proceso implica también la construcción de nuevas jerarquías de poder, en las que los vínculos entre el desarrollo y el subdesarrollo, la riqueza y la pobreza, el centro y la periferia, se transforman radicalmente.

El antropólogo Ulf Hannerz (1992, 1996, 2001) afirma que, aunque las relaciones centro-periferia se hayan globalizado, siguen siendo intrínsecamente asimétricas y no son solo reproducidas globalmente, sino, sobre todo en aquellos lugares con pasado colonial, dentro de los propios estados. El autor sostiene que, a pesar de que los centros se encuentren principalmente en los *global cities*, estableciendo la relación de periferia con respecto a otros países, esta relación se da exactamente igual entre nación y región (Hannerz 1992: 230 y ss.). Las estructuras institucionales y el modelo industrial de los respectivos centros son emulados por sus países o zonas periféricas, entrando en la necesidad de formar académicamente en una estructura diferenciada a miembros de estas sociedades periféricas. Así, justo en los mismos términos vistos en Hechter (1975), Hannerz piensa que, al igual que la división del trabajo fuerza y activa una segmentación cultural, muchas subculturas tienden a una distinción inherente de centro y periferia en el propio ámbito "nacional". Es decir, aunque de forma global y de una manera resituada, las situaciones que en los años 70 fueron descritas como colonialismo interno o división cultural del trabajo, se siguen reproduciendo en el actual proceso de globalización. Hannerz considera, además, que la complejidad de este proceso no permite establecer reglas fijas, como las que regían el sistema centro periferia (1998), pues la globalización no afecta de la misma forma a los centros que a las periferias, como tampoco a la constitución de la identidad que se da en unos y en otros. (Ver punto 5.3.1).

b.2) La desterritorialización y el no-lugar

Arjun Appadurai (1996) va mucho más allá que Hannerz, al postular que las relaciones centro-periferia se han visto totalmente "desterritorializadas", por lo que el contexto económico mundial en el que nos encontramos no admite hablar más de ellas:

> La nueva economía cultural global tiene que ser pensada como un orden complejo, dislocado y repleto de yuxtaposiciones que ya no puede ser captado en los términos de los modelos basados en el binomio centro-periferia (ni siquiera por aquellos modelos que hablan de muchos centros y muchas periferias)[21] (Appadurai 2001: 46).

---

[21] Como el de Hannerz.

Appadurai arguye cinco razones para rechazar cualquier constelación de centro-periferia. Las aúna bajo el concepto de "paisaje", para referirse a su "forma irregular y fluida". Las relaciones de estos cinco *paisajes* no son construidas objetivamente, y al contrario, quieren hacer notar "el hecho de ser fundamentalmente constructos resultados de una perspectiva", que por lo tanto expresan "las inflexiones provocadas por la situación histórica, lingüística y política de las distintas clases de actores involucrados" (Appadurai 2001: 46-47)[22].

Para Appadurai, los autores y teorías que aún siguen analizando la cultura global en términos de centro-periferia no han tenido en cuenta ni el desarrollo de un capitalismo desorganizado ni la desterritorialización producida por los cinco factores expuestos. Pone especial énfasis en las migraciones masivas y en la expansión desenfrenada de los medios electrónicos, así como en la rapidez del circuito del capital y de la compresión del espacio-tiempo. Argumenta que estos paisajes se entrelazan y dinamizan unos a otros de manera dislocada. La dislocación –*disjuncture*– y el caos son las principales consecuencias de los cinco, pues "las personas, la maquinaria, el dinero, las imágenes y las ideas circulan en la actualidad por canales cada vez menos isomórficos" (50). Las formas económicas y culturales del mundo actual son, por consiguiente, y básicamente, fragmentarias. Cuenta con fronteras difusas y estructuras irregulares, que –siguiendo a Appadurai– ya no pueden ser estudiadas como sistema estable o con ciertas reglas fijas (antiguos modelos de centro-periferia). En consecuencia, solo cabe preguntarse por la dinámica que lo conforma (al sistema global), dado que está en continuo cambio y tiene muy distintas formas que se superponen y contradicen (caos), además de reproducirse de modos diferentes, dependiendo siempre del contexto. La gran velocidad a la que se mueven las personas, las ideas, las imágenes y las finanzas conllevan nuevas relaciones sociales, hasta ahora inexistentes, que no solo se materializan en las migraciones o en las diásporas sino, por ejemplo, en las nuevas relaciones que se establecen entre turistas y anfitriones (Lash/Urry 1994). Este capitalismo desorganizado y el nuevo (des)orden global conducen a la desterritorialización no solo de las transnacionales y de los flujos de capital, que ya no se encuentran en un lugar concretable o palpable, sino también de "grupos étnicos, movimientos sectarios y formaciones políticas que cada día funcionan más de una manera que trasciende las fronteras territoriales específicas y las identidades" (Appadurai 2001: 64).

---

[22] Tales paisajes sirven al autor para explicar su postura de que ya no puede hablarse de centros y periferias y son: 1. Paisaje étnico (ethnoscape): 2. Paisaje tecnológico (technoscape): 3. Paisajes fiscales (financescapes): 4. Paisajes mediáticos (mediascapes): 5. Paisajes ideológicos (ideoscapes).

Se puede apreciar que esta postura difiere sustancialmente de la ya vista de Hannerz. Como advierte Kreft (2003: 147), mientras que Appadurai afirma que dentro de la nueva economía global desorganizada no es posible hablar de centros y periferias –ni siquiera de aquellos modelos que postulan la existencia de muchos centros y muchas periferias– Hannerz mantiene que no solo se puede seguir hablando de centros y periferias, sino que las relaciones entre ambos se han intensificado. Como explicaré a continuación, opino que estas contradicciones no son tales en el caso canario, donde más bien se reproducen ambas situaciones.

2.3. La relación centro-periferia en Canarias

En este punto se abordarán dos cuestiones principales. En primer lugar, es interesante analizar cómo se ha tratado desde Canarias la relación centro-periferia. Estos estudios, desarrollados principalmente en la década de los setenta y principio de los ochenta, unidos a los datos estadísticos actuales (punto 2.1), ofrecen una posible respuesta al funcionamiento en la actualidad de la relación centro-periferia en el Archipiélago. Esto es de suma importancia porque, como se dijo en la introducción a este capítulo, el estatus de periferia tiene consecuencias, tanto en la construcción de la identidad colectiva como en las actitudes lingüísticas que los hablantes tienen hacia su propia variedad.

2.3.1. *Estudios y aproximaciones clásicas desde Canarias*

La primera obra que trató las relaciones centro-periferia en Canarias fue la de Óscar Bergasa Perdomo y Antonio González Viéitez: *Desarrollo y subdesarrollo en la economía canaria* (1969)[23]. La propuesta conecta con las tendencias de aquel entonces, que, como se ha visto a lo largo del punto 2.2.1, explicaban la historia económica de los lugares en clave de un sistema mundo con centros y periferias. Los dos economistas realizaron una síntesis de la historia económica isleña hasta los años sesenta, con el objeto de describir sus recurrentes y significativos ciclos de crecimiento y crisis. La idea concluyente es que la historia económica de las Islas no presenta una línea constante de crecimiento, ni mucho menos uniforme: crisis comerciales, desastres agrícolas, cambios de cultivos fundamentales y emigraciones de gran trascendencia son consecuencias de un sistema de fuerte dependencia de España y de Europa. Argumentan que el único recurso existente en la economía del Archipiélago ha sido la agricultura, siempre de

---

[23]   La reedición utilizada aquí (única existente) es (2003): Santa Cruz de Tenerife: Idea.

carácter exportador y en manos extranjeras. Como se vio con di Filippo (1998), esto es precisamente lo que caracteriza a las economías periféricas agrícolas, que "carecen, por definición, de un desarrollo adecuado de sus ramas industriales". Para el caso canario, dicen los autores en el año 69:

> Carentes de recursos naturales si exceptuamos la tierra disponible, las islas han encontrado en esta limitación una dura barrera para el crecimiento económico, toda vez que el capital social existente hoy es el resultado de una ardua tarea a lo largo de siglos. Dedicadas desde hace más de cuatrocientos años a la agricultura, que desde el primer momento fue de carácter exportador, las Canarias han visto limitadas sus posibilidades de crecimiento industrial y su desarrollo tecnológico, al igual que ha sucedido en América Latina, en África y en Asia (Bergasa/González [1969] 2003: 37).

La relación centro-periferia que se produjo durante toda la historia de Canarias (hasta la irrupción del turismo de masas) coincide, por tanto, con la descrita para los países en vías de desarrollo por los modelos explicativos clásicos del binomio centro-periferia y de la teoría de la dependencia:

Desarrollo y subdesarrollo en la Economía Canaria funcionó a modo de luz y guía para las siguientes investigaciones al respecto. La década de los setenta es, a partir de este trabajo pionero, crucial en el panorama de las ciencias sociales del Archipiélago y en la aplicación de las teorías centro-periferia. De gran importancia son, en este sentido, los *Cuadernos Canarios de Ciencias Sociales*, publicados a instancias del Centro de Investigación Económica y Social (CIES). El primer número, *Canarias en 1975: Análisis de su economía. Entre el subdesarrollo y el neocolonialismo*, publicado en 1976, es una indudable referencia a los postulados de la teoría de la dependencia. En la misma línea de estos cuadernos, un conjunto de profesores universitarios se involucró en la tarea de lograr una aproximación a la realidad económica dependiente de las Islas. Entre ellos destaca la aportación del geógrafo valenciano Eugenio Burriel de Orueta y su trabajo, *Canarias: Población y agricultura en una sociedad dependiente* (1982), cuyo objetivo era mostrar que el Archipiélago canario está caracterizado por ser "un espacio no desarrollado, dependiente y marginal en el contexto mundial, y fuertemente desequilibrado en su estructura interna" (13). El análisis de la población es la variable fundamental de este estudio, ya que a través de ella el autor analiza las características del sistema económico y social.

Como se dijo en el punto 2.1, el fuerte y regular crecimiento demográfico ha definido siempre a la población canaria, incluso antes de la llegada del turismo. Este rasgo venía regido por el gran desfase entre una alta natalidad y una baja mortalidad, unido a un progresivo desequilibrio en la distribución espacial de la población, que marcó una clara tendencia inmigratoria a las islas de Gran Canaria y Tenerife, así como un desvío de la población rural a los núcleos urbanos. Burriel de Orueta predice –y como muestran las cifras actuales acierta– que la aparición de la oferta de trabajo en la construcción y en los servicios, en gran medida a causa del crecimiento del sector turístico, sumirá al principal sector productivo isleño durante siglos, la agricultura, en una crisis irreversible. En general, los rasgos concluidos del análisis demográfico canario dibujaron un esquema "más cercano a las zonas en vías de desarrollo que a las desarrolladas" (63):

> La consecuencia más clara de esta evolución demográfica parece ser, también la población lo refleja, la fragilidad de la economía canaria, por su fuerte dependencia de la economía internacional, cuyas coyunturas producen incidencia inmediata sobre las islas, determinando crisis y auges. Es, hay que decirlo, un rasgo de estructura colonial o dependiente. Canarias no parece generar su propio desarrollo, sino sufrir la evolución ajena, ir a remolque de la tecnología y política (Burriel de Orueta 1982: 27).

Los resultados del análisis de la evolución demográfica canaria llevan a este investigador a plantearse "la condición periférica de la economía canaria". El contraste de la evolución demográfica de las zonas marginales y las zonas de predominio de las producciones de exportación "revela la subordinación funcional de aquellos espacios a estos" (1982: 110): En los períodos de mayor auge exportador abastecen de mano de obra y en los de crisis retienen gran parte de esta en su economía campesina de autoconsumo, en reserva de posteriores demandas de los países del "centro" mundial. Con respecto a las teorías centro-periferia y su aplicación a Canarias, el autor extrae la conclusión principal de que Canarias es "una realidad cuya estructura encaja perfectamente –aunque no se señale siempre de modo explícito– con el modelo de "formación social capitalista periférica", según el conocido análisis de S. Amin y otros autores" (73)[24].

Parece que, en efecto, estos autores ubican a Canarias en la periferia del sistema mundo, pero no aplican la teoría del colonialismo interno que, sin embargo, a

---

[24] Burriel da una descripción exacta de esta situación de periferia de Canarias dentro del sistema mundo de centros y periferias en el siguiente párrafo: "En definitiva, cuando los centros de decisión de la economía mundial han considerado interesante especializar a Canarias en determinada producción de exportación, el alto crecimiento natural de una población escasamente alfabetizada y de comportamientos muy tradicionales les ha permitido disponer de una mano de obra abundante que garantizaba unos costes bajos y por lo tanto unos beneficios notables. La concentración espacial de este sector productivo ha exigido movilizar recursos humanos de los restantes espacios insulares que permanecen con una economía "tradicional". La situación socioeconómica de estas zonas marginales –altos excedentes vegetativos sobre unas tierras escasas, fragmentadas, con frecuencia no en propiedad, y un sistema agrícola poco productivo y de reducida orientación comercial– generaba una fuerte presión demográfica, la cual favorecía la absorción de parte de su población para el trabajo en los espacios valorados por el sector de exportación" (1982: 108).

juzgar por las cifras expuestas anteriormente y por el devenir histórico de las Islas, juega un importante papel. Los estudios que posteriormente se han ocupado expresamente de la relación centro-periferia son casi inexistentes. Se ha abordado de forma puntual dentro de otros contextos, pero no de modo expreso. Sin embargo, cabe destacar estudios como el de Brito/Pérez Voituriez o Wehbe (1999).

2.3.2. *Situación actual de las relaciones centro-periferia en Canarias*

Tras los datos socioeconómicos estudiados con anterioridad, cabe preguntarse cómo han cambiado las relaciones centro-periferia en Canarias, después de la irrupción del turismo de masas, que es –como argumentan Lash/Urry (1994)– una de las características principales del capitalismo desorganizado y de la globalización. Canarias se ha visto inmersa en un período de apenas 25 años en un desarrollo económico y poblacional exorbitante, observándose en un territorio tan pequeño las características más importantes de la globalización, pues reúne toda una serie de factores dislocados, desorganizados y hasta contradictorios entre sí. Mientras sigue teniendo una estructura económica dependiente, Canarias posee, sin embargo, una renta per cápita alta, pero también un alto índice de paro. Además, recibe doce millones de turistas al año y cada vez mayor cantidad de inmigrantes, procedentes de zonas aún más periféricas que el Archipiélago mismo. Todo ello permite calificar a Canarias como una *globalización en miniatura*.

La siguiente cuestión es cómo se relocaliza en un marco semejante la relación centro-periferia, que hasta la irrupción del turismo masivo era una relación claramente bipolar, donde se podía definir y poner nombre y apellidos a quién era uno y quién otra. A continuación, basándome en lo desarrollado hasta ahora, intentaré responder en la medida de mis posibilidades a esta pregunta. Desde luego, sería muy interesante que se estudiara esta situación con más profundidad desde disciplinas como la economía y la geografía, ya que pueden aportar una visión más exacta de lo que significan los flujos de población y los cambios económicos tan drásticos que está sufriendo el Archipiélago. Sin embargo, a falta de tales estudios y por el recorrido teórico realizado a lo largo de este capítulo, creo que se pueden extraer algunas conclusiones generales, referentes a cómo se producen las relaciones centro-periferia en la actualidad en Canarias.

En el punto 2.2, se ha estudiado la manera en que se relocalizan el centro y la periferia en el nuevo orden social, señalando dos posturas principales: la que afirma que estas relaciones se han intensificado y la que afirma que han desaparecido, porque ya no pueden localizarse en ningún lugar, es decir, están desterritorializadas. Esta controversia, representada principalmente por Hannerz y Appadurai respectivamente (Kreft 2003: 147), deja de ser tal en el caso canario, pues se pueden observar elementos de ambas. Asimismo, parecen conservar vigencia algunas nociones de las aproximaciones "clásicas", como la división cultural del trabajo y el discurso de la semiperiferia. Tomando todo ello en cuenta, se puede decir que la relación centro-periferia en Canarias es de carácter multidimensional, pudiéndose distinguir, a mi juicio, tres formas principales de manifestarse dicha relación:

1) Reproducción de la relación centro-periferia clásica, que se ha visto intensificada en el marco global en que Canarias funciona:

a) Como periferia del Estado español: se ha visto en el punto 2.3.1 cómo, y a través de qué factores, Canarias ha poseído a lo largo de toda su historia un estatus de periferia. Efectivamente, se ha producido una situación de colonialismo interno, marcada por una división cultural del trabajo donde hasta hace poco los canarios ocupaban los puestos más bajos en la pirámide del trabajo. Aunque esta situación ha cambiado considerablemente, el porcentaje de inmigrantes con alta formación procedentes del propio Estado está próximo al 45%, (Rodríguez 2003: 128) constituyendo una cifra altísima si se compara con el tipo de inmigración que se produce en los países del "centro", cuyos inmigrantes suelen tener recursos económicos y formación mucho menores. A juzgar por el tipo de puesto que ocupa este 42% de la inmigración estatal (ver punto 2.1: funcionariado público, altos cargos en empresas privadas, cargos militares, etc.), se puede afirmar que en Canarias se sigue produciendo una relación de dependencia clásica como la descrita por las teorías del colonialismo interno.

b) Como periferia de la UE: Por un lado, hay que destacar la inmigración masiva de países europeos (sobre todo de Alemania y de Inglaterra), que está caracterizada por un poder adquisitivo mucho mayor que el de la población local y por establecerse en zonas residenciales de lujo con una economía propia (Ley Strauss ver punto 2.1). Por otro lado, se sigue reproduciendo el binomio clásico de centro-periferia en el sentido de que Canarias sigue poseyendo una economía sin diversificar y, por ello, totalmente dependiente de las fluctuaciones económicas internacionales. Como se vio en el punto 2.1 con González (2003), la explosión económica que se ha producido en el Archipiélago con el turismo de masas no significa la desaparición de una economía dependiente, ya que este funciona como un monocultivo más. Se ha expuesto que el turismo de masas es una de las principales características del capitalismo desorganizado y de la desterritorialización de los centros y periferias. Los grandes tour-operadores actúan en un espacio virtual, en el que buscan de manera transnacional los mejores espacios para sus inversiones, sin tener en cuenta si se trata de enclaves periféricos o no. En este sentido, ya no se puede hablar de la periferia de tal o cual estado/centro, sino que estos "centros financieros" se encuentran en un espacio virtual y tienen, por tanto, un carácter desterritorializado. Si el turismo de masas en Canarias es, utilizando la terminología de Appadurai, un ejemplo de dislocación y desterritorialización, y si realmente se trata de un capital transnacional cuyos centros son fluctuantes y no están localizados, ¿se podría decir que Canarias funciona como periferia de un centro desterritorializado? Esta es una pregunta que se escapa a los objetivos de este trabajo y que queda por ello abierta para economistas y otros especialistas en esta temática.

2) Canarias como semiperiferia: A pesar de ser periferia, cumple un papel de centro para países aún más periféricos. Como se vio con Wallerstein (1983), el capitalismo global hace que el desarrollo local de las economías semiperiféricas esté ligado a las fluctuaciones de inversión de mercado internacionales, como es el caso de Canarias. Frente al resto de la periferia, en la semiperiferia se puede dar un mayor nivel de desarrollo, unas mayores tasas de crecimiento económico e incluso un déficit de fuerza de trabajo que permitirá admitir inmigrantes procedentes de las economías más pobres. Canarias ha sido en los últimos años destino de miles de inmigrantes, que arriban a las costas desde los países magrebíes y desde la zona subsahariana, así como inmigrantes retornados de Latinoamérica, para quienes Canarias cumple la función de centro. En el sentido descrito por Wallerstein para la semiperiferia, aunque las Islas posean coyunturalmente una situación de centro para países aún más periféricos, siguen ajustándose más a un modelo de periferia y no a un *semicentro*.

De manera metafórica, el economista Rodríguez Martín (2003: 54) describe las distintas relaciones centro-periferia que se dan en Canarias en la era de la globalización de la siguiente manera: "un territorio de las características del canario (...) no tiene alternativa fuera de la opción de la adaptación a la globalización y mundialización. Canarias puede practicar "efectos de Gulliver" con sus vecinos africanos, pero está sujeta a los "efectos de Liliput" con sus principales socios económicos, Península y Unión Europea". En el siguiente cuadro represento de manera esquemática esta multipolaridad de las relaciones centro-periferia en Canarias, según las conclusiones extraídas a partir de los datos estadísticos y del recorrido teórico hecho hasta ahora:

FIGURA 1
Relación centro-periferia en Canarias y tipos de inmigración

3. LENGUA E IDENTIDAD:
LAS DISTINTAS PERSPECTIVAS

Por la prolífica producción científica que la relación lengua-identidad ha suscitado a lo largo del siglo XX, especialmente a partir de la segunda mitad, no solo en la sociolingüística sino también en disciplinas como la psicología, la psicología social, la sociología o la antropología, esta parece ser una pregunta legítima, aunque no por ello fácil de responder. El investigador que se acerca por primera vez a este tema se encuentra ante una "selva" bibliográfica cuyos puntos de vista, a pesar de referirse a lo mismo, pueden llegar a ser muy dispares entre sí. Como advierten Zimmermann (1992[a]: 39-41, 1999[b]: 121-122) y Gugenberger (1995: 81; 2004: 117-125), el problema radica en que no se han distinguido de manera suficientemente clara los distintos niveles en los que esta relación se puede producir. Para analizar y exponer las distintas perspectivas desde las que se puede y se ha abordado la relación lengua-identidad, sobre todo si se quiere hacer esto desde un punto de vista lingüístico, hay que tener en cuenta una vez más la importante y conocida diferencia establecida por Saussure entre *langue* y *parole*, puesto que, dependiendo en cuál de los dos planos del lenguaje se tome, varía el tipo de relación que se produce con el concepto de identidad. Así:

Si nos situamos en el plano de la *langue*, que Coseriu (1981b) especificó *como lengua histórica particular* para relacionarlo con el concepto de identidad, se cristaliza como lazo de unión entre ambas una "relación global", marcada por tres elementos principales (Zimmermann 1992[a]: 39-40): 1. Las posibilidades de entendimiento que una lengua histórica particular posee en su ámbito de validez. 2. Su función como portadora de experiencias de un grupo (étnico) determinado. 3. Su carácter como símbolo de pertenencia a dicho grupo. En este sentido, se ha discutido ampliamente si la lengua es un rasgo esencial de la identidad étnica o no, y la mayoría de los autores han coincidido en responder que no es necesariamente así[1].

---

[1]   Esta discusión no será retomada aquí debido a que el ámbito dialectal supone (se explicará a lo largo del capítulo) una dimensión distinta en la relación *langue-identidad*. Para esta

En el caso de los dialectos, responder a esta pregunta se hace aún más complejo. Por ello, en este plano del lenguaje lo que se plantea como especialmente relevante, con referencia a la identidad, es la concepción planteada por Humboldt –ampliada fundamentalmente por los postulados del relativismo lingüístico– de que las lenguas no se diferencian únicamente en el plano del significante. También lo hacen en el del significado y conllevan, debido a ello, distintas visiones del mundo. Para abordar la relación entre lengua e identidad desde este plano del lenguaje, es por tanto fundamental situarse en un punto de vista semántico, que –como se estudiará a continuación–, es el significado el que determina y *produce* esta relación.

Si nos situamos en el plano de la *parole*, entendida por Coseriu (1981b) como textos situacionales o discursos, y lo relacionamos con el concepto de identidad, se cristaliza como lazo de unión entre ambas el proceso de interacción social donde los individuos al *hablar* se adscriben identidades distintas a sí mismos y a los otros. Esta última perspectiva es la que más importancia ha tenido en los estudios acerca de lengua e identidad y ha sido ampliamente tratada desde los postulados de Mead hasta la actualidad, en especial por el análisis conversacional.

Es mi propósito, en este capítulo, retomar ambas perspectivas como una forma de intentar aclarar cuáles han sido y son los distintos modos de acercarse a esta relación, dado que las dos poseen una importancia fundamental en este trabajo. En el plano de la *langue* es mi objetivo preguntar si el supuesto de que cada lengua implica una visión del mundo y una manera de construir la realidad diferente puede aplicarse también en el ámbito dialectal, es decir, entre las distintas variedades de una misma lengua. Para ello acudiré a los principios de Humboldt y del relativismo lingüístico, que serán ampliados con los análisis realizados por Morera (1990, 1995, 2005), acerca de la capacidad designativa y de significación del léxico dialectal. En el plano de la *parole*, de forma breve, retomaré los principales postulados establecidos al respecto desde el interaccionismo simbólico, la etnometodología y el análisis de la conversación, para centrarme a continuación en un aspecto particular de la interacción: las narraciones conversacionales. Por último, realizaré un acercamiento metodológico que sirva de base para analizar a través de qué recursos se construye narrativamente la identidad colectiva, así como una explicación del método a utilizar para analizar los datos empíricos recogidos en este trabajo.

---

discusión y bibliografía correspondiente, ver Zimmermann 1992, y Gugenberger 1995. Una visión actualizada en Gugenberger 2004: 117).

3.1. Perspectiva semántica

El primero que planteó dentro de la teoría del lenguaje la existencia de una relación entre la lengua y la identidad fue Guillermo de Humboldt. Inspirado en los trabajos de Herder, recogió la idea de que la lengua constituía la forma del pensamiento: cada comunidad *piensa* en su lengua materna y transmite a través de ella las prácticas y valores culturales que se han acumulado a lo largo de su historia (Aguirre Beltrán 1983). Humboldt toma de ahí la idea fundamental de que la lengua tiene una función creativa. Es, siguiendo la tradición griega, *energeia* (actividad) y no *ergon* (producto), y trae consigo una visión del mundo determinada. Esta visión del mundo contenida en cada lengua es lo que lleva a Humboldt a postular que, si esta muere o desaparece, desaparece no solo un sistema fonético determinado, sino una manera de ver y conocer la realidad exterior.

Aunque esta perspectiva acerca de la naturaleza de las lenguas es sobradamente conocida, no ha sido la que ha primado durante la historia de la lingüística. Al contrario, está extendida la concepción de que las lenguas se distinguen únicamente en su parte exterior. Como advierte Zimmermann (1992[a]: 195-200/1999[a]: 102 y ss.), la corriente que sin duda ha contribuido en mayor medida a ello fue el estructuralismo descriptivista norteamericano comenzado por Leonard Bloomfield en su obra *Language* (1935), que tiene repercusiones hasta hoy día, ya que aún impera la concepción de que las lenguas son meras nomenclaturas que designan realidades iguales con fonemas distintos. Bloomfield descartó la importancia del significado, como evidencia esta conocida cita suya: "the meaning can not be defined in terms of our science" (1935: 167). La postura de Humboldt fue retomada en los años 30 en el ámbito de la lingüística antropológica por Sapir y sus discípulos, quienes desarrollaron la teoría de la relatividad lingüística que ha ejercido una determinante influencia en el discurso acerca de la relación entre lengua e identidad (ver Gumperz/Levinson 1996).

3.1.1. *La importancia del significado*

Para comprender la postura de Humboldt con referencia a la naturaleza de las lenguas, es fundamental tener en cuenta el plano semántico del lenguaje. Asimismo, es importante descartar la noción de que las lenguas se distinguen únicamente en el plano significante y que igualan significado a cosa designada, tomándola exclusivamente como medio de comunicación. Para Humboldt, al contrario, considerar que las lenguas se distinguen únicamente a través de una diferencia de sonidos es "nefasta para la lingüística" y postula que las lenguas se distinguen fundamentalmente en el plano semántico, además de constituir y producir diferentes maneras de ver el mundo (*Weltansicht*). Dice en este sentido el filósofo alemán[2]:

> Si comparamos en varias lenguas las expresiones que se emplean para designar los objetos no sensibles, encontraremos que solo son sinónimas aquellas expresiones que, por ser construibles mentalmente de un modo puro, lo único que pueden contener y que contienen es aquello que se deposita en ellas (...) las expresiones empleadas para designar los objetos sensibles son sinónimas, desde luego en la medida en que en todas ellas se piensa el mismo objeto; pero su significado diverge en el modo de expresar su representación. Pues mientras permanece viva, la influencia ejercida por la visión individual del objeto en la formación de la palabra determina también la manera cómo esta reevoca a aquél (Humboldt 1991: 55)[3].

El significado de cada palabra es por tanto, siguiendo a Humboldt, distinto en cada lengua. Las lenguas no pueden considerarse únicamente como un conjunto arbitrario de signos que *copian* la misma realidad a través de sonidos diferentes, sino que por el contrario

> [l]as diversas lenguas constituyen los órganos de los modos peculiares de pensar y de sentir de las naciones; que son muchísimos los objetos que en realidad son creados por las palabras que los designan, y, finalmente, que las partes fundamentales de las lenguas no han surgido de manera arbitraria y, por así decirlo, por convención, sino que son sonidos articulados que han brotado de lo más íntimo de la naturaleza humana y que se conservan y se reproducen como entidades autónomas (Humboldt 1991: 61).

Esta concepción del lenguaje es seguida y ampliada por Sapir y algunos de sus discípulos, quienes comienzan a interesarse por las lenguas no escritas, la función heurística del lenguaje y su influencia organizadora en la percepción de la realidad. Sapir considera que la lengua es una guía para llegar a la realidad social y que los vocabularios son –como para Humboldt– un contenedor de la cultura de quien los utiliza, además del medio de transmisión de la misma[4]. Tras estos avan-

---

[2] Para Humboldt las distintas lenguas no solo conllevan distintas visiones del mundo, sino que son en sí mismas distintas visiones del mundo (Ver Zimmermann 1992: 197).

[3] Versión original alemana según la edición de la Academia: (Humboldt VI: 119, citada según Zimmermann 1992).

[4] "Vocabulary is a very sensitive index of the culture of a people and changes of the meaning, loss of old words, the creation and borrowing of new ones are all dependent on the history of culture itself. Language differs widely in the nature of their vocabularies. (...) The fact of the matter is that the real world is to a large extent unconsciously built up on the language habits of the group. No two languages are very sufficient similar to be considered as representing the same social reality. The worlds in which different societies live are distinct worlds no merely the same world with different labels attached". (Sapir 1970: 36)

ces de Sapir, Whorf y Schaff, continúan desarrollando esta concepción, en algunos casos de manera "radical", concediendo importancia fundamental a las distintas visiones del mundo que cada lengua implica, así como al carácter creativo de la misma. De hecho, para Schaff (Aguirre Beltrán 1983: 263) "la palabra no es una copia del objeto en sí, sino la imagen que este suscita en el espíritu" y concluye por ello que "en cada lengua existe una visión del mundo que le es propia (...) y cada lenguaje lleva consigo a la nación a la que pertenece". Whorf por su parte destaca la faceta creativa del lenguaje: "La gramática de cada lengua no es simplemente un instrumento que reproduce ideas, sino más bien el formador de las ideas en sí mismo, el programa y guía de la actividad del individuo" (Whorf, 1940, en Aguirre Beltrán, 1983: 262).

Zimmermann (1999[a]: 104-107) señala la importancia de esta concepción a la hora de abordar no solo la relación lengua-identidad, sino consecuentemente la temática de la muerte de lenguas, ya que –como se ha dicho– al desaparecer una lengua desaparece no solo una "diversidad de sonidos", sino también "todas aquellas experiencias sedimentadas por procesos históricos largos que cristalizan las visiones del mundo en esta forma semiótica especial que representa el lenguaje" (1999[a]: 105). El postulado de Humboldt se vuelve problemático a la hora de analizar la situación de naciones multiétnicas y multilingües, donde no puede postularse una "relación simple entre lengua e identidad" (Zimmermann 1999[b]: 223). Así como en el caso contrario, en que una misma lengua histórica es hablada en distintos Estados, como el español. Por tanto, cabe preguntarse de qué manera se produce la relación entre lengua-identidad dentro de las variedades de una misma lengua histórica y la forma en que el postulado de Humboldt es válido para dichos casos, pues –como indica Zimmermann–, si este tuviera vigencia de manera simple, todos los hispanohablantes, independientemente de su procedencia, tendrían la "misma identidad" (Zimmermann 1999[b]: 223). Sin embargo, parece evidente que canarios, mexicanos, argentinos, panameños y andaluces no tienen la misma identidad a pesar de hablar la "misma" lengua. De qué manera se establece en este sentido la relación entre dialecto e identidad y hasta qué punto tiene vigencia el postulado de Humboldt cuando se analiza esta relación, serán algunas de las preguntas que se abordarán en los próximos puntos.

3.1.2. *Léxico dialectal y visión del mundo*

El principal problema al analizar la relación entre identidad y dialecto es la concepción de que todo dialecto está insertado en una unidad mucho mayor, que es la lengua histórica a la que pertenece, por lo que suele considerarse que los términos dialectales tienen un correlato directo en los estándares. En este sentido, afir-

ma Corrales Zumbado, con respecto al canario (1996: 143), que "se considera al
español peninsular como referencia de comparación, de modo que con respecto a
él se establece el concepto de canarismo". Bajo esta concepción yace una vez
más la idea criticada por Humboldt de que las lenguas se distinguen solo en su
plano exterior. La dialectología, por la persistencia de esta idea, se ha limitado a
definir las unidades de las variedades dialectales mediante el término o los términos que les corresponden en la norma estándar, como si su significado fuera *tra-
ducible*. No obstante, como advierte Morera (1990, 1995, 2005), quien ha realizado una muy interesante aportación a la relación dialecto-identidad, aplicando la
perspectiva humboldtiana para el caso de la variedad canaria, esto no es así. El
autor parte del supuesto que los significados de los términos dialectales son diferentes de los que se considera que les corresponden en la norma estándar y realiza un exhaustivo estudio de ello. Aunque no lo interpreta explícitamente en términos de identidad, esto queda implícito a lo largo de su análisis. Con clara
argumentación humboldtiana, dice el autor:

> Las palabras dialectales poseen la misma legitimidad semántica que las palabras gene-
> rales porque las mismas presentan un significado propio, un significado que no coinci-
> de nunca con el significado de las palabras que le corresponden en la norma estándar y
> que nos permite enfocar la realidad, significarla de forma particular (...) es decir, las
> palabras dialectales dicen cosas distintas de las que dicen las palabras generales
> correspondientes, tienen su propia fuerza expresiva, simplemente porque poseen sig-
> nificados diferentes de los de estas. Lo que se dice con ellas no se puede expresar de
> otra manera. Por eso cuando desaparece una palabra dialectal, todos nos empobrece-
> mos un poco, porque perdemos una forma particular de sentir y percibir el mundo que
> nos rodea, una forma particular de metaforizar nuestra realidad (Morera 2005: 48).

El argumento de Morera es, pues, similar al de Humboldt y al que Zimmermann
(1992[a], 1999[a], 1999[b]) tomó para la desaparición y muerte de las lenguas amerindias, cuando advierte que con esta desaparece no solo un sistema de sonidos distintos, sino las visiones del mundo que estos contienen. Así para Morera (1995),
si desaparecen los términos dialectales *baifo*, *tupir* o *alongar*, desaparecen también sus visiones contenidas del mundo (o lo que es lo mismo, las distintas maneras de construir la realidad), puesto que no *significan* lo mismo que los términos
estándar *cabrito*, *obstruir* y *aproximar*, respectivamente. Si así fuera, estaríamos
nuevamente ante un planteamiento que considera que las diferencias existentes
entre los vocabularios dialectales y el estándar se reducen a una mera cuestión
formal: el signo dialectal no pasa a ser más que una mera variante de expresión
del signo estándar, sin aportar la más mínima diferencia semántica. Se ha sostenido con Humboldt que este razonamiento no es cierto, porque confunde el significado del signo con su designación, obviando que una cosa es el significado de las
unidades del idioma y otra los objetos que se designan con ellas. A partir de aquí,

explica Morera (1995) que las voces *baifo*, *tupir* y *alongar* no son equivalentes a *cabrito*, *obstruir* y *aproximar*, sino que poseen un valor semántico propio y diferenciado. Es decir, *baifo* no significa lo mismo que *cabrito* porque este último implica simplemente una disminución del sustantivo *cabra*. La voz canaria *baifo* aporta algo radicalmente diferente, como pone de manifiesto que posea combinaciones morfológicas y sintagmáticas propias como *baifudo*, *papas baifas*, *írsele a uno el baifo*, *embaifarse*, etc. Del mismo modo, *tupir* no significa lo mismo que obstruir, sino más bien "compactarse una cosa cerrando todos sus intersticios", lo que posibilita decir *tupirse el desagüe del baño*, en el sentido de "obstruirse", *tupirse una persona*, en el sentido de "estreñirse" o *tupir a alguien a mentiras*, en el sentido de "atiborrarlo". Lo propio ocurre con "alongar", que significa lo mismo que "aproximar" en *alóngate a la tienda* ("ve a la tienda"), *alóngame el bolso* ("alcánzamelo"), pero no en *se alongan las Navidades*, en tanto que se "acercan" o se "aproximan".

De todo ello se pueden extraer, a partir de Humboldt, dos conclusiones principales, en cuanto a la relación dialecto-identidad:

no es cierto que los hablantes de una misma lengua posean todos la misma visión del mundo y, con ello, la misma identidad. Al igual que no se pueden igualar los significados de las palabras en las distintas lenguas, tampoco puede hacerse entre los significados de los términos dialectales propios de una variedad con referencia a otras. Por esto:

el postulado de Humboldt de que cada lengua implica una visión distinta del mundo, pues contiene el devenir histórico y cultural de la comunidad que lo habla, puede extrapolarse hasta cierto punto a las distintas variedades de un mismo idioma, que también contienen en sus particularidades estas distintas visiones del mundo e implican, por tanto, distintas maneras de construir la realidad.

Está claro que esta similitud no puede establecerse de manera simple, porque es solo aplicable a aquellos términos particulares de cada variedad cuyo significado es único e intraducible, pero no a todas las unidades comunes del idioma.

3.1.3. *Dialecto e identidad*

Para Morera (1995: 14-44; 2005: 43-54) la diferencia de significado que existe entre el léxico dialectal y el estándar se observa tanto en aquellos términos que son acepciones particulares o derivados de voces generales de la lengua española como en aquellos propios y exclusivos del dialecto. El autor divide los términos dialectales en tres grupos principales. En el primero se pueden distinguir, a su vez, tres (2005: 46-47): 1.1 Términos dialectales que derivan de una evolución del significante de términos generales del idioma, como *mastrote*, que tiene su origen en *armatoste*. 1.2 Términos dialectales que derivan de la evolución del significado de términos generales del idioma, como el significado "tacaño" de *mentecato* y no solo el "tonto falto de juicio" del español general; o *sosañar* con el significado de "infectarse una herida", frente al general "escarnecer, mofar". 1.3 Términos dialectales que surgen de una mezcla de los dos casos anteriores, es decir, que presentan tanto una evolución en el significante como un significado diferente. Es el caso de *guelfo* –"cría del camello mientras mama"– y de la forma y significado generales de *belfo* –"dícese del que tiene más grueso el labio inferior, como suelen tenerlo los caballos".

El segundo grupo lo constituye términos dialectales que proceden "de la aplicación espontánea de los principios categoriales, morfológicos y sintácticos generales del idioma" (2005: 47). Así ocurre con *pulpear*, derivado de pulpo –"molusco cefalópodo octópodo" – y referido a la acción de "pescar pulpos"[5]. Por último, el tercer gran grupo engloba a los términos dialectales de préstamo, cuyo origen está en lenguas extranjeras, como *majalulo* –"camello joven que todavía no puede reproducirse"– procedente del árabe *lmejul*, *escarranchar* –"abrir mucho las piernas"– procedente del portugués *escarranchar*, *baifo* –"cría de la cabra"– procedente de la lengua aborigen, etc. Estos últimos más que préstamos deben ser considerados como sustratos, al igual que ha ocurrido con numerosas lenguas amerindias.

Morera (2005: 47-54) explica que estos términos dialectales no significan lo mismo que los considerados correspondientes en la norma estándar, ejemplificando cada uno de ellos. En la siguiente frase queda perfectamente plasmada esta diferencia de significados: *"el pibe* (también podría ser chinijo o guayete) *iba escarranchado sobre un majalulo"*, frente a la frase que le correspondería en el estándar *"el niño iba a horcajadas sobre un camello joven"*. Ambas oraciones construyen la realidad designada de manera diferente y contienen por ello distintas visiones del mundo; es decir, como se vio con Humboldt, el significado de las palabras no es un simple reflejo de los objetos de la realidad. Los significados inherentes a los signos lingüísticos no son *ergon* (producto), sino que se trata de valores semánticos autónomos con una capacidad designativa ilimitada; son *energeia* (actividad). A través de ellos los canarios poseen una visión propia y diferenciada del mundo y una manera de construir la realidad referencial en muchos casos distinta de la de los hablantes de otras variedades dialectales.

---

[5]   Con una capacidad expresiva y designativa evidentemente distinta de "pulpear", que no significa exactamente lo mismo que 'pescar pulpos'.

Ahora bien, aunque esto sea cierto, no puede decirse que las distintas variedades de una lengua lleven consigo una visión radicalmente distinta del mundo, ni una manera totalmente diferente de construir la realidad, como ocurre por ejemplo con las lenguas amerindias y el español, ya que la mayoría de las voces dialectales se forman a partir y desde los procesos morfosintácticos propios de la lengua de origen. Como advierte Morera (1995: 35-36), el significante de las palabras canarias se ha construido con fonemas españoles y siguiendo los procedimientos de combinación fónica de esta lengua. En segundo término, tanto el significado categorial como el significado sintáctico y sus posibilidades combinatorias, son también enteramente españolas. Valga recordar en este punto que para Whorf la gramática es la formadora de la idea en sí misma y marca la actividad creativa del lenguaje. Por esto, al compartir los hablantes de las distintas variedades de una lengua histórica tanto el significado categorial como el sintáctico, no puede decirse que posean una visión totalmente distinta del mundo; pero sí diferenciada, puesto que las unidades particulares de cada una –aunque creadas a partir de estos procesos generales del idioma– no son traducibles o trasladables a las unidades que supuestamente les corresponden en la variedad estándar o en otras variedades dialectales. Por el contrario, se ha visto que las voces dialectales, tanto las de nueva creación como las que simplemente han adquirido a través del uso un significado distinto, no pueden ser consideradas meras variantes de expresión de las unidades que les corresponden en la norma estándar, sino como signos particulares que implican su propia perspectiva semántica, a pesar de que estén formulados a partir de los procesos fonéticos y morfosintácticos de la lengua general.

Consiguientemente, en cuanto a la relación dialecto-identidad en el plano saussureano de la *langue* y teniendo en cuenta la discusión acerca de la teoría de Humboldt con referencia al léxico dialectal, se puede concluir que: las distintas variedades de una misma lengua histórica, en este caso el español, llevan consigo a través de sus particularidades semánticas distintas visiones del mundo y de construir la realidad. Sin embargo, al encontrarse dentro de los mismos procedimientos de significación primaria, categorial y sintáctica no es totalmente independiente de la visión del mundo que posee a través de la lengua general, que comparte, por tanto, con los demás hablantes de otras variedades. Si no fuera así, estaríamos ante lenguas distintas y no ante variedades de una misma lengua. Hasta qué punto y cómo esta visión del mundo es compartida por los hablantes de una misma lengua y qué diferencias producen sus particularidades en la construcción de la realidad y visión del mundo son preguntas de difícil respuesta. Como ya señalaba Humboldt, determinar esta individualidad de las lenguas (aún más dificultosa que las variedades de una misma lengua) puede ser "la tarea más difícil de la investigación lingüística" (Humboldt IV: 421[6]), dado que esta individualidad de los significados es algo que se puede intuir pero difícilmente explicar. Por otro lado, estudios y análisis como los realizados por Morera con referencia a la significación de los términos dialectales son un acercamiento a ello, como se ha visto, es posible explicar el hecho de que *baifo* no significa lo mismo que cabrito, *escarranchar*, que *abrir las piernas;* ni *majalulo*, que *camello joven*. En la relación que se produce en el plano de la *langue* entre dialecto e identidad, desempeña un papel indudable y fundamental la intuición semántica que cada hablante de una lengua o variedad determinada tenga de los significados particulares de la misma; de ahí que investigarlo suponga, como avisa Humboldt, una difícil tarea. No ocurre lo mismo en el plano de la *parole*, donde esta relación es más *palpable* y accesible de forma más directa para el investigador, como se verá a continuación.

3.2. Perspectiva interactiva

Hasta aquí se ha estudiado la relación que se produce entre lengua e identidad en el nivel de la *langue*, que ha sido, por las razones expuestas, mucho menos estudiada que el de la *parole*. En este último, al tomar el plano de los discursos sociales (habla), se trata de algo que por su carácter interindividual y manifiesto es más accesible que el plano abstracto de la *langue*. El habla como actividad interindividual, al ponerlo en relación con el concepto de identidad, suele denominarse interacción. La interacción es el medio esencial e imprescindible para la constitución de cualquier tipo de identidad (individual, colectiva, de género, etaria, profesional, etc.) y ha sido ampliamente abordada desde distintas disciplinas. Aunque no es mi objetivo en este punto hacer un recorrido exhaustivo por estas disciplinas, pues sus postulados han sido explicados, revisados y discutidos en numerosas ocasiones, me detendré en aquellos aspectos imprescindibles y de importancia para el desarrollo del siguiente punto (3.3), que es el más importante del presente capítulo. Las posturas del interaccionismo simbólico serán retomadas en el capítulo 4 en referencia a cómo se construye la identidad en el nuevo orden social que el proceso de globalización ha traído consigo.

3.2.1. *El giro dialógico*

La importancia que la conversación y la interacción tienen en la construcción de la identidad ha sido denominada por Sampson (1993) *dialogical turn* (giro dialó-

---

[6]   Tomado de Zimmermann (1992: 198), según la edición de la Academia (Tr. LM).

gico). El término señala que somos seres fundamental e ineludiblemente dialógicos y conversacionales, cuyas vidas son (y están) constituidas a través de conversaciones. Las cualidades de nuestra personalidad e identidad están configuradas conversacionalmente y mantenidas a través del diálogo con los distintos otros (1993: 109). En el giro dialógico están incluidos Mead y el interaccionismo simbólico de Goffman, Garfinkel, Habermas, Schütz y Freire, entre otros (ver Elboj Saso/Gómez Alonso 2004), así como la importancia y la actualidad que muchos de estos autores siguen teniendo aún hoy.

En este sentido, autores como Keupp et al. (2002) y Hall (1994), al analizar cómo se construye de manera nueva la identidad en la modernidad tardía y cuáles son las consecuencias que esto ha tenido para la investigación, llegan a la conclusión de que el interaccionismo simbólico, iniciado por Mead y desarrollado entre otros por Strauss y Goffman, sigue estando en sus fundamentos principales vigente. Zimmermann (2004), mediante un punto de vista constructivista, advierte de la actualidad de los postulados de la etnometodología, que se han visto corroborados con las últimas investigaciones de la neurobiología y el estudio del funcionamiento del cerebro. Por otro lado, la inmensa producción bibliográfica de investigaciones con corpus de conversaciones naturales y metodología de análisis del discurso y de la conversación son muestra de este giro dialógico, no solo en la sociolingüística, sino en otras disciplinas como la sociología, psicología social, antropología, etc. A partir de aquí, se formula la siguiente pregunta: ¿Cuáles son los postulados básicos de estas teorías con referencia a la constitución de la identidad?

3.2.2. *Interaccionismo simbólico*

Como es sabido, la relación entre interacción e identidad fue en principio establecida por Herbert Mead a través de su conocida distinción entre las categorías *Yo* (I) y *Mí* (me). Su concepción queda patente, en parte, a lo largo del capítulo 3, en el sentido de que una persona aislada no tiene identidad y de que esta le es siempre dada a través de los otros. La identidad es así un proceso social y dinámico, que se desarrolla constantemente en la interacción y, por tanto, sometida siempre a la posibilidad de cambio[7].

---

[7]   Es de sobra conocida la manera en que Mead interpreta la identidad como fenómeno social: "El individuo tiene identidad únicamente con relación a las identidades de los otros miembros de su grupo social. La estructura de su identidad expresa los modos de comportamiento generales de su grupo social, exactamente igual que expresa la estructura de cualquier otro miembro de ese grupo social" (Mead 1978: 206; Tr. LM).

La interacción es entendida por Mead como simbólica. Los gestos y símbolos producidos en el proceso de interacción dan a los actores conocimiento sobre sí mismos y sobre los demás. Esta función simbólica de la interacción es explicada por el autor (1978: 216-221) mediante la diferencia existente entre el *Yo* y el *Mí*, que es también de relevancia en la construcción de la identidad narrativa. Según esta concepción, el *Yo* es el sujeto y el *Mí* el objeto, es decir, el *Yo* es el individuo que actúa en la interacción y el *Mí* es el individuo cuando se ve a sí mismo desde la perspectiva del otro. Nunca podremos observar nuestra parte *Yo*, ya que cuando nos observamos estamos siempre ante el *Mí*, a través del que se construye nuestra imagen ante nosotros mismos y frente a los otros, cuando nos presentamos en la interacción. El *Yo* se vuelve *Mí* desde el instante en que nos escuchamos y somos capaces de recordar lo que decimos. Si se trasladan las categorías *Yo* y *Mí* a un plano temporal, se verá que el primero es el presente constante del individuo. Sin embargo, a partir del momento en que el *Yo* actúa en la interacción, se convierte en un *Mí* y, por tanto, en pasado. Para Mead la mejor manera de entender la dialéctica Yo/Mí es desde el punto de vista de la memoria (Baldwin 1987: 116): El *Yo* de este momento está presente en el *Mí* del próximo y se posee un *Mí* en tanto recordamos lo que decimos. Estas dos ideas de Mead son fundamentales y de gran importancia cuando el acto interactivo se convierte en una narración, por razones que se explicarán en el punto 3.3.

Las identidades *Yo* y *Mí* fueron reinterpretadas y ampliadas en los años 60 por Goffman, quien continúa desarrollando en el ámbito teórico los postulados de Mead, estableciendo su conocida división de los tres tipos de identidad producidos en la interacción: identidad social, personal e individual. Para él, como para Mead, la identidad se construye a través de la interacción, es decir, es un fenómeno que se constituye socialmente por el contacto oral con los otros miembros del grupo y donde se producen una serie de categorizaciones. Si la interacción se desarrolla de manera normalizada, los actores serán capaces de atribuir a primera vista determinadas características al interlocutor. Esta categorización y descripción a priori es lo que Goffman denomina *identidad social*:

> When a stranger comes into our presence, then first appearances are likely to enable us to anticipate his category and attribute, his "social identity" – to use a term that it is better than social status because personal attributes such honesty are involved, as well as structural ones, like occupation. (Goffman 1968: 12)

Estas anticipaciones del interlocutor tienen un carácter normativo y están mediatizadas por el conocimiento de ciertas imágenes prototípicas o modelos sociales, de los que el actor no es consciente a menos que estos no se cumplan, es decir, cuando la identidad está estigmatizada por algún defecto psíquico o físico. A través de la interacción son adscritas dos identidades: la *identidad social virtual*, aquella que está latente aún antes de la interacción, y la *identidad social actual*, por la que estos atributos y categorías latentes son demostrados al interlocutor, al hablar con él. Estas imágenes prototípicas constituyen una *información social* (1968: 59) y son para Goffman *símbolos*. Los símbolos no traen consigo solo ciertas informaciones sociales, sino una valoración intrínseca y establecida anteriormente, que pueden ser evaluados positivamente como prestigiosos o negativamente como estigmas. Los símbolos están determinados social y culturalmente. Para un grupo pueden tener una validez determinada y para otros una distinta o ni siquiera existir, desempeñando un papel fundamental en la formación de prejuicios y estereotipos.

La identidad personal también le es adscrita al individuo por otros miembros que están en interacción con él. Según acabamos de ver, para esto se necesitan una serie de informaciones sobre el carácter, el humor, los sentimientos, que constituyen la información social. Mantiene Goffman que para entender la identidad social y la personal es importante ponerla en contraste con otra: la identidad *Yo* o identidad individual. La identidad personal y la social se forman esencialmente a partir de las definiciones que otras personas hacen de aquel cuya identidad esté siendo cuestionada. En el caso de la identidad personal, estas definiciones pueden incluso estar presentes antes de que el individuo nazca y continuar a lo largo de su vida, aún antes de tener conciencia de ello o sin que la tenga. En cambio, la identidad *Yo* es subjetiva, reflexiva y tiene que ser sentida por dicho individuo.

3.2.3. *La etnometodología y el análisis de la conversación*

No es hasta mediados de los años 60, con el surgir de la microsociología y su interés en la vida y la interacción cotidianas, que los postulados del interaccionismo simbólico son desarrollados de manera empírica. Entre ellos, destacan nombres como Sacks, Schlegoff y Jefferson, quienes desarrollaron y pusieron en práctica los fundamentos de la teoría etnometodológica de Harold Garfinkel. Garfinkel se enfocó en proporcionar una nueva área de estudio para la sociología, que hasta ese momento únicamente se había centrado en *grandes* temas. Lo que propuso Garfinkel fue centrarse en el estudio de la vida cotidiana, como manera de acercarse a los modos de categorización que los miembros de una comunidad determinada hacen de la realidad, es decir, a su manera de enfrentarse y conocer la realidad exterior. Garfinkel (1967) define su disciplina de la siguiente manera: "What is ethnomethodology? I use the term ethnomethodology to refer to the investigation of the rational properties of indexical expressions and other practical actions as contingent ongoing accomplishments of organized artful practices of everyday life" (Garfinkel 1967: 11).

Además de vida cotidiana, la etnometodología posee otros dos conceptos fundamentales, en directa relación con el uso del lenguaje, que fueron imprescindibles
para el posterior desarrollo del análisis conversacional: *indexicality y reflexivity*.
El concepto de indexical se refiere a que, para los miembros de una comunidad,
el significado de lo que dicen depende del contexto en el que el acto lingüístico
tiene lugar. Los miembros están interesados en las particularidades de sus acciones y expresiones, pero no en significados estandarizados o idealizados. La indexicalidad es parte de cada situación, acción e interacción, y no puede ser remeda-
da con términos y conceptos estandarizados. En segunda instancia, la reflexividad
se refiere a que para tales miembros los rasgos de la realidad social están producidos por personas entre las que existe un conocimiento común y compartido. Lo
que se da entre los hechos sociales y el conocimiento común que los miembros
de la comunidad tienen de ellos es una relación de reflexividad. Estos están continuamente preocupados en otorgar sentido e interpretación a aquellas acciones y
expresiones propias y de los otros, que constituyen la realidad social en la que se
encuentran[8]. Este supuesto de la etnometodología es de gran importancia para
comprender cómo se construye la identidad y será retomado tanto en el próximo
punto como en el 5.3.

Los estudios con corpus de conversaciones naturales, que han tomado como
método el análisis etnometodológico del discurso y la conversación, investigando
cómo en ellas se negocia y constituye la identidad, han seguido realizándose de
manera numerosa y amplia hasta la actualidad, principalmente gracias al análisis
conversacional. Como se advirtió en el punto 2.2 con Hall (1994), Keupp et al.
(2002) y Zimmermann (2004), los fundamentos del interaccionismo simbólico y
del análisis de la conversación siguen teniendo una gran vigencia en la actualidad. Por ello, sus postulados principales han sido recordados brevemente en este
punto, porque son imprescindibles para comprender qué ocurre con las narraciones conversacionales, pues estas son, en primera instancia, un acto de interacción. En este sentido, el estudio de las narraciones conversacionales como fuente
principal para la construcción de la identidad individual y colectiva ha sido una
corriente que ha encontrado menos resonancia en la sociolingüística.

---

[8]   Hymes y Gumperz (1972: 68), parafraseando a Garfinkel, definen indexicalidad y reflexi-
        vidad de la siguiente manera: "Ways of speaking are essentially indexical (like pronouns) in
        the sense that part of their meaning and intelligibility always will lie in the situation in
        which their occour and in the association this situation evokes in the participants mind.
        They are reflexive, in the sense that the operations in question are part of all speaking and
        making sense, so that inquiry into them is itself always a new, as yet unanalyzed instance".

3.3. La perspectiva narrativa

Hasta ahora se han expuesto dos perspectivas principales acerca de cómo se produce la relación lengua e identidad en el plano de la *langue* y en el de la *parole*. En este punto me centraré en un aspecto particular de la última, las narraciones conversacionales. En tanto acto interactivo, han recibido poca atención por parte del análisis del discurso y de la conversación si se tiene en cuenta su grado de importancia en la construcción de la identidad. Si bien es cierto que en el análisis de la conversación ha entrado en juego más el análisis de una identidad de grupo o colectiva, el análisis de las narraciones cotidianas ha estado más centrado en la construcción de la identidad individual. Es mi propósito en este punto discutir cómo se produce la construcción de la identidad colectiva mediante narraciones conversacionales y a través de qué factores se produce. Este objetivo se justifica por los materiales empíricos recogidos para este trabajo. Aunque las entrevistas narrativas han sido realizadas a hablantes individuales, ha primado una construcción de la identidad colectiva y no individual.

Primeramente haré un acercamiento a qué es y a qué consecuencias teóricas y metodológicas conlleva el concepto de *narración conversacional*, para analizar luego el modo en que se establece la relación narración-identidad. Es decir, cuáles son aquellos factores que la posibilitan, incluyendo, claro está, los que ya se producen por ser acto interactivo en sí mismo. Por último, y como punto más relevante, me centraré en la dimensión social de la identidad narrativa.

3.3.1. *Narraciones conversacionales*

Las narraciones cotidianas (nos referimos aquí a ellas y nunca a narraciones literarias o históricas) tienen siempre lugar en un medio interactivo. El trabajo pionero de Labov (1972) al respecto fue el que expresó un interés especial por las narraciones cotidianas y su funcionalidad en la interacción. No obstante, a pesar de constituir una parte fundamental en la vida del ser humano, estas no han despertado hasta hace poco el suficiente interés científico. Tampoco han recibido, según Quasthoff (1980: 11 y ss.), la atención que se merecen por parte de la lingüística. Argumenta la autora que esto se debe a dos razones principales, aunque la segunda no tiene actualmente la vigencia que poseía en 1980:

a) Complejidad: las narraciones, a pesar de la cotidianeidad, llevan consigo un grado tan alto de complejidad que metodológicamente es imposible abarcarlas desde una sola disciplina o solo desde la lingüística. Este hecho se debe, según Quasthoff, a que narrar no es solo una forma de habla sino también de acción social, pues "narrar es la transmisión de experiencias". Para la autora, si se supera el reduccionismo de una lingüística enfocada al estudio de la lengua como sistema y concentrada en el aspecto verbal-comunicativo, estaríamos ante una lingüística "predestinada al estudio de las narraciones en la conversación" (Quasthoff 1980: 12; Tr. LM). La narración como resultado de un proceso cognitivo y el narrar como acción interactiva en una situación social determinada necesitan ineludiblemente una perspectiva de análisis interdisciplinar. Así, un análisis de las narraciones conversacionales, aunque predominantemente lingüístico, debe incluir "en el marco de su disciplina" métodos de disciplinas cercanas, con el objetivo de obtener "una representación adecuada del objeto en el modelo científico" (ídem).

b) Trivialidad: las narraciones conversacionales, al ocuparse de la vida cotidiana, están caracterizadas frente a las narraciones literarias, históricas, políticas o de otra índole por su trivialidad. Lo trivial no posee un interés científico verdadero. A pesar de los avances que aún así se han hecho en este sentido, Kluge (2005: 120-21) verifica esta idea. Basándose en Hymes (1996)[9], argumenta que es una cuestión de relaciones de poder, pues "solamente personas con un alto estatus social pueden permitirse exponer públicamente experiencias personales de manera anecdótica" (2005: 120; Tr. LM). De esta manera, "la tradición científica se encuentra en oposición diametral con las narraciones cotidianas" (ídem), a pesar de la importancia que estas tienen precisamente en la constitución de la identidad.

Hay que resaltar que, a pesar de la observación de Kluge (2005) de que aún hoy en día las narraciones conversacionales no son objeto de estudio de la lingüística y las ciencias sociales, esto no es del todo cierto. Las narraciones cotidianas han despertado en los últimos años un creciente interés. Así lo demuestra la gran cantidad de publicaciones al respecto: Hinchman/Hinchman 1997; Harré/Langehoven 1999; Kraus 1996, 2000; Worthan 2001; Lucius-Hoene/Deppermann 2004, Czarniawska 2004, Kluge 2005, entre otros, además de las publicaciones de la revista *Narrative Inquiry* dedicadas plenamente a este tema. Este fenómeno es descrito por Czarniawska (2004) como *narrative turn*, siguiendo la metáfora del giro dialógico. Común de estos trabajos, es su carácter interdisciplinar, como ya había pronosticado Quasthoff en 1980.

Además de lo dicho anteriormente, esta autora advertía ya entonces que las narraciones cotidianas no pueden entenderse desde una visión tradicional de la lingüística del texto, pues no se encuentran en ellas las estructuras narrativas tradi-

---

[9]   "Inequality of opportunity in our society that has to do with rights to use narratives, with whose narratives has admitted to have a cognitive function". (Hymes 1996, apud Kluge 2005: 120)

cionales. La narración conversacional es "una unidad discursiva constituida oralmente de manera espontánea en conversaciones, una forma de superación lingüístico-comunicativa de la experiencia que posee algunas limitaciones" (1980: 27; Tr. LM). Estas limitaciones se producen tanto en el contenido, relativas a que narración refiere a un suceso temporal pasado, como en la forma, porque, al constituir parte de una conversación, no solo son importantes los sucesos pasados, sino que se producen evaluaciones, escenificaciones, etc. Por ello, cualquier intento de utilizar para las narraciones conversacionales un concepto que tome el texto como un par simple de *forma-contenido* no dará resultado, puesto que las narraciones cotidianas no son texto en este sentido lingüístico tradicional, sino –como vimos anteriormente– tanto el resultado de procesos cognitivos como acción interactiva misma en una situación social determinada. Para entender la importancia de las narraciones en la construcción de la identidad es importante tener en cuenta la siguiente premisa de la psicología social:

> Soñamos narrativamente, soñamos despiertos narrativamente, recordamos, anticipamos, esperamos, desesperamos, creemos, dudamos, planificamos, revisamos, criticamos, construimos, cotilleamos, odiamos y amamos de forma narrativa (Hardy 1968: 5; Tr. LM)[10].

Vivimos nuestra vida y nuestra relación con el mundo, así como las interacciones y la organización de lo vivido de manera narrativa. Las narraciones conversacionales constituyen, de este modo, "no una autobiografía, sino un modo básico de construcción social de la realidad" (Kraus 2000: 4). Al centrarme aquí en la construcción de identidades colectivas, esta es una premisa de gran importancia ya que, a diferencia de la mayoría de los trabajos que se ocupan de las narraciones conversacionales como narraciones autobiográficas, se pretende atender a cómo los individuos "se narran" como pertenecientes o no pertenecientes a una colectividad determinada y al modo en que narran el papel que su variedad lingüística juega en ello.

Desde una visión más concreta, el acto de narrar en una situación interactiva de entrevistas, como las aquí presentadas, posee para Lucius-Hoene/Deppermann (2004: 31 y ss.) cuatro funciones principales:

1. Narrar como trabajo/rendimiento constructivo: las narraciones no copian el mundo real, sino que constituyen procesos mimético-creativos de reconstrucción de la realidad. Lo recordado nunca se narra (ni se recuerda) como se vivió originariamente, sino se reconstruye de manera nueva en la situación interactiva.

---

[10] En Keupp (2002: 101).

2. Narrar como proceso comunicativo: se ha dicho que narrar conlleva la interacción con un oyente, es decir, que lo que contamos deja de ser una construcción privada y la exponemos a la evaluación y juicio del otro. La narración se socializa en tanto en cuanto la dirigimos al/la que oye, a través de cuya participación nos experimentamos también a nosotros mismos en el sentido simbólico del componente *mí* de Mead. El narrador tiene la posibilidad de reconstruir de manera verbal sus experiencias como una nueva creación e integrar así al oyente "bajo el punto de mira que queramos transmitir produciendo así un mundo en común entre el hablante y el oyente" (Lucius-Hoene/Deppermann 2004: 34).

3. Narrar como representación: al narrar se exponen de manera performativa sucesos, personas, fragmentos del mundo, etc. El narrador escenifica una situación de una forma determinada para alcanzar la meta de su narración. La capacidad de narrar ha sido adquirida en la socialización y lleva con ello implícito modelos de interpretación sociales y culturales de la comunidad a la que se pertenece, de ahí la importancia de la valoración y la aceptación por parte del oyente de la narración como creíble, exitosa, etc.

4. Las narraciones constituyen además sistemas simbólico-lingüísticos, que son utilizados para la producción de coherencia y continuidad. Para Lucius-Hoene/ Deppermann (2004: 48) la continuidad en la narración se refiere al aspecto de la unidad del narrador en su *estructuración temporal*: el narrador se entiende como la misma persona, resultado de su biografía personal. A través de las construcciones que en el presente interactivo hace de ella, hay una continuidad entre lo que se fue antes y lo que se es ahora. Con coherencia, se refieren los autores a la forma en la que los pasajes de vida, los distintos roles sociales que se poseen, los modos de actuar, deseos, etc. son integrados de manera coherente por la persona durante la narración para establecerse como unidad. Continuidad y coherencia son siempre dinámicas y deben ser establecidas nueva y constantemente, dependiendo del contexto en que nos hallemos y de la narración que construyamos. En otras palabras, al igual que ocurre con la identidad, continuidad y coherencia no son algo que se *tenga* como resultado del desarrollo personal, es decir, no se trata de un "bloque monolítico y ontológico, sino que es un proceso abierto dinámico y de por vida" (Lucius-Hoene/Deppermann 2004: 49) Los conceptos de coherencia y continuidad tienen gran importancia en el próximo capítulo, no solo con referencia a la identidad individual sino también a la colectiva.

Narrar como acción interactiva trae, de forma inherente, una presentación del *yo* en la vida cotidiana y constituye así un proceso continuo de construcción de la identidad (individual y colectiva), aunque no es esta su única función. Las narraciones llevan implícitas la actividad principal de la constitución de identidad a través del establecimiento de continuidad y coherencia, así como de su arraiga-miento en una narratividad colectiva (Lucius-Hoene/Deppermann 2004: 52).

3.3.2. Identidad narrativa

El concepto de identidad narrativa ha sido desarrollado y utilizado por distintas disciplinas, sin referirse todas ellas exactamente a lo mismo. Expondré breve-mente las corrientes principales[11]:

a) Filosófica: Desde un punto de vista filosófico, la identidad narrativa es estu-diada de manera teórica y general o vinculada a textos literarios con el fin de establecer las formas y principios de conocimiento que se dan a través de la narra-ción. Tiene sobre todo importancia la dimensión temporal: la narración es la forma que permite a la/s persona/s entenderse como la/s misma/s a través del tiempo. Son una forma de conocimiento y la capacidad humana básica de experi-mentar el tiempo (Czarniawska 2004: 7). El mayor representante de esta corrien-te es Paul Ricoeur (1991), quien estableció un paralelismo entre las narraciones de la vida cotidiana, como autobiografía, y las narraciones literarias e históricas desde un punto de vista filosófico[12]. Para el filósofo (1991: 189) la identidad narrativa, ya sea la de una persona o la de una comunidad entera, es la fusión entre narración y ficción, en el sentido en que las vidas de las personas se vuelven más inteligibles cuando son interpretadas a través de las propias narraciones.

b) Psicológica: Ha sido la psicología social la que se ha interesado de forma principal por la identidad narrativa. Tanto es así, que se ha desarrollado una rama conocida como *psicología de la narración* (ver Keupp et al. 2002, Kraus 2000, Frindte 1998, Lucius-Hoene/Deppermann 2004). Según se dijo en puntos ante-riores, el postulado principal de la psicología de la narración es que el *yo* está construido narrativamente. Conceptos básicos de la psicología, como la persona-

---

[11] Para un resumen completo y bibliografía correspondiente, ver: Lucius-Hoene/Deppermann (2004: 53-55).

[12] Ricoeur (1991: 188) explica su concepción de identidad narrativa de la siguiente forma: "I encountered this problem (narrative identity) at the end of time and narrative III, when after a long journey through historical narrative and fictional narrative, I asked the question of whether there was any fundamental experience that could integrate this two major types of narrative. I then formed the hypothesis that the constitution of narrative identity, whether of an individual person or of a historical community was the sought after site of this fusion between narrative and fiction (…) do not human lives become more intelligible when they are interpreted in the light of the stories that people tell about them". Además de los traba-jos de Ricoeur, son importantes en la corriente filosófica, entre otros, los de Carr (1997), Meuter (1995) y Wood (1991).

lidad o las emociones, toman desde este punto de vista otra dirección, puesto que la narratividad juega el papel constitutivo de la formación de la personalidad, las emociones y el *yo* en su conjunto. Lo interesante es que, a diferencia de la posición filosófica, el *yo* es siempre considerado participante de un sistema particular de construcción de la realidad social (Frindte 1998). La concepción de la identidad narrativa permite de esta forma (Gergen 1989, Kraus 2000: 4, Frindte 1998: 48) analizar, por un lado, las "construcciones subjetivas de proyectos de identidad" y, por otro, "su transmisión social"[13].

c) Sociológica: La postura más sociológica, aunque comparte muchos aspectos con la de la psicología social, parte del hecho principal de que las narraciones están arraigadas socialmente, responden a modelos de interpretación cultural y social premarcados y se basan en ellos. Las narraciones individuales, por muy particulares que parezcan, están siempre ancladas en las sociales, a las que el individuo tiene acceso aunque no sea consciente de ello. La identidad narrativa se construye a través de la toma de estas narraciones canónicas en las que se reflejan relaciones y jerarquías sociales[14]. Esta perspectiva es de gran importancia para la presente investigación y será desarrollada ampliamente en el punto 5.3.4.

d) Lingüístico-interactiva: La posición lingüístico-interactiva de la identidad narrativa incluye todo lo que se ha venido desarrollando hasta ahora en los puntos anteriores: la identidad se construye en la interacción, que está muchas veces marcada por su carácter narrativo. Lucius-Hoene/Deppermann, desde un punto de vista interactivo, hacen la siguiente definición de identidad narrativa:

> Es el modo en el que una persona efectúa, en interacciones concretas, un trabajo de identidad como exposición y producción narrada de aspectos relevantes de su identidad. Bajo identidad narrativa entendemos una identidad situada pragmática y localmente (2004: 55; Tr. LM).

De manera similar, Kraus (2000: 4) postula que la identidad narrativa es la unidad en la vida de una persona, así como la manera en la que esta unidad es vivida y articulada en el discurso. La identidad narrativa puede ser construida de distintas maneras, dependiendo del contexto, de las personas y de la imagen que se quiera transmitir de sí mismo. Son, según el autor, un *work in progress*, cuyas partes pueden cambiarse dependiendo de los factores contextuales. Para Lucius-

---

[13] Acerca de la psicología de narración, ver Crossley (2000), Polkinghorne (1998), Kraus (1996/2000). De la psicología social, narración e identidad, ver Gergen (1983, 1998). Esta vertiente de la psicología social ha sido desarrollada en la escuela del construccionismo social cuyos postulados son esenciales para comprender la idea de la constructividad de la identidad. Me ocuparé de ello en el próximo capítulo

[14] Ver Somers 1994, Keupp et al. 2002, Wortham 2000, Frindte 1998.

Hoene/Deppermann (2004: 32 y ss.) estos factores se dividen en cuatro: 1. *Rasgos institucionales*: qué se puede contar en una situación determinada y a quién; 2. *Metas comunicativas*: el narrador quiere que su historia tenga determinadas consecuencias; 3. *Convenciones narrativas*: los distintos contextos sociales poseen formas de narrar distintas en las que se reflejan las percepciones propias y las del mundo; 4. *El/la oyente*: a través de las expectativas (dichas o latentes) que posea de la narración y a través de sus intervenciones, el oyente influencia la narración tanto que casi llega a convertirse en coautor de ellas.

Volviendo al punto 3.3 y a la tesis tomada de Quasthoff (1980) –las narraciones conversacionales deben ser estudiadas a través de una perspectiva interdisciplinar, siempre desde al marco de referencia de la propia disciplina– partiré básicamente desde una concepción lingüístico-interactiva de la identidad narrativa, incluyendo además importantes postulados del construccionismo social y de la sociología, sin los que un análisis coherente y completo del corpus no sería posible. Esto se justifica porque, a diferencia de una gran mayoría de los trabajos que se han ocupado de la construcción narrativa de la identidad *individual*, aquí es relevante la construcción narrativa de la identidad *colectiva*. Para ello es preciso tomar en cuenta la dimensión social de la misma, ya que narrar como acción lingüística es siempre intersubjetiva y, por tanto, adaptada al medio social.

3.3.3. *La dimensión social de la identidad narrativa*

La identidad narrativa localiza al individuo en las interacciones normativas y morales de su mundo social, por estar siempre sometidas a la evaluación de los otros. Esta orientación social se expresa (Lucius-Hoene/Deppermann 2004: 61-67) en distintos niveles de la narración como:

– Producción interactiva, mediante posicionamiento: Por posicionamiento social se entiende la posición que toma la persona dentro del marco de la interacción y que debe ser vista por el oyente como una persona con determinados atributos. Existen muchas maneras de posicionarse socialmente y cada una de ellas deja ver una faceta de la identidad.

– Construcción de mundos sociales y materiales o fragmentos de la realidad, a través de los que se constituye la identidad: la narración produce una forma localizada y concretizada de exponer un fragmento de realidad del mundo en el que se encuentra el narrador. Este "mundo contado" es el aspecto de fondo de su construcción de la realidad. La manera y las reglas que el narrador adjudica a las figuras sociales en la narración muestran cómo interpreta y construye su visión del mundo.

– Unión de la experiencia individual con modelos de interpretación cultural premarcados: El narrador dispone de una serie de modelos de interpretación que
recoge de su sistema cultural y que utiliza como fuente de coherencia de lo que
cuenta. A través de ello, se dan una serie de identificaciones con el grupo al
que se siente perteneciente y una serie de exclusiones para aquello con lo que
no se siente identificado. A esto se puede añadir que, de esta manera, adscribe a
sí mismo y a los otros una identidad social o colectiva determinada. Este proceso no suele ser consciente en la narración espontánea, sino que "es la expresión de nuestra unión cognitiva y emocional con tradiciones de representación
e interpretación, y debe ser entendida por ello como consecuencia de nuestra
Prägung (impregnación) a través de los medios lingüístico-simbólicos de nuestro medio cultural" (Lucius-Hoene/Deppermann 2004: 67; Tr. LM).

Esta unión de la experiencia individual con modelos de interpretación cultural
premarcados es de gran importancia para la parte empírica de este trabajo, debido
a que mi atención se centra en la construcción de la identidad grupal o colectiva.
La posibilidad que individualmente se tiene de acceder a discursos sociales que
son ya existentes y de reconstruirlos en la propia narración de manera distinta,
dependiendo de los objetivos del hablante, es observable (se verá en el material
empírico presentado).

3.4. Conclusiones

El presente capítulo ha servido, a modo de introducción, para demostrar cómo se
ha concebido y se puede concebir la relación lengua-identidad, según el plano del
lenguaje en el que se sitúe el análisis. En la primera parte del mismo se ha estudiado la perspectiva semántica, correspondiente al plano de la *langue*, y se ha
aplicado a la variedad canaria. Motivo de la discusión ha sido si se puede afirmar
que las distintas variedades de una misma lengua histórica poseen, como sí lo
hacen lenguas diferentes, una visión del mundo particular y única. Se ha concluido que sí existe una relación entre dialecto e identidad en el sentido de que las
particularidades léxicas de una variedad dialectal no significan lo mismo que las
que parecen corresponder en la norma estándar. La manera propia que los hablantes de una lengua tienen de construir la realidad, mediante la particularidad de los
significados, queda en el caso de los dialectos privada a los términos dialectales[15]. No obstante, esto no resta importancia a dicha relación, simplemente la
sitúa en un nivel diferente. La importancia que los significados compartidos por

---

[15]   Incluyendo los tres tipos analizados (ver puntos 3.1.2, 3.1.3).

una comunidad hablante tienen en la construcción de la identidad será retomada en el capítulo 5. En él, y con referencia a las crisis que trae consigo la globalización en la forma en que personas y comunidades tienen de construir su identidad, se seguirá la siguiente visión de Hall:

> El significado es lo que nos da un sentido de nuestra propia identidad, de quién somos y a qué pertenecemos y por eso está relacionado con las cuestiones de cómo se utiliza la cultura para marcar y mantener la identidad y la diferencia entre grupos (Hall 1997: 3; Tr. Terrén 2001: 87).

En la segunda parte del capítulo, se ha utilizado la noción de giro dialógico para explicar la actualidad e importancia de algunas de las posturas clásicas que se han ocupado de la relación entre interacción e identidad. Conceptos del interaccionismo simbólico, como la distinción entre el *Yo* y el *Mí* así como los de indexicalidad y reflexividad de la etnometodología y el análisis de la conversación, serán de importancia en los próximos capítulos. Por último, se ha hecho referencia a que, si bien la constitución de la identidad a través de la interacción es un objeto de estudio con una amplia tradición en las ciencias sociales, no ha ocurrido lo mismo con las narraciones cotidianas, a pesar del valor que poseen en cuanto a la construcción de la identidad. No obstante, esta relevancia se ha visto multiplicada en los últimos años ya que –como se verá en los próximos capítulos– las narraciones han sido consideradas como la única manera que tiene el individuo de establecer coherencia y continuidad en las fragmentaciones que ha traído consigo la globalización y su nuevo orden social. En fin, en lo que atañe a la relación lengua-identidad se han expuesto en este capítulo varias nociones, que, aunque en algunos casos básicas y conocidas, son indispensables para el desarrollo posterior de los siguientes capítulos. En el próximo capítulo se hará un acercamiento metodológico al respecto, centrado en el caso especial de las narraciones.

4. APROXIMACIÓN METODOLÓGICA

En el capítulo anterior, se ha expuesto desde un punto de vista teórico cómo se construye la identidad en la interacción y en las narraciones conversacionales, haciendo especial hincapié en la construcción de identidad individual y colectiva. Es mi propósito en este punto acercarme al nivel metodológico que permitirá analizar de una manera concreta el modo en que se produce la relación narración-identidad en (la interacción o "acción lingüística") las entrevistas narrativas. Según lo visto, la relación interacción-identidad ha sido estudiada y constatada en estudios con una base de análisis etnometodológico del discurso y de análisis de la conversación, pero las entrevistas, al no constituir una conversación natural (aunque sí un tipo determinado de interacción), necesita para *descubrir* cómo se construye lingüísticamente la identidad otro tipo de metodología. En primer lugar, se debe considerar que en las entrevistas narrativas se produce sobre todo un ejercicio de memoria (de recuerdo) y que esta tiene una naturaleza intrínsecamente reconstructiva. El tipo de memoria que se activa al narrar, de qué manera reconstruye la realidad en la narración y la relación que tiene esto con la identidad son algunas de las preguntas que intentaré abordar aquí.

Lucius-Hoene/Deppermann (2004) aportan un modelo de análisis que desvela la manera en que se construye lingüísticamente la identidad en las entrevistas narrativas. Al estar gran parte de las entrevistas de este trabajo centradas temáticamente y no constituir relatos autobiográficos, se tomará este modelo como base, acotándolo y complementándolo con otras aportaciones que se adecuen y sean de utilidad para los objetivos. Así mismo, se han aunado los recursos que los hablantes, como miembros de un grupo, poseen y utilizan para la construcción narrativa de la identidad (individual o colectiva) en tres tipos principales, sin que ello suponga que sean los únicos existentes: recursos cognitivos, recursos textuales y recursos lingüísticos. A continuación, se discutirá cada uno de ellos para explicar así el modelo de análisis de las entrevistas de este trabajo.

Antes de ello es necesario hacer una aclaración terminológica. El término *narración* puede parecer problemático desde un punto de vista estricto del análisis del discurso y la lingüística del texto. Narración se ha referido tradicionalmente a aquellas partes del discurso donde los hablantes *relatan* sucesos pasados. Sin embargo, a tenor de lo expuesto en el capítulo anterior, en los últimos años se han desarrollado numerosos estudios que toman la narración más en el sentido tradicional de discurso (ver Somers 1994, Hinchman/Hinchman 1997).

Siguiendo esto entiendo *narración* como *práctica discursiva en una situación interactiva concreta,* donde entran en juego dos aspectos principales: 1) "Relación narrativa completa" (*narrativer Gesamtzusammenhang*) (Lucius-Hoene/ Deppermann 2004: 143). Las narraciones no son únicamente un relato donde se reconstruyen sucesos y eventos del pasado autobiográfico, también se reconstruyen aspectos del presente, del futuro y aspectos no autobiográficos. La narración puede tener un carácter de relato, de argumentación y de descripción, que *constituyen* la relación narrativa completa (se desarrollará a continuación). 2) Aspecto social: a pesar de ser discursos individuales espontáneos *ad hoc,* están arraigadas socialmente, responden a modelos de interpretación cultural y social premarcados y se basan en ellos (Schmidt 1992: 55; Kraus 2000: 4; Keupp et al. 2002: 104). Incluso el relato autobiográfico:

> es la expresión de nuestra unión cognitiva y emocional con tradiciones de representación e interpretación y debe ser entendida por ello, como consecuencia de nuestra *impregnación* (*Prägung*) en los medios lingüístico-simbólicos de nuestro entorno cultural (Lucius-Hoene/Deppermann 2004: 67; Tr. LM).

Narración es, por tanto, en el sentido de discurso, algo más que el relato de sucesos del pasado. Abarca distintas estructuras discursivas entre las que las principales son el relato, la argumentación y la descripción. Es el resultado de distintos procesos cognitivos y emocionales y de su engranaje en modelos de interpretación marcados socialmente.

En una situación concreta de entrevista narrativa se dan tanto las características de un acto interactivo como las de la narración. Ello obliga a hacer una distinción principal: existen dos niveles de construcción de la identidad: el que se establece en el acto interactivo –en el caso de las entrevistas el que se da entre entrevistadora y entrevistada/o– y en el producido a nivel de la narración en sí misma, esto es, "dentro" de la narración. Por ser las entrevistas narrativas un método en el que la participación del entrevistador es mínima, prima el segundo nivel. Este hecho se discutirá a continuación y se ejemplificará al final de capítulo con dos ejemplos.

4.1. Recursos cognitivos

4.1.1. La importancia de la memoria

La memoria es, según la neurobiología, el órgano sensorial más importante del ser humano (Roth 1996: 261). Cuando recordamos un hecho, una cara o un suceso, se trata siempre de una interpretación y no de una reproducción exacta del original. Al recordar, entran en juego distintos tipos de memoria. Las situaciones que recordamos de nuestro pasado están marcadas por un filtro neuronal de relevancia y su reconstrucción está influenciada por el contexto en el que estemos narrando. De acuerdo con su capacidad de almacenaje y al tiempo, poseemos distintos tipos de memoria.

En este sentido, los neurobiólogos (ver Roth 2001: 166 y ss.) distinguen una memoria a largo plazo y otra a corto plazo, que se diferencian por los distintos mecanismos y capacidades de almacenar que poseen. La memoria con menor capacidad de almacenaje es la memoria sensorial, que está estimulada específicamente en forma de milisegundos y permite repetir lo visto o escuchado de manera inmediata. Le siguen una memoria operativa o memoria a corto plazo, marcada por una capacidad de almacenamiento limitada, y la memoria a largo plazo, con una gran capacidad de almacenamiento, en la que se encuentran la memoria episódica y la semántica[1]. Estas han sido estudiadas por el neurobiólogo Tulvin (2000: 211 y ss.), quien hace una diferencia entre memoria proscópica (del griego, mirar hacia atrás: memoria episódica) y palinscópica (mirar hacia delante: memoria no-episódica). La memoria episódica es la única orientada al pasado:

> The singular exception to the ubiquity and evolutionary significance of proscopic memory that serves the future without bothering about the past is episodic memory. It does exactly what the others forms of memory do not and cannot do, it enables the individual to mentally travel back into the personal past (Tulvin 2000: 212).

Con la memoria episódica un individuo es capaz de recordar en el aquí y ahora algún hecho de la experiencia del pasado. Las experiencias recordadas de nuestro pasado nos dan un fundamento para las expectaciones acerca del futuro y, por ello, podemos decir que "recordamos el futuro" (ídem). Aquí es la memoria palinscópica la que recuerda. La memoria episódica palinscópica tiene un correlato directo en la memoria episódica proscópica, que es la memoria semántica. Esta es "the kind of memory that makes its possible to organism to acquire,

---

[1]   Roth no habla en esta distinción de la memoria semántica, que aparece en la psicología de la memoria como primera contraposición a la episódica, pero sí habla después largamente de ella, aunque sin haberla definido previamente.

store and use information about the world in which they live, in the broadest possible sense. So whenever you see "semantic memory" think "knowledge of the world" (Tulvin 2000: 213). La memoria semántica no tiene que ver con los significados lingüísticos[2], sino que es la que nos permite conocer el mundo de manera consciente, siendo esta su principal semejanza con la memoria episódica. Ambas funcionan en modo consciente, aunque una está relacionada con la acción de recordar, y por tanto orientada temporalmente al pasado, y la otra con la acción de conocer, es decir, orientada temporalmente al presente y futuro. En consecuencia, la memoria semántica está relacionada con la adquisición y el uso de conocimiento y es consciente en tanto podemos reflexionar acerca de lo que conocemos del mundo. Ambas son subtipos de la memoria declarativa: "counsciousness enters the picture only at the stage of higher forms of human memory, generically referred to as declarative or cognitive memory" (Tulvin 2000: 114).

4.1.2. *Memoria y narración*

Como se ha dicho, el proceso de construcción dado en las entrevistas procede principalmente de un proceso de reconstrucción selectivo a través de la memoria declarativa. Esto es, tanto de la episódica, por el acto de recordar, como de la semántica, pues en ese contexto los hablantes traen a la memoria aspectos del mundo que no están presentes de manera perceptiva en ese momento. Estamos siempre ante un acto de reconstrucción posterior a la percepción, es decir, resultado de percepciones pasadas que han sido guardadas en la memoria declarativa y no declarativa. Esto no significa, según se acaba de explicar, que se trate únicamente de eventos autobiográficos pasados, sino de una reconstrucción mediante la memoria semántica de aspectos actuales del mundo. De igual forma, la memoria no-declarativa está permanentemente presente (lo está en todos nuestros actos) y, en este sentido, estamos siempre reconstruyendo.

A la hora de abordar la temática de las narraciones como modo de construcción de la identidad colectiva, no solo hay que tener en cuenta estos tipos de memoria, que son los que operan individualmente, sino también los tipos de memoria activados de manera colectiva. Es importante considerar ambos tipos, porque los dos se activan al momento de narrar y están irremediablemente ligados uno al otro. Para Halwachs (1950), primer teórico que desarrolló el concepto de memoria

---

[2]   "The name (semantic) is somewhat misleading, but for historical reasons we are stuck with it (…) semantic here does not imply language in any sense". (Tulvin 2000: 213)

colectiva, los recuerdos individuales están determinados socialmente, sin que esto signifique que los recuerdos individuales sean idénticos entre sí, pues se estructuran dentro de un grupo determinado. No obstante, como advierte Luengo (2004), cuando hablamos de memoria colectiva e individual, es muy difícil saber "dónde comienzan unas y dónde acaban otras, cuáles son más determinantes, cuáles menos, y también si hay individuos más influenciables que otros y más necesitados de una cohesión social con un grupo determinado que se antepone a los demás" (Luengo 2004: 21). En los estudios acerca de los tipos de memoria colectiva, se ha seguido la diferenciación de Assman (1992) entre dos tipos principales: la "comunicativa", que se da cuando los recuerdos de una sociedad determinada aún están vivos y se *comunican*, y la "cultural", cuando estos recuerdos se han cristalizado en forma de fechas, rituales, fiestas tradicionales, obras de arte, etc.

Ahora bien, ¿pueden observarse estos tipos de memoria, tanto individual como colectiva, en las narraciones conversacionales? Esta es una pregunta difícil de responder, pues no podemos "entrar en el cerebro" de los hablantes para ver cómo funcionan estos tipos de memoria. Tenemos acceso al *resultado* de estos procesos inconscientes de activación de la memoria individual y colectiva en la narración, esto es, a la reconstrucción narrativa que los hablantes hacen de distintas facetas de la realidad presente o pasada. En este sentido, según Lucius-Hoene/Deppermann (2004: 20-41), las narraciones conversacionales no copian el "mundo real", sino que son siempre procesos mimético-creativos de reconstrucción de la realidad (presente o pasada). Para los autores, que las narraciones son el resultado de procesos de reconstrucción de la memoria se observa en:

1) La doble perspectiva temporal del narrador: el hablante (*yo* presente) recuerda las narraciones situaciones del pasado y las hace presentes al narrar, produciéndose así una duplicación del *yo*. Debido a esta duplicación temporal, el hablante no *copia* una realidad pasada ni la cuenta *tal como fue*, sino que la *reconstruye* desde su perspectiva presente. La toma de su memoria y, a través de ella, dispone también de los sucesos que siguieron al suceso narrado, de forma que lo puede reconstruir sobre la base de este conocimiento actual.

2) La constructividad misma del acto de recordar: los recuerdos guardados en la memoria pueden ser primeramente diferenciados como sucesos ocurridos en el momento pasado, la manera en que entonces fueron vividos, el modo en que hoy los vivimos (con la perspectiva del tiempo y de los sucesos siguientes) y la forma en que los contamos. Lo recordado nunca es como se vivió originariamente, pues el recuerdo, como se ha visto, es un proceso selectivo, constructivo y activo de acceso al pasado, que ha sido parcialmente olvidado,

transformado y reconstruido narrativamente en la situación actual en que recordamos y contamos (30)[3].

La memoria, como recurso cognitivo, posee por tanto un papel fundamental en la construcción interactivo-narrativa de la identidad. A través de la memoria declarativa, autobiográfica o semántica, el hablante tiene acceso a sus recuerdos pasados y actuales, que son reconstruidos en el acto presente de narrar mediante distintos recursos, que se analizarán a continuación. Estos recuerdos individuales están marcados, además, por la memoria colectiva del grupo al que pertenezca el hablante.

4.2. Recursos lingüístico-textuales

Si nos situamos en el acto mismo de narrar, es preciso preguntarse a través de qué recursos concretos los hablantes construyen su identidad. Como ya se señaló con Quasthoff (1980) en el punto 3.3.1, las narraciones conversacionales no pueden ser estudiadas únicamente a partir de los postulados del análisis de la conversación, ni según una concepción básica de lingüística del texto, ya que constituyen un "género" singular que debe abordarse desde una perspectiva interdisciplinar. Hay que comenzar diciendo que en la narración construida por los hablantes en una situación de entrevista se distinguen tres tipos fundamentales de texto, cuyo análisis permite observar la identidad como un "fenómeno empíricamente accesible" (Lucius-Hoene/Deppermann 2004: 10): relato, descripción y argumentación. Los tres tipos de texto constituyen, según los autores, una "relación narrativa completa" (*narrativer Gesamtzusammenhang*) (143). En función del tipo de texto narrativo al que haya recurrido el entrevistado para contestar a una determinada pregunta, exponer un pasaje concreto, etc., este hace uso de diferentes clases de recursos textuales, que son los que nos permiten observar y analizar la construcción de la identidad en la narración. Dependiendo de si relata, describe o argumenta, la/el entrevistada/o toma distintas posiciones, da relevancia a ciertas cosas

---

[3] Considerando lo discutido, cabe añadir a estos dos factores que en la narración, como resultado de procesos de reconstrucción de la memoria, puede observarse la activación de una memoria colectiva comunicativa, que se expresa en las narraciones. Los individuos tienen acceso a distintos tipos de discursos sociales "acabados" (*ready mades*), que integran en su narración individual, y a través de los que se observa no solo una afinidad en la construcción de la realidad sino una manera afín de comunicarla. Esto es, como se ha venido anunciando, de gran importancia para los datos empíricos de este trabajo, ya que se aprecia una cierta afinidad en las construcciones narrativas de los hablantes. Por los análisis detallados, será una pregunta a responder si existe un tipo de narración colectiva en referencia a algunas parcelas de la realidad, por ejemplo, la lengua. Estas cuestiones serán tratadas desde un punto teórico en el próximo capítulo.

y, por tanto, construye la realidad narrada de distinta manera. En las entrevistas centradas problemáticamente (PZI[4]), los pasajes puramente narrativos son menores que los descriptivos y argumentativos, por lo que se dará mayor importancia al análisis de estos dos últimos, sin dejar de lado el relato.

A continuación, y siguiendo de manera básica el esquema presentado por Lucius-Hoene/Deppermann (2004: 141-175, 213-270), se verá cómo se distinguen estos tres tipos de texto y cuáles son los "marcadores de identidad" principales de cada uno de ellos. Valga resaltar que, aunque aquí no se trate únicamente de entrevistas autobiográficas, las tres clases de texto se diferencian en todas las entrevistas realizadas, pudiendo hacer uso del esquema propuesto. Sin embargo, este se ampliará con otras aportaciones procedentes del ámbito de la lingüística cognitiva (Langacker 1987, Croft/Cruse 2004), resaltando aquellos aspectos que sean de mayor importancia para el español de Canarias. A grandes rasgos se pueden detectar los siguientes recursos lingüístico-textuales de construcción de la identidad.

4.2.1. *Relato*

Relatar tematiza un suceso, acciones, experiencias, cambios, etc., que se encuentran en una dimensión temporal (concreta o no). Es una exposición diacrónica de una sucesión de hechos del pasado, de situaciones determinadas y con actores igualmente determinados (Lucius-Hoene/Deppermann 2004: 145). Para estos autores, en la entrevista narrativa es importante diferenciar tres maneras de relatar, porque así pueden analizarse tanto funciones interactivas como posicionamientos cognitivos importantes:

1) Relato escénico-episódico: constituye el prototipo de narración común y se basa en la exposición de un episodio concreto en el que hay algo importante, interesante o especial que contar. Se produce más abundantemente en interacciones cotidianas que en entrevistas y suelen darse reescenificaciones de una situación concreta con reproducciones de diálogo, etc. Este tipo de narración posee, según Labov/Waletzky (1973), una estructura interior concreta. Comienza con un *anuncio* o aviso metacomunicativo del tipo "entonces ocurrió esto" o "por ejemplo a mí me pasó una vez que...". Sigue con una *orientación*: se expone la situación, las personas que formaban parte de ella, etc.; se llega a la *complicación*: se cuenta lo que *realmente* ocurrió, que suele tener un fondo problemático. Aquí puede darse reproducción de diálogo o cambio a formas verbales de presente. Por último, se llega a un *resultado*: se finaliza con una conclusión de los hechos que

---

4   Problemzentrierte Interview.

suele llevar consigo implícita una conclusión ética, moraleja o enseñanza: *coda*. Este tipo de relato, en contra de lo que dicen los autores, se encuentra muy presente en las entrevistas de este corpus; aunque –como se verá– la estructura no siempre es completa, sí hay una constante reproducción de voces en estilo directo en la estructura de relato.

2) Exposición informativa (*berichtende Darstellung*): Según los autores (153), es la forma de relatar que más abunda en las entrevistas narrativas. No se trata de un pasaje concreto, temporalmente delimitado, sino de un resumen de hechos del pasado, siempre desde la conciencia presente del aquí y ahora (doble perspectiva del narrador). Las situaciones, escenas, personas, etc. no son expuestas detalladamente sino "como categorías o abstracciones que fueron construidas posteriormente" (154; Tr. LM), no se da re-escenificación ni reproducción de diálogo, sino en todo caso el estilo indirecto.

3) Crónica: son pasajes biográficos que no están atados a una línea de sucesos consecutivos, ya que se ordenan alrededor de un esquema temporal, y no temático. Ni se escenifica ni hay reproducción de diálogo directa o indirecta. Más bien, tienen un carácter informativo de hechos biográficos[5] y no de reconstrucción ni de evaluación desde una perspectiva presente.

En general, es de suma importancia en el relato la re-escenificación de algunos pasajes de la vida o de sucesos concretos, dado que los/as entrevistados/as están emocionalmente más envueltos en unos que en otros. El componente más importante de la re-escenificación es la reproducción de un diálogo (Lucius-Hoene/ Deppermann 2004: 228-248): se pasa de estilo indirecto a estilo directo, y el entrevistado imita las distintas voces que participaron en el diálogo, utilizando para ello estrategias prosódicas y cambiando de variedad dialectal, social, etc. A través de este recurso adscribe identidades distintas, según el posicionamiento que el hablante tome. Esto se observa en una mayoría de las entrevistas realizadas (ver capítulos de 7 a 10).

4.2.2. *Descripción*

En el corpus de entrevistas de este trabajo tienen un papel importante las descripciones. En contraposición al relato, al describir no se da una exposición cronológica sucesiva, sino que se caracterizan objetos, personas y/o situaciones de manera atemporal, adscribiéndoles ciertos rasgos. El narrador construye lingüísticamente

---

[5] Del tipo: "*a los 18 años empecé a trabajar en un hospital*" (Jorge M03/13).

los aspectos del mundo que ha escogido como relevantes, es decir, hace su propia construcción de la realidad (pasada o presente). Los pasajes descriptivos son, por ello, de gran importancia con referencia a cómo se construye la identidad narrativa. Poseen distintos aspectos entre los que daré importancia a dos principales: El primero –y más importante– engloba como recurso principal de la descripción a categorizaciones, y el segundo lo constituye la deixis. Ambas son, siguiendo a Croft y Cruse (2004: 41), dos "operaciones de construcción lingüística" (*linguistic construal operations*), esto es, representan instancias de procesos cognitivos generales y desempeñan un papel fundamental en la adscripción de identidades en el ámbito individual y colectivo.

1) **Categorizaciones**[6]: Las categorizaciones son el centro de la descripción y hacen referencia a la manera en que algo o alguien es descrito y bajo qué categoría general se le subsume. Según Lucius-Hoene/Deppermann (2004: 214), para el análisis tienen especial importancia dos dimensiones de las mismas: la categorización de personas y la de hechos y sucesos. Con la categorización personal se adscribe a las personas ciertas cualidades de estatus o roles sociales, pertenencia a uno o varios grupos, además de ser la base del surgimiento de estereotipos. La categorización personal adscribe implícitamente una serie de formas de actuar esperadas de aquellos a quienes se ha caracterizado. Las categorizaciones se realizan sobre todo con sustantivos, adjetivos y verbos. La categorización de hechos y sucesos suele hacer referencia a por qué razón están motivados y cómo pueden ser explicados. Para ello es muy importante la semántica verbal: las personas implicadas en el suceso pueden ser parte activa de él (realizan la acción) o parte pasiva (reciben la acción). Con esta adscripción de intencionalidad activa o pasiva "se· unen valoraciones con la adscripción de motivos (buenos o malos) y de culpa y responsabilidad" (Lucius-Hoene/Deppermann 2004: 215; Tr. LM)[7]. Debido a que ciertos hechos y sucesos específicos son adscritos a personas determinadas, las categorizaciones suelen implicar casi siempre adscripciones a grupos sociales diferentes y son, por tanto, claves en la construcción de la identidad colectiva.

Siguiendo algunos posicionamientos del análisis de la conversación –sobre todo del concepto de *membership categorization devises* de Sacks 1972[8]– que intentan

---

[6]   No voy a profundizar en la teoría de las categorizaciones, por lo que remito a la bibliografía específica. Quiero resaltar únicamente los aspectos más importantes para el análisis que se realiza en este trabajo.

[7]   Este tipo de categorización con asignación de responsabilidad y culpa es muy utilizado por los hablantes entrevistados.

[8]   Para este concepto y para el estudio de categorías por el análisis de la conversación, ver trabajos como Czyzewski/Gülich/Hausendorf (eds.) (1995); Hausendorf (2000, 2002); Kesselheim (2003); Hester/Housley (eds.) (2002).

responder a las preguntas de cómo en la interacción social los miembros de un grupo se adscriben categorías a sí mismos y a los otros y cómo, a través de ellas, estructuran su medio social, se pueden distinguir las siguientes tres formas de ordenarse las mismas. Primeramente, se encuentra la agrupación de las categorías por *co-selección*: referida una colección de categorías establecidas como relevantes, que son ordenadas de distinta manera dependiendo de cómo "peguen" entre ellas. (Kesselheim 2003: 53). En segundo lugar, se distingue el *contraste de categorías*: dos personas, hechos o sucesos son contrastados. Normalmente, se encuentra un paralelismo sintáctico o rítmico de estas categorías contrastivas, que resaltan determinados aspectos de su significado que la otra no posee. Tienen especial valor para analizar situaciones de conflicto de grupos (Kesselheim 2003: 52). En tercer y último lugar, se distingue el *listado de categorías*: no se trata de un contraste entre categorías, pues se da cuando hay varias categorías pertenecientes en cierto modo a una misma categoría, a partir de las cuales se extrae una conclusión general. Las categorías remiten, en este caso, a un todo que las aúna.

En el análisis de categorías distinguiremos además, siguiendo a Jenkins (1997: 53) dos clases de categorizaciones: las hechas a nivel interno y referidas a la autodefinición de la identidad, que los miembros del endogrupo hacen de sí mismos en relación con el exogrupo, y las externas, que son aquellas en las que un grupo le atribuye al otro una serie de definiciones, teniendo este fenómeno consecuencias cuando el grupo se percibe a sí mismo. Por último, hay que resaltar que, si bien las categorizaciones son características de los pasajes descriptivos, no son exclusivas de estos. Así, las categorizaciones de hechos y sucesos donde hay una asignación de responsabilidad o de culpa pueden aparecer en pasajes argumentativos aunque, claro está, su "naturaleza" es esencialmente descriptiva.

2) **Deíxis**: El análisis de los deícticos permite responder a cuestiones referentes a la pertenencia grupal, al establecimiento de fronteras y, por tanto, a procesos de identificación. La deíxis constituye, según Langacker (1987) y Croft/Cruse (2004), una de las principales operaciones constructivas de la lengua, y la definen del siguiente modo: "Deixis is the phenomenon of using elements of the subject situadness-more specifically, the subject qua speaker in a speech event to designate something in the scene" (Croft/Cruse 2004: 59). La deíxis es una operación constructiva por naturaleza. Conceptualiza de dos maneras distintas: una, relativa a los participantes del acto lingüístico; otra, que desplaza la localización actual de los interlocutores a otro espacio o tiempo. Esta última afecta a la formulación de una expresión de manera más profunda, pues depende del "conocimiento compartido, creencias y actitudes" (Croft/Cruse 2004: 60; Tr. LM) de los interlocutores y que suele ser denominado "zona común": "la zona común nos provee de una perspectiva epistémica situando al hablante y al oyente" (60; Tr. LM). El

mayor ejemplo de perspectiva epistémica lo constituyen los artículos definidos e indefinidos: "¿has visto un libro?" frente a "¿has visto el libro?". El primero construye el libro como desconocido y el segundo como un objeto conocido para hablante y oyente. Esto es muy interesante en cuanto a la pertenencia grupal y al conocimiento compartido que poseen los grupos. De especial interés son, pues, aquellos signos deícticos que implican la adscripción de identidades y pertenencias grupales, como la deíxis personal o de lugar[9].

Por otro lado, resalta además que la alta utilización de signos deícticos ha sido catalogada (Morera 1990, 1998) como una de las características principales de la variedad canaria, que llega incluso a la utilización de una forma verbal demostrativa: "aquellar", que sirve como sustitución de casi cualquier verbo.

> Frente a formas de hablas descontextualizadas, que implican una previa conceptualización de las cosas para poder significarlas fuera de las situaciones físicas del hablar, el canario, como cualquier grupo humano de modalidades lingüísticas coloquiales, practica una forma de expresarse bastante ostensiva, de deíxis ad óculos en la que abundan y sobreabundan los pronombres, los adverbios y hasta los verbos demostrativos (Morera 1990: 56-57).

El uso significativo de deícticos hace referencia a aquellas variedades lingüísticas con una baja capacidad de simbolización. Morera (1990: 58) afirma que la alta utilización de deícticos en Canarias está directamente vinculada a las relaciones de poder colonial que han caracterizado a las islas, y a la existencia de un código restringido.

Además de las categorizaciones y la deíxis, otros recursos narrativos de las descripciones, a través de los que el hablante construye su identidad, son las reformulaciones y los tropos. Las reformulaciones son en la comunicación verbal mucho más comunes y necesarias que en la escrita. Pueden ser de carácter concretizador, cuando el hablante hace una formulación abstracta que por alguna razón (ya sea por motivación propia o porque el entrevistador pregunta) es reformulada de manera más concreta, y pueden tener carácter de cambio, complemento o de precisión de lo dicho anteriormente. También puede tratarse de autocorrecciones en las que el hablante cambia una formulación anterior por otra más adecuada a la acción comunicativa.

Los tropos son recursos retóricos propios del lenguaje escrito y del literario, se encuentran también en los pasajes descriptivos de la conversación, rompen la

---

[9]   Sobre la utilización de deíxis en la conversación, ver A. Duzack (ed.) (2002). Para deíxis y categorizaciones ver Lucius-Hoene/Deppermann (2004: 214-227), Croft/Cruse (2004: 55-56), Langacker (1987: 121-22).

rutina comunicativa y poseen una gran capacidad de crear imágenes. Entre ellos, se encuentran la metáfora, metonimia, ironía, lítotes e hipérbole.

4.2.3. *Argumentación*

Debido al carácter de algunas preguntas de las entrevistas (temáticamente centradas) realizadas para esta investigación, muchas de las respuestas de los hablantes están dirigidas a explicar las razones de respuestas anteriores. Aún más, se puede decir que los pasajes argumentativos son los que rigen gran parte de las entrevistas, pues, incluso en fragmentos donde predomina un carácter de relato, estos pueden servir como base o ejemplo de una argumentación. Esta no es, sin embargo, una característica singular de estas entrevistas, sino en general de las narraciones cotidianas (Deppermann/Hartung 2003) ya que, entendidas como "trabajo de identidad", los hablantes están continuamente justificando, explicando y razonando ciertos hechos, sucesos o discursos autobiográficos y/o sociales.

Según lo anterior, por argumentación se entienden todas las actividades verbales con las que el narrador intenta lograr la aceptación con respecto a un punto conflictivo determinado: *quaestio*. Esto puede hacerse de dos maneras principales: posicionándose a favor de ello o en contra. La argumentación está siempre orientada al oyente, por lo que el narrador se posiciona a sí mismo y a los demás de forma aún más clara que en cualquier otra parte de la narración. Klein (1980: 19) dice que "en una argumentación se intenta –con ayuda de lo válido colectivamente– comprobar algo que es colectivamente dudoso en lo que es colectivamente válido" (Tr. LM). Lo *válido colectivamente* puede ser utilizado como *pro-argumento* o como *contra-argumento* de una tesis. Estos argumentos son denominados *premisas*, a partir de las que los hablantes extraen *conclusiones* (Lucius-Hoene/Deppermann 2004: 164).

Para Brinker (2001: 1315), la argumentación tiene distintas funciones: a) explicar por qué (explicación causal): explicitar la realización de un hecho; b) razonar: apoyarse en la posible validez de posiciones epistémicas, es decir, creer que algo es posiblemente cierto, etc.; c) justificar: basarse en la validez de posiciones evaluativas de lo positivo de un hecho del que un sujeto o grupo es responsable.

Además de estos aspectos generales que caracterizan a las argumentaciones "clásicas", hay que destacar que en la narración conversacional las argumentaciones no son fácilmente reconocibles en todas las ocasiones. Ni siquiera aparecen siempre en la forma de pro y contra-argumentos, sino que sirven como explicación de determinados hechos o sucesos, o incluso en forma de relato con reproducción de diálogo (como sucede en muchos casos de las entrevistas aquí presentadas).

Según Lucius-Hoene/Deppermann (2004: 166), las argumentaciones se relacionan con dos clases de *asuntos*:

a) Con acciones y posiciones narradas que son justificadas o criticadas y que pueden aparecer simplemente como trasfondo argumentativo de una construcción narrativa determinada, como por ejemplo, en forma de reproducción de diálogo. Aquí es importante el hecho de que son ofrecidas razones a través de las que el hablante se justifica. Igualmente –como advierte Schütze (1987:138)– en este tipo de argumentaciones los hablantes pueden exponer su "propia teoría" acerca de un asunto. Por ejemplo, este es el caso de los fragmentos del punto 7.3, donde los hablantes "teorizan" sobre la pérdida de la variedad canaria.

b) Con explicaciones de sucesos donde se exponen sus razones causales. Lucius-Hoene/Deppermann (2004: 166) advierten que estos casos no son considerados normalmente como argumentaciones. Por los datos de esta investigación, coincido con los autores en que esto es así, puesto que en muchas ocasiones es imposible "distinguir argumentaciones de explicaciones" (2004: 166 Tr. LM). Por ello, las explicaciones pueden considerarse como una subforma de la argumentación. El proceso de argumentar es, en consecuencia, una actividad clave en la construcción narrativa de la identidad. En ningún otro el hablante debe posicionarse tan claramente con respecto a otros sujetos, situaciones u objetos.

Finalmente, es necesario recordar que en una narración conversacional los tipos de texto son en muchas ocasiones difícilmente separables unos de otros y que, además, puede existir una jerarquía entre ellos. Un determinado pasaje puede poseer (por ejemplo) un carácter esencialmente argumentativo (reconocible por la presencia de recursos propios de este) y a la vez contener subordinado un relato escénico-episódico, una descripción o viceversa. Por otro lado, un pasaje esencialmente descriptivo puede tener elementos de relato, por contar el hablante una anécdota suscitada en la descripción, o una argumentación en forma de evaluación o explicación de la situación, espacio o personas descritas. Lucius-Hoene/Deppermann (2004) resaltan la importancia que tiene esto cuando el análisis de las entrevistas se produce por fragmentos (el método que sigo aquí). Esto se debe a que lo que en un fragmento puede parecer –por ejemplo– un relato, corresponde de manera más amplia a una argumentación[10]. De cualquier manera y como advierte Quasthoff, los relatos suelen estar subordinados a otro tipo de texto y sirven normalmente como prueba/evidencia a una argumentación o explicación (Quasthoff 1980: 160-169).

---

[10] En el próximo punto se verá con referencia a un ejemplo.

En definitiva, las funciones de un fragmento pueden ser varias dependiendo de si se toma solo el nivel del fragmento o si se compara con el texto general al que pertenece, porque así pueden cambiar también las funciones comunicativas que estos textos posean: si son justificaciones o explicaciones de un objeto, si es auto-presentación de la persona en sí, etc. La relación de subordinación se reproduce en gran parte de las entrevistas realizadas, donde prima un carácter argumentati-vo explicativo y las descripciones y relatos suelen aparecer subordinados a él. Por esta razón, antes de analizar un fragmento determinado, haré referencia al tipo de subordinación producido (en el ámbito de la entrevista) entre ellos y me concentraré en las clases de texto que, sin embargo, primen en el pasaje escogido. Es decir, si en un primer nivel se trata de un texto argumentativo pero el pasaje es puramente descriptivo, se enfocarán las funciones de la descripción, aunque tomando esta como parte de un texto mayor.

4.2.4. *Posicionamiento como marcador de identidad colectiva*

Además de los marcadores específicos que acabamos de exponer, existe otro fun-damental, presente en los tres tipos de texto: el posicionamiento del narrador. Lucius-Hoene/Deppermann (2004) entienden posicionamiento como "aquel aspecto de la interacción a través del cual los interactuantes se asignan posiciones sociales e identidades" (196; Tr. LM). El análisis del posicionamiento como mar-cador de identidad será de gran importancia, en tanto es una clave principal para analizar cómo los hablantes se construyen narrativamente como pertenecientes a un grupo social determinado y cómo se distancian de aquello a lo que no se sien-ten pertenecientes. Se trata, por tanto, de un factor fundamental al analizar la construcción narrativa de la identidad colectiva. Este posicionamiento se da en distintos niveles y puede ser separado en dos grupos:

a) Posicionamiento propio y ajeno en el marco de la interacción (del entrevista-do con respecto al entrevistador). Puede ser propio, cuando el hablante adscri-be determinadas características a su persona, o ajeno, cuando determinadas características son atribuidas al otro interactuante. Ambas pueden darse en forma de atributos personales, roles sociales u orientaciones morales.

b) Posicionamiento en la narración: dentro de la narración y dependiendo del tipo de texto que se esté produciendo, los posicionamientos están siempre marcados por la doble perspectiva del *yo* presente y el *yo* narrado. Primera-mente, se distingue un posicionamiento propio y ajeno dentro del suceso con-tado. En este se posicionan las distintas figuras que tomaron parte en él, siem-pre con relación al *yo* narrado (posicionamiento con respecto al suceso) y también con respecto a sus roles sociales, familiares, actividades, características, etc. Ambos son "una construcción del *yo* narrador (presente)" (204). Por otro lado, se observa un autoposicionamiento del *yo* narrador presente a través de un posicionamiento propio y ajeno dentro del suceso contado: en tanto en cuanto el narrador se posiciona en el suceso con determinadas características, que ha construido desde la perspectiva del aquí y ahora, realiza implícitamente una evaluación propia y, con ello, se posiciona en el presente·

Importante es aquí qué posicionamiento toma el narrador con respecto a su grupo social y con respecto a los otros. Este hecho se observa con claridad en casi todas las entrevistas. Hay que señalar que en las narraciones conversacionales no autobiográficas se pueden dar además otros tipos de posicionamiento, con respecto a determinadas parcelas de la realidad, como puede ser la propia lengua o variedad.

4.3. Aplicación metodológica

A modo de ejemplo de lo dicho hasta ahora en este punto y como avance a los capítulos empíricos, analizaré a continuación dos fragmentos correspondientes a una misma entrevista. Ambos poseen un alto grado de representatividad, con referencia a los restantes datos empíricos recogidos, tanto en la forma –tipo de texto, posicionamiento, recursos lingüísticos– como en el contenido. En el primero de ellos, haré un análisis más detallado de los aspectos formales según todo lo expuesto en este capítulo. En el segundo fragmento, me ocuparé más del contenido. Esto se debe a que la temática del mismo es, como acabo de decir, común y representativa a una gran mayoría de entrevistas. A partir de un análisis preliminar realizado de los materiales, se han planteado las cuestiones teóricas principales que se desarrollarán en los próximos dos capítulos:

– Cómo los entrevistados construyen la identidad colectiva a tenor de su condición de periferia y de los profundos cambios sufridos con la irrupción de la globalización y del turismo.

– Qué papel posee la variedad canaria en la construcción de la identidad colectiva y en referencia a la variedad estándar peninsular y qué estatus le otorgan sus hablantes.

4.3.1. *Jerarquía textual, posicionamiento e identidad*

En el análisis que sigue se dará importancia a los aspectos formales. Me centraré en estudiar los distintos tipos de texto, qué relación y/o jerarquía existe entre ellos, qué recursos lingüísticos se utilizan dentro de los mismos, qué tipo de posicionamiento toma el hablante en cada uno de los subtextos y cómo, a partir de ello, asigna identidades a sí mismo y a los otros.

El presente fragmento pertenece a la primera parte de una entrevista del corpus de marzo de 2003. Durante este trabajo de campo, se combinó el método de la entrevista narrativa, al principio de la misma, con preguntas muy abiertas y casi sin intervención de la entrevistadora. Asimismo, con el método de la entrevista centrada (Witzel 1982, 2000), mediante algunas preguntas más concretas, a medida que avanzaba la interacción. A modo de introducción, pedía a los hablantes que me dijeran cómo era la vida en las islas. Si esta cuestión no era suficiente o presentaba algunas dificultades para comenzar la interacción, preguntaba si había habido algún cambio en los últimos años. Esto no fue necesario con el hablante de la entrevista, cuyos datos presentaré a continuación. A modo de ejemplo de la metodología seguida para ordenar la gran cantidad de materiales empíricos, ofrezco algunos datos de la grabación, según fueron recogidos en el cuaderno de campo para cada entrevista.

Procedencia: Corpus marzo-abril de 2003, Tenerife.
Código: M 03/13
Fecha de grabación: 13 marzo por la tarde.
Lugar: Casa del entrevistado en Barranco Hondo, sur de Tenerife.
Duración: 1 hora y 3 minutos aproximadamente.
Transcripción básica: Laura Morgenthaler.
Transcripción detallada: Laura Morgenthaler.
Contexto: entrevista realizada tras un almuerzo en casa de una familia de La Gomera, emigrada a Tenerife en los años 70. Algunos miembros de la familia que siguen en La Gomera vinieron para la ocasión. Entrevisté a cuatro de los familiares, no conocía a ninguno de ellos, ni había hablado con ellos anteriormente. En la grabación se escuchan las voces, risas, ruidos de platos, etc. del almuerzo[11].
Participantes: Jorge es el dueño de la casa, enfermero de 58 años. Tiene voz suave, habla despacio y con parsimonia.

F. 2: Jorge M13/03: 01-47 'he vihto en la hente un cambio muy grande'

01 L: anteh contahte que ereh de La Gomera...
02 J: ((tímido)) Sí::soy de La Gomera...
03 L: ¿Y:::cuánto llevah aquí?
04 J: pueh aquí llevo::dehde el año seTENta y::SInco...
05 L: ahhh
06 ((silencio))

---

[11]   Gracias a Carolina Martín Ravelo por su ayuda para la realización de esta y de muchas otras valiosas entrevistas.

07 L: y hmmm, dime y cómo eh así, en heneral, la vida en las ihlah?
08 J: Cuál... ehta ooo/
09 L: & ehta o La Gomera... así en heneral...
10 J: Bueno::La Gomera::en heneral ha cambiado MUcho MUcho Mucho mucho...
11 hmmmm hmmm a mí me hubiese guhtado que la Gomera se hubiese quedado como
12 yo la conosí
13 L: sí? ((bajito))
14 J: &sí, eh que he vihto en la hente un cambio muy grande, ehh... por ehemplo... yo me
15 crié en San Sebahtián y en Gran Rey... (XXX) y yo me crié en un rehtaurante con mih
16 padreh=ehtaba todo el día en la calle=conosía a todo el mundo y a:quirí mucha:mucha
17 mundolohía por la relasióncon... con boRRAchoh=hente normal=hente
18 pehcadoreh=agricultoreh... hente de... de la alta alcurnia
19 L: sí
20 J: ((más bajo)) siempre conoseh un montón hente... y eso te va dando un fondo
21 y... vaha:quiriendo una mundolohía= O Sea=y=sicolohía que no la a:quiereh en
22 ninguna universidá
23 L: sí
24 J: y en Gran Rey pueh me crié en una PENsión con unah tíah de:de=mi=madre y el
25 pueblo era un pueblo MUY bonito, se vivía MUY bien y todo el mundo vivía MUY
26 pendiente del otro...
27 L: sí ((bajito))
28 J: de tal punto que si tú pasabah por=la=puerta=la casa=a la hora d:almorsar... pueh
29 TE desían CITA: pasa y almuersa con nosotroh, tomah café o desayúnate o sena< osea
30 osea no había... sevivía muy bien en ese sentido ¿no? lo que pasa que dehpuéh empesó
31 el turihmo aquello empesócada veh- la hente ya no empesó a contar por realeh sino
32 empesó a contar por milloneh y yaempesaron >CITA: que si tú tieneh un apartamento
33 yo quiero tener doh< y el que tenía doh quería tener cuatro y y entonseh ya yo a partir
34 de loh 18 añoh dehé de ir a Gran Rey=o sea= ASÍ sí notéyo un cambio ehhh como:que
35 la hente:perdió aquella familiariDÁ...
36 L: sí
37 J: &y se moría un... por eHEmplo se moRÍA una persona en el puerto, en el MUElle O
38 sea=en el barrio que ehtaba el muelle... pueh en el Barrio que ehtaba dihtante, pueh
39 sinco kilómetroh pueh ((más alto)) NO se ensenDÍA la Radio= porque=se murió un
40 vesino... ¿no?
41 L: sí... por rehpeto...
42 J: entonseh ((muy rápido, corta las palabras)) había=una=familiari- que HOY,
43 O=sea=hoy NO=hase añoh ya ya NO esihte nooo, la hente vive... y en San Sebahtián
44 treh cuartoh de lo mihmo, San Sebahtián eh igual, la hente te ve, sí te saludan y tal
45 pero siempre ehtán buhcando otra... otra forma de... de desarrollarse en la vida ¿no?
46 Bueno era la de ehtar pendiente pueehh del vesino, de si había algún problema si no sé
47 cuánto, la hente pasa ya (...) y ahora pueh todo eso ya se ha perdido

En este caso el hablante respondió a la pregunta de cómo veía la vida en las Islas justamente diciendo que *ha cambiado MUcho MUcho MUcho* (L. 10) y añadiendo seguidamente que a él le gustaría que *la Gomera se hubiese quedado como yo la conosí* (L. 11-12). Esta intervención del hablante desata todo el pasaje ya que intenta dar al respecto una explicación. Ya se ha visto que las explicaciones tienen un carácter argumentativo, aunque no haya pro y contra argumentos. El hablante intenta justificar, por medio de distintos recursos, una intervención determinada, en este caso, que le gustaría que la Gomera no hubiese cambiado. Se puede afirmar, por lo tanto, que se trata de un texto argumentativo-explicativo (introducido por la expresión explicativa *eh que*) con pasajes de relato y descriptivos que están subordinados al primero. Entre estos dos últimos existe también una relación de subordinación.

A partir de la L. 14 he introducido por *por ehemplo* (L. 14), el hablante comienza la argumentación/explicación a su intervención de la L. 10. Explicación que repite y precisa en la L. 14: *he visto en la hente un cambio muy grande*. De esta afirmación general abstracta, cambia a un relato en primera persona donde él mismo es el protagonista principal (L. 14-22). Se trata de una exposición informativa en la que, desde la perspectiva del aquí y ahora, cuenta sucesos del pasado que no siguen una secuencia temporal concreta. Lo hace como explicación a una postura abstracta actual, en este caso, el cambio percibido. A partir de sus experiencias de la infancia, relata cómo era la vida en San Sebastián[12], reconstruyendo este lugar desde sus propios recuerdos. Se produce un posicionamiento tanto a nivel de la interacción, como a nivel del relato: el hablante se construye como alguien que *conosía a todo el mundo* y que ha adquirido mucha *mundología* (L. 16-17). El absoluto *todo el mundo* es especificado como: *Borrachoh, hente normal, hente pehcadoreh agricultoreh, hente de la alta alcurnia* (L. 17-18). El hablante se posiciona en el pasado narrado como conocedor de un amplio espectro social. Este conocimiento es trasladado al aquí y ahora con el paso del indefinido a presente de la interacción: *vah a:quiriendo una mundolohía y sicolohía que no la a:quiereh en ninguna universidá* (L. 21-22).

En las L. 25-26 sigue con el relato, aunque hay un cambio en el espacio, en los personajes y en el modo de narrar, que adquieren un carácter descriptivo. La L. 23 constituye una descripción subordinada al relato principal (a su vez subordinado a la argumentación explicativa). En ella se observa el recurso más importante de las descripciones –la categorización– utilizada para la reconstrucción del pueblo: *muy bonito, se vivía muy bien y todo el mundo vivía muy pendiente del otro* (L. 25-26). A partir de estas categorizaciones hasta mitad de la línea 27 el

---

[12] Capital de la Isla de La Gomera.

hablante regresa al relato. La última categorización *vivir muy bien* es especificada por medio de una escenificación de voces de la gente del pueblo.

A partir de la L. 30 el hablante comienza a concretar el cambio al que se refirió al principio y sigue así el hilo argumentativo principal: de una situación, en la que todo el mundo se conocía, se pasa (se marca textualmente mediante el adverbio *después*), a causa del turismo, a una situación distinta que la anterior. El cambio construido es ejemplificado a través de una metonimia: *la hente ya no empesó a contar por reales sino a contar por millones* (L. 31-32). La generosidad y familiaridad grupal a la que hizo referencia anteriormente es simbolizada por *realeh* (moneda antigua que existía antes y durante la peseta) y el cambio, por *milloneh*. Por último, en la L. 34 el hablante se refiere de nuevo de manera explícita al cambio *ahí sí noté yo un cambio,* que es especificado como *la hente perdió aquella familiariDÁ* (L. 35). Puede apreciarse con ello el seguimiento de la línea argumentativa, a pesar del relato y de las descripciones subordinadas.

De la L. 33 hasta la 35 el hablante vuelve al relato; se ve continuamente el posicionamiento desde el aquí y ahora, característico de la exposición informativa. Esta doble perspectiva temporal del narrador se ve con claridad sobre todo a partir de la L. 42 por el uso de los adverbios *entonces* y *hoy.* A partir de ello, regresa al nivel más abstracto de la argumentación y compara la situación pasada con la actual: *la hente pasa ya... y ahora todo eso se ha perdido* (L. 47). Con ello, queda nuevamente manifiesto, al igual que en la intervención anterior, el carácter subordinado del relato a la argumentación explicativa, que constituye el hilo conductor de toda la narración.

Con lo analizado hasta aquí y con referencia a lo dicho a lo largo del punto 4.3 y 4.5, se puede concluir lo siguiente:

1. En este breve fragmento se observan todas las funciones de la narración explicitadas a lo largo del punto 4.3:

– Narración como trabajo/rendimiento constructivo: Narrar no significa una "copia del mundo real", sino un proceso creativo de construcción de la realidad. Que lo recordado nunca se narra como originariamente fue es claramente observable en este fragmento. El hablante reconstruye mediante su experiencia personal todo un medio social pasado desde la perspectiva presente. Reconstruye aquellos aspectos relevantes para alcanzar la meta comunicativa concreta: justificar su percepción de los sucesos como cambio drástico.

– Narrar como proceso comunicativo y de selección: el hablante ha dado relevancia únicamente a ciertos aspectos de su pasado para compartirlo con su oyente y para producir así un mundo en común entre ambos.

- Narrar como representación y escenificación: la representación se da en varios puntos del fragmento, con la reproducción de voces de los vecinos en estilo directo. Su función principal es la de ayudar a alcanzar la meta comunicativa: sirve para demostrar la familiaridad existente en el pasado narrado e inexistente en la actualidad, escenifica así este aspecto del cambio.

- Narración como establecedora de continuidad y coherencia: el hablante se construye como el mismo en el pasado y en el presente, incluso en las características que se atribuye a sí mismo: la *mundología* adquirida ya de niño la sigue teniendo en la actualidad y ha sido desarrollada a lo largo de su vida, como demuestran los tiempos verbales. El hablante logra, a partir de ello, presentarse como una unidad coherente y continua.

2. Se observa que la narración, a pesar del carácter autobiográfico que a primera vista pueda tener, supone mucho más un "modo básico de construcción social de la realidad" (Kraus 2000: 4). La meta comunicativa del hablante no es la de exponer un pasaje concreto de su vida sino justificar una intervención propia: construye una realidad social que ha sufrido un proceso de cambio y no su propia infancia.

3. Se observa una jerarquía entre los distintos recursos textuales: Se trata de un texto argumentativo-explicativo, que presenta además varios relatos (exposición informativa) subordinados a él. A su vez, estos poseen descripciones subordinadas, dándose por tanto tres niveles textuales con una relación de jerarquía entre ellos:

Figura 2
Jerarquía textual

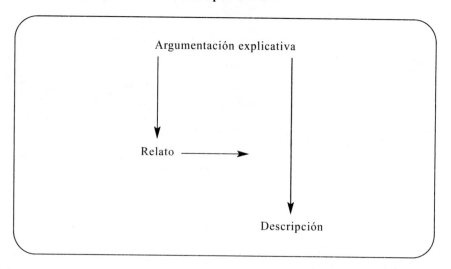

4. Se observan distintos tipos de posicionamiento y de construcción de la identidad dependiendo del tipo de texto:

a) A nivel de la interacción: la conduce el texto argumentativo y el posicionamiento del hablante está estrechamente ligado a su meta comunicativa que es, como se ha dicho, justificar a ojos de la interactuante su primera intervención sobre el hecho de que La Gomera ha cambiado mucho y que le hubiera gustado que se quedara como él la conoció. Es también importante tener en cuenta que el posicionamiento a nivel de la interacción está, en las narraciones conversacionales, marcado por el que se da dentro del relato mismo.

b) A nivel de relato: se observan los dos tipos de posicionamiento que se dan dentro de la narración misma:

b^1) Posicionamiento propio y ajeno dentro del suceso contado: el hablante se ha posicionado en el primer relato (L.13-17) únicamente a sí mismo como una persona con *mundolohía*, esto es, una persona con un amplio conocimiento de toda clase de personas con las que se ha relacionado desde su infancia. En el segundo relato (L. 25-31) se produce más bien un posicionamiento ajeno: las mismas personas que antes eran *muy familiares* son los agentes principales del cambio. Esta circunstancia es rechazada por el hablante: *dehé de ir a Valle Gran Rey* (L. 30): los valores anteriores al cambio se pierden. El narrador se posiciona fuera del grupo que *empesó a contar por milloneh* mediante la utilización de la tercera persona del plural frente a la utilización de la primera en el primer relato.

b^2) Posicionamiento propio actual a través de su posicionamiento en el suceso contado: el posicionamiento actual se observa, en referencia al pasado, claramente cuando el hablante establece la continuidad temporal de la *mundología* adquirida en el pasado y que aún tiene en presente. El hablante se posiciona en posesión de esta *mundolohía* que le proporciona una psicología determinada (*que no a:quiereh en ninguna universidá*) y se construye así con una identidad positiva frente a la interactuante.

5. La jerarquía entre los textos está relacionada normalmente con el posicionamiento del texto principal que abarca los demás. Además, es el que marca el posicionamiento del hablante a nivel de la interacción, mientras que los subordinados lo hacen en el ámbito de la narración misma. Según se verá en detalle en los capítulos 7, 8, 9 y 10 y en F. 3, el posicionamiento de los hablantes es principalmente social. A diferencia de los relatos autobiográficos, no solo se da con respecto a personas y sucesos pasados, sino también a ciertas parcelas de la realidad social como, por ejemplo, la lengua.

6. La cuestión teórica principal que suscita este fragmento es el cambio percibido por el hablante, que además es común a un enorme número de entrevistas. La

causa del cambio es principalmente el turismo. Se observa también una "nostalgia por la comunidad", por las redes sociales estrechas y por la solidaridad grupal existentes antes del cambio. ¿De dónde y por qué surge esta nostalgia? ¿Por qué ha desaparecido esta cohesión social? Como se verá en el próximo capítulo, el hablante ha reconstruido un proceso de individualización y desarraigo de la comunidad, característico de la modernidad tardía.

4.3.2. Construcción de la identidad colectiva por posicionamiento

Tanto el F. 2, como el que voy a analizar a continuación, pueden explicar algunos de los posicionamientos teóricos que se tratarán en los próximos dos capítulos. Este pasaje de la misma entrevista tiene también un alto grado de representatividad con referencia a los restantes datos empíricos: el hablante se construye como miembro de un grupo determinado, con una variedad lingüística determinada –hablante canario– en alteridad a otro grupo con una variedad lingüística diferente –hablante estándar–. Ambas identidades parecen estar en una situación de conflicto.

F. 3: Jorge M13/03: 185-213 'sabemoh hablar tan bien o mehor que elloh'

185 J: aquí viene mucho peninsular que trabaha se adapta y tal y bueno lo encuentro tan
186 normal y dehpuéh viene mucho peninsular que ehtá echando lecheh y mierdah
187 contra la ihla y contra la forma de a:tuar de loh canarioh y hombre ese tío me me toca
188 mucho a mí lah nariseh
189 L: sí
190 J: & concretamente tengo al lado mío una do:tora, que viene de..., eh aragonesa, eh
191 maña, y bueno pueh HA pretenDIdo QUE Tenerife se adapte a ella entonseh>CITA:
192 que por qué no hay una calle con bareh a lo largo ca- o sea uno en frente del otro
193 donde uno irse de tapitah<>CITA: ppp porque aquí esihte una cosa que se llama la
194 ruta del VIno, la ruta del NORte que tú vah a casa de Manchada, casa de la cochina,
195 a casa del Pioho, a casa del otro… y y vah por así y eso eh eh la cohtumbre d:aquí si
196 tú te adpatah a eso...>CITA: eh que, chica lo siento lo siento< pero entonseh yo llego
197 a pensar, he llegado a pensar algunah veseh que hay una cansión de Braulio, que no
198 eh la de de mándese a mudar, pero hay una cansión de Braulio que últimamente la he
199 oído que dise >CITA: somoh MÀH de allá que de acá< y eso eh una verdad como
200 un templo. Nuehtra forma de pensar nuehtra forma de ser eh máh latinoamericana
201 que ehpañola, todavía loh andaluseh se noh paresen máh, pero de ahí pa arriba no noh
202 paresemoh en nada... ((silencio))
203 L: hmm pero:... ¿qué eh... no pareserse en nada?
204 J: Pueh mira, somoh MÁH abiertoh, no somoh MENOH trabahadoreh, somoh MÁH
205 trabahadoreh, somoh máh cultoh, sabemoh hablar tan bien o mehor que elloh, qué eh
206 lo que noh ocurre? Pueh... que tieneh miedo, que elloh saben máh, que elloh son máh

207 intelihenteh, que hablan zzzzzzzz Y nosotroh no ehtamoh acohtumbradoh a hablar
208 con esa fasilidá entonseh yo por ehemplo que tuve la ehperiensia de ir a haserme una
209 oposisión a Madrí iba con el miedo en el cuerpo de que elloh sabían máh, no sé por
210 qué pero bueno, te lo vah creyendo lo vah asumiendo y diseh bueno pueh aquélloh
211 saben máh que nosotroh y nosotroh somoh pueh loh siudadanoh de segunda de tersera
212 o de cuarta... entonseh yo fui me presenté a la oposisión, saqué el número 5 que no
213 ehtá mal...

El F. 3 está enmarcado en un texto primario de carácter argumentativo, en el que
el hablante hace referencia a los alemanes e ingleses que llegan a las islas y *no se
adaptan*. A partir de la L. 185 traslada su discurso al grupo de los peninsulares,
dividiéndolos también según este criterio de la adaptación. La actitud de los que
no lo hacen molesta al hablante: *me toca mucho lah nariseh* (L. 187-188). Esta
premisa desata una argumentación justificativa que, a su vez, contiene dos subtextos: de la L. 190 a la 202, un relato; y de la L. 204 a la 213, una descripción y,
subordinada a esta, otro relato (209-213).

En el relato, el entrevistado reproduce un diálogo en estilo directo con una
hablante estándar (médico para la que trabaja como enfermero), quien *ha pretendido que Tenerife se adapte a ella* (L. 191). Tras explicar que la tradición
canaria no es la de *ir de tapitas* sino la *ruta del vino* y finalizar con ello el diálogo, concluye con una categorización. Esta se desata por el texto de una canción:
somoh máh de allá que de acá (L. 199), refiriéndose allá a Latinoamérica y acá,
a España. El posicionamiento del entrevistado es a partir de aquí social. Traza
una frontera con la hablante estándar y se posiciona como miembro un nosotros
(canario) y como más cercano a los latinoamericanos: *nuehtra forma de pensar,
nuehtra forma de ser eh máh latinoamericana que ehpañola* (L. 200-201). Esta
categorización es matizada con referencia a los andaluces y posteriormente reafirmada de manera absoluta: *de ahí pa arriba no noh paresemoh en nada* (L
201-202). En este punto, se observa claramente cómo el discurso del hablante,
con sus elementos textuales concretos de argumentación, relato y categorizaciones, ha servido como modo de construcción de una identidad colectiva por
medio de posicionamiento.

El posicionamiento del hablante como miembro de un grupo determinado, el de
los canarios, es, como consecuencia interactiva de una pregunta de la entrevistadora, reafirmado en su siguiente intervención mediante un proceso de categorización por contraste. En ella los dos grupos son contrastados a través de adverbios
comparativos y siempre, claro está, desde el posicionamiento social del nosotros.
El endogrupo es categorizado de manera positiva frente al exogrupo: *máh abiertoh, máh tabahadoreh, máh cultoh, hablar tan bien o mejor que ellos* (L. 204-

205). El posicionarse frente a los hablantes estándar mediante un proceso de categorización por contraste es utilizado por muchos de los entrevistados.

Esta construcción positiva de la identidad grupal se pone en duda seguidamente, momento en que cobran importancia categorizaciones realizadas por el exogrupo, es decir, categorizaciones externas que han sido interiorizadas y que a su vez son rechazadas (ver punto anterior, Jenkins 1997). Estas categorías son: *saben máh, son máh intelihenteh y hablan zzzzz* (L. 206-207). Sin que haya habido ninguna pregunta por parte de la entrevistadora, el hablante aborda la problemática de la lengua. Esta posee una relevancia fundamental en la relación intergrupal, ya que funciona como razón principal de la categorización externa con atributos negativos. La lengua es construida como un motivo por el que los hablantes dialectales, entre los que el entrevistado se incluye, se sienten inseguros lingüísticamente y, en ese caso, también en el nivel sociocultural o de estudios: *que tieneh miedo que elloh saben máh* debido a que *nosotroh no ehtamoh acohtumbradoh a hablar con esa facilidá* (L. 206-208).

En la L. 208 el hablante regresa a un relato en primera persona, con el que concreta las categorías utilizadas anteriormente. En él, hace referencia explícita a un proceso de interiorización de las categorías externas adscritas por el exogrupo: *te lo vah creyendo / lo vah asumiendo* (L. 210), que concluye en una categorización más del endogrupo como *loh siudadanoh de segunda de tersera o de cuarta* (L. 211-212). Frente a la construcción narrativa anterior de la identidad colectiva a través de categorizaciones con carácter positivo, aquí parece primar una negativa. No obstante, hay que tener en cuenta que esto no es exactamente así debido a que las categorizaciones negativas son de carácter externo. Además de ello y –según se vio en el punto anterior– las categorizaciones por contraste suelen remitir a situaciones de conflicto grupal, como es, sin duda, el caso reconstruido en F. 3.

Del análisis realizado y con referencia a cómo se construye narrativamente la identidad colectiva, se puede concluir:

1. El tipo de posicionamiento que tome el hablante es esencial para entender de qué manera construye su identidad. Ya sea a nivel de la narración misma o de la interacción, si el hablante se sitúa como miembro de un grupo determinado que interactúa y narra desde la primera persona del plural, se produce un posicionamiento social. Bajo este concepto entiendo el posicionamiento de un individuo miembro de una colectividad, del nosotros. En las narraciones, la adscripción de fronteras grupales y la construcción de la identidad colectiva se dan a través de este posicionamiento social del nosotros, que es –como se verá a lo largo de los análisis de los capítulos 7, 8, 9 y 10– el que ha primado entre los hablantes.

2. Además de ello, el fragmento analizado despierta algunas cuestiones teóricas que se pueden dividir en dos grandes grupos:

a) Relación intergrupal: en la narración ha sido reconstruida una relación intergrupal entre hablantes dialectales (nosotros) y hablantes estándar (ellos) no exenta de conflicto. Se ha producido una clara dicotomización entre el nosotros y ellos. Ahora bien, ¿qué significa que se trace esta frontera en la era de globalización, cuando los límites grupales se hacen, supuestamente, cada vez más borrosos? ¿Qué influencia tiene en esta construcción el carácter de periferia del archipiélago? A raíz de los datos socioeconómicos expuestos en el capítulo 2, del carácter de periferia y de isla y de la dicotomización nosotros-los otros realizada por el hablante, cabe preguntarse, en fin, ¿cómo se construye la identidad colectiva en Canarias con su carácter de *globalización en miniatura* y todo lo que esto implica?

b) Función de la lengua: en el proceso de diferenciación entre el nosotros y ellos ha desempeñado un papel central la lengua, que por un lado es valorada positivamente y, por otro, es causa de inseguridad al interactuar con los hablantes estándar. ¿Hay un conflicto entre ambas variedades? Si es así, ¿por qué la variedad canaria es valorada positivamente? ¿Se puede presuponer un cambio de actitud hacia la misma? ¿Qué significa entonces que aún sea motivo de inseguridad en el contacto intergrupal?

5. ESTANDARIZACIÓN E IDENTIDAD COLECTIVA EN LA *GLOCALIZACIÓN*

Una vez superadas las posturas esencialistas, ha ido cobrando cada vez más importancia la idea de "constructividad" de la propia identidad. Aunque esta tampoco es nueva en las ciencias sociales ni en la sociolingüística, ha adquirido en los últimos años un creciente interés. Ello se debe a los distintos análisis teóricos en torno a las consecuencias que, en el ámbito individual y grupal, posee la globalización y el nuevo orden social (llámese posmodernidad, modernidad tardía, segunda modernidad, modernidad reflexiva, modernidad radicalizada) que esta impone. No obstante, no han sido dadas las mismas respuestas para explicar cómo, a pesar de la fragmentación que se produce en los individuos de las sociedades globalizadas, estos pueden establecer una continuidad y coherencia consigo mismos y, por tanto, construir la propia identidad. Mientras que para la identidad individual se ha demostrado (Kraus 1996, 2000; Kluge 2005) la importancia que poseen las narraciones como modo básico de construcción de la misma, esto no ha tenido igual vigencia para explicar el modo en que se construye la identidad colectiva, pese a sufrir los mismos procesos de fragmentación, deslocalización, etc. que la primera[1]. En lo que a la última atañe, parece estar bastante extendida la idea de que la globalización supone un proceso de homogeneización cultural, social y lingüístico y que las fronteras grupales se hacen cada vez más lábiles y borrosas. Se ha hablado así del *fin de la historia*, el *fin de la metanarración*, el *fin de la diversidad lingüística*, etc. ¿será también el *fin de la identidad*? En este capítulo, me ocuparé de estas cuestiones; se verá que premisas como estas son una manera demasiado simplificada y simplificadora de abordar una temática tan compleja como es la construcción de la identidad colectiva en la era de la globalización.

---

[1] Además, ninguna de las dos es categoría totalmente separable de la otra, pues ambas están en continua interacción.

5.1. La constructividad de la identidad

Muchas de las posturas teóricas que se han ocupado de la constructividad de la identidad partieron de postulados de la psicología social, más concretamente de su escuela "construccionismo social", iniciada por Kenneth Gergen (1985). Interesantes son también las aportaciones del constructivismo radical ya que, a pesar de sus postulados "radicalmente" individualistas (neurofisiológicos), sus teóricos han dado siempre gran importancia a la condición eminentemente social de los individuos, sin que esto signifique una contradicción con la tesis de las construcciones individuales. Uno de los principales investigadores de esta corriente, Gerhard Roth, dice al respecto:

> El cerebro compensa el aislamiento de todos los sistemas neuronales al constituir el mundo como medio interior y al manejarlo como tal; esto es principalmente válido para el medio social. Y es por ello que no es una contradicción que nuestra realidad individual y cerrada en sí misma sea una realidad social (Roth 1987: 253; Tr. LM).

Frindte (1998) parte de la tesis de que el constructivismo radical y el construccionismo social intentan en la actualidad dar explicaciones metateoréticas a los fenómenos de la auto-organización de los sistemas individuales y sociales. Ambas tienen la misma pregunta de partida: ¿cómo construyen los individuos y las comunidades sociales la realidad? Asimismo, las dos responden de manera similar en algunos aspectos y de manera contraria en otros. Seguidamente discutiré en breve estas similitudes y diferencias[2].

5.1.1. *Perspectivas constructivistas*

El constructivismo radical es una teoría del conocimiento, basada en investigaciones neurobiológicas acerca del funcionamiento del cerebro y de cómo, a través de él, representamos y construimos la realidad. Este objeto de estudio no es nuevo en las ciencias sociales y humanas (en la filosofía –especialmente desde Kant–, en la psicología y también en la lingüística por teóricos como Humboldt). El constructivismo radical (Schmidt 1987, Maturana/Varela 1980, Roth 1987, 1996, 2001, Glaserfeld 1987, 2003) parte del supuesto de que la representación de la realidad en el cerebro no es una copia de la realidad física sino, debido a los mecanismos de percepción del mismo, se trata siempre de una construcción individual y subjetiva.

---

[2]   No obstante, en cuanto a la constructividad de la identidad, es importante tener siempre en cuenta la obra pionera de Berger/Luckman (1966 [1986]).

A pesar de estas construcciones individuales, las personas tienen la sensación de que pueden comunicarse entre sí de manera exitosa. Para la neurobiología, esto es así por la existencia de "áreas consensuales"[3] en la comunicación, mediante las cuales las personas pueden entenderse. En la praxis, las construcciones son comprobadas implícita o explícitamente, según la concordancia con el mundo en el sentido de su utilidad (viabilidad). Este proceso se llama "viabilización" o comprobación y se divide en dos apartados principales: el individual, que se produce entre el individuo y la realidad, y el lingüístico, producido en el proceso de interacción del individuo con otros individuos que poseen signos viabilizados procedentes de una red de comunicación étnica-lingüística específica. El hombre es un ser social y su naturaleza social está marcada, en primer lugar, por la constitución y funciones del cerebro y, en segundo, porque necesita de otros individuos para sobrevivir. Las construcciones individuales son socializadas, puesto que las personas necesitan contrastar y comprobar (viabilizar) de manera interindividual o intersubjetiva sus propias construcciones de la realidad. La comunicación verbal en situaciones de interacción es, por tanto, el medio más importante que las personas tienen para salir de su "autismo" cerebral. (cf. Zimmermann 2004a)

Es este último punto el más importante tanto para la lingüística como para la psicología social, y es la principal coincidencia de ambas teorías. El construccionismo social se concentra en el postulado de que mediante las interacciones y la comunicación intersubjetiva se producen siempre construcciones sociales de la realidad, es decir, entendemos y conocemos el mundo a través de los conceptos que construimos con los otros en el proceso social de interacción (Gergen 1985). Si en el constructivismo radical se concibe la existencia de construcciones individuales, que se viabilizan intersubjetivamente, dado que el ser humano es un ser eminentemente social, el construccionismo social parte de que por este mismo hecho las construc-

---

[3] Por áreas consensuales se entiende: a) la capacidad de entender enunciados por intuición; b) por haber nacido en una determinada cultura y sociedad, se han inscrito los mismos esquemas de pensar, de lengua y de comportamiento en el individuo; c) la misma educación escolar y formación profesional; d) experiencias individuales idénticas, hechas en las áreas descritas antes (Zimmermann 2006). Zimmermann 2004a critica la concepción de los ámbitos consensuales del constructivismo radical, utilizados para explicar que, a pesar de que cada cerebro construya los significados individualmente, las personas tengan la capacidad de comprenderse en la comunicación. Para este autor (2004: 26) el constructivismo radical no posee los métodos para analizar el aspecto interactivo de la comunicación. De hecho, la suposición de que existen ámbitos consensuales está en contradicción con sus propios postulados, ya que el consenso no puede entenderse desde una perspectiva biológica, sino que es una categoría interactiva, discursiva y social (39). Además, para Zimmermann los supuestos individualistas del constructivismo radical se pueden completar de manera colectiva, a través de la existencia de una afinidad en las construcciones individuales, que lleva a que los procesos de viabilización se produzcan a nivel grupal.

ciones son siempre sociales. Para el teórico más importante del construccionismo social, Gergen (1985), los términos por los que los individuos comprenden el mundo son siempre sociales, producto del intercambio de las interacciones de un grupo determinado e históricamente situado. Con ello, el proceso de conocer y construir la realidad no es dirigido automáticamente por la naturaleza (neurobiológica), sino que resulta siempre de procesos interactivos de personas en relación.

Tanto el construccionismo social como el constructivismo radical se preguntan de qué manera y a través de qué criterios se establecen las construcciones sociales. Ambos dan una respuesta similar[4]: En el constructivismo radical tenemos el cerebro, que comprueba las construcciones individuales según su utilidad en la interacción social para que la comunicación pueda así tener lugar de manera más o menos satisfactoria. Asimismo, para el construccionismo social, comprobamos nuestras construcciones sociales en referencia a la interacción y a su utilidad para la construcción de otros discursos sociales. Aquello que los individuos sienten, piensan y perciben es el resultado de un proceso de construcción social de la realidad. Frindte (1998: 45) ejemplifica la diferencia fundamental entre ambas teorías: mientras que para el constructivismo radical vemos a través de los centros visuales del cerebro, que hacen una representación y construcción particular de la realidad percibida (Roth 1986: 14), para el construccionismo social la vemos mediante las construcciones sociales producto de la interacción, del discurso y de las narraciones de nuestra comunidad de habla. La interacción es, por tanto, entendida por el constructivismo social como la posibilidad de participar en la construcción social de la realidad.

Estos puntos divergentes entre ambas teorías acerca de cómo los individuos construyen la realidad son aunados por el constructivista radical Schmidt (1992), quien advierte que no hay contradicción entre estas dos posturas, que responden a distintos niveles y perspectivas, y se complementan entre sí:

> La cognición –igual que después comunicación– puede tratarse desde dos perspectivas: desde la visión biológica-psicológica, así como desde una visión sociocultural. Con ello entran en juego tanto aspectos pragmáticos como evolutivos, que afectan al surgimiento y al modo de actuación del condicionamiento empírico, bajo los cuales trabaja cada sistema cognitivo: como miembro de un género, como miembros de una sociedad, como hablante de una lengua materna y como miembro de una cultura (Schmidt 1992: 51; Tr. LM).

---

[4]   Ello es así, a pesar de que el constructivismo radical dice en realidad muy poco de cómo se producen las construcciones tanto individuales como sociales. Zimmermann (2004ª: 33) critica, además, el hecho de que los constructivistas radicales no dicen nada acerca de la formación concreta de las mismas.

Esta perspectiva de Schmidt es útil para definir el concepto de construcción que acepta la perspectiva de las construcciones individuales del constructivismo radical, pero que da más importancia a las construcciones sociales, a cómo se producen y al papel que juegan con respecto a la identidad grupal o colectiva. En este sentido, se pueden aceptar bajo el concepto de construcción las representaciones individuales de la realidad, producidas en el cerebro a través de la cognición y del sistema límbico de las emociones. Siguiendo el construccionismo social y el hecho de que los individuos están continuamente confrontados con otros individuos con los que se comunican, interactúan, etc., y con los que necesitan comprobar la utilidad y validez de sus construcciones individuales, entiendo por construcción: aquellas representaciones sociales de la realidad que se producen por medio de la interacción. Siguiendo a Frindte (1998: 82-83), las construcciones sociales de la realidad son las interpretaciones convencionalizadas y transmitidas del mundo, compartidas por los miembros de una comunidad. Es decir, las interpretaciones interindividuales del mundo coincidentes[5].

Que los postulados del constructivismo radical y el construccionismo social no se contradicen, sino que se complementan entre sí, será ampliado en el siguiente apartado. Me ocuparé del modo en que se socializan las construcciones individuales de la realidad y se convierten en construcciones sociales y de cómo se explica, a partir de ellas, el concepto de identidad. Esto es de gran importancia para el punto 5.4 ya que acudiré a ello para explicar la existencia de formas de discurso afines entre los miembros de una misma comunidad, que llamaré *narraciones colectivas*.

5.1.2. *Afinidad en la construcción e identidad colectiva*

Se acaba de decir que las construcciones, aunque se produzcan de manera individual, se convierten en construcciones sociales, en la medida en que el individuo las viabiliza intersubjetivamente en la interacción. Como advierte el mismo Roth (1987: 253), la realidad cerebral individual es esencialmente una realidad social. Las construcciones sociales se constituyen en primera instancia por una afinidad

---

[5]   "Soziale Konstruktionen sind konventionalisierte tradierte und verallgemeinerte Interpretationen und Kommunikationen von Welt. Es sind also keine nur auf je einzelne Situationen bezogene Interpretationen und Kommunikationsweisen oder gar deren Abbilder, sondern interindividuell übereinstimmende und im sozialen Austausch begründbare Deutungen von Welt (…) soziale Konstruktionen der Wirklichkeit oder soziale Wirklichkeitskonstruktionen sind in sozialen Gemeinschaften von dem betreffenden Mitgliedern geteilte konventionalisierte und weitergegebene Deutungen von Welt, einschl. der Welt der eigenen Gemeinschaft". (Frindte 1998: 82-83)

existente en las construcciones individuales. Estas afinidades están basadas, según Zimmermann (2004ª: 49), en que la organización cerebral es igual en todos los seres humanos. A pesar de las diferencias sociales, étnicas, de género, etc. y de sus construcciones individuales, los sujetos parecen representar la realidad de manera muy similar. Esta "afinidad de los resultados cognitivos" (Zimmermann 2004a: 49) es producto de una percepción semejante que los miembros de un grupo poseen de una parcela de la realidad, por vivir en el mismo hábitat y tener una red de interacción densa. En virtud de la alta frecuencia de las interacciones entre los miembros de un mismo grupo, los procesos de viabilización se establecen de manera grupal. Similitudes de tipo natural en el medio de vida y en el desarrollo cultural de las instituciones sociales de un grupo son responsables de que se produzca una serie de afinidades en la construcción. Esta afinidad en las construcciones de un grupo, frente a las diferencias en las construcciones de otro, es una explicación constructivista a cómo se constituye una visión básicamente común del mundo y, con ella, de la identidad.

De este breve acercamiento a las posturas constructivistas se puede extraer en referencia a la identidad la conclusión principal de que, incluso desde un punto de vista neurobiológico, la constitución de la identidad se puede explicar únicamente mediante una teoría de la interacción. Para Zimmermann (2004ª: 33), la teoría de las construcciones individuales debe ser complementada desde la lingüística por una teoría de la viabilización interactiva e intersubjetiva. Sin embargo, esto ha sido realizado en parte por los mismos constructivistas radicales, que han tomado una actitud más moderada (ver Schmidt 1992), y desde el construccionismo social de la psicología social. Frindte (1998) ha desarrollado un interesante modelo que integra las construcciones individuales con una visión centrada en la comunicación (interacción y significado), reunidas bajo el concepto de "espacios de construcción de la realidad". Estos espacios sirven al autor para explicar de qué manera se construye exactamente la identidad colectiva y el papel que juegan en ello la lengua, la interacción y las narraciones. Se verá en el punto 5.3.3.

5.2. El concepto de identidad

En el punto anterior se ha ofrecido una visión de por qué en la actualidad se habla de construcción de la identidad desde el punto de vista del constructivismo radical y del construccionismo social. Existe, sin embargo, una razón fundamental que será desarrollada en este punto: debido a la irrupción de un nuevo orden social, los procesos de identificación, tanto del individuo consigo mismo como con su medio social, han sufrido un cambio radical, no exento de conflicto, hasta el punto de que se suele hablar de identidades en crisis, identidades fragmentadas o identidades deslocalizadas. Este hecho conlleva dos implicaciones principales: por un lado, se produce una serie de "campos de tensión" en las teorías acerca de la identidad, pues conviven aún dos tipos de discurso. Por otro, los individuos, debido a los procesos de fragmentación individuales, se ven inmersos en estos "campos de tensión" y, con ello, abocados a construir su propia identidad. En este punto me basaré en cuatro autores principales: Hall (1994), Kraus (1996), Beck (1986, 1997), Keupp et al. (2002).

A partir de esta idea, surge la pregunta de qué sucede en el nuevo orden social con la identidad colectiva si existen fragmentaciones y crisis en el ámbito grupal, y cómo se establecen los procesos de identificación a nivel colectivo. Intentaré responder a estas cuestiones para, posteriormente, analizar cómo todo ello se cristaliza en la comunidad canaria.

5.2.1. *Los campos de tensión de la identidad*

Beck, en su libro *Sociedad de riesgo* (1986), sienta las bases del proceso que marca la construcción de la identidad individual en la modernidad tardía: la individualización[6]. Esta aparece por la desaparición de categorías sociales tradicionales, como clase, familia, relaciones de género, así como por la constitución de nuevas estructuras y formas de organización social. Las opciones se han abierto y el individuo no está atado a roles tan estrictos como en la modernidad. Principalmente, ha contribuido a ello el nuevo papel de las mujeres en la sociedad y, con ello, un nuevo orden de las relaciones familiares, maritales y, en consecuencia, sociales. Junto a esta pluralización de las opciones de vida, crece también la obligación de planificar la propia existencia y de aceptar la responsabilidad propia en los éxitos o fracasos de las decisiones tomadas (Kluge 2005: 89).

En la modernidad tardía, el sujeto vive una cantidad de fragmentaciones individuales que lo lleva a ser, como veremos, el "constructor de su propia identidad". El proceso de individuación es, sin duda, la más importante de estas experiencias fragmentadoras. Para Keupp (2002), son diez las experiencias de fragmentación que sufre el individuo en la modernidad tardía. En primer lugar, los sujetos se sienten desarraigados (*entbettet*): el individuo ya no se siente perfectamente integrado en un esquema cultural determinado y estable, que antes le proporcionaba seguridad, claridad y también control social. Al contrario, sufre un "desarraigo ontológico" (47). En segundo lugar, se da una separación de los modelos de vida colectivos e individuales, pues los patrones de vida que siguen los individuos

---

[6]　Para el proceso de individualización, ver Beck (1986).

para organizar su existencia no se rigen por modelos sociales establecidos que les aseguran aceptación en la comunidad, debido a que estos han perdido su fuerza en una "sociedad multiopcional". Es más, se pierde la evidencia moderna de categorías como educación, sexualidad o relaciones generacionales por estas multiopciones. Por otro lado, la adquisición de trabajo como base de la formación de la identidad individual se fragmenta: la sociedad moderna del capitalismo productivo ofrecía al sujeto un acunamiento, estabilidad y/o una construcción de su identidad personal a través del trabajo[7]. La posibilidad de adquirir un trabajo fijo se ve en la segunda modernidad totalmente reducido. Además, se produce una fragmentación de las experiencias vitales: la creciente complejidad de los distintos modos de vida lleva a una diversidad de experiencias que no pueden aunarse en un marco social común. Esto lleva a una continua fragmentación, tanto con nosotros mismos como con el conjunto social, ya que muchas veces no podemos integrar estas experiencias como una unidad, sino que "viven" separadas unas de otras. Debido a esta pluralización y heterogeneización de los modos de vida, el individuo "tiene que decidirse *nolens volens* por una u otra posibilidad" (Keupp 2002: 50).

De gran importancia en esta experiencia de fragmentación es, como se dijo anteriormente en referencia a Beck, el cambio de los roles sexuales: la evidencia del papel social de las mujeres se ha roto de manera drástica (Keupp 2002: 51). La identidad de género es la más problemática de dejar atrás, pues lleva a muchos hombres y mujeres en la actualidad a un conflicto con los papeles que les han sido adscritos en la modernidad clásica. Por último, se produce una pérdida de la "meta-narración": se trata de la dubitación en los sistemas de interpretación tradicionales. El individuo se convierte en constructor de su propio sistema de interpretación, aunque cuenta, por supuesto, con "materiales de las instituciones de interpretación tradicionales" (52).

Estas fragmentaciones del individuo y los conflictos que se producen en una sociedad moderna tardía, que aún no ha dejado de lado todos los sistemas de interpretación de la modernidad clásica, se reflejan en una serie de tensiones a las que el individuo se enfrenta en continua tarea de construcción de su identidad. El concepto de identidad debe entenderse en la modernidad tardía mediante una serie de oposiciones, denominadas por Keupp (2002: 64) "campos de tensión". El concepto de "campos de tensión de la identidad" ofrece, en mi opinión, un marco adecuado para manejar el concepto de identidad en la actualidad. Los binomios utilizados a continuación representan distintas oposiciones en torno al

---

[7]   No es así si se piensa en la gran depresión de 1929-1933.

concepto de identidad, que unas veces son inherentes al mismo; otras, resultado de distintas posiciones teóricas y, sobre todo, consecuencia de la contraposición modernidad clásica/modernidad tardía. Por esto, entre los miembros del binomio se produce un *campo de tensión*.

a) Actualidad-antigüedad

El primer campo de tensión es el de la actualidad de las teorías sobre la identidad. Desde la antigüedad, la pregunta sobre la identidad ha ocupado al ser humano, que ha intentado responder siempre a la cuestión de *quién soy yo*. En este sentido, afirma Keupp que el estudio de la identidad no supone ninguna novedad. Sin embargo, la categoría identidad ha cobrado gran relevancia en las últimas décadas, como demuestra la gran cantidad de publicaciones al respecto[8]. Esto se debe precisamente al profundo cambio social que supone el paso a la segunda modernidad. Para los autores (2002: 65), no se trata en la actualidad de encontrar una respuesta profunda a la vieja cuestión del ser, sino de una necesidad de encontrar respuestas en una época de cambio, que ayuden a los individuos a situarse en el nuevo desarrollo social. Se trata, por tanto, de "una vieja pregunta cuya actualidad es muy reciente" (2002: 70; Tr. LM), que se convierte en una tarea a realizar por el individuo y no como algo que viene dado u ofrecido por la sociedad determinada a la que se pertenezca. La identidad se vuelve "autorreflexiva, múltiple, movible e innovadora" (2002: 71; Tr. LM), originando el mencionado interés. El cambio más profundo que han sufrido las teorías de la identidad tiene que ver con esta perspectiva autorreflexiva, que hace posible la idea de la "construcción de la propia identidad", ya que podemos escoger entre las muchas posibilidades de la sociedad multiopcional[9].

b) Identidad-alteridad

Se puede afirmar (como ya se estudió en el capítulo 3) que este es el binomio de oposición básico de la categoría identidad. Para que algo o alguien *tenga* identidad, es irremediablemente necesaria la existencia de un otro. Somos quienes

---

[8]   "(...) mientras que en la primera mitad de siglo hay un promedio de 0,42 libros por año, en la segunda mitad el promedio se ha multiplicado por 200, pasando a un 89.7 libros por año. Una visión más realista nos permite ver que en realidad hay un crecimiento exponencial sostenido desde los años 50: en esta época se publican 18 libros, que en la década siguiente pasan a 156, a 707 en los años 70, a 1395 en los 80 y a 1920 en los 90; entre 1991 y 1997 se aproxima a 300 libros por año, dos cada tres días" (Fernández 2000: 49).

[9]   Uno de los objetivos de las nuevas teorías sobre la identidad debería ser, según los autores, ocuparse de cuán reales son estas posibilidades.

somos, porque construimos a un álter en el que valorarnos, reconocernos, identi-
ficarnos y diferenciarnos. Para Zimmermann (1992ª: 82) –basándose principalmente en Mead y Goffman– la identidad no es algo que pueda producirse consigo
mismo, sino que es algo que tiene que ser ratificado y producido con los otros
miembros de la sociedad. La identidad se establece en la interacción, es un producto de la percepción de uno mismo con respecto a los otros en el espacio social
compartido. Un papel primordial juegan en todo ello la reflexividad y la conciencia, pues a través de los otros el individuo como ser social toma conciencia de sí
mismo. Nuestra identidad se constituye siempre en relación con la alteridad y con
las valoraciones y juicios que el álter realice de nosotros. Es lo que Zimmermann
(1992ª: 83), basándose en Strauss, ha denominado la "valoración de los otros"
(das Urteil des anderen). Los aspectos del yo que se muestran en la interacción
social son valorados por los otros y estas valoraciones y juicios pueden ser implí-
citos –tienen que ver con el resultado de la acción social– o explícitos. Los juicios explícitos se producen tanto en la interacción como en el discurso político,
antropológico, económico, etc. Incluso la autonomía individual es totalmente
dependiente del reconocimiento social: alguien que rechace las normas y los
roles sociales, y que de hecho no forme parte de ellos, construye su identidad
también en oposición a ellos. De esta manera, "los conceptos de autonomía y
reconocimiento están también unidos" (Keupp 2002: 67).

Para Keupp (2002: 67), en la segunda modernidad muchas de estas uniones entre
individuo y sociedad, familia de origen, nacionalidad, roles, género, etc. se diluyen,
y más que nunca es el individuo quien "trabaja" en la propia construcción de su
identidad. Por ejemplo, en las relaciones de género muchos roles sociales no son
adaptados ni tomados, sino que cada vez son más construidos individualmente.
Esta diversificación de los procesos de identificación no invalida que la identidad
siga siendo completamente dependiente de la alteridad. Según el mismo ejemplo de
la identidad de género, un travestí lo es con relación a un álter del que se diferencia
y con el que no se identifica. Una relación de pareja, no marital, donde cada miembro posea relaciones externas a la pareja, se define igualmente con relación a un
álter que podría ser matrimonio fiel, y así sucesivamente. Es decir, aunque los roles
sociales establecidos se diluyan y reorganicen en la segunda modernidad, esto no
quiere decir que desaparezca la relación identidad-alteridad, ya que es –en virtud de
lo visto– del todo imposible, pues es inherente a la identidad misma.

c) Estado-proceso

La identidad individual ha sido entendida durante mucho tiempo como un estado;
como algo que se posee y viene dado por criterios incambiables: la fecha, el lugar

de nacimiento, los rasgos corporales y las pertenencias sociales o étnicas. La identidad es singularidad y estabilidad, que hacen que una persona sea inconfundible y permanezca constante a través del tiempo.

Frente a esta concepción, aparece la identidad como proceso dinámico y continuo, en formación y construcción constantes. Para Zimmermann (1992[a]: 79), ser una persona determinada con una identidad definida no conlleva una unión per se, sino que la identidad es una relación que tiene que ser primero establecida: no es algo que simplemente se *tenga*, sino que debe ser primero *producido*. Según Keupp (2002: 76), este campo de tensión lleva a plantearse teóricamente dos perspectivas: centrar la atención en el proceso mismo o en el resultado del proceso: "el concepto mismo de identidad remite a un estado o resultado". Planteado así, Keupp cae en una contradicción, pues si se toma la identidad como un proceso en construcción continua, no tiene ningún sentido o relevancia centrarse en el resultado, que será a lo sumo contextual y/o pasajero. Más adelante, los autores se reafirman en la identidad como proceso "el interminable proceso de la identidad" (87), principalmente en una modernidad tardía, con sus características de dinamismo y procesualidad, pero no justifican suficientemente el planteamiento anterior.

d) Coherencia-disociación

La identidad parece no cobrar importancia hasta que se convierte en un problema. Para Bauman (1998: 134), la identidad es un problema por sí misma: "identidad solo puede existir como un problema (...) nació como problema", que surge principalmente cuando los individuos intentan obtener coherencia y continuidad entre los mundos interno y externo. Esta es una tarea que el individuo debe realizar permanentemente, en la que también es de importancia el reconocimiento y acuerdo de los otros en la interpretación y búsqueda de coherencia con nosotros mismos (Zimmermann 1992[a]: 90). La labor de establecer una continuidad interior y una coherencia se enfoca en dos direcciones: por un lado, a nuestras experiencias de vida: ¿cómo puedo permanecer el mismo a pesar de los cambios y sucesos de mi vida?; y en segunda instancia, por los distintos roles o identidades sociales que tomamos y que tenemos que integrar de manera coherente en nuestra persona. Si esto no se consigue, pueden producirse problemas y crisis en la identidad.

La identidad en crisis parece ser una de las características de la modernidad tardía, en que el individuo debe realizar un esfuerzo especial por buscar y mantener la coherencia. Kraus (1996, 2000) describe en detalle las razones por las que la búsqueda de coherencia se ha convertido en una difícil tarea. La fragmentación del individuo, los procesos de individualización, la disociación que caracteriza a la sociedad moderna tardía y su multiopcionalidad son algunas de las más importantes. La estrategia más importante para lograr coherencia y continuidad es la narración. Al narrar, construimos una identidad coherente a nuestros ojos y a la de los demás[10]. El campo de la coherencia y la disociación es, pues, uno de los más tensos en la modernidad tardía y, como veremos a continuación, es la base de la concepción identitaria, en tanto construcción y trabajo propios, que principalmente se da al narrar.

e) Sustancia-narración

El último "campo de tensión", muy acorde con los dos anteriores, se establece entre una "identidad basal" y una "identidad narrada", esto es, identidad como construcción narrativa. La primera posición (substancialista) defiende que existe un nivel de experiencia física y psíquica, independiente del medio social y cultural, que es real y que además constituye una "experiencia basal de la identidad". La concepción de la identidad como construcción narrativa se fundamenta en la significación esencial del contexto social, lengua y discurso. No es algo, por tanto, que se posea, sino que se constituye en la interacción con los otros. Que las narraciones cotidianas constituyen el elemento clave de "superar" las fragmentaciones y deslocalizaciones, tanto individuales como colectivas, de la sociedad moderna tardía será desarrollado con amplitud en los próximos puntos (ver Keupp 2002).

5.2.2. ¿Fin de la identidad?

The deconstruction of the self is turned back on knowledge and politics, transforming the discourses of scepticism and discursivity too, by reflexivity. But in this movement two logics of reflexivity can be discerned, one of deconstructionism and one of constructivism. Deconstructionism –the dissolution of the self–represents the first stage in postmodernity, with constructivism coming into its own today, as new selves are constructed. (Delanty 2000: 132)

Tanto Hall (1994: 184-193) como Kraus (1996: 25-29) hacen un recorrido histórico por las distintas recepciones teóricas que se han hecho de la identidad. Explican su evolución de la modernidad clásica a la modernidad tardía para compren-

---

[10] Justo en este sentido, afirma Déniz Ramírez (2002: 14) que en la actualidad existe una preocupación generalizada por la identidad, que "invade lo cotidiano debido al desasosiego social que está provocando el neoliberalismo, desarticulador de fuentes tradicionales de solidaridad como la clase, la familia, el trabajo, el barrio y hasta el propio Estado".

der el significado real del postulado actual de que las identidades se están descentrando y deslocalizando, así como su constructividad. En pro de ello, Hall distingue tres conceptos de identidad, correspondientes a épocas históricas y teóricas diferentes, que denomina:

1. El sujeto de la Ilustración: el hombre moderno, producto de la Ilustración era definido como un individuo completamente centrado y unitario, dotado de razón, conciencia y capacidad de actuar. Su "centro" interno existía desde el nacimiento y se desarrollaba con él, sin dejar de ser el mismo durante toda su existencia. Por ello permanecía idéntico consigo mismo; ese centro esencial constituía su identidad (1994: 181). Estos supuestos, que parten principalmente de Erik H. Erikson (1973), son considerados la concepción moderna de identidad. Erikson considera la identidad como una unidad coherente y continua que se va adquiriendo a lo largo de la vida hasta hacerla una "pertenencia interna" (Eickelpasch/Rademacher 2004: 26). Se trata de la capacidad de mantener una continuidad y unidad en la propia identidad, es decir, la identidad es la esencia interna del individuo: "das Gefühl der Ich-Identität ist das angesammelte Vertrauen darauf, dass der Einheitlichkeit und Kontinuität, die man in den Augen anderer hat, eine Fähigkeit entspricht, eine innere Einheitlichkeit und Kontinuität aufrechtzuerhalten" (Erikson 1973: 107).

2. El sujeto sociológico: Con él se refiere Hall (1994) a la concepción del sujeto y de la identidad del interaccionismo simbólico, que supuso un cambio fundamental al establecer que la esencia interna del individuo no era su identidad (como en el discurso de la Ilustración), que este no es autónomo ni autosuficiente, sino que está formado a través de los otros, que le aportan los significados, valores y símbolos de la sociedad de la que forma parte. La identidad se establece, por tanto, en la interacción del individuo con la sociedad. El sujeto posee una estructura interna, pero esta varía a partir del diálogo con el mundo externo. Al postular que el individuo internaliza e integra de esta manera los mundos externos con el interno, el interaccionismo simbólico supera el abismo que se planteaba entre ambos: la identidad, así Hall "traba al sujeto con la estructura" (182), lo estabiliza con los mundos sociales y culturales y los hace, de esta manera, recíprocamente unitarios y previsibles.

3. El sujeto posmoderno: Precisamente esto es lo que cambia en la segunda modernidad para Hall (182): El sujeto, que hasta entonces había sido tomado como una identidad unitaria y estable, se ve fragmentado[11] y constituido no por

---

[11] "Das Subjekt, das vorher so erfahren wurde, als ob es eine einheitliche und stabile Identität hätte, ist nun im Begriff, fragmentiert zu werden. Es ist nicht aus einer einzigen, sondern aus mehreren, sich manchmal widersprechenden oder ungelösten Identitäten zusammengesetzt" (Hall 1994: 182).

una sino por varias identidades, que pueden ser contradictorias o irresolubles. Como consecuencia de vivir en un proceso radical de cambios sociales, culturales y económicos, la capacidad del individuo de unir, a través de la interacción con el medio social, los mundos externos con el interno se ve reducida. De esta manera, surge el sujeto posmoderno, cuya identidad es continuamente formada y cambiada en relación con las distintas formas de representar los sistemas culturales que lo rodean. La identidad está unida a la concepción fundamental de la deslocalización del sujeto y –como veremos– también de los grupos[12].

Hall distingue cinco fases en la evolución de las teorías acerca de la identidad, responsables de esta concepción de la deslocalización en la modernidad tardía[13]: el neomarxismo, Freud, Ferdinand de Saussure, el estructuralismo, Foucault y el feminismo[14]. No obstante, (1994: 187) advierte que la idea de que las identidades fueran absolutamente unitarias y coherentes en la modernidad y de que actualmente estén del todo descentradas, deslocalizadas y en crisis es una manera muy simplificada de "contar la historia del sujeto moderno". Este es un proceso inherente a la modernidad misma, del que ya se percató Marx. Adorno y Horkheimer (1969) postularon el "fin de la identidad obligada", con el resquebrajamiento paulatino de la modernidad y la deconstrucción del hombre moderno ideal, mediante los cambios sociales imperantes que trae consigo el capitalismo globalizado. La posmodernidad se vive como una posibilidad de liberación, donde no existe miedo a ser diferente.

No obstante, este concepto de liberarse de viejos sistemas de interpretación y de papeles sociales adscritos obligatoriamente, de construir y trabajar en la propia identidad como si se fuera el director de una película, de decidir cuál de las multiopciones de la sociedad pluralizada y *libre* tomar, de vivir en una sociedad individualizada pero solidaria, parece también una manera muy simplificada de plantear la problemática del cambio de la identidad en la modernidad tardía. Como advierten Friedman (1997: 79), Canclini (2001: 19-20), Hannerz (1998: 95),

---

[12] "Gesellschaftliche Prozesse, die mit Begriffen wie Individualisierung, Pluralisierung, Globalisierung angesprochen sind, haben das Selbstverständnis der klassischen Moderne in Frage gestellt. (…) In der Dekonstruktion grundlegender Koordinaten modernen Selbstverständnisse sind vor allem Vorstellungen von Einheit, Kontinuität, Kohärenz, Entwicklungslogik oder Fortschritt in Frage gestellt worden. Begriffe wie Kontingenz, Diskontinuität, Fragmentierung, Bruch, Zerstreuung, Reflexivität oder Übergänge sollen zentrale Merkmale der Welterfahrung thematisieren. Es wird davon ausgegangen, dass Identitätsbildung unter diesen gesellschaftlichen Signaturen von ihnen durch und durch bestimmt ist" (Keupp 2002: 30).
[13] Hall centra el comienzo de la modernidad tardía después de la Segunda Guerra Mundial.
[14] Ver Hall (1994: 193-199).

Keupp (2002: 53)[15] y Castells (1998), esta visión conlleva implicaciones excesivamente occidentales, elitistas y eurocéntricas, ya que la posibilidad de "elegir" una identidad y liberarse de otra está, en caso de que esto fuera realmente posible, reservado a ciertos lugares y clases sociales del planeta.

Kraus (1996: 22-32) precisa la definición de Hall temporalmente y distingue también tres identidades, que corresponden a las desarrolladas por él: la identidad premoderna, moderna y posmoderna. A diferencia de Hall, Kraus se preocupa de explicar de dónde surge la concepción de constructividad de la identidad y qué significa exactamente esto en las distintas etapas. Según él (1996: 23), "el pensamiento básico de la modernidad de los últimos 200 años es la idea de la constructividad de la propia identidad". La diferenciación de los distintos tipos de construcción por épocas se puede hacer a partir de tres criterios: primero, es necesario diferenciar hasta qué punto la idea de la propia identidad ha sido impuesta por la sociedad y cómo los miembros de una sociedad forman parte de esos discursos. En segundo lugar, es necesario preguntarse por el significado de la elección de la propia identidad, cómo de radical es esta concepción, y por la relación que tiene con las posibilidades de los sujetos en la práctica. Por último, es necesario tener en cuenta el aspecto de la estabilidad.

Dentro de la modernidad, Kraus (1996: 24-25) establece dos fases principales, una primera modernidad clásica –a partir de mediados del siglo XIX o de la II revolución industrial– y la producida tras la Segunda Guerra Mundial, en que la modernidad parecía haber encontrado "su forma adecuada de organización social" (25). Igual que para Hall, Kraus propugna que la concepción de identidad que primaba en esta modernidad organizada es la de Erikson (1973), que transmitía exactamente la armonía preexistente entre sociedad e individuo. Esta modernidad organizada es la que entra en crisis a partir de los años ochenta y noventa del siglo XX, cuando se producen los procesos de crisis y de desarraigo de individuos y grupos.

Kraus, basándose en Gergen (1991) y en sus propios análisis empíricos, advierte que no todas las características de la modernidad clásica desaparecen en la modernidad tardía. Esto es, no es que las viejas formas modernas de construcción de la identidad hayan desaparecido completamente, sino que han quedado accesi-

---

[15] Para Keupp (2002: 53): "Die Voraussetzungen dafür, dass diese Chancen auch realisiert werden können, sind allerdings bedeutend. Die erforderlichen materiellen, sozialen und physischen Ressourcen sind oft nicht vorhanden, und dann wird die gesellschaftliche Notwendigkeit und Norm der Selbstgestaltung zu einer schwer erträglichen Aufgabe, der man sich gern entziehen möchte. Die Aufforderung sich selbstbewusst zu inszenieren, hat ohne Zugang zu den erforderlichen Ressourcen etwas Zynisches".

bles junto a las nuevas y que los individuos las utilizan dependiendo de sus posibilidades económicas, historia personal, medio social, etc. (2000: 3). Las principales diferencias establecidas por Kraus entre ambos modos de construir la identidad son representadas en forma de cuadro de la siguiente manera:

TABLA 4
Construcción de la identidad en la modernidad clásica y en la tardía

Construcción de la IDENTIDAD según Kraus (2000)	
Modernidad organizada	**Modernidad tardía**
Crecimiento de la oferta económica y laboral.	No hay oferta, desempleo estructural.
Elección de una profesión de por vida.	Elección de una profesión no definitiva.
Individuo en Estado del bienestar.	Individuo como sujeto emprendedor.
Identidad como rendimiento, resultado.	Identidad como proceso.
El futuro es posible y planeable.	El futuro es planeable a corto plazo. Incertidumbre.

"Construcción de la identidad en la modernidad organizada y en la modernidad tardía en crisis".
Original: "Identitätskonstruktion in der organisierte Moderne und der krisenhaften Spätmoderne:
eine Gegenüberstellung" (Kraus 2002: 2; Tr. L.M).

Las posturas posmodernistas más radicales afirman que la identidad es "cada vez
más frágil" (Kraus 1996: 28) y que está totalmente fragmentada y en crisis. El
individuo no puede establecer continuidad y coherencia como en la modernidad
clásica, debido sobre todo a las consecuencias que trae consigo el proceso de
individualización expuesto anteriormente. ¿Significa esto *el fin de la identidad*?
A pesar de las fragmentaciones, ¿es posible para los individuos de la modernidad
tardía *tener* identidad?

5.2.3. *Narraciones como modo básico de construcción de la identidad*

Justo en este punto, y con referencia a la pregunta recién formulada, cobra importancia la idea de la constructividad de la propia identidad. Debido a los campos
de tensión en los que los individuos se ven inmersos en la actualidad, se agudiza
la necesidad que estos tienen de establecer una coherencia y continuidad consigo
mismos. Se produce, por tanto, la necesidad de *trabajar* en su identidad como

una tarea permanente, en la que se intentan adecuar los mundos internos, externos y los distintos roles sociales, para concebirse como una unidad coherente. En consecuencia, la identidad supone en la segunda modernidad, más que nunca, un trabajo propio. En Zimmermann (1992ª), aunque no la desarrolla, se encuentra ya esta idea de la identidad como trabajo propio. Para él (1992ª: 84) la identidad no es solo la suma de los roles, el *status* y el prestigio social –esta es solo una parte de los factores hacia los que se orienta la valoración propia–, sino que está caracterizada por otro factor: el trabajo. Trabajo es entendido aquí como producto; uno se ve a sí mismo en relación con los distintos productos que su trabajo con los otros y consigo mismo ha conseguido. Supone una tarea a realizar permanentemente, en la que entran en juego procesos interactivos, reflexivos, retrospectivos y proyectivos (Zimmermann 1992ª: 79).

Keupp (2002), Kraus (1996, 2000), Hall (1994), entre otros, van mucho más allá al postular la identidad como actividad cotidiana "Identitätsarbeit". Aquí el individuo intenta constantemente adecuar los mundos internos con el externo. El sujeto de la modernidad tardía ya no tiene un solo proyecto de identidad, se trata más bien de una serie de proyectos coetáneos que pueden ser contradictorios entre sí y que, en su multiplicidad, buscan una nueva forma de continuidad y coherencia. Pero, ¿cómo se producen ambas y de qué manera los individuos integran sus identidades contradictorias y fragmentadas?

Tanto las posturas posmodernas radicales como las que no plantean *el fin de la identidad* parecen estar de acuerdo en que coherencia y continuidad son establecidas en la modernidad tardía a través del discurso, especialmente de las narraciones del yo. Estas son las que posibilitan a la persona experimentarse como la misma a lo largo del tiempo, a pesar de las fragmentaciones que impone la deslocalización y crisis de la modernidad clásica. En estas narraciones no puede decirse (Kraus 2000: 3) si los discursos mediante los que se constituyen pertenecen a una modernidad clásica o tardía. Se trata, más bien, de construcciones que integran nuevos y viejos discursos. Estos están disponibles de manera amplia en la sociedad moderna tardía y son los que el individuo integra en su búsqueda de coherencia. Además, desde el punto de vista de los sujetos individuales, no es importante si la cualidad de sus discursos en la narración pertenece a la modernidad clásica o a la tardía, sino que los acopla dependiendo de la utilidad que tengan para su autodefinición y para la construcción de su propia identidad.

Con lo dicho hasta aquí, queda explicado qué significa la idea de la constructividad de la propia identidad. Cómo se produce exactamente esta construcción en la narración y cómo se establecen coherencia y continuidad en el acto de narrar ha sido ampliamente expuesto en el capítulo anterior. Asimismo, cabe señalar que la convivencia de dos tipos de discurso está muy presente en los hablantes entrevistados y que en muchas ocasiones es de carácter reflexivo. Así se observa, por ejemplo en el próximo fragmento, donde la hablante hace no solo referencia a los distintos tipos de discurso existentes, sino también a la pluralización de los procesos de identificación.

F. 4: Gloria M03/3: 53-64 'anteh había doh ideolohíah ahora puede haber veinte ideolohíah'

53 G: el avanse lleva todo, lleva lo bueno y lo malo. Hay máh hente de máh rasah, máh
54 cohmopolitah... máh ideolohíah... anteh había vamoh a ponerle un ehemplo...anteh
55 había doh ideolohíah, ahora puede haber veinte ideolohíah de dihtintah formah, máh
56 cultura, de casi todah lah arteh... eh desir que ha avansado mucho en todoh loh
57 ahpe:toh...
58 L: pero ha sido positivo o negativo?
59 G: bueno... eh que positivo eh máh bien cuando se termina una cosa, entonseh ya
60 puedeh tú calcular si una cosa eh positiva o no, pero como eh... como, ehto eh como el
61 cuento de nunca acabar, pueh nunca se sabrá si una cosa eh positiva o no eh positiva,
62 anteh sí se sabía ahora ya no se sabe, cada uno deside entonseh lo que eh positivo
63 negativo... anteh lo positivo era lo mihmo pa todo el mundo, ahora pa unoh eh positivo
64 y pa otroh negativo y puede tener veinte ideolohíah o máh

5.3. Identidad colectiva: ¿fin de la colectividad?

Si la identidad individual se ha visto fragmentada, dislocada y en crisis en la modernidad tardía, cabe preguntarse si ocurre lo mismo con la identidad colectiva. Los términos manejados en los puntos anteriores son de relevancia y sirven de base para entender qué ocurre con los procesos de identificación en el ámbito colectivo, que son los más relevantes para esta investigación. Igualmente, es importante tener en cuenta lo expuesto en el capítulo 2 (puntos 2.2.2 y 2.3), porque retomaré el debate acerca de globalización-localización y sus consecuencias para la construcción de la identidad colectiva en la periferia. A continuación, analizaré algunas de las posturas principales al respecto, basándome para ello en cuatro autores principales: Robertson (1992, 98), Hall (1994, 1997), Hannerz (1998, 2001) y Castells (1998). Común entre los cuatro autores es que ninguno de ellos toma una postura posmoderna radical, que plantee el fin de la comunidad y de la identidad colectiva. Al contrario, los cuatro se preocupan de analizar cómo se construyen estas identidades en la era de la globalización. Mi objetivo es, a partir de ello, tratar la cuestión de qué papel desempeñan la interacción y las narraciones en la construcción de la identidad colectiva en la era de la globalización.

5.3.1. *Glocalización: identidad colectiva entre lo global y lo local*

A los campos de tensión que marcan la construcción de la identidad en el nuevo orden social hay que añadir, a nivel colectivo, el de lo global y lo local. Es en este punto donde se negocian y construyen las identidades colectivas, así como el sentido de la pertenencia a la comunidad. En el punto 2.2.2 se estudiaron las distintas implicaciones que conlleva el proceso de globalización y se vio que no todos los autores están de acuerdo en su definición. Mientras unos dan más importancia a la dialéctica de lo global y lo local (Robertson, Beck, Hannerz), otros no le otorgan casi ninguna (Albrow). La ideología que se esconde tras una postura que no considere la importancia de lo local, es la ideología del neoliberalismo, que reduce la multidimensionalidad cultural, social, ecológica, lingüística etc. de la globalización a una sola: la económica (Robertson 1998: 192-194; Beck 1997: 27). Que la globalización no supone una homogeneización cultural en el ámbito mundial ha sido reconocido por varios autores desde el principio de las teorías acerca de la globalización, pues esta lleva consigo siempre un proceso intrínseco de localización.

Fue Robertson (1992) el primero en advertir que la globalización implica también una nueva forma de localización (ver punto 2.2.2). Para el autor (1998: 192 y ss.) no es cierto que exista una lucha entre lo global y lo local, sino que lo uno es consecuencia de lo otro. Aquellas posiciones teóricas que suponen un choque entre ambas y las toman como antónimas suponen la existencia de una homogeneización cultural mundial absoluta y, con ello, la idea de los teóricos posmodernistas del fin de la localidad, del fin de la historia, etc. A nivel teórico, significaría la desaparición de la microsociología, lo que impediría igualmente el análisis de la conversación y/o los trabajos antropológicos que se ocupan de una comunidad local y no de una antropología global. En cambio, si se parte del supuesto que la globalización lleva inherentemente un proceso de localización, se solventan aquellas posturas que llevan implícitas la ideología de la homogeneización cultural y permiten trabajos mucho más completos. Es imposible realizar hoy en día un trabajo microsociológico sin tener en cuenta lo global. Consiguientemente, y para que ambos conceptos no sean separados como si estuvieran en conflicto, Robertson (1992, 1994, 1998) propone el término de *glocalización*. Bajo este término se encuentra la idea fundamental que, a través de la globalización, se produce una nueva forma de lo local: lo que está globalizado es la producción de lo local, y no lo local en sí mismo[16]. Esto conlleva, además, una de las principales

---

[16] Lo que significa la *producción de lo local en lo global* y la nueva producción de la cultura e identidad en Robertson (1992, 1998), Hannerz (1996), Welsh (2001), Appadurai (2001).

características del nuevo orden social: la reflexividad. Rodríguez (2002), con referencia al caso canario, describe esta nueva producción de lo local[17] de la siguiente manera:

> Es cierto que la globalización económica irrumpe en el corazón de los pueblos tras atravesar unas fronteras cada vez más porosas o permeables (...) pero eso no debe generalizarse hasta el extremo de borrar otra circunstancia todavía muy viva: las sociedades y culturas siguen funcionando en buena medida con su *idiosincrasia local*. La inmensa mayoría de los ciudadanos todavía se sienten de un lugar, incluso sabedores de su agrupamiento progresivo en una comunidad-mundo (Rodríguez Martín 2002: 21).

Es decir, los individuos saben que pertenecen más que nunca a una "comunidad mundo", en la que comparten ciertas prácticas culturales con poblaciones de otros lugares del planeta y sienten, no obstante, la necesidad de diferenciarse y seguir perteneciendo a una comunidad determinada. La globalización ha traído así, para Robertson, una nueva forma de "restablecimiento, incluso de producción, de patria, comunidad y localidad" (1998: 200; Tr. LM).

La glocalización describe precisamente este proceso y echa abajo la tesis de McLuhan y Baber de la homogeneización cultural mundial y la metáfora del *McMundo*[18]. Beck (1997: 80-96) explica con detalle la insostenibilidad de la tesis de la "Mcdonalización", que parte del hecho de que se produce una unificación de los modos de vida, símbolos culturales, etc., por el consumo de productos globales: ciertas series televisivas, ciertos alimentos, música o moda. Esta concepción deja de lado toda posibilidad al pluralismo o a la diferenciación, y convierte al mundo en un "mundo de productos": las personas son únicamente lo que consumen. Esta postura ignora por completo la cantidad de movimientos globales por la localización y el deseo, palpable a ojos de cualquiera, que muchas comunidades sienten hoy en día de diferenciarse. Beck (1997: 85) reafirma así la concepción de Robertson de glocalización: la deslocalización de las prácticas culturales, que en cierto modo trae la globalización, se convierte siempre en una relocalización de las mismas dentro del orden global. Según se dijo con Rodríguez Martín (2002: 21), los ciudadanos son conscientes de su pertenencia a una "comunidad mundo" y siguen sintiendo, sin embargo, la necesidad de identificarse con su comunidad, aunque estos patrones de identificación se hayan pluralizado. La dialéctica de lo global y lo local remite, por tanto, al proceso que han desatado la globalización y su nuevo orden social en las comunidades humanas. Esto

---

[17] Rodríguez (2002) no habla de la dialéctica entre globalización y localización, sino entre mundialización y territorialización.

[18] Quienes han sido duramente criticados por muchos teóricos de la globalización (ver Friedman 1997: 79 y Beck).

implica –como se ha venido tratando– una deslocalización de las identidades tradicionales a causa del impacto de lo global y, concomitantemente, una relocalización de las mismas dentro del sistema global.

La deslocalización afecta a la significación del lugar y a la construcción de la identidad colectiva, en el sentido de que las preguntas clave de la identidad –¿quién soy? ¿a qué y a dónde pertenezco?– adquieren una nueva significación. Advierte Poster (1990):

> Si puedo hablar desde California con un amigo que está en París, directamente o mediante correo electrónico; si puedo ser testigo de acontecimientos políticos que ocurren en cualquier lugar del mundo sin moverme de mi casa (...) si puedo hacer compras desde mi casa utilizando la televisión o el ordenador, entonces, ¿dónde estoy y quién soy yo? (Poster 1990: 74).

Tanto Hall (1994: 44-88) como Hannerz (1998: 46-52) intentan responder a esta pregunta y ambos lo hacen de una forma similar. Hannerz utiliza la concepción de "vida cotidiana", tan importante para la etnometodología, aunque sin hacer referencia directa a ello. Para el autor, el lugar se define en la era de la globalización (que él denomina *ecúmene* global) mediante la vida cotidiana: "lo local tiende a desarrollarse en una situación de cara a cara", a través de la que se da además un intercambio de "interpretaciones compartidas en un hábitat de significados determinado" (Hannerz 1998: 48). El paralelismo con lo expuesto en el punto 3.1.2 es evidente. Al igual que Frindte, Hannerz considera –aunque se concentra en explicar cómo se constituye lo local y la colectividad en la globalización– que juegan, pues, un papel fundamental la interacción cara a cara, las interpretaciones compartidas que surgen de ella y los significados que se diferencian de los que son producidos por medio de otras interacciones cara a cara en otro lugar (Kreft 2003: 111).

Por otro lado, Hannerz advierte que la producción de lo local se da de distinta manera en los centros que en las periferias, y que los teóricos sociales (como he criticado también en puntos anteriores) al hablar de globalización han fijado su punto de mira mucho más en los centros y en el mundo occidental (Europa y Norteamérica) que en las periferias (Hannerz 1998: 103). Además, según lo concluido en el capítulo anterior, no se puede negar que las desigualdades globales son más drásticas que nunca y que este hecho ejerce una influencia notoria en la construcción de la identidad. Esta se produce, por todo ello, de manera distinta en los centros que en las periferias, y en estas últimas sigue estando marcada por modelos importados desde el centro (Hannerz 1998: 94; Kreft 2003: 125-127) a través de "corrientes culturales" (*cultural flows*) que llegan de los centros a las periferias, ya sea en el ámbito global o dentro de un mismo Estado.

Hall (1994) ofrece también una respuesta a cómo *funciona* la identidad en la dialéctica de lo global y lo local. Para el autor jamaicano "la vuelta a lo local es una respuesta a la globalización" (Hall 1994: 59; Tr. LM). Al igual que Hannerz, Hall postula que lo global se escapa a la realidad cotidiana de las personas y que estos tienden, como consecuencia, a buscar espacios locales con los que identificarse. Señala asimismo que es en las periferias (entendidas estas como la marginalidad, y no solo lugares sino también personas, orientaciones sexuales, etc.) donde se produce una "lucha" por la identidad y la localización. Para el autor "estamos en un momento donde existe el peligro de ser marginalizado y atropellado por las fuerzas de la globalización" (Hall 1994: 60; Tr. LM), de ahí que lo local se reconstruya en gran medida como resistencia y oposición al sistema global. Los movimientos sociales por lo local han adquirido en los últimos años, para Hall, cada vez más importancia y la siguen adquiriendo cuanto más feroz se hace la globalización: "es el respeto a las raíces locales el que resiste frente a la anonimización impersonal de las fuerzas de la globalización" (61; Tr. LM). Lo local supone para Hall –al igual que se vio anteriormente con Hannerz– lo inmediatamente realizable y palpable. A pesar de las imágenes que nos llegan de cualquier lugar del mundo y de los flujos de la cultura global, nos seguimos identificando con aquello que nos rodea inmediatamente, sobre todo con mayor fuerza en los lugares periféricos que en los centros o en las ciudades globales como Nueva York (Hall 1994: 59, también Hannerz 1998: 130-31). Igual que Robertson, Beck y Hannerz, Hall sitúa la producción de lo local (en la era de la globalización) intrínsecamente unido a lo global, siendo lo local la base para la construcción de la identidad colectiva. El redescubrimiento y la reconstrucción de los lugares (experimentables e imaginativos) se producen dentro de la misma posmodernidad que, por un lado, destruye las identidades localizadas y, por otro, las recoge en su corriente de diversidad global (Hall 1994: 61).

Las identidades colectivas localizadas no han desaparecido con la globalización, sino que su influencia y efectos están muy presentes en el mundo. Lo que ha cambiado es que a su vez se encuentran inmersas en el sistema global y que se han hecho reflexivas. Sería lógico pensar que esta reflexividad característica del nuevo orden social se arbitra a partir de las fragmentaciones que este mismo ha producido en las fuentes tradicionales de identificación social, como la familia, la clase e, incluso, el Estado (Déniz 2002: 14). Aunque, claro está, nunca han existido identidades puras u homogéneas. Al haberse pluralizado los procesos de identificación y producido fragmentaciones y contradicciones en la construcción de la identidad, las comunidades han realizado muchas veces una reflexión consciente acerca de la misma, ya que los discursos alrededor de ella se han convertido en un arma de poder (Hall 1994: 61).

De lo discutido hasta ahora a través de los planteamientos de Hall, Hannerz y Robertson, se pueden extraer dos conclusiones principales, que se desarrollarán en el próximo punto:

a) La interacción cara a cara sigue siendo en la modernidad tardía (con todas las fragmentaciones y deslocalizaciones que esta conlleva) el modo básico de localización de la comunidad y por tanto de construcción de la identidad. (Hannerz 1998: 48). El discurso es el recurso básico de la localización. Tanto es así, que el "lugar desde donde las personas hablan" es lo que Hall denomina etnicidad (1994: 61[19]). El redescubrimiento del lugar, de su pasado y de las propias raíces se da en el momento del hablar.

b) Las identidades colectivas no han desaparecido en la globalización, mas se ha producido una relocalización de las mismas a través de una nueva producción de lo local dentro del sistema global (Robertson 1998: 200; Hall 1994: 59). Las identidades colectivas se construyen, además, como resistencia y oposición al sistema global (Hall 1994: 61). Muy en esta línea, tras más de diez años de trabajo de campo, Manuel Castells argumenta la existencia de tres modos principales de construirse la identidad colectiva en la modernidad tardía, siendo la principal la resistencia.

Estas dos conclusiones serán desarrolladas en el punto 5.3.2; sin embargo, antes quiero ejemplificar brevemente lo discutido hasta ahora acerca de los procesos de deslocalización y relocalización en el caso de las lenguas en peligro de extinción

5.3.2. *Revitalización de lenguas como localizador*

La muerte de lenguas no es un fenómeno nuevo en la historia de la humanidad, pero sí lo es la rapidez con la que lo hacen actualmente, característica *sine qua non* de la globalización. Según los datos de la UNESCO (UNESCO Courier 2000), cada año desaparecen de 9 a 10 lenguas. De las 30.000 lenguas que se cree que existían en el momento de la diversificación quedan únicamente 6.000, de las cuales, según los peores augurios, un noventa por ciento está amenazado de extinción en el presente siglo. Este proceso acelerado tiene claros sus orígenes en las conquistas europeas, primero con la colonización de América y, tras la primera guerra mundial, con la colonización europea de África y muchas zonas asiáticas[20].

---

[19] Terrén (2001: 87) citando a Hall y a Woodward afirma que "los discursos y los sistemas de representación construyen lugares desde los que los individuos pueden situarse a sí mismos y hablar".

[20] El número de hablantes que debe tener una lengua para que no se extinga es un debate sin aclarar entre los/las lingüistas. No me extenderé aquí en este punto. Ver Zimmermann (1999, 2004); Hill Hill (1986) Flores Farfán (1999).

Zimmermann (2004^b) muestra, para el caso de México, cómo ha sido este proceso de muerte de lenguas indígenas. Gran parte de las lenguas de este país debieron desaparecer después de la conquista en el s. XVI y durante la primera parte del XVII, ya que la población indígena descendió de 25 millones a 1,3 millones. En la segunda mitad del siglo XX comienza un nuevo proceso acelerado de extinción debido a dos causas principales: "la muerte o agonía de lenguas y el aumento de indígenas bilingües; y viceversa: decrece la cantidad de monolingües por la integración reciente de las comunidades indígenas a la economía y estructura nacional e internacional" (Zimmermann 2004b: 24). En esta cuestión desempeñan un papel fundamental la expansión de los medios de comunicación en lenguas dominantes, no solo el español sino también el inglés, la homogeneización de los modos de vida, la fragmentación de las comunidades indígenas por los flujos migratorios etc. Es decir, todos los rasgos de deslocalización característicos de la globalización.

El caso de México es, no obstante, un ejemplo perfecto de que el proceso de deslocalización lleva intrínseco un proceso de relocalización. En 1992, por la celebración del *V centenario* de la conquista de América, las protestas de grupos indígenas se sucedieron a lo largo de todo el continente americano. En 1994, con la sublevación de los indígenas en Chiapas de mano del EZLN, los derechos de los indígenas son por primera vez reconocidos en un acuerdo firmado entre el EZLN y el gobierno Federal en 1996 (Castells 1998); entre ellos, el derecho al desarrollo de las propias lenguas[21].

Los procesos de planificación lingüística para las lenguas indígenas se han multiplicado en las últimas décadas. Parten de un posicionamiento de resistencia que atañe de la misma manera a distintas comunidades de manera transnacional. Como se vio con Beck (1997: 29-30) en el capítulo 2, la globalización supone también una globalización de los movimientos sociales y, según lo dicho en este punto, supone también una globalización de la producción de lo local. El movimiento ecologista, es global, pues hay una preocupación global por el medio ambiente, y algo similar ha ocurrido con aspectos como la conciencia acerca de la importancia de la diversidad cultural y lingüística. La revaloración y programas de revitalización de lenguas como estrategia de localización dentro del sistema global poseen intrínsecamente su característica fundamental: son reflexivas. Las estrategias de resistencia se han institucionalizado (se verá más profundamente con Castells en el próximo punto) y se ha pasado, en algunos casos, a una

---

[21]   Para Castells el movimiento del EZLN es el primero que utiliza la sociedad de la información y los medios tecnológicos como arma de lucha.

defensa activa y reflexiva de estas lenguas por medio de políticas del lenguaje y planificación lingüística. En este sentido, advierte Zimmermann (1999[a]):

> La promoción de un uso reflexionado (autodeterminado) de la lengua no (es) algo negativo ni autoritario, ni conservador ni reaccionario. Más bien se trata de los contenidos y los modos de la planificación. La planificación entendida como práctica reflexionada es algo que no podemos (...) ni queremos expulsar de nuestro mundo. Es decisivo establecer que también existe la planificación democrática, en la que aquel que es sometido a la planificación al mismo tiempo es el que decide (Zimmermann 1999[a]: 14).

No obstante, no son solo las lenguas amenazadas de extinción las que, a través de distintas estrategias de resistencia, defensa y planificación, se han relocalizado en el orden global. No se puede obviar que, a pesar de estas tácticas sociopolíticas de revitalización de lenguas en peligro, muchas siguen extinguiéndose; y lenguas de gran poder, como el español o el inglés, siguen ganando dominios. Pero incluso estas han sufrido (y sufren) también un proceso de relocalización en tanto en cuanto los parámetros de prestigio se encuentran en proceso de cambio. Las distintas variedades dialectales de estas lenguas (casi siempre con pasado colonial) han sufrido también un proceso de codificación y estandarización, constituyéndose como nuevos centros irradiadores de prestigio para un país o una región. Este fenómeno ha sido denominado pluricentrismo (Stewart 1972, Clyne 1992) y será estudiado ampliamente con referencia al español en el próximo capítulo.

5.3.3. *Identidad colectiva en la globalización: entre interacción y resistencia*

En este punto me ocuparé de desarrollar las dos conclusiones recién extraídas. Estas ofrecen una repuesta clara de cómo exactamente se construye la identidad colectiva a pesar de los procesos de deslocalización y fragmentación de las comunidades en el nuevo orden social. Primero haré referencia a la postura de Castells de la identidad como resistencia. En segundo lugar, me ocuparé de los procesos de interacción social dentro de la dialéctica global-local.

5.3.3.1. IDENTIDAD COMO RESISTENCIA

Castells (1998) se ocupa, en el segundo volumen de su conocida trilogía de la construcción colectiva, de la identidad en la era de la globalización. El autor, fundamentándose en la disyunción de lo global y lo local, afirma que "el ascenso de la sociedad de red pone en tela de juicio los procesos de construcción de la identidad durante este período, con lo que induce a nuevas formas de cambio social" (Castells, 1998: 34). Base del análisis de Castells para el estudio de cómo se construye la identidad colectiva son los movimientos sociales, que clasifica en dos principales: proactivos, como el feminismo y el ecologismo, y los reactivos, que surgen como resistencia a la globalización. Los principales son el fundamentalismo religioso y el nacionalismo, este último, sin duda, de gran relevancia para el caso canario.

Las identidades representan siempre un proceso de construcción, y son para el autor construcciones en sí mismas: "desde una perspectiva sociológica todas las identidades son construidas" (Castells 1998: 29). Muy en concordancia con el construccionismo social, el sociólogo catalán afirma que la generación de identidad viene dada por una construcción de sentido por medio de fuentes o atributos culturales, que los individuos organizan y jerarquizan a través de sus experiencias. Identidad es entendida así como "el proceso de construcción de sentido atendiendo a un atributo cultural o un conjunto relacionado de atributos culturales, al que se da prioridad sobre el resto de las fuentes de sentido" (Castells 1998: 28). Con sentido entiende "la identificación simbólica que realiza un actor social del objetivo de su acción". En la era de la globalización[22], "el sentido se organiza en referencia a una identidad primaria que engloba al resto y que se sostiene por sí misma a lo largo del tiempo y del espacio" (29). Esta identidad primaria la constituye la etnicidad (Rodríguez Tomp 2001: 232), aunque para Castells esta ha dejado de ser "fuente de sentido"[23]. La búsqueda de sentido encuentra su lugar en la reconstrucción de identidades reflexivas en cuyo centro rigen principios comunales.

Para el autor, el contenido simbólico de la identidad, así como su sentido (tanto para quienes se identifican con ella como para los que sitúa fuera de ella), está determinado por quién y para qué es construida la misma. Es decir, está siempre determinado por las relaciones de poder existentes, ya sea porque estas se legitiman o porque se rechazan. Sobre la base de esta concepción, distingue tres tipos principales de construcción de la identidad colectiva en la era de la globalización: "identidad legitimadora": aquella generada por las instituciones dominantes de la sociedad para extender y racionalizar su dominación frente a los actores sociales (1998: 30); una "identidad proyecto": aquella a partir de la cual los individuos intentan redefinir su posición en la sociedad, como una búsqueda de transformación de las estructuras sociales existentes; por ejemplo, el caso de la emancipación de la mujer (30). La identidad-proyecto ha sido estudiada por autores como Kraus y Keupp, quienes concluyen que en ella juegan también un papel determi-

---

22   Castells habla a lo largo de su trilogía de "sociedad de red".
23   Esto ha sido criticado por varios autores: ver Rodríguez Tomp (2001: 241).

nante las relaciones de poder en cuanto a qué es lo que el individuo espera de sí mismo respecto a los patrones de comportamiento de su sociedad. El postulado de que la identidad proyecto es planeable y elegible en la modernidad tardía ha sido criticado tanto por estos autores como por Castells (ver también Canclini 2001 y Friedman 1997), quien atribuye esta capacidad solo a ciertas élites.

Según Castells, el tipo más importante de construcción de la identidad en nuestra sociedad es el que se produce a través de la resistencia "identidad de resistencia" y es definida como la

> generada por aquellos actores que se encuentran en posiciones/condiciones devaluadas o estigmatizadas por la lógica de la dominación, por lo que construyen trincheras de resistencia y supervivencia basándose en principios diferentes u opuestos a los que impregnan las instituciones de la sociedad (Castells 1998: 30).

Para Castells, se trata de una "exclusión de los exclusores por los excluidos", donde los excluidos invierten los juicios de valor que los excluyen de las mayorías o de los grupos dominantes, reforzando de esta manera sus fronteras como colectividad. Muy en consonancia con lo que se ha visto hasta ahora acerca de la construcción de la identidad en la modernidad tardía, Castells afirma que las sociedades civiles de la modernidad clásica están en un proceso de desintegración. Por esta razón los sujetos, cuando se construyen, ya no lo hacen en referencia a ella, sino "como una prolongación de la resistencia comunal" (Castells, 1998: 34). Esto ha sido denominado por varios autores (ver Keupp 2002: 42 y ss.) como "nostalgia por la comunidad", que se produce debido a las experiencias de fragmentación, disociación e incertidumbre explicadas en puntos anteriores[24]. Las identidades de resistencia se generan por tanto, a través de una actitud defensiva de grupos, movimientos sociales y/o sujetos individuales contra la cultura dominante que impone la globalización. Esto se hace a través de la construcción de constelaciones del nosotros, que se basan en principios locales, religiosos o culturales (Keupp 2002: 43). Castells distingue en la era de la globalización cuatro tipos principales de construcción de la identidad por resistencia: el fundamentalismo religioso, el nacionalismo cultural, la etnicidad y la territorialidad (localidad)[25]. Todas ellas se fundamentan en su carácter reactivo y en estar construidas

---

[24] Esta nostalgia por la comunidad se vio en el fragmento ejemplar (F. 2), analizado en el punto 4.4, y está presente, como se verá, en muchos otros hablantes.

[25] Todas ellas son denominadas por el autor como "comunas culturales", que se construyen a través de la resistencia frente a tres factores principales: 1) La globalización por disolver la autonomía de las instituciones, las organizaciones y los sistemas de comunicación. 2) La interconexión y la flexibilidad, que difuminan las fronteras grupales y el sentido de la pertenencia, producen una inestabilidad estructural en el trabajo. 3) La crisis de la familia

culturalmente, es decir, en su centro imperan una serie de valores cuyo significado está marcado por los códigos de la autodefinición: la comunidad de creyentes, los iconos del nacionalismo y la geografía del lugar respectivamente.

De especial importancia para el caso de Canarias son el nacionalismo y la territorialidad, por lo que serán abordadas brevemente a continuación[26]. Castells parte del supuesto de que la mayoría de los nacionalismos que han surgido de la mano del proceso de globalización deben ser diferenciados de los nacionalismos de la modernidad clásica. Su naturaleza suele ser reactiva y de resistencia hacia las identidades legitimadas, en muchos casos estatales. Critica a los teóricos que hablan de comunidades imaginadas, como Gellner[27], por ser este concepto empíricamente inaccesible y por existir una incongruencia entre estas teorías y la realidad actual. Esto se debe a que el nacionalismo cultural como fuente de identidad colectiva en la globalización funciona en muchos casos independientemente de la estatalidad. Así, los nacionalismos culturales de hoy en día no son obligatoriamente elitistas, como apuntaron Hobsbawm y Gellner, sino más bien todo lo contrario, "es en la mayoría de los casos más una reacción contra las élites globales; al ser más reactivo que iniciativo, es más cultural que político. Se trata más bien de "la defensa de una cultura institucionalizada que de la defensa de un estado" (32). Como se verá a partir del punto 4.4, esto es lo que ocurre en Canarias[28].

---

patriarcal (la principal característica del proceso de individuación), que produce una desestabilización en los sistemas modernos de identificación familiar, sexual y educativos: "Cuando el mundo se vuelve demasiado grande para ser controlado, los actores sociales pretenden reducirlo de nuevo a su tamaño y alcance. Cuando las redes disuelven el tiempo y el espacio, la gente se ancla en los lugares y recuerda su memoria histórica. Cuando el sustento patriarcal de la personalidad se quiebra, la gente afirma el valor trascendente de la familia y de la comunidad, como voluntad de Dios".

[26] Como dije al comienzo de este capítulo, no voy a tratar aquí el debate acerca de la deconstrucción de los Estados-nación como comunidades imaginarias y de sus respectivos defensores y detractores teóricos. Remito para ello a la literatura existente al respecto.

[27] También Hobsbawm, quien es conocido por sus posturas antiposmodernistas y que sin embargo, como advierte Castells en referencia al problema de los nacionalismos, posee una visión deconstructivista radical. Castells explica, ayudándose de Anderson que si se limita el nacionalismo al concepto moderno que de él se tiene –como el de Hobsbawm– no es posible explicar la desintegración actual de los Estados nacionales por las fuerzas globales y por los nacionalismos reactivos, como es el caso claro del Estado español, denominado por Castells como plurinacional.

[28] Ver Déniz Ramírez (2002: 15-16). En referencia al nacionalismo como reacción a las fuerzas globales, dice el autor: "el nacionalismo actual es una reacción a la fragmentación y desvertebración aparejada a la intensificación del capitalismo, que tiene entre sus méritos la escandalosa realidad de la exclusión. También una exclusión cultural. El intento de construir nuevas formas de comunidad es un medio de resistir tanto a la exclusión económica como a la implacable tendencia hacia la homogeneización y estandarización cultural" (17).

La construcción de la identidad a través de lo local se enmarca dentro de lo que se ha tratado ampliamente en el punto anterior. Cabe únicamente añadir que para Castells, debido al proceso de individualización y atomización social, los individuos "tienden a agruparse en organizaciones territoriales que, con el tiempo, generan identidad cultural y comunal". Castells se centra en un concepto de las comunidades locales contextualizado en el marco urbano, las cuales constituyen asimismo reacciones defensivas contra las imposiciones del desorden global.

Tanto el nacionalismo cultural de tipo reactivo como la territorialización son dos aspectos de gran importancia cuando se analiza qué ocurre con la identidad colectiva en Canarias en general, y en particular, con los materiales empíricos de esta investigación. En ellos se observa esta inversión de los juicios de valor dominantes, a través de la construcción de una identidad de resistencia que refuerza las fronteras grupales (ver capítulos 7 a 10). Castells advierte también que esta actitud defensiva puede producirse incluso a un nivel institucional como es, en cierto modo, el caso de Canarias.

Por último, cabe señalar que, aunque el sociólogo catalán no presta especial atención al aspecto de la interacción social en el proceso de relocalización de las identidades colectivas, esta sigue siendo la generadora primordial y principal de las mismas. Solo a través de ellas, y de las construcciones sociales compartidas que se producen a partir de la interacción, se puede explicar la construcción de una identidad cultural tal y como es entendida por el autor. Esta idea será desarrollada seguidamente.

5.3.3.2. IDENTIDAD EN EL ESPACIO DE LA INTERACCIÓN Y DEL SIGNIFICADO

El desarrollo de la globalización supone –como se ha explicado ampliamente– un proceso de localización, aunque ambas conlleven dinámicas distintas. Se puede decir, con Hannerz, Hall y Robertson, que actualmente las identidades se construyen en el proceso de redefinición de lo local dentro del sistema global y que es en ellas donde únicamente se da un proceso "real" de interacción social. Rodríguez Martín (2002), haciendo referencia a la dialéctica de lo global (mundialización) y lo local (territorialización), expresa la importancia de la interacción de la siguiente manera:

> La territorialización presenta un aval fundamental: las localidades son las únicas donde se producen las interacciones sociales. (...) las sociedades y las culturas están ancladas en referentes locales aunque cada vez más estos están mezclados con referentes externos (Rodríguez Martín 2002: 25).

En el capítulo 3 se hizo referencia al "giro dialógico" y a la importancia que los postulados del interaccionismo simbólico siguen teniendo en la actualidad. Fundamental de la categoría identidad es que se define siempre con respecto a la alteridad, a un otro. En el punto 4.2.2 se vio además que, a pesar de la fragmentación individual que sufren las personas en una sociedad multiopcional y aún la pluralización de los procesos de identificación, la identidad no es posible sin alteridad. En este sentido de la dicotomización entre un ego y un álter, la identidad colectiva o grupal se ha definido, sobre todo a partir del trabajo de Barth (1969), con referencia a la percepción de un nosotros frente a un ellos.

Si nos situamos en el plano de lo local, según ha sido definido anteriormente, parece indudable que las premisas de Barth de 1969 poseen una enorme vigencia por su carácter interaccionista y en relación con la autodefinición y establecimiento de fronteras grupales en la globalización (Kreft 2003: 100, Keupp 2002: 88, Terrén 2001: 85, Barth 1994: 12). Como es bien sabido, básico del postulado de Barth (1969) es que los grupos étnicos no deben reducirse a aquellos que son portadores de una misma cultura. Para el autor, esta noción ha llevado a que etnólogos y antropólogos clasifiquen a los grupos étnicos sobre la base de su cultura, sin tener en absoluto en cuenta las percepciones y adscripciones propias y ajenas. (Barth [1969] 1981: 203). La cultura no es para el autor una entidad preexistente al grupo que lo engloba y lo define, sino que se trata de un algo cambiante, que está siendo siempre y constantemente redefinido y variado por el contacto con los otros. El establecimiento de la frontera entre el nosotros y el ellos se produce a partir de las clasificaciones y categorizaciones que son observadas como significantes por el grupo en el proceso de interacción con los otros. Por ello –y aquí lo importante del postulado de Barth para la situación actual–, aunque a lo largo del tiempo cambien los rasgos culturales, los de organización social, el medio natural etc., la continuidad de la unidad (étnica) como grupo depende siempre del mantenimiento subjetivo de una frontera (étnica) y de la dicotomización entre un nosotros y un ellos (re)construidos en la interacción social.

Aunque Robertson, Hannerz, Hall y Castells no profundizan en el papel que juegan la interacción y los significados transmitidos y reconstruidos en la misma en el proceso de construcción de la identidad, sí afirman que siguen siendo decisivos en la era de la globalización. Justo en este punto adquiere importancia lo dicho en la introducción al presente capítulo sobre que las teorías constructivistas pueden ofrecer una respuesta más concreta a ello. A continuación, es necesario tener en cuenta tanto lo estudiado a lo largo de todo el capítulo 3 como en el punto 5.1.

En este último punto, se convino que los significados resultados de las construcciones sociales son aquellos que se han viabilizado a través de una alta frecuencia interactiva entre los miembros de una comunidad. Los significados construidos individualmente adquieren en la interacción un alto grado de coincidencia, convirtiéndose en el contenido más o menos estable de las construcciones sociales. Aquellos que interpretan y reproducen el mundo de otra forma no son vistos como pertenecientes al grupo. Pero, ¿cómo exactamente se producen las construcciones sociales de la realidad que hacen que un grupo se diferencie de otro y constituya, por tanto, una identidad colectiva distinta? Frindte (1998) da una interesante respuesta a esta pregunta, íntimamente ligada a lo desarrollado en el capítulo 3 acerca de la relación entre lengua e identidad. Me valdré de ella para explicar mi postura de que la interacción, y en ella las narraciones, no solo son un instrumento básico de construcción de la identidad individual y colectiva en el nuevo orden social, sino también de que existe un grado de afinidad en las narraciones individuales, que supone la existencia de una narratividad colectiva.

Para dar una explicación a cómo exactamente se construye la identidad de manera interactiva en la era de la globalización, se presenta como interesante el concepto de Frindte (1998) de "espacios de construcción de la realidad", que pone en el centro la comunicación (interacción y significado). Los espacios de construcción de la realidad representan los distintos niveles en los que las personas y las comunidades sociales producen construcciones de la realidad. El autor se sirve de ellos para explicar de qué manera se constituye exactamente la identidad colectiva y cómo influyen en este hecho la lengua, la interacción y las narraciones[29]. Frindte distingue cuatro "espacios" principales: espacio del sentido, espacio de la interacción, espacio del significado, espacio de las posibilidades (Frindte 1998: 72). Haré referencia, a continuación, al espacio de la interacción y al del significado, por la relevancia que estos poseen en cuanto al objetivo planteado en este punto.

Por "espacio de la interacción" entiende Frindte (1998: 74) aquel donde los individuos se comunican entre sí en una interacción cara a cara. Son aquellas formas sociales donde las personas tratan de expresar sus construcciones individuales mediante sus acciones y comportamientos. A través de la interacción entre los sujetos implicados, sus construcciones individuales se socializan y sus construcciones sociales se individualizan[30]. Por otro lado, los espacios de interacción son

---

[29] En primer lugar, Frindte habla de un "espacio del sentido": es en el que actúan, se producen y se establecen las construcciones individuales entendidas en un sentido constructivista radical. Frindte habla de sentido (Sinn) para referirse a "aquellas construcciones cognitivo-emocionales con las que un individuo razona autorreflexivamente sus interpretaciones de su vida pasada, presente y futura, y da "espacio del sentido" (Sinnraum) a la "dimensión y variedad de las construcciones individuales" (Frindte 1998: 69-70; Tr. LM) en el sentido de que, aunque en el momento de la autorreflexión acerca de nuestras vivencias primen algunas construcciones de la realidad, esto no quiere decir que se queden fuera la totalidad de las posibles construcciones cognitivo-emocionales de un individuo.

[30] En este mismo sentido, afirma Zimmermann (2004: 35): "Die je individuellen Konstruktionen sind nicht nur analytisch-kognitive Vorgänge, sondern es sind (in Bezug auf den Men-

aquellas formas en las que las personas *comprueban* (viabilizan intersubjetivamente) la utilidad de sus construcciones individuales. Cuando las relaciones se
hacen continuas y se estabilizan en el espacio de la interacción, los sujetos implicados se convierten en un grupo. Frindte (1998: 77) define al grupo como un
número de personas que interactúa en una comunicación cara a cara y que, por
medio de ella, realizan construcciones conjuntas de determinadas parcelas de la
realidad. A partir de estas se desarrolla un sentido de la pertenencia y, con ello,
una identidad social: "después de un tiempo de interacciones conjuntas, en un
tiempo y un espacio determinados, los interactuantes delimitan una frontera con
su medio y se organizan a sí mismos como sistemas sociales" (Frindte 1998: 77;
Tr. LM). Así Frindte va más allá de una afinidad en la construcción, como la
entiende Zimmermann 2004a (ver punto 4.1). No obstante, ambas posturas no
parecen contradecirse entre sí, sino complementarse: de una afinidad entre las
construcciones individuales y de las viabilizaciones grupales se pasa, por medio
de la estabilización del espacio interactivo o –como apunta Zimmermann– de la
alta frecuencia de las interacciones, a construcciones sociales comunes y a una
identidad colectiva común. El espacio del significado es aquel en el que las construcciones de la realidad están marcadas por la lengua y por la visión del mundo
que esta implica, según se estudió de manera amplia en el punto 3.1. Para Frindte, a entender por el éxito más o menos probado de la comunicación y de las coin-
cidencias cognitivas, es de suponer que los significados expresan formas de pensar y de vivir compartidas, no solo resultado de las interacciones, sino también de
un "trasfondo cultural":

> Interpretamos el mundo con y a través de nuestra lengua y nos apoyamos para ello en
> los significados, en reconstrucciones de la realidad interindividuales coincidentes, que
> no son únicamente el resultado de nuestras interacciones, sino que pertenecen al tras-
> fondo cultural de nuestras interpretaciones. Este trasfondo cultural es lo que denomino
> el espacio del significado (Frindte 1998: 78; Tr. LM)[31].

---

schen) interessengeleitete, mit differierenden Umwelten korrespondierende und auf der
Basis je spezifisch kultureller Überlieferungen entstandene Konstruktionen, die selbst
wieder Teil der wahrgenommenen Außenwelt-Realität werden. Die Konstruktionen sind
also nicht nur ein Ergebnis der Wahrnehmung in Bezug auf eine vor oder neben dem Menschen existierenden Realität, sondern der Wahrnehmung der im Laufe der Menschheits-
geschichte von den Menschen selbst geschaffenen kulturellen Realität".

[31] Recuérdese que, desde el punto de vista del constructivismo radical y de la organización
cerebral de los seres humanos, los significados son siempre construidos individualmente.
Una transmisión de significados en la comunicación no se da de cerebro a cerebro "a modo
de una descarga de un cerebro a otro" (Zimmermann 2004a: 31; Tr. LM), sino que los significados son reconstruidos de manera subjetiva por cada individuo. A pesar de ello, la
comunicación es posible y los significados, aunque cada vez sean construidos nuevamente,
son comprendidos por los interactuantes.

Sin lugar a dudas, Frindte hace referencia en esta cita a la parte fundamental que la lengua juega, no solo en la construcción de la realidad, sino también de la identidad colectiva. Justo en un mismo sentido dice Hall (1997):

> El significado es lo que nos da un sentido de nuestra propia identidad, de quién somos y a qué pertenecemos y por eso está relacionado con las cuestiones de cómo se utiliza la cultura para marcar y mantener la identidad y la diferencia entre grupos (Hall 1997: 3, Tr Terrén 2001: 87).

En virtud de lo visto hasta ahora, al postulado de Zimmermann (2004[a]) de que existe una afinidad en las construcciones individuales, gracias a la alta frecuencia de las interacciones, se puede añadir lo siguiente: que estas afinidades se producen en el espacio interactivo y en el espacio del significado, y que es en cada uno de ellos donde se constituye la identidad colectiva. Por un lado, en el espacio de la interacción se "produce" esta afinidad a través de la estabilización de las interacciones, que llevan a construcciones sociales comunes. A partir de ellas, distintas de las que posee otro grupo, se constituye una identidad colectiva común. Por otro lado, en el espacio del significado y por medio de la visión del mundo particular de cada lengua, aquello que es interpretado y comunicado adquiere un significado específico (Zimmermann 2004a: 35; Frindte 1998: 78-84). Estos significados se diferencian del que poseen otros grupos, siendo este hecho la base de la constitución de la identidad colectiva.

Todo ello es válido únicamente si se tiene en cuenta que, a pesar de las fragmentaciones, disyunciones y desorganización social que ha producido la globalización, las identidades colectivas se han relocalizado de manera reflexiva y han adquirido una creciente importancia. El papel que la interacción y el significado juegan en la construcción de la identidad en el nuevo orden social ha quedado hasta aquí aclarado. A continuación, quiero ir un paso más allá y preguntar si la afinidad en la construcción de la realidad que hace que los grupos se constituyan como tales y se diferencien de los otros presupone también la existencia de una manera afín de *narrar el mundo*.

5.3.4. *Narratividad colectiva e identidad*

Para responder a esta pregunta es interesante volver a Frindte (1998: 84-92), quien, sobre la base de los espacios de la interacción y el significado, concibe a los grupos como "comunidades de interpretación"[32]: son aquellas colectividades

---

[32] En un sentido casi idéntico y con referencia a la construcción de la identidad étnica en la era de la globalización, Rodríguez Tomp (2001: 238) habla de representaciones sociales

de personas que, a causa de las construcciones sociales coincidentes, interpretan y comunican el mundo de manera semejante (Frindte 1998: 84). Dichas comunidades poseen un valor específico y un valor comparativo. Estos valores sirven para explicar que no solo existe una afinidad en las construcciones individuales de la realidad (que se convierten en construcciones sociales por el proceso de interacción), sino una afinidad a la hora de comunicarlas. El valor específico se manifiesta en el sentido de lo propio y lo ajeno: por medio de las construcciones generalizadas de la realidad, así como de las formas y contenidos de la interpretación y comunicación común, los grupos trazan una frontera entre lo propio y lo ajeno. Este valor específico representa las formas grupales de interpretación y comunicación convencionalizadas y transmitidas de las construcciones sociales de la realidad. El valor comparativo de las comunidades de interpretación es aquel donde se expresa de manera más clara el potencial de identificación que esa comunidad ofrece a sus miembros. Los individuos pertenecientes a una comunidad determinada utilizan y cambian los patrones de interpretación propios, se comparan e identifican con ellos. A través de esta identificación los individuos establecen un principio de continuidad y coherencia consigo mismos y con su comunidad de interpretación.

Los grupos entendidos como comunidades de interpretación han sido también denominados *comunidades de sentido* (Bauman 1992), *colectividades de pensamiento* (Fleck 1993) y *familias narrativas* (Schmidt 1992: 55). Es decir, estos autores afirman que no solo son las distintas construcciones de la realidad las que distinguen a unos grupos de otros, sino la forma en que estos las expresan en la interacción.

Para justificar que los miembros de un grupo llegan no solo a una forma similar de construir la realidad, sino de expresarla en la interacción, es necesario tener en cuenta nuevamente el aspecto de la reconstrucción del pasado (ver punto 4.3.1). Si como individuo se constituye la identidad individual a través de la reconstrucción de los recuerdos y de su narración en el acto interactivo, cabe preguntarse qué ocurre en el ámbito colectivo. Los grupos sociales tienen una proyección histórica hacia el pasado y, en este sentido, la memoria vuelve a desempeñar un papel fundamental, ya que remite a reconstrucciones interindividuales del pasado

---

entendidas estas como lo que aquí se ha denominado construcciones sociales: "las representaciones sociales son una forma de conocimiento socialmente elaborado y compartido que contribuye a la construcción de una realidad común", y toma una cita del antropólogo mexicano Bartolomé: (en Rodríguez Tomp 2001: 238) "las representaciones colectivas aparecen como una forma de conocimiento compartido, de saber común derivado de las interacciones sociales".

más o menos afines. Luengo (2004) define memoria colectiva como: "una construcción colectiva de los recuerdos que un grupo tiene sobre el pasado y que dota
a cada uno de los sujetos de identidad social y de un sentido de la pertenencia
dentro del grupo" (Luengo 2004: 15). Para la autora, la memoria colectiva, en
contraposición a la historia, no es ninguna "narración ni discurso del pasado"
(Luengo 2004: 28), en el sentido de que no está perfectamente dividida en siglos,
acontecimientos, etc. Se trata de una "corriente de pensamiento continua", que se
expresa mediante distintos medios; por ejemplo, la novela o –añado aquí– las
narraciones cotidianas (memoria comunicativa). Para Castells, uno de los mecanismos más comunes para la construcción de la identidad en la globalización es
precisamente el recurrir a esta memoria histórica.

Como han enseñado las investigaciones de la psicología social, el acto de recordar se produce siempre de manera narrativa. Así, aun cuando las construcciones
de la realidad son siempre individuales, debido a la interacción se convierten en
sociales. Los recuerdos, aunque sean construcciones individuales, poseen también una afinidad que queda manifiesta a la hora de narrarlos. Luengo advierte
(2004: 24) que la narración del pasado es una "realización personal, mas dentro
de una estructura social e interpretada con un tipo de código compartido con
otros miembros de la colectividad"[33].

En virtud de lo visto con Kraus (2000: 4) en el punto 4.3.2, las narraciones individuales no son solo autobiografía, pues son mucho más: un "modo básico de
construcción social de la realidad". Keupp (2002: 104) parten de la idea de que
las narraciones no son "bienes propios", son "producto del intercambio social".
La identidad narrativa no se basa únicamente en una construcción individual,
sino que para ella se utilizan formas y contenidos anclados socialmente y –añado
aquí– aprendidas e internalizadas en los campos de interacción y de significado
de la comunidad de interpretación a la que se pertenezca. Este proceso no suele
ser consciente en la narración individual espontánea, sino que:

> es la expresión de nuestra unión cognitiva y emocional con tradiciones de representa-
> ción e interpretación y debe ser entendida por ello, como consecuencia de nuestra
> *impregnación* (Prägung) de los medios lingüístico-simbólicos de nuestro entorno cul-
> tural (Lucius-Hoene/Deppermann 2004: 67; Tr. LM).

---

[33] No se va a desarrollar aquí más el término de memoria colectiva. destacable es, sin embargo, resaltar la importancia que tienen en su constitución las relaciones de poder y los discursos oficiales, que en cierto modo "ayudan" a construir una memoria colectiva determinada. Para la importancia de las relaciones de poder en la constitución de la memoria
colectiva, así como un acercamiento general, ver Luengo (2004). Sobre el tema, ver también Assman (1992) y, para un acercamiento clásico, Halwachs (1925, 1968).

Estos medios lingüístico-simbólicos de nuestro entorno cultural, cuya función es
que las narraciones sean entendidas y aceptadas socialmente, hacen que los individuos utilicen una serie de reglas o formas narrativas que constituyen lo que
Kraus (2002: 5) denomina *Ready Mades*[34]. Estos discursos sociales o *Ready
Mades* de los que el individuo se apropia no son, sin embargo, totalmente cerrados ni disposicionales, pues están sometidos a una reconstrucción individual,
según la localización social del sujeto en la interacción. Esta circunstancia se
debe a que "obviamente narramos de manera distinta dependiendo de la situación
social en la que nos encontramos" (Keupp 2002: 104)[35]. No se trata únicamente
de "traer" las narraciones generales a una situación concreta, sino de un proceso
cuyos resultados son cambiantes según el contexto espacio-temporal. En este
punto hay que añadir que, en tanto en cuanto las narraciones se apoyan en formas
predeterminadas y accesibles socialmente, son reflejos de las relaciones de poder
existentes en ese medio social determinado (y a la vez las reconstruyen).

Por lo dicho hasta ahora, se puede concluir que el grupo no se define únicamente
por las construcciones individuales coincidentes, también lo hace por una manera
afín de expresarlas en la interacción. A este hecho lo denomino aquí *narratividad
colectiva*. Esta narratividad colectiva constituye un factor que diferencia a un
grupo de otro. Para Schmidt (1992: 55), en un sentido muy similar, la homogeneidad y el paralelismo cognitivos que llevan a la formación de un modelo grupal
de la realidad similar permiten intersubjetivamente la construcción de *familias
narrativas*. Siguiendo a este autor, se puede decir que las narraciones colectivas
se convierten en la justificación, evaluación y legitimación del comportamiento
actual del grupo. Y lo que es más importante, al igual que se vio para la construcción narrativa de la identidad individual, estas narraciones colectivas sirven para
producir coherencia y continuidad en el ámbito colectivo, que permiten al grupo
entenderse como tal; es decir, continuidad y coherencia son establecidas en el
ámbito social a través de las narraciones colectivas.

En un nivel teórico, sugiero la definición de narratividad colectiva como la forma
en que las construcciones sociales de la realidad son expresadas en la interacción
de manera afín. Su función principal es la de establecer, en la fragmentación y
deslocalización que sufren las identidades colectivas en la globalización, continuidad y coherencia a nivel grupal. Debido a esto, y en tanto en cuanto su carácter es interactivo, representan un modo básico de construcción de la identidad.

---

[34] Estos son definidos como: "Verständlichkeiten oder Identitäts-Hülsen, im Endeffekt eine
      Reihe von Möglichkeiten für die Identitätskonstruktion".
[35] Los factores situacionales que influyen a la hora de narrar han sido expuestos en el punto
      3.5.

5.4. Conclusiones

A tenor de lo discutido a lo largo de todo este capítulo, y con referencia a los objetivos planteados al principio del mismo, se pueden sacar las siguientes conclusiones:

1. La idea de la constructividad de la identidad se puede abordar desde dos puntos de vista teóricos principales, que se complementan entre sí:

a) Desde las teorías constructivistas: que hacen referencia a la construcción como proceso epistemológico inherente a la identidad misma. De estas teorías se extrae que, a pesar de que los individuos poseen construcciones distintas y únicas de la realidad, debido al proceso de viabilización en la interacción social, estas adquieren un alto grado de afinidad y se constituyen como construcciones sociales. Los grupos se distinguen y se definen, por tanto, por medio de las diferentes construcciones sociales de realidad que posean (fuente de identidad).

b) Desde la dicotomía entre modernidad clásica y modernidad tardía: debido a las experiencias de fragmentación individual, desarraigo y deslocalización que impone el proceso de globalización y su nuevo orden social, los individuos en su búsqueda de continuidad y coherencia se ven *obligados*, más que en ningún momento anterior de la historia (occidental), a ser los *constructores* de su propia identidad.

2. A pesar de los procesos de fragmentación individual, la interacción y especialmente las narraciones siguen siendo uno de los modos más importantes mediante el cual los individuos pueden establecer un sentido de continuidad y coherencia consigo mismos en la modernidad tardía.

3. La globalización ha producido un proceso de deslocalización de las identidades colectivas y, concomitantemente, un proceso de relocalización de las mismas dentro del orden global. Existen tres modos principales de construcción de la identidad colectiva en el nuevo orden social:

a) Por resistencia a los procesos homogeneizadores que impone el sistema global.

b) Por el proceso de redefinición de lo local. Una vez que queda claro que el ámbito de lo local no ha desaparecido con la globalización, es importante entender que la identidad colectiva se sigue constituyendo a través de los procesos clásicos de dicotomización interactiva entre un nosotros y un ellos.

c) Por interacción-narración: los desajustes, fragmentaciones y disyunciones que produce la globalización a nivel colectivo –y que dificultan el establecimiento de continuidad y coherencia en el ámbito grupal– son superados también en los espacios interactivos mediante las narraciones. Las narraciones individuales poseen, por el proceso de interacción, por las construcciones sociales de la realidad y por los significados específicos de cada lengua o variedad, un carácter afín. Puede suponerse, consiguientemente, la existencia de una narratividad colectiva, propia de un grupo determinado, que se constituye como un modo básico de construcción de la identidad colectiva en el nuevo orden social.

5.5. Deslocalización y localización de la identidad colectiva en Canarias

El Archipiélago ha sufrido en las últimas tres décadas profundísimos y radicales cambios económicos que, de una manera u otra, se cristalizan en la población local, ya sea en su integridad como grupo y/o en su construcción de la identidad como colectividad. Canarias reúne en su pequeño y fragmentado territorio una gran cantidad de características dispares y dislocadas, propias de la globalización, y funciona –según se concluyó en el capítulo 2– como una *globalización en miniatura*.

En un caso como este, donde el cambio radical se ha producido en un periodo de tiempo tan corto, es fácil observar el ciclo localización-deslocalización-relocalización[36]. En primer lugar, hay que tener en cuenta que Canarias ha sido hasta hace muy pocos años una sociedad con un fuerte carácter de localización, a pesar de las migraciones históricas y de las distintas etnias que formaron parte del proceso de colonización de la Islas tras la conquista española. En esta localización juegan un importante papel los factores geográficos del ser islas y el aislamiento relativo que esto conlleva, así como la economía agraria de subsistencia imperante hasta la irrupción del turismo y del cambio consecuente del sector primario al terciario. Ambos aspectos llevaron a la existencia de una importante cohesión grupal, de redes sociales estrechas y modos de vida apegados a la inmediatez del terreno, a las actividades agrícolas y pesqueras tradicionales. Además, según se dijo con Hannerz (1996: 18), las periferias están, de cualquier manera, mucho más localizadas que los centros. García Rodríguez y Febles Ramírez (2002), aunque con una expresión muy descriptivista de identidad y cultura, señalan esta extrema localización de la identidad colectiva antes de la irrupción del turismo de la siguiente manera:

> En la sociedad agraria tradicional de las islas, la organización del trabajo y las labores agrícolas, el desarrollo de los oficios artesanos (...), la estructura familiar y muchos

---

[36] Si bien esta siempre es relativa. Ver Friedman (1997: 80) o Lévi-Strauss (1994: 424).

otros elementos, han originado[37] una cultura, una forma de entender la vida y una identidad colectiva que ha sido transmitida de padres a hijos sin apenas experimentar cambios significativos durante varias generaciones (García Rodríguez y Febles Ramírez 2002: 302-303).

Cabe preguntarse, pues, por los factores conducentes a que se produzca una deslocalización de la identidad colectiva. Para responder hay que tener en cuenta el fuerte engranaje de Canarias en el sistema-mundo y la complejidad multidimensional de la relación centro-periferia.

5.5.1. *Factores de deslocalización*

A raíz de los datos socioeconómicos expuestos en el capítulo 2, de los fragmentos representativos analizados en el capítulo 4, así como de la peculiaridad de la inmigración en Canarias y el estatus de periferia, pueden distinguirse en el proceso de deslocalización de la identidad colectiva dos factores principales: los flujos migratorios y el turismo. A estos dos factores se suman todos los que se producen también a nivel mundial a través de la expansión de los medios de comunicación y del desarrollo de la sociedad de la información[38]. Sea como fuere, turismo y flujos migratorios son factores de deslocalización de las identidades en cualquier lugar del mundo.

5.5.1.1. FLUJOS INMIGRATORIOS

Los flujos migratorios son la principal muestra de la deslocalización de las identidades, como bien han demostrado los estudios poscoloniales y todo el debate acerca de la transculturalidad. La mayor parte de los estudios alrededor de la transculturalidad, han tenido y tienen la valiosa tarea de analizar algunas de las consecuencias más importantes del proceso de globalización. Sobre todo las diásporas en las grandes ciudades y los resultados culturales de las mismas: la conti-

---

[37] Únicamente en una concepción esencialista o primordialista (hace ya mucho superadas por la sociología, la antropología o sociolingüística cualitativa) tiene cabida el concepto de que la cultura o la identidad *se originan* y *se trasmiten*. Identidad y cultura son siempre construcciones dinámicas y con un agente activo: los individuos o grupos que las construyen y reconstruyen constantemente. Como advierte Déniz Ramírez (2002:15): "que la identidad debe ser concebida como un proceso, como una construcción social debe ser al análisis social algo así como que dos por dos son cuatro a las matemáticas".

[38] Para un análisis detallado de los procesos de deslocalización y localización, ver Rodríguez Martín (2002).

nua transgresión de fronteras, la hibridez, la incorporación de lo global y lo local a un mismo espacio, el paso de identidades étnicas a identidades transculturales y los procesos de desterritorialización de las prácticas culturales. También han analizado las nuevas formas de producción de la diversidad cultural, rechazando que la globalización y sus consecuencias sean únicamente homogeneizadoras y explicando cómo se produce esta nueva diversidad (ver Welsch 1999). Pero este análisis de encuentros transculturales se ha centrado principalmente en situaciones de contacto de los grupos de emigrantes en países céntricos y posee –como advierte Friedman (1997: 79)– un alto grado de subjetividad. Para el autor estos procesos han sido descritos casi siempre por élites culturales de emigrantes, que han vivido esa experiencia de manera muy distinta a la gran mayoría de los inmigrantes de recursos económicos y sociales bajos. Esta deslocalización no ha afectado únicamente a las diásporas en sí, sino también a los Estados receptores, casi siempre países con carácter de centro.

No obstante, la deslocalización de la identidad colectiva en Canarias no es analizable desde este punto de vista, debido a su carácter de periferia[39]. El fenómeno de lo que he denominado *inmigración rica* (ver capítulo 2) no es comparable con el tipo de inmigración que se produce a los países céntricos. A tenor de su enclave periférico y por la compleja situación que ha traído el turismo de masas, parece producirse un fenómeno de distinta índole: deslocalización de la identidad autóctona *in situ*. Si se miran los datos de migración y se constatan cuáles son los grupos mayoritarios de inmigrantes, se puede volver al esquema principal de Canarias como periferia del Estado español y de la UE. Ambas migraciones tienen, por razones históricas, distinto impacto en la población y en la deslocalización de la identidad:

a) Según se vio en el capítulo 2, Canarias ha funcionado desde la conquista (siglo XV) hasta hoy como periferia del Estado español. Se ha reproducido durante siglos una relación de colonialismo, reflejada en la estructura económica y social y, posteriormente, también en la educación y en los medios de comunicación, donde tal sistema de colonialismo interno queda ratificado. Lo dado es un proceso de deslocalización histórica como el que ocurrió en la mayoría de los países con pasado colonial, donde las identidades autóctonas eran agredidas y minusvaloradas. En casos como el de Canarias, al homogeneizarse étnicamente la población, la diferenciación grupal o étnica se ha mantenido –como advirtió Hechter (1975); (ver punto 2.2), a través de la división cultural del trabajo. La deslocali-

---

[39] Un análisis detallado de por qué la situación actual de Canarias no puede definirse como transcultural en Morgenthaler García 2006.

zación de la identidad en las Islas, igual que en algunas otras zonas del Estado, se agravó además durante la dictadura franquista. Únicamente a partir de la llegada de la democracia liberal comienza a variar el panorama, según se verá en el próximo punto. No obstante, es necesario tener en cuenta el cuantioso y poderoso flujo migratorio actual de habitantes del resto del Estado español, el más fuerte que se ha producido en toda la historia de Canarias (ISTAC) y que, irremediablemente, tiene que reflejarse de alguna manera en la población autóctona y en su construcción de la identidad. Esta situación será analizada en lo sucesivo como factor de relocalización. Cabe, por último, añadir que la situación de colonialismo interno es la que ha tenido profundas consecuencias en la valoración negativa que los hablantes canarios han tenido de su variedad en referencia a la estándar, como bien ha demostrado Morera (1991, 2005).

b) Los flujos migratorios procedentes de la UE parecen tener unas consecuencias distintas en el proceso de deslocalización que el grupo anterior. Por una parte, no han tenido la misma importancia histórica, a pesar de las vivas relaciones comerciales que se produjeron con países como Inglaterra o Francia durante varios siglos (siempre de mayor peso que las propias con el territorio español). Que las Islas funcionen como destino de residencia de miles de europeos es un fenómeno reciente, vinculado a la expansión turística y, en el caso de Alemania, a la Ley Strauss de 1968 (ver punto 2.1). El alto poder adquisitivo de esta población permite la compra de espacios territoriales que estaban destinados a las actividades económicas tradicionales, produciéndose una deslocalización de estos modos de vida.

5.5.1.2. TURISMO

Algo semejante, pero con unas implicaciones ecológicas más graves, ha ocurrido con el turismo. En este aspecto influye la fragilidad de los ecosistemas insulares, por lo que el impacto de un turismo de masas con tal grado de agresividad no puede compararse con el que se produce en ámbitos no insulares. En la deslocalización de las identidades periféricas a causa del turismo, es fundamental tener en cuenta que estas se han convertido en un *souvenir*, en artículos de compraventa y que, por tanto, se han adaptado a las exigencias de mercado. El cambio del sector primario al sector terciario, la desaparición de ciertos modos de vida, la destrucción masiva del medio ambiente y la transformación de muchos elementos de la cultura popular en *souvenirs* turísticos han producido, además de graves problemas de sostenibilidad, que las identidades previas al estadio actual de la globalización se deslocalicen. El turismo de masas es, por tanto, la razón principal del proceso de deslocalización en Canarias y en muchos otros pequeños archipiélagos aquejados por el mismo mal (ver punto 2.1).

Sin embargo, y he aquí la clave de la cuestión que se ha venido repitiendo en los últimos puntos, esto no significa que la identidad colectiva desaparezca o esté deteriorada o postergada al anonimato que impone la globalización, sino que esta es relocalizada y reconstruida por sus actores en la dialéctica de lo global y lo local. En casos como el de Canarias, donde el proceso de deslocalización ha sido tan rápido y virulento, se observan con facilidad factores tratados anteriormente, como la nostalgia por la comunidad, por las redes sociales estrechas y la solidaridad grupal, que han producido no solo un proceso de relocalización, sino la construcción de identidades de manera reflexiva (ver análisis del fragmento 3 en el punto 4.4). Estas tienen por esta razón –y como bien apuntó Castells (1998)– un inmenso grado de poder en el desarrollo actual de cualquier sociedad a lo largo y ancho del planeta.

5.5.2. *Factores de localización*

En el punto 5.4 se concluyó que la identidad colectiva se construye en la era de globalización a través de tres factores principales: resistencia al proceso de homogeneización de lo global, redefinición de lo local en lo global y, en el espacio de la interacción social, el establecimiento de fronteras grupales y narraciones colectivas. En el punto anterior ya se trató la problemática de la deslocalización, cómo se arbitra el proceso de relocalización mediante la "identidad de resistencia" será estudiado a continuación.

El crecimiento exorbitante de la población y las consecuencias de un turismo de masas desorganizado y caótico (Lash/Urry 1994), la destrucción consecuente del medio ambiente y de los modos de vida hasta entonces existentes y todas las restantes fuerzas deslocalizadoras que la globalización ha traído consigo, desencadenan, también en Canarias, un proceso de relocalización concomitante, que se reproduce en distintos niveles. Las identidades de resistencia se arbitran, según se vio con Castells (1998, ver punto 5.3.2.1), de manera reactiva a través de una serie de valores cuyo significado está marcado por los iconos de la autodefinición: la comunidad de creyentes para el fundamentalismo religioso; los iconos del nacionalismo para el nacionalismo cultural; y la geografía del lugar para la territorialización. En el caso de Canarias, son relevantes estos dos últimos aspectos.

5.5.2.1. Nacionalismo cultural

La explosión de corrientes nacionalistas comienza en la década de los 70 del siglo XX, aunque ya en el XIX existieron estas tendencias inspiradas en el nacionalismo romántico y los procesos de independencia de América Latina. Es preciso recordar lo relatado por Castells sobre que la mayoría de los nacionalismos que han surgido de la mano del proceso de globalización deben ser diferenciados de los nacionalismos de la modernidad clásica. Su naturaleza suele ser reactiva y de resistencia hacia las identidades legitimadas, en muchos casos estatales. Esto, sin duda, es lo que ha ocurrido no solo en Canarias, sino en muchas otras zonas del Estado español a partir de la irrupción de la democracia liberal y del Estado de las autonomías, a su vez como reacción a los años de dictadura franquista. No solo en el País Vasco o Cataluña, donde desde el comienzo del sistema autonómico rigen gobiernos de corte nacionalista (de centro-derecha), sino también en Canarias, Galicia e incluso en Andalucía[40] lo regional ha tomado tanta fuerza que, indudablemente, cuestiona la unidad del Estado. Así lo advierte Castells para el caso de Cataluña.

Desde un punto de vista estrictamente político, en Canarias pueden observarse dos corrientes principales: un nacionalismo oficial, preocupado más por "la defensa de una cultura institucionalizada que por la defensa de un estado" (1998: 50) y vinculado a una ideología de centro-derecha; y un nacionalismo no oficializado, vinculado a la izquierda y al movimiento independentista[41]. Mientras que el nacionalismo de izquierda prepondera el carácter archipielágico y una identidad étnica-nacional de todas las Islas, el institucional ha sido de corte más insularista. Los iconos que uno y otro han usado como potencial de identificación difieren, pero en muchos casos, y principalmente tras los 15 años de gobierno del primero de ellos, este se ha apropiado de numerosos iconos del otro. Según Galván Tudela (2002: 173), ambos han contribuido de manera distinta a la construcción de la identidad en Canarias[42].

---

[40] Incluso en Comunidades Autónomas como las castellanas parecen existir movimientos de este tipo.

[41] No voy a entrar en diferenciaciones particulares, ya que esto se escapa a los objetivos de este trabajo. Valga decir únicamente que el nacionalismo de izquierda vivió un importante auge en la década de los 70, con la victoria electoral en 1979 de la Unión del Pueblo Canario (UPC). De forma casi paralela existió el movimiento independentista MPAIAC, con una rama de lucha armada y un discurso que apelaba al pasado precolonial. Entre ambas corrientes existían, sin embargo, profundas diferencias. A partir de la década de los ochenta, surge un nacionalismo más de corte insularista, que se constituye posteriormente como Coalición Canaria (CC), que rige la Autonomía hasta la actualidad. Para una aproximación más profunda a la historia y para fundamentos del nacionalismo canario, ver Garí-Montllor Hayek (1990, 1992).

[42] Esta visión del autor es, sin embargo, demasiado subjetiva, ya que no ha realizado ningún trabajo de campo para comprobarla. Afirmar que un grupo determinado construye su identidad con referencia a ciertos iconos o "símbolos", sin realizar –insisto– un trabajo de campo al respecto que muestre si tales símbolos funcionan como rasgo diferenciador con respecto a un exogrupo, carece de rigurosidad científica. Desde Barth (1969) se sabe que el

El nacionalismo de izquierda estuvo más vinculado a "un modelo basado en Canarias una colonia, una nacionalidad, se utilizaba un recurso al pasado, preferente aborigen, como diacrítico de identidad" (Galván Tudela 2002: 175). Más en conexión con el nacionalismo institucionalizado está el recurso a la naturaleza: "el mecanismo más potente simbólicamente, pero a su vez más ambiguo de identificación étnica canaria" (178).

Si realmente la población es consciente del origen de los iconos con los que se identifica, es solamente demostrable a partir de un trabajo de campo al respecto. No obstante, y más en el sentido descrito por Castells, parece que se ha llegado a un punto dominado por la defensa de una cultura institucionalizada. Lo que empezó en los años 70 como un nacionalismo reactivo ha sido apropiado en gran medida por el nacionalismo oficial, institucionalizado y, en ocasiones, distorsionado. Esto ha llevado al resurgir, a partir de los años 90, de un nuevo nacionalismo de izquierdas (similar al de otras zonas del Estado como Cataluña o Galicia) como reacción al anterior. El eslogan más conocido del nacionalismo oficial ha sido en sus años de gobierno *lo nuestro*. Con toda la ambigüedad que conlleva es, a juzgar por los resultados electorales, lo que parece funcionar como símbolo de diferenciación, ya que tiene el claro potencial de identificación del ego y el álter. *Lo nuestro* parece reunir todo un conglomerado de iconos dispares entre sí, que, sin embargo, se agrupan en torno a la construcción de una *cultura canaria*. El contenido de esta es amplio y dispar, pero como factores importantes se pueden distinguir: 1) el recurso al pasado aborigen y la reconstrucción narrativa que de él se ha hecho o a un pasado más reciente, donde existe una "nostalgia" (nuevamente, no se sabe si promovida en el ámbito institucional o realmente de los individuos) por la vida ligada a las labores de la tierra y el mar; 2) la recuperación e invención de ciertas tradiciones (Galván Tudela 2002, Febles Ramírez 2002: 305-307); 3) la revaloración del folclore, de la gastronomía popular, etc. Un componente de gran importancia en la relocalización de la identidad lo constituye la revaloración de la variedad vernácula (a ello se dedicará el próximo capítulo). En definitiva, lo local encuentra un nuevo lugar y se ha redefinido dentro del orden global que impera en Canarias. Como bien apuntan García Rodríguez y Febles Ramírez (2002: 306), muchos de los que han sido considerados "símbolos de la identidad", ya sean estos de tipo paisajístico, natural o cultural, se han arbitrado

---

contenido cultural nunca es lo que define al grupo, pues aquel es arbitrario y cambiante, sino el establecimiento y mantenimiento de una frontera étnica. Afirmaciones como "en cualquier caso es evidente que el recurso al pasado aborigen se ha incorporado ya a una tradición auto identificadora de los canarios sea cual sea su ideología, no constituyendo el monopolio de una tendencia política", se basan simplemente en una opinión subjetiva legítima. En tal condición es citada aquí.

alrededor de la industria turística; lo que antiguamente servía como economía de subsistencia (elaboración de queso, el consumo de ciertos alimentos básicos como el gofio,...), ha visto su valor reconfigurado dentro de la industria turística, al pertenecer al paquete turístico "Canarias".

5.5.2.2. TERRITORIALIZACIÓN

Una parte de este paquete turístico, que constituye tanto un factor de relocalización como un aspecto más de *lo nuestro*, es la geografía y naturaleza del lugar. La naturaleza canaria, antes fuente de la economía de subsistencia, ha adquirido con el turismo un carácter de *souvenir* y es una de sus principales atracciones. Como advierten Febles Ramírez (2002: 307), aquello que es reconstruido como naturaleza canaria para fines turísticos en realidad no lo es, como es el caso famoso de la flor esterlicia[43]. Por otro lado, en el proceso de territorialización en Canarias entra en juego la idea de la sostenibilidad medioambiental. Como se vio con Beck (1997) en el capítulo 2, los movimientos ecologistas son siempre globales, aunque se arbitren localmente, es decir, son glocales. Para Castells, son un movimiento proactivo en el que se observa perfectamente cómo se produce entretejido entre lo global y lo local. En palabras de Galván Tudela:

> En Canarias, como en otras regiones, especialmente las insulares, la construcción simbólica gira sobre la sostenibilidad de una naturaleza en peligro. Adoptamos referentes simbólicos globales tales como la idea de salvar de la extinción, conservándolas para el futuro (...) pero estas son propias del sistema simbólico local, es decir, insular que se construye y reconstruye sin cesar (Galván Tudela 2002: 178).

Las consecuencias del turismo de masas en la relocalización de las identidades parecen tener dos vertientes divergentes: si se observa el panorama actual de destrucción medioambiental, sigue primando más un proceso de deslocalización, a pesar de los esfuerzos de muchos colectivos sociales por alcanzar un desarrollo sostenible para Canarias. Sin embargo, si se tiene en cuenta la importancia de "la valoración de los otros" (Zimmermann 1992ª) en la construcción de la identidad, el turismo puede tomarse, sin duda, como factor de relocalización, donde prácticas culturales, gastronómicas, artesanales han sido relocalizadas en función de esta valoración del otro, contribuyendo así a un aspecto más de reflexividad de la propia identidad como grupo.

---

[43]   Ver Febles Ramírez (2002: 305-307).

5.5.2.3. *LO NUESTRO*

Por último, hay que destacar el importante papel que los medios de comunicación tienen en la gestión y reconstrucción de *lo nuestro*. Bien por canales televisivos que retransmiten fiestas populares, programas de folclore y debates interminables acerca de la *canariedad*, la *identidad* y *lo nuestro*, bien por la profusa publicación de libros acerca de los *símbolos de la identidad canaria*, guías de naturaleza, biografías de canarios ilustres etc., lo que se observa es un entramado sociopolítico en torno a un concepto lábil y opaco de identidad canaria. No obstante, todo indica que gran parte de este proceso de relocalización por parte de las instituciones es altamente reflexivo y atiende a intereses políticos y económicos más que a un interés serio por el problema de la identidad canaria. Se trata, como en muchos otros casos (ver Castells 1998), de la apropiación de una cultura popular construida por sus actores durante siglos y resituada de manera nueva dentro del orden global en un proceso de reconstrucción constante. Déniz Ramírez (1996) apunta con referencia a esta vaguedad y aprovechamiento político del término *lo nuestro*, que este es

> (...) una forma vaga, etérea e inconsistente que desde el poder y otras instancias se ha utilizado para referirse a algunas peculiaridades isleñas (y) que no atenta, ni siquiera tangencialmente, contra una estructura de poder socioeconómico y de representación y bienes simbólicos, que precisamente hace que "lo nuestro" sea algo tibio y pueril, algo turísticamente atractivo (Déniz Ramírez 1996: 329).

Además, es importante señalar que todos los *símbolos de identidad* que representan *lo nuestro* –así denominados y así construidos por las instancias de poder en Canarias (y también desde fuera de Canarias, como ocurre en el caso del turismo)– atienden básicamente a la reconstrucción de una vida rural ya casi inexistente. Esta situación parece llevar intrínseca la suposición de que los canarios no-campesinos, que son en la actualidad la gran mayoría, no *tienen* identidad alguna[44]. Lo que se intenta con toda esta reconstrucción interesada, parcial y demagógica acerca de la *identidad canaria* es aprovechar políticamente la delicada situación social, económica y medioambiental y el deseo palpable de diferenciación que parece tener la población canaria. Los datos de este trabajo muestran que estos *símbolos de identidad* son –como ya advirtió Barth en 1969– totalmente arbitrarios y que la construcción de la identidad colectiva sigue produciéndose mucho más por medio del establecimiento de una frontera entre un nosotros y un ellos. Se verá en los capítulos empíricos 7, 8 y 9.

---

[44] Numerosos estudios sociológicos han demostrado la importancia de los procesos de construcción de la identidad colectiva en ámbitos urbanos.

La variedad vernácula es un ejemplo más de este aprovechamiento político y mediático. Ha sido construida como *símbolo de identidad* y forma parte del paquete de *lo nuestro* en el que cualquier cosa es válida y distorsionable. Como advierte Trujillo:

> Lo que ahora se intenta desde las instancias de poder es la construcción de una identidad lingüística canaria sobre la base de las variedades rurales de habla, con lo que podrían terminarse creando modelos de hablar absolutamente irreales. Porque no hay más remedio que decir que cuando, por ejemplo, en los medios de comunicación se hace eso que llaman hablar en canario, estamos ante cualquier cosa menos canario, ya que no puede llamarse así a tan burdos remedos. Todas esas imitaciones que se oyen de nuestras hablas en el discurso demagógico y en la propaganda política y comercial, nada tienen que ver con la forma de hablar de ningún canario real y están construidas por personas –¿canarios de Guadalajara acaso?– que no conocen bien las variedades de habla (Trujillo 2003: 211).

Me ocuparé con profundidad del estatus del español de Canarias en el próximo capítulo.

6. PLURICENTRISMO, IDENTIDAD Y CONTÍNUUM DIALECTO-ESTÁNDAR

En el capítulo anterior, se trataron ampliamente los conceptos de deslocalización y localización como procesos resultado de la expansión del sistema global y que afectan a los individuos, los Estados, las colectividades, a la identidad y a las lenguas, entre otros. Se vio también que con el desarrollo de ello han desaparecido más lenguas que en ningún otro momento de la historia, y que a su vez se ha producido una ola de revitalización de las que están amenazadas o en peligro extinción, mediante una planificación lingüística reflexiva y, en la mayoría de los casos, institucional. Los dialectos parecen haber sufrido un proceso similar, sobre todo en el caso de lenguas históricas con pasado colonial. No obstante, se trata de un proceso de otra índole, según se observa con facilidad en el caso del español. Las distintas variedades dialectales de esta lengua no han desaparecido ni han estado remotamente amenazadas[1], sino que han poseído y poseen un alto grado de vitalidad. Aquí el problema ha consistido más en una cuestión de prestigio que de muerte de lengua (en este caso, de dialecto). El español septentrional de la antigua metrópoli española, codificado por su Real Academia, "que limpia, fija y da esplendor", ha sido durante siglos la única norma irradiadora de prestigio. *Sus dialectos* han estado, hasta bien entrado el siglo XIX y en muchos casos hasta la actualidad, altamente minusvalorados y –al igual que ha ocurrido con los dialectos de cualquier lengua– se han considerado como inferiores, incorrectos o malhablados. No obstante, y según se observó en la introducción, se está produciendo un cambio profundo en la constelación del español. Incluso las instituciones de carácter más purista, parecen haber cambiado radicalmente su discurso, proclamando al español como "lengua mestiza" o "lugar de encuentro", con la construcción de una variedad panhispánica común, más allá de las fronteras dialectales y de prestigio. Esta "panhispanización" proclamada por la RAE, el Instituto Cer-

---

[1]   Esto no quiere decir que no sea así en otras lenguas. En el caso del alemán hay dialectos amenazados, como el Plattdeutsch.

vantes y principalmente (con tal brío retórico, que hace dudar a cualquier mirada mínimamente crítica), parece contradecirse con la idea de un español pluricéntrico, al menos si este caracter de pluricentrismo es entendido correctamente.

En el presente capítulo se tratará ampliamente esta problemática y se intentará, en la medida de lo posible, esclarecer este momento de cambio por el que parace estar pasando el español en los tiempos de la globalización. Tomar al español como lengua pluricéntrica es un debate relativamente reciente, cuya problemática no ha sido abordada hasta ahora con datos empíricos que la respalden. Aunque, como se verá, se han hecho interesantes y valiosas incursiones al respecto, aún quedan muchas cuestiones abiertas por responder y aclarar. Conceptos como estándar y dialecto requieren pues un nuevo acercamiento más acorde con el proceso de redefinición de lo que constituye en la actualidad la construcción de "lengua española" y el discurso altamente reflexivo que se da alrededor de la misma. Las características descritas en el capítulo anterior acerca de la glocalización y del carácter reflexivo de la modernidad tardía son pues de gran valor para explicar tanto los discursos oficiales como los de los hablantes y serán analizados aquí desde un punto de vista lingüístico.

6.1. La relación dialecto-estándar: generalidades

Cuando se habla de la relación dialecto-estándar, es necesario tener en cuenta que se trata de conceptos que han tenido un alto grado de controversia en la lingüística, bien sea por posicionamientos teóricos distintos o porque las constelaciones empíricas que deben ser sometidas a estudio son completamente distintas entre sí. Así, dialecto no significa lo mismo desde una perspectiva estructuralista que desde una perspectiva sociolingüística. Pero tampoco tiene el mismo significado en el ámbito germánico que en el hispánico. Estas confusiones han quedado aclaradas tras la importante aportación al respecto de Trudgill/Chambers [1980 (1998)]. Para los autores, la terminología de lengua y dialecto conlleva una arbitrariedad extrema, donde los criterios de definición que entran en juego son más extralingüísticos que lingüísticos. Consideran más acertada la utilización de *variedad*, ya que esta puede "aplicarse a cualquier tipo de lengua que, por distintos propósitos, deseemos considerar como una entidad singular" (Trudgill/Chambers 1998: 5; Tr. LM). El postulado de que es necesario contextualizar al máximo las relaciones entre variedad estándar y variedad dialectal, en palabras de Trudgill y Chambers, tomarlas siempre como variantes ad hoc, da por supuesto que estas relaciones no son (ni han sido) siempre iguales ni se dan de la misma forma en las distintas lenguas. A lo largo de este punto, partiré desde esta perspectiva e intentaré aclarar, pues, algunas cuestiones generales acerca de las diferencias entre las variedades estándar y las dialectales, así como los tipos de relación que se producen entre ambas.

6.1.1. *Las variedades estándar*

Dante estableció en su tratado *De vulgare eloquentia* (1304) una importante diferenciación, que merece ser aún tenida en cuenta cuando se estudian las relaciones entre dialecto y estándar. El autor medieval buscaba para la Italia diglósica del momento una variedad que fuera comprensible para la mayoría de la población que no dominaba el latín. Así, utilizó por primera vez para usos poéticos una lengua distinta del latín, que denominó *lingua vulgaris*. El *vulgaris* representa para el poeta la *lingua naturalis* frente al latín, que representa la *lingua artificialis*. Al trasladar al plano escrito *la lingua naturalis*, se inicia un proceso de codificación y gramaticalización de la misma, única manera de poder usarla como lengua literaria y de prestigio. Comienzan también así a instituirse los distintos romances como lenguas de escritura institucionalizadas y, con ello, un proceso de normativización consecuente[2]. Algo semejante ocurrió en la Castilla de Alfonso el Sabio, aunque este se preocupó más bien de la prosa histórica, científica y jurídica, y no del lenguaje poético. La variedad escrita debía representar una variedad tan prestigiosa como el latín, y este sigue sirviendo como "espejo" (Lara 2005: 172) y modelo para el desarrollo de las gramáticas romance. De esta manera, las múltiples variedades *vulgaris* del latín se construyen socialmente (Zimmermann 2006). Las distintas lenguas románicas y las variedades que se establecen a partir de ahí como predominantes y como norma estándar no atienden, como se verá a continuación, a razones lingüísticas, sino de poder económico y político (ver Lara 2004, 2005).

Suele relacionarse la idea de la conformación de las variedades estándar con el nacimiento de los estados-nación modernos, que necesitaban una supravariedad para los ámbitos oficiales educativos y escritos, que representara la cohesión y unidad nacional. El hecho de que una variedad, y no otra, se haya convertido en estándar no se produce por motivos lingüísticos, sino por situaciones históricas ligadas siempre a las relaciones de poder económicas y sociopolíticas determinantes del momento (Trudgill/Chambers 1980; Ammon 1986: 17 y ss.; Alvar 1996: 7; Auer 1996: 12, 2005: 23-26; Demonte 2003: 3, entre otros)[3]. Dentro de

---

[2] Fue Apel (1980) quien primero se percató y resaltó la importancia de Dante, con referencia a la construcción de una variedad estándar.

[3] Es conocida la frase de Garaudy: "une langue c'est un dialecte qui a une armée et une marine". Para Alvar (1996: 7): "La diferencia entre (lengua) y dialecto es, pues, un concepto

esta constelación, Auer (2005: 23) postula que el nacimiento de los estados-nación en Europa conllevaba la consolidación de un poder centralista y, así, la consolidación de una lengua estándar centrípeta, como variedad hablada normalmente por las élites económicas, sociales y políticas de la capital. En otros casos, se trató de una koiné regional formada a partir de los dialectos de alrededor de la capital, en que el estándar no corresponde al hablado en la misma, aunque sí al hablado por las élites. En ambos casos, el desarrollo de la variedad estándar se amplió del centro político y cultural a las regiones periféricas. El centralismo político de los nuevos Estados supuso una transformación de las áreas lingüísticas, desde cuyos centros económicos y culturales se constituyeron las variedades estándares (Auer 2005: 24-25).

El estándar no *surge*, pues, por el desarrollo ni por procesos de cambio naturales de una lengua determinada, sino como resultado de un proceso de planificación y codificación (a mano de los actores del momento) de los aspectos formales, principalmente de la ortografía, de aspectos morfológicos y fonético-fonológicos y por el establecimiento de un léxico estándar (Demonte 2003: 4). No obstante, como apunta Corbeil (1983: 296-298[4]), la producción de las variedades estándares no ha seguido siempre el mismo curso. La "regulación lingüística" que se produce en el proceso de estandarización puede ser resultado de cuatro principios de actuación distintos: a) principio de convergencia: todas las fuerzas de regulación privilegian a la misma variante; b) principio de dominio: la variante que domina es aquella utilizada por las élites que rigen las instituciones; c) principio de coherencia: existe un conjunto de elementos que constituyen la especificidad misma de la lengua y que auto-regulan el funcionamiento del sistema lingüístico de cada una de sus variantes; d) un principio de persistencia: se mantiene el uso dominante de una época a pesar de sus variaciones temporales.

El estándar nunca es, por tanto, una lengua de uso común, puesto que en realidad nadie la habla. Se trata de un ideal de lengua, del que en ciertos lugares se encuentra una realización aproximada (Borrego 2001). Muchos autores coinciden en señalar (Demonte 2003, Borrego 2001) que realizar una definición exacta de estándar se presenta como una tarea difícil, puesto que "es de naturaleza abstracta y se define por lo que no es, más que por lo que es". Esta dificultad se debe a que

la lengua estándar es un objeto que por definición está siempre incompleto –en proceso de configuración y pactando consigo mismo–, es susceptible de cambios que depen-

---

histórico o, por mejor decir, derivado de la historia. Por razones distintas (políticas, sociales, geográficas, culturales) de varios dialectos surgidos al fragmentarse una lengua hay uno que se impone y que acaba por agostar el florecimiento de los otros".

[4]   En Demonte (2003: 7).

den más de la voluntad de los usuarios que de propiedades objetivas y constituye una entidad heterogénea tanto en su origen como en sus límites y contenidos (Demonte 2003: 6)[5].

Las definiciones que desde la sociolingüística y la dialectología social se han hecho de lengua o variedad estándar asumen y resaltan el hecho de que no se puede definir una variedad estándar, si no es con referencia a coordenadas socio-políticas e históricas (Milroy 1991: 15). Pero también, y fundamentalmente, a coordenadas de prestigio y actitudinales. Auer (2005), una vez aceptado que la producción del estándar "está estrechamente ligada al nacimiento de los estados nación y a la codificación de lenguas nacionales" (2; Tr. LM), considera que se trata de una variedad que está caracterizada por tres aspectos principales: en primer lugar, es hacia la que se orientan los hablantes de más de una variedad vernácula, la sigan o no; es la observada como la variedad alta (*high variety*) y usada en la comunicación escrita y, por último, es aquella variedad que ha sufrido una codificación y que los hablantes perciben como tal por tener una gramática, un diccionario, etc. Para Auer, este último criterio es actitudinal, puesto que no es el aspecto de la codificación en sí mismo el que convierte la variedad estándar en tal, sino el hecho de que sus hablantes piensen que lo es. Es el que determina "cómo los miembros de una sociedad deben expresarse" (2005: 42). El estándar está sujeto siempre a las actitudes de los hablantes y a un criterio de prestigio, que puede variar dependiendo de los usos sociales que posea. Normalmente, por ser la variante codificada y hacia la que se orientan los hablantes de las distintas variedades de una lengua, suele ser considerada la más prestigiosa. Se establece una jerarquía de prestigio que refleja la estructura de poder de la sociedad.

Teniendo en cuenta los factores hasta aquí discutidos, podemos considerar que la variedad estándar se construye, se define y se mantiene por dos tipos de criterios fundamentales:

---

[5] Demonte (2003: 4) precisa antes que la variedad estándar es: "un conjunto borroso de rasgos y procesos fonéticos, morfológicos sintácticos y léxicos que se describirían en parte en algunas gramáticas normativas, en las lenguas que las formulan. Así las cosas, los rasgos y procesos de una variedad estándar no configuran un sistema, un todo exhaustivo y homogéneo, sino que surgen por contraste y debilitación de los rasgos y procesos considerados regionales, rurales, marginales, anormales, inapropiados, incorrectos entre otras denominaciones posibles". Desde una perspectiva que no incluya el criterio actitudinal y de prestigio, una posible definición de estándar podría ser la que hacen Dubois et al. (1973) de "aquella que se impone en un país dado, frente a las variedades sociales o locales. Es el medio de comunicación más adecuado que emplean comúnmente personas que son capaces de servirse de otras variedades. Se trata generalmente de la lengua escrita y propia de las relaciones oficiales y la difunden la escuela y los medios de comunicación" (Dubois et al. 1973: entrada estándar).

1. Histórico-político: el estándar se *inventa* paulatinamente con el nacimiento de los estados-nación, por la necesidad que éstos poseían de tener una lengua común como medio de comunicación y símbolo de la unidad y cohesión nacional. Su base es la variedad utilizada por la élite económica y política, que articula un proceso de codificación y la establece como medio escrito de la administración, la enseñanza, literatura y de los medios de comunicación.

2. Prestigio: al estar relacionada con las élites y las instituciones sociales de poder, la variedad estándar está sometida a una jerarquía de prestigio y despierta distintos tipos de actitudes en las comunidades hablantes, dependiendo de sus usos sociales.

Para delimitar el uso que del término estándar se va a hacer en este capítulo (ya me referí a conceptos como estándar regional o nacional), me acojo a la siguiente definición de Garatea (2006):

> El estándar representa una variedad diastrática (o social) y diafásica (o estilística) connotada positivamente, resultado de un largo proceso histórico que ha llevado a que los hablantes le reconozcan ese valor. Se trata, en realidad, de una norma que sirve de referencia para las distintas variedades, ella actúa como criterio evaluador del estatus de los fenómenos lingüísticos y orienta la actuación lingüística de los hablantes. Precisamente estas características son las que establecen el carácter diferencial del estándar respecto de las demás normas existentes en el interior de la misma lengua histórica (Garatea 2006: 148).

Lo dicho hasta aquí acerca de las variedades estándares será ampliado en el próximo punto, ya que, como advierte Auer (2005), variedades estándar y dialectales poseen una relación de dependencia. No puede concebirse una sin referencia a la otra y las transformaciones de una son, de un modo u otro, con relación a la otra.

6.1.2. *Las variedades dialectales*

Las definiciones que se han hecho de dialecto han sido numerosas y controvertidas, y han cambiado con la lingüística moderna y, posteriormente, con la sociolingüística. El término dialecto, del griego *dialektós*, era un sustantivo abstracto

---

6   "Lengua es, a su vez, un sistema de isoglosas completo, o sea, realizable directa o indirectamente como actividad lingüística" Más abajo aclara: "una lengua histórica no es un modo de hablar único, sino una familia histórica de modos de hablar afines e interdependientes y los dialectos son miembros de esta familia o constituyen familias menores dentro de la familia mayor" (1981b: 6). A partir de aquí, cuando hable de lengua me referiré siempre a este concepto de Coseriu.

que significaba "conversación, modo de hablar". Para Coseriu (1981b: 5), este significado etimológico de dialecto ("modo común y tradicional de hablar") supone "un sistema de isoglosas realizables en el hablar mismo"[6]. Por esta razón, "el concepto de dialecto cae bajo el concepto general de lengua, y entre dialecto y lengua no hay diferencia sustancial" (1981b: 5). Para el autor, todo dialecto es una lengua, pero no al contrario, porque, aunque unidades como el español o el francés como lenguas históricas se consideren también un sistema de isoglosas, no "se trata de un sistema lingüístico inmediatamente realizable al hablar". La diferencia fundamental entre dialecto y lengua es su estatus histórico, por el que un dialecto, "sin dejar de ser una lengua, se considera subordinado a otra lengua de orden superior" (1981b: 6). Con ello, establece Coseriu su concepto de lengua histórica, que es aquella que se constituye como conjunto de dialectos y por la existencia de una lengua común, y si esta no existe, por la conciencia de los hablantes de que su modo de hablar pertenece a una unidad mayor (1981b: 7).

Alvar (1996: 13-14) entiende dialecto por "un sistema de signos desgajado de una lengua común, viva o desaparecida, normalmente, con una concreta delimitación geográfica, pero sin una fuerte diferenciación frente a otros de origen común", y añade: "de modo secundario, pueden llamarse dialectos las estructuras lingüísticas, simultáneas a otras que no alcanzan la categoría de lengua". Al considerar el dialecto una fragmentación o escisión de una lengua viva o desaparecida, Alvar da cabida tanto al concepto de dialecto primario o histórico, como a los surgidos a partir de la nueva variedad estándar o dialectos secundarios. La definición dada de dialecto, en tanto "forma particular tomada por una lengua en un dominio dado", o la definición sincrónica de "lenguas regionales que presentan entre sí coincidencia de rasgos lingüísticos esenciales" no son completas, porque no tienen en cuenta un factor diacrónico extralingüístico: la historia política que hizo que un dialecto se impusiera sobre el otro.

Tanto Alvar como Coseriu, consideran en su definición de dialecto la cuestión del prestigio. Sin embargo, hasta el nacimiento de la sociolingüística, este no es tomado como el hecho diferenciador por excelencia entre lengua y dialecto: para López Morales (1989), el prestigio es en sí mismo la única diferencia entre lengua y dialecto. El prestigio asociado a la variedad estándar no es siempre una relación simple y bidimensional, sino que varía en dominios lingüísticos dilatados como el inglés o el español, donde parece no haber un estándar homogéneo: el estándar inglés de la *received pronunciation* no tiene validez para el inglés de los EE. UU[7].

---

[7]   Esto se debe, como desarrollaré abajo, a que tanto el inglés como el español son lenguas pluricéntricas.

En un mismo sentido, Trujillo advierte que no existe ninguna diferencia estructural entre lengua y dialecto y afirma que lo único que existe son los dialectos. En el caso del español, por ejemplo, no se trata de una lengua "acompañada por sus dialectos, sino solo de dialectos" (2003: 196). En el desarrollo natural de una lengua solo existen dialectos y de esta manera el español canario, el mexicano, colombiano o andaluz son dialectos, al igual que lo son *lenguas* como el italiano o el francés.

Según se dijo en la introducción, ha sido también la sociolingüística a partir de Trudgill y Chambers [1980 (1998)] la que ha propuesto otros términos que sustituyan la terminología de lengua y dialecto, dada la arbitrariedad que conlleva la definición de estos conceptos, donde los criterios que entran en juego son más extralingüísticos que lingüísticos. Para Trudgill/Chambers (1998: 3), la definición de lengua como una colección de dialectos mutuamente inteligibles y de dialectos como subdivisiones de una lengua particular no es suficientemente satisfactoria ni aplicable a todos los casos[8]. Consideran más acertada la utilización de variedad, puesto que esta puede "aplicarse a cualquier tipo de lengua que, por distintos propósitos, deseemos considerar como una entidad singular" (1998: 5; Tr. LM). Los autores realizan además –como es bien conocido– una distinción entre acento y dialecto, en que el primero se refiere a una variedad fonética y/o fonológicamente distinta de otras y el segundo (el dialecto) a variedades fonéticas, pero también gramatical y léxicamente distintas de otras variedades. En un nivel dialectal existen, según los autores (1998: 5-9), dos tipos diferenciados de contínuum: uno geográfico y otro social. El contínuum geográfico es acumulativo, pues entre los polos extremos del mismo existen las diferencias más marcadas, sin que en ningún punto haya una ruptura completa, de manera que dialectos adyacentes geográficamente no fueran mutuamente inteligibles. Aunque, claro está, cuanto más distanciados los polos, más posibilidad existe de incomprensión. Por otro lado, el contínuum dialectal social es vertical y está relacionado con las variedades diastráticas de un dialecto, cuyo estudio se torna especialmente difícil en casos como el inglés criollo de Jamaica, donde no se da un verdadero contínuum entre el inglés hablado por las clases sociales altas y el criollo hablado por las clases populares.

No obstante, y según se advirtió al principio de este punto, las diferencias entre los contínuum geográficos dialectales dependen siempre de los contextos, ya que no es lo mismo en español que en alemán, ni son iguales las situaciones extralin-

---

[8]   Por ejemplo, las lenguas escandinavas son tomadas normalmente como lenguas distintas, aunque los hablantes de sueco, de danés y de noruego se entienden. Sin embargo, hablantes dialectales de una lengua considerada unitaria, como el alemán, no se entienden entre sí.

güísticas que delimitan los contínuum en un caso o en otro. Por ello, deben tomarse siempre como variantes *ad hoc*, cuyo contínuum es "desde un punto de vista lingüístico puramente arbitrario" (Chambers/Trudgill 1998: 8; Tr. LM). A continuación, expondré, siguiendo la tipología presentada por Auer (2005), los distintos tipos de relación dialecto-estándar que pueden existir. Esto servirá de base para analizar posteriormente el caso del español actual en general y el de Canarias en particular.

6.1.3. *Tipología de la relación dialecto-estándar*

Auer (2005) presenta una tipología de la relación dialecto-estándar. El autor desarrolla cinco modelos diacrónicos que abarcan de la Europa medieval hasta la actualidad. Daré importancia a los tres últimos, para analizar después qué ha ocurrido en el ámbito hispánico y, dentro de este, lo que ocurre con la variedad canaria.

a) Diglosia[9] exoglósica

Casos de diglosia exoglósica son para Auer los que se producían en la Europa medieval: las variedades vernáculas tenían una relación exoglósica con la variedad estándar, esto es, si en ciertos contextos (lengua escrita, instituciones, etc.) se utilizaba una variedad que no fuera vernácula, esta era siempre de carácter exoglósico, como el ejemplo del latín con las variedades romances o del árabe clásico. En este caso, estamos para Auer (2005: 6) ante una situación de lenguas en contacto y no de nivelación dialecto-estándar. Nivelaciones de este tipo no tenían lugar, aunque ello no significa que los estándares exoglósicos no tuvieran influencia en las variedades vernáculas y viceversa.

Una koineización o nivelación horizontal ocurrió en algunos casos, como en el andaluz (ss. XIII-XV), extendiéndose cada vez más a lo largo de los siglos a otras lenguas vernáculas. Sin embargo, las variedades exoglósicas permanecieron sin que se produjera una nivelación vertical. Con la constitución de los estados-nación y de una lengua estándar, esta se convirtió en lengua exoglósica para otras comunidades lingüísticas, como es el caso del español en América en relación con las lenguas indígenas o, dentro de Europa, el sueco en Finlandia o el alto-alemán en el Tirol (2005: 7). Estos repertorios de diglosia exoglósica han permane-

---

9   Para el concepto inicial de diglosia ver Ferguson (1959). Un resumen en Zimmermann (1992[b]). Otras aportaciones importantes en Fishman (1967), Kloss (1978), López Morales (1989).

cido en el caso de minorías lingüísticas hasta el s. xx. Un ejemplo claro es el vasco, que, pese al establecimiento de una variedad estándar mediante una koineización (planificada) de los distintos vernáculos, esta sigue en relación de diglosia exoglósica con respecto a las lenguas estándares estatales, en este caso con respecto al francés y al español.

b) Diglosia media con un estándar endoglósico

La situación de diglosia con una variedad endoglósica estándar no conlleva un bilingüismo entre hablantes, pero sí una variedad estándar "relacionada estructuralmente con las variedades vernáculas" (Auer 2005: 10; Tr. LM). Este concepto –propuesto por Auer– se parece mucho al concepto inicial de Ferguson (1959), en tanto en cuanto las dos variedades están delimitadas claramente en la percepción del hablante, las variedades están genéticamente relacionadas entre ellas (pertenecen a una misma lengua), el estándar representa la variedad alta (*high variety*), se usa para escribir y no es la variedad de la socialización primaria de un hablante.

Este tipo se diferencia del primero en que la variedad vernácula pasa a ser completamente oral, mientras que el ámbito escrito queda restringido a la variedad estándar. La divulgación de la variedad estándar a través del medio escrito tras la invención de la imprenta hizo que su expansión fuera mucho más rápida, sobre todo en las áreas protestantes de Europa, donde la Biblia contribuyó a establecer los estándares endoglósicos, aun cuando estos no eran hablados por la población. Se trató, pues, de estándares escritos que no habían adquirido un uso oral generalizado, sino solo escrito, utilizado en situaciones formales o con miembros de otra variedad. Un ejemplo actual de ello es Suiza, donde en la comunicación oral cotidiana nunca se utiliza el estándar endoglósico, pero sí en los contextos escritos, institucionales, medios de comunicación, etc. (Auer 2005: 15).

c) Diglosia hablada

Muchas de las variedades vernáculas que todavía existían en el repertorio anterior no sobrevivieron al establecimiento del estándar endoglósico, que fue ganando cada vez más dominios en la oralidad, es decir, ya no se diferenciaba por su estatus de escrito/hablado. Para que el estándar exoglósico escrito se convirtiera en oral sufrió muchas transformaciones, especialmente porque se introdujeron elementos no-codificados provenientes de los distintos dialectos. El uso del estándar se extiende a situaciones de habla espontáneas, de forma particular a situaciones formales y en interacciones con el exogrupo, sin que esto signifique

que las variantes vernáculas desaparezcan. Dialecto y estándar rara vez se superponen en el uso, aunque ambos sean orales, sino que se suele dar un *code-switching* de tipo situacional (Auer 2005: 16). El estándar oral endoglósico era hablado hasta entrado el siglo XIX por una minoría que constituían las élites sociales económicas y culturales. Por ello, el estándar comenzó a ser un signo de distinción social y cultural, y acceder a él dependía de la clase social y de la educación. Muchos hablantes de estándar seguían, sin embargo, utilizando las variedades vernáculas, produciéndose así una situación de diglosia. Aquellos sectores de la población que con la industrialización se trasladaron a las ciudades fueron adquiriendo un tipo de estándar que comenzó a diferir más y más del estándar endoglósico escrito, situación que se ha seguido desarrollando hasta hoy día.

Tanto es así, que en la Europa actual no parecen ser frecuentes las situaciones de diglosia estable. No obstante, para Auer hay áreas en las que "han surgido formas de diglosia atenuadas" (2005: 21). Hay dos variantes de esta atenuación: por un lado, los dialectos se han nivelado con el estándar, e incluso en algunos casos el estándar se ha desestandarizado, para producir dos contínuum separados, el del dialecto y el del estándar (por ejemplo, en el norte de Italia y el caso del leonés y aragonés en España). Por otro lado, existe la situación en que el estándar y el dialecto son dos sistemas separados que están en estrecho contacto, y por ese contacto surgen formas mixtas o híbridas: de *code-switching* se pasa a *code-mixing*. Esto significa que la utilización de estándar y dialecto para dominios diferentes se abandona en pos de una utilización simultánea y de mezcla de ambas variantes. Se da, por ejemplo, en muchas regiones de Italia (Auer 2005: 22; Auer/Hinskens 1996).

d) Diaglosia

Para Auer (2005: 26 y ss.), la relación dialecto-estándar más extendida en Europa es la de diaglosia. Una situación diaglósica está caracterizada por la existencia de formas intermedias entre el dialecto base y el estándar. Estas formas intermedias son denominadas regiolectos o dialectos regionales y forman una parte intermedia en el contínuum dialecto-estándar. Se ha desarrollado sobre todo en el siglo XX, estrechamente relacionada con el nacimiento de las grandes ciudades. El *code-switching* entre dialecto y estándar ya no es tan marcado como en el caso anterior, ya que se dan tanto procesos de estandarización del dialecto como de dialectalización del estándar. Los hablantes pueden cambiar su manera de hablar, sin que suponga un punto abrupto de transición entre el dialecto y el estándar. El contínuum posee, pues, dos formas intermedias entre el polo dialectal y el estándar: primero, el regiolecto, después, el estándar regional y, luego, el estándar.

Para Auer (2005: 31), intervienen en la formación del regiolecto dos factores principales: en la nivelación interdialectal, aquellas formas que sobrevivieron o "ganaron" comienzan a formar parte del estándar, es decir, los regiolectos pueden desarrollar innovaciones lingüísticas propias, que no tienen base en el estándar ni en el dialecto base. Por otro lado, la variedad estándar cada vez tolera más formas dialectales, llevando esto a estándares regionales con un substrato dialectal. Las formas intermedias cumplen una función sociolingüística que antes cumplían los dialectos, puesto que permiten un proceso de identificación nuevo, que ya no se producía con respecto a los dialectos base. En un artículo anterior (Auer/Hinskens 1996), los autores se ocupan únicamente de esta variante, que es una –puede que la más– extendida en Europa. Ejemplos de diaglosia se encuentran principalmente en Alemania, aunque también en Francia, Bulgaria y Grecia. Para ejemplos concretos, ver Auer (2005: 30-33).

La noción de diaglosia presentada por Auer en este artículo es de gran interés para el caso del español, por razones que se discutirán en varios de los próximos puntos. No obstante, hay que resaltar que Auer no hace una definición suficientemente clara de lo que es estándar regional y lo que es regiolecto, y en su texto da la impresión de que los utiliza indistintamente. Como se verá con Villena (1999) en el punto. 6.2.3, en el caso del español, estándar regional y regiolecto representan variantes muy distintas.

e) Pérdida del dialecto

Tanto los repertorios diaglósicos como los diglósicos pueden llevar a que se produzca una pérdida del dialecto base, bien porque cada vez se infiltran más rasgos estándares, bien porque el dialecto se mantiene de manera conservadora y acaba de perderse completamente.

En el primer caso (diaglosia), al perderse completamente el dialecto base, el contínuum sufre una reestructuración. Los regiolectos que suponían las formas intermedias en el caso anterior se convierten en las formas de habla más dialectales; el dialecto base pierde su función de marcador de la pertenencia local (*Ortsloyalität*), que es transferida al regiolecto. La ruptura de las formas más dialectales es una cuestión de grado y puede afectar de distintas maneras al contínuum, hasta poder llegar al extremo de que solo quede el estándar. Para Auer (2005: 36), esto ha ocurrido con el francés, donde un contínuum dialecto-regiolecto se da solo en las áreas más rurales de Francia y entre personas de edad avanzada. En el segundo caso (diglosia), los dialectos base, mantenidos de forma conservadora, no son transmitidos a la generación siguiente y se pierden por cambio. Este hecho está relacionado con razones de prestigio, en que las mujeres y la clase media son los primeros en renunciar al dialecto. El dialecto base pierde dominios, competencia y hay un alto grado de inseguridad lingüística, con respecto al exogrupo de hablantes estándar. En el último paso, antes de la pérdida total del dialecto base, suelen aparecer actitudes positivas y folcloristas, que intentan rescatarlo sin tener mucho éxito.

Como resultado, hay una pérdida total de los dialectos base y la variedad estándar es la que se impone y queda sola (con sus variables orales, por supuesto). Sin embargo, para Auer la pérdida de los dialectos y los regiolectos y "la victoria del estándar" no significa una homogeneización lingüística total, sino que empiezan los procesos de divergencia con respecto al estándar nacional; los hablantes sienten la necesidad de diferenciarse del estándar codificado y, en muchos casos, incluso comienza un proceso de desestandarización (Auer 2005: 38). Los repertorios de diaglosia y los de pérdida de dialecto son los más extendidos en Europa.

6.1.4. *Situación dialectal del español*

Por razones que van a ser explicadas en los próximos puntos, es difícil insertar el español y sus múltiples variedades en el esquema de Auer (2005). Aunque se puede decir a priori que en la actualidad se produce en algunos casos una situación de diaglosia, la relación entre dialecto y estándar del español nunca ha sido tan marcada como, por ejemplo, en el área del alemán, donde se da una diglosia muy marcada (y diaglosia) entre la variedad estándar y los dialectos.

A diferencia de otras situaciones coloniales como la de los territorios ingleses, el español estándar prescriptivo[10] dejó incluso de hablarse por las clases altas en las colonias. Si bien hasta el siglo XIX la norma tenida como prestigiosa era la que se imponía desde España, con la expansión de los nacionalismos americanos y las guerras de independencia, las distintas variedades del español cobraron importancia como símbolo de identidad, y se intentaron resaltar las diferencias con respecto a la metrópoli y las similitudes entre las variedades latinoamericanas. Esta revaloración de las variedades vernáculas del español de América estuvo vinculada a la idea bolivariana de una sola nación americana, unida por la lengua común. Sin embargo, y según se verá en los próximos puntos, no es hasta bien entrado el siglo XX cuando el español estándar prescriptivo deja de ser considerado como la norma más prestigiosa hacia la que se orientan academias, instituciones como la escuela y la universidad, y también los hablantes.

---

[10] Como español estándar me referiré siempre a la variedad septentrional del español, codificada por la Real Academia Española. A partir de aquí, esto queda implícito.

A pesar de este proceso de diferenciación, que se produjo en la América de la independencia y del contacto del español con lenguas amerindias y africanas, suele apuntarse la asombrosa unidad del español, cuyas variedades poseen una alta inteligibilidad entre sí. Importantes voces de la dialectología tradicional, como Alvar, se han preguntado si se puede hablar de la existencia de dialectos en el español:

> Esa especie de koiné hispánica que es el castellano actual no se puede aceptar sino como integradora de elementos contemporáneos que solo en mínima parte podrán llamarse dialectales. El castellano, es cierto, no se ha segmentado; presenta modalidades distintas (...) pero cada una de esas formas del castellano ¿son dialectos suyos? (Alvar 1996: 9-10).

Aunque el español presente mucha menos variación interna que otras lenguas, como por ejemplo el alemán, me parece importante resaltar que este hecho no significa que no se pueda hablar de variedades del mismo. Más bien, según concluí en el punto 6.1, estas categorías deben ser definidas siempre ligadas al contexto de la lengua en cuestión (Chambers/Trudgill 1998, Oesterreicher 2001). Que un dialecto sea considerado como tal, no depende únicamente de aspectos formales, sino de las actitudes y creencias de los hablantes por un lado y, por otro, de las razones extralingüísticas que hacen que un dialecto determinado, y no otro, se convierta en lengua. En este sentido, Alvar se pregunta si "sería lícito dejar de hablar de dialectalismo por el hecho de que la lengua madre siga existiendo", y responde: "creo que no, a lo más habrá que pensar en la existencia de dos tipos de dialecto: unos de carácter arcaico (leonés y aragonés) y otros de carácter innovador (hablas meridionales, español de América)" (Alvar 1996: 10).

Ahora bien, cabe preguntarse cómo se relacionan estas variedades entre sí y si el estándar español prescriptivo sigue siendo el portador de mayor prestigio y hacia el que se orientan todas las demás variedades. Todo parece indicar, como ya se vio en relación con la revitalización de lenguas en el capítulo anterior, que esta situación también ha cambiado en el caso de las distintas variedades del español, que están sumergidas en un proceso de relocalización. ¿Cómo exactamente se produce este proceso? ¿Qué factores están implicados en él? ¿Es cierto que el estándar español prescriptivo pierde dominios? Estas y otras cuestiones serán atendidas en el próximo punto.

6.2. Pluricentrismo y variedades del español

A lo largo de este punto, y en virtud de lo dicho en la introducción al presente capítulo, me centraré en el concepto *pluricentrismo* y en su posible aplicación al caso del español. Importante es el análisis de la situación actual de las distintas variedades del español en la América hispanohablante y en el Estado español. Se tendrán en cuenta las cuestiones discutidas hasta ahora acerca de la relación dialecto-estándar y los tipos de contínuum que se establecen entre ambas variedades.

6.2.1. Lenguas pluricéntricas

El término *lengua pluricéntrica* comenzó a desarrollarse en los años 60, en relación con los procesos de estandarización y con los problemas de la norma, en el sentido coseriano[11]. Posteriormente, Kloss (1978: 67) lo utiliza para la descripción del alemán como lengua en la que existen distintos centros interactuantes, cada uno de los cuales posee, al menos, una variedad codificada. Un estudio comparativo no había sido realizado ampliamente hasta la investigación dirigida por Clyne (1992), en la que se recogen aportaciones de 17 lenguas con situación de pluricentrismo[12]. Normalmente, las lenguas pluricéntricas traspasan las fronteras políticas e incluso continentales, pero también pueden darse en un territorio contiguo, como el caso del alemán, el sueco o el coreano, y hasta dentro de un mismo estado-nación. El español contempla, a primera vista, ambas variantes: se da en áreas dispersas y contiguas. La concepción del español como lengua pluricéntrica no ha sido apenas tratada. Thompson (1992) lo hizo, aunque de forma no muy rigurosa. Asimismo, son de considerar el volumen de Clyne (1992) y los estudios de Lara (1990, 2004, 2005) Garatea (2006), Rivarola (2006) y, referido a la pluralidad de normas del español, los estudios precursores de Lope Blanch (1986) y Rosenblat (1977). Asimismo es necesario tener en cuenta las interesantes aportaciones que la hispanística alemana ha hecho al respecto: Bierbach (2000) y Oesterreicher (2001, 2002), Lebsanft (1998, 2004). Los dos primeros aportan una visión mucho más profunda de lo que significa, tanto teórica como metodológicamente, considerar el español como lengua pluricéntrica. No obstante ninguno de estos acercamientos toma en cuenta a los hablantes como centro de los mismos y se limitan por tanto a aportaciones teóricas, que aunque sumamente interesantes no dejan de ser impresionísticas. Por último, hay que resaltar la interesantísima, actual y crítica aportación de del Valle (2002 y 2007), quien se centra en

---

[11] *Pluricéntrico* es utilizado por primera vez por Stewardt (1972: 534) en contraposición a *monocéntrico*: "the standardization of a given language may be monocentric, consisting at any given time of a single set of universally accepted norms, or it may be pluricentric, where different set of norms exist simultaneously". Para Kloss (1978: 68): "Hochsprachen sind besonders häufig plurizentrisch, d.h., weisen mehrere gleichberechtigte Spielarten auf, wo sie die Amts- und Verwaltungssprachen mehrerer größerer unabhängige Staaten sind".

[12] Portugués, español, tamil, sueco, alemán, francés, coreano, chino, armenio, serbo-croata, hindú-urdu, malayo, entre otros como el holandés o el árabe, cuyo estatus no es claro.

los discusos oficiales acerca de la idea de la "lengua española" o en otras palabras de la ideología del español.

Desde luego que si, desde un principio, se tienen en cuenta algunas de las características establecidas por Clyne de lo que es una lengua pluricéntrica la interminable discusión de la unidad y diversidad del español, quedaría rápidamente acla-
rada. Para este (1992: 1), una lengua pluricéntrica tiene una función tanto de
unificación como de separación entre las comunidades de habla que la utilizan:
une, por el hecho teórico de la inteligibilidad mutua, y separa, porque las distintas
variedades sirven como marca de identificación grupal y funcionan, por tanto, a
modo de frontera en sentido barthiano. Por otra parte, Clyne advierte que "la
cuestión del pluricentrismo concierne a la relación entre lengua e identidad, por
un lado, y lengua y poder, por el otro" (455). Es decir, el pluricentrismo no significa una simetría en las "relaciones de lenguas", ya que siguen existiendo normas
con un mayor prestigio que otras. El pluricentrismo es por excelencia asimétrico,
por lo que debe ser observado siempre bajo el contexto político de la/s nación/es
a la/s que pertenece.

6.2.2. *Español como lengua pluricéntrica*

La situación del español con respecto a las demás lenguas pluricéntricas es descrita por primera vez por Thompson (1992). Para el autor, el español desarrolla
cada vez más variantes prestigiosas que no se guían ya por la norma de la antigua
metrópoli española. Cada uno de los países tiene sus propias normas lingüísticas;
algunas que comparte con todos los demás, otras que comparte con algunos de
ellos y algunas exclusivas. Hay naciones en las que incluso se desarrolla más de
un estándar; esto ocurre en el Estado español más que en ningún otro Estado hispanohablante: "although lacking the possible African and Amerindian elements
so widespread in Hispanic America, Spain exhibits much greater variation in
local dialect" (Thompson 1992: 45). Aunque falta rigurosidad en esta afirmación,
es cierto que las variedades del español son muchas y muy diversas para un territorio y un número de hablantes comparativamente mucho más pequeño que el
hispanoamericano. Pero, postular sin más que hay una variación mucho mayor
que en la América hispana, es una afirmación que muestra desconocimiento de
las variedades del español en América. La posición de Thompson es criticada por
Bierbach (2000), Oesterreicher (2001) y Lebsanft (1998, 2004), sobre todo por la
poca rigurosidad con la que trata la problemática. Igualmente, cuestionan las
zonas geográficas en que las divide, cuya distribución procede de la realizada en
1921 por Henríquez Ureña: España, Islas Canarias, Latinoamérica (en bloque),
Guinea Ecuatorial y Filipinas. Además, las pone a un mismo nivel.

Según Bierbach (2000: 143), no se puede definir el español como lengua pluri-céntrica en el sentido de Thompson, ya que este iguala variedad a pluricentrismo. Para la autora (2000: 143), el concepto de pluricentrismo es un modelo promete-dor para la autodefinición y autodelimitación de las comunidades de lengua en el mundo hispanófono, aun cuando para el español no se haya realizado totalmente. La autora (2000: 144-146) extrae de la postura de Clyne (1992) tres criterios principales sobre el pluricentrismo. Estos se pueden aplicar con referencia al español de la siguiente manera:

1. Una variedad dentro de una lengua pluricéntrica posee al menos un centro, cuyos hablantes poseen una movilidad geográfica lo bastante grande como para que dicha variedad se implante como modelo. Es decir, pluricentrismo implica el establecimiento de al menos un centro, además de que por razones históricas había sido el único del que se ordenaba la normativización y políticas lingüísti-cas. En el mundo hispanohablante, la autora propone distinguir como posibles centros a Buenos Aires y/o México[13].

2. Para que una variedad sea representativa en el sentido del pluricentrismo, debe poder unirse a una estructura política independiente como un estado-nación. Según esta idea, el español –como lengua pluricéntrica– debería representar, den-tro de las distintas unidades políticas y también en situaciones de bi o multilin-güismo, la lengua que cubre los dominios más relevantes socialmente: la lengua de los medios de comunicación, la literaria, la científica y la de la comunicación cotidiana[14].

3. La variedad representativa debe ser vista y descrita como tal por los hablantes, quienes la relacionan con la nacionalidad pertinente, además de ser codificada en diccionarios y gramáticas. No se trata de delimitar una lengua como sistema, ya que en la modelación pluricéntrica de las variedades existen rasgos compartidos supra-nacionales, como es sin duda el caso del español. Importante es el grado de concien-cia de los hablantes en el sentido de cómo esta variedad es unida a la particularidad lingüística de una nación y cómo es sentida como parte constitutiva de la misma.

Hay dos puntos muy controvertidos en esta postura de Bierbach. En referencia al criterio 2, la delimitación de una sola variedad prestigiosa a un solo estado-nación es cuestionable, ya que los centros pueden funcionar como norma de prestigio de más de una nación, como el español del Río de La Plata, que abarcaría Uruguay y Argentina. También en el caso del Estado español, igualar centro (lingüístico) a

---

[13] Esto es corroborado y ampliado, como se verá, por Oesterreicher (2001) y Lara (2005).
[14] Esto es, como se verá a continuación, muy criticable.

nación es inviable, puesto que existen distintos estándares regionales, como el caso del andaluz[15].

Asimismo, en referencia al criterio 3, que el español concebido como lengua pluricéntrica deba cubrir los dominios sociales más relevantes, incluso en situaciones de bi o multilingüismo, es más una aplicación de política lingüística peligrosamente hispanizante que una característica del pluricentrismo en sí. El español puede llegar a ser una lengua pluricéntrica sin que esto signifique que en las naciones multilingües sea la lengua más relevante socialmente; se trata de niveles distintos que no están en contradicción, como se observa con facilidad en el caso del Estado español[16].

A estos tres criterios del pluricentrismo tomados de Clyne (1992), Bierbach (2000: 149) suma uno más, que resulta del último de ellos:

> El pluricentrismo se constituye a partir de la conciencia de los hablantes. Las comunidades de habla de uno de los centros de una lengua pluricéntrica son conscientes de tener una lengua común como el español, pero reconocen, por un lado, una serie de formas lingüísticas características y diferenciadoras del grupo, tienen una apreciación positiva de esas formas y no las ven inferiores a otras variantes ni a la variante normativa. Por otro lado, estas comunidades realizan una actividad lexicográfica, e incluso gramatical, para la variante en cuestión, y producen con esta labor representaciones visibles y simbólicas de la misma (Academias, etc.).

Como se dijo arriba, para Bierbach (2000: 149), al igual que para Oesterreicher (2001: 302 y 308), la distribución que realiza Thompson (1992) de las zonas geográficas del español es totalmente inadmisible. Que el español sea una lengua pluricéntrica no puede afirmarse de manera tan tajante, si nos atenemos a los parámetros que Thompson expone. La autora justifica esta cuestión así:

> Criterio esencial del concepto sociolingüístico de pluricentrismo es (...) que la unidad política-nacional del grupo de hablantes y la existencia de un centro político, económico y cultural activo, tenga una forma de lengua que sea o pueda ser la base de una variedad relativamente autónoma dentro de una lengua pluricéntrica. (...) Pluricentrismo es, en la misma medida, el grado de conciencia; también bajo este aspecto el modelo de las zonas dialectales es inadecuado para la determinación de pluricentrismo, ya que esta división no corresponde a ninguna medida (dato) de la conciencia (149; Tr. LM).

---

[15]   La problemática de los estándares regionales de la América hispanohablante y del Estado español será desarrollada en el punto 6.2.3.1.
[16]   También se observa en el caso del inglés. Por ejemplo, en la India pueden tener su propio inglés estándar, pero no es la lengua exclusiva de comunicación diaria, ni la oficial.

Para estudiar el español como lengua pluricéntrica, Oesterreicher (2001) propone el concepto de "espacio de las variedades" (*Varietätenraum*) del español, con lo que se refiere a las variedades diatópicas, diastráticas y diafásicas que lo conforman. Propone para el español un modelo de contínuum dialecto-estándar, donde se contemplan aquellas variedades que aún no tienen un estándar definido y codificado estrictamente. Para él y Bierbach, el español no puede definirse en tanto lengua pluricéntrica de manera tan tajante y clara como en el caso de otras lenguas. Estas diferencias, además comunes a todas las lenguas históricas, se definen siempre a través de su relación con el estándar. En el caso de las lenguas pluricéntricas, como se ha visto, esto no es común para todas las variedades, ya que el estándar español prescriptivo ha dejado de serlo, dando lugar a los estándares regionales[17]. Para Oesterreicher (2001), el problema ocurre al intentar definir cuáles son los estándares regionales del español, porque no se puede hacer una identificación simple con una opción nacional (cada Estado, un estándar). Para el autor: "esta pregunta es tan difícil de contestar porque las isoglosas fonéticas, morfosintácticas y léxicas de los estándares no se cubren" (2001: 308; Tr. LM)[18].

Por esta razón, el español representa "otro tipo totalmente distinto de pluricentrismo", diferente del de otras lenguas pluricéntricas como el inglés o el portugués. Esto supone metodológicamente que los estándares regionales hay que establecerlos de manera concreta, partiendo de pequeñas zonas nacionales, y describir en ellas el uso particular del estándar regional. Oesterreicher propone para el español el término de *plurizentrische Sprach-Kultur* ("cultura de lenguas pluricéntrica"), que, aunque no posea "la exactitud descriptiva que se posee en otras lenguas pluricéntricas, permite una mayor corrección en tanto en cuanto los estándares regionales pueden ser establecidos (con análisis microscópicos de las distintas zonas) a través de la conciencia que los hablantes tengan de su propia norma" (Oesterreicher 2001: 309; Tr. LM). Volveré a este punto dificultoso de los estándares regionales en el punto 6.2.3.1.

---

[17] En la terminología del pluricentrismo, Oesterreicher habla de estándares regionales y no nacionales, en tanto estos estándares a veces traspasan las fronteras nacionales, perteneciendo, pues, a una región geográfica como el Río de la Plata, y no a una nación. También Auer (2005) utiliza, como se vio, el término *estándar regional*, aunque más adelante explicaré que no se refiere exactamente a lo mismo. Este punto es discutido ampliamente en el punto 6.2.3.1.

[18] Hay que tener en cuenta que al hablar de pluricentrismo estamos ante una construcción en proceso. Tal vez en un futuro pueda producirse esto que ahora Oesterreicher da por imposible. Ver punto 6.2.3.

6.2.2.1. Conflicto entre variedades del español pluricéntrico

Si el español aún no puede considerarse una lengua pluricéntrica de manera tan clara como, por ejemplo, el caso del inglés, pero "que está en camino a serlo" (Bierbach 2000: 161), habrá que preguntarse de qué forma se establecen las relaciones entre las distintas variedades, así como por el establecimiento de los estándares regionales. Por otro lado, se ha convenido que un elemento fundamental del pluricentrismo es la conciencia que los hablantes tengan de su propia norma y de las valoraciones que le asocien. Bierbach (161) afirma que para el español tiene validez la postura descrita por Hansen (1996: 28) para el caso del inglés, en el que se puede distinguir dos normas estándar: la oficial, que se orienta al inglés estándar (sobre todo la norma escrita), y la no oficial, que contiene los rasgos vernáculos y se va desarrollando como el estándar nacional.

Asumir la concepción de que el español está en camino de convertirse en una lengua pluricéntrica conlleva la suposición de que existe un cambio de actitud hacia la norma prescriptiva castellana hacia la que, hasta hace poco (y en muchos casos aún en la actualidad), se han orientado todas las demás. Demonte dice en este sentido:

> En un tiempo ciertamente muy corto en el mundo hispano parece haberse girado de una concepción del castellano peninsular como dialecto primario del español, norte orientador y modélico (...) a una concepción más suelta y comprehensiva en la que el prestigio no aspira ya a ir asociado a la pronunciación de la c y z como interdentales (Demonte 2003: 10).

El eco de que en los últimos años, tanto en el español del Estado español como en América, han cambiado los parámetros de prestigio y de evaluación de las variedades vernáculas se encuentra también en las siguientes dos citas de Lara[19]: "El español general sigue siendo determinado por la metrópoli castellana en tanto que los españoles regionales solamente constituyen una periferia, colorida y pintoresca, importante para diversas lealtades nacionales, pero marginal al fin" (Lara 1990: 161). Quince años después, el lingüista mexicano reconoce el cambio de estatus del español: no es solo pluricéntrico, sino también multipolar, dado el prestigio que en América tienen normas como la de Buenos Aires, Bogotá o México D. F., y no solo para sus respectivos países:

> Además de "pluricéntrico", el español actual es "multipolar", pues algunas de esas variedades nacionales o regionales son, también, focos de irradiación de característi-

---

[19] Luis Fernando Lara se ha ocupado desde los años setenta de la revalorización de las normas latinoamericanas, especialmente la mexicana, contribuyendo así a la concepción del español como lengua pluricéntrica.

cas lingüísticas y de normas de corrección, difundidas por su prestigio socio-político y sus medios de comunicación (Lara 2005: 184).

Para Bierbach (2000: 149, 151), sin embargo, una de las razones por las que el español aún no puede considerarse tajantemente como lengua pluricéntrica es que existe un conflicto abierto entre los representantes de las distintas variedades. Un criterio del pluricentrismo es, para la autora, precisamente el que no exista conflicto. En controversia, Clyne se esfuerza en resaltar el hecho de que pluricentrismo no significa simetría e igualdad entre todas las variedades, sino que está íntimamente relacionado con cuestiones de poder político e histórico[20]. En esta línea, Oesterreicher (2001: 306) señala que esto ocurre en el español, ya que, aunque hayan cambiado los parámetros de prestigio y valoración, ello no significa que haya igualdad entre todos sus centros. El pluricentrismo del español también está sujeto a una jerarquización de prestigio histórico, poder económico y político. Según esta última posición, que parte de Clyne, precisamente porque entre las variedades del español existe un conflicto latente y una asimetría entre las variedades, se puede hablar de pluricentrismo. Así lo expone también Garatea (2006), para quien el pluricentrismo del español está sometido a una jerarquía entre sus distintas normas. A la cabeza de ellas están la norma escrita y la ortográfica, seguidas por las de alcance *nacional* o *regional*[21].

Antes de continuar con el próximo punto, quiero resaltar dos cuestiones importantes en referencia al conflicto: 1. Es imprescindible tener en cuenta que el conflicto es observable más entre los representantes de la lengua (academias, escritores, prensa, lingüistas) que entre los hablantes mismos, que al menos en la oralidad se guían por la norma vernácula. 2. El español aún no puede ser considerado literalmente como una lengua pluricéntrica; se trata de un proceso dinámico que se está produciendo en la actualidad, por lo que los conflictos entre varieda-

---

[20] "Pluricentricity is asymmetrical, i. e., the norms of one national variety is afforded a higher status, internally and externally than those of the others". (1992: 455)

[21] "El pluricentrismo del español supone aceptar la existencia de normas lingüísticas con campos distintos de aplicación, que establecen una jerarquía entre ellas. En un trabajo reciente, Lara (2004a: 67) distingue, por ejemplo, "normas generales, las de la lengua literaria, que sirven en buena cuenta para conservar la unidad de la lengua; las de la lengua escrita, no literaria, y las de la lengua oral, generalmente de alcance regional (p. ej. del español antillano) o nacional (p. ej. del español mexicano, peruano o peninsular). (...) Si esos campos son vistos a manera de una jerarquía, las normas de la lengua literaria y las ortográficas encabezan la lista; siguen las de alcance nacional o regional, con sus respectivos correlatos en lo fonético, morfológico, sintáctico y en el léxico" (Garatea 2006: 153). En este sentido, García Márquez, Premio Nobel hispanoamericano, propuso "jubilar la ortografía" para "humanizar" la lengua española. Encara así el debate jerárquico del español, que se resiste a reconocer sus distintas variedades prestigiosas.

des no son solo un rasgo del pluricentrismo en sí, sino también de este proceso de *conversión/construcción*.

6.2.2.2. Unidad y pluricentrismo: la nueva ideología del español

Por último, hay que resaltar que el considerar el español actual como una lengua pluricéntrica viene a despertar el antiguo debate de la variedad y unidad del español. Aunque las variedades regionales y/o nacionales ya no se guíen por el estándar español, la inteligibilidad mutua entre todas las comunidades hispanohablantes es existente. Para Bierbach (2000: 152-160), el discurso acerca de la unidad puede dividirse en dos formas extremas y polarizantes: un polo está representado por la Real Academia y su norma culta y por aquellos que observan las distintas variedades como una amenaza a la unidad y un desvío que puede interpretarse como el comienzo de una fragmentación. Mientras, el otro polo toma las variedades como instrumento de autoafirmación nacional y cultural, e incluso del surgimiento de nuevas lenguas. Para la autora: "entre estos polos extremos, el pluricentrismo debe ser tomado como la pantalla de proyección para la autopercepción y autointerpretación de una comunidad de habla, así como para el discurso acerca de una lengua supranacional unificada y, consecuentemente, hacerlo punto de partida de la política lingüística" (Bierbach 2000: 157; Tr. LM)[22].

Es interesante a este respecto la reflexión de Trujillo (2003), quien argumenta, desde un punto de vista más filosófico, que solo en la unidad es posible la diversidad. Así, la lengua española o castellana es una, y las variedades representan siempre "la variación de lo que se mantiene constante" (2003: 195). La lengua española es, para el autor, una unidad que "se comprueba en sus usos y variedades, esto es, en forma de dialectos: porque en la experiencia de la unidad solo hay dialectos" (196). Advierte, además, que en este debate de la unidad hay que tener en cuenta que "las lenguas pueden unir o separar: nunca son inocentes en este sentido" (197).

Por todo ello, la postura de Clyne (1992), sobre que las lenguas pluricéntricas tienen una función tanto de unión como de separación entre sus distintas comunidades de habla, es interesante con referencia al debate unidad-diversidad del español. Oesterreicher (2001) y Lara (2005), a pesar de reconocer el estatus pluricéntrico del español, afirman la extendida opinión del deseo de entendimiento que existe entre todos los hispanohablantes. Oesterreicher (310) critica por ello

---

[22] Para el debate acerca de la unidad del español ver: Rosenblat (1977), Gauger (1992), Coseriu (1990), Alvar (1969) entre otros. Un resumen ejemplar en Bierbach (2000: 152-166).

a Clyne, puesto que para él esta postura de la doble funcionalidad de las lenguas pluricéntricas no se cumple para el caso del español, por existir esa actitud manifiesta y deseo de unidad (aunque no de uniformidad) entre todos los hispanohablantes[23]. Igualmente, para Lara (2005: 185): "Una idea de la lengua acorde con esa realidad contemporánea del español necesita seguir orientándose por el valor de la unidad de la lengua, como principal medio de comunicación entre todos los hispanohablantes; pero no una lengua "unificada" por ninguno de sus centros o de sus polos".

No obstante, sería necesario preguntarse si este deseo de unidad es realmente expresado por la totalidad de los hispanohablantes o más bien por un grupo de lingüistas e intelectuales, ya que no existen estudios empíricos suficientes al respecto que muestren la existencia de esta actitud generalizada[24]. Por ello, si tomamos el español como lengua pluricéntrica donde surgen distintos estándares, no parece tan adecuado rechazar a priori la postura de Clyne. Menos aún, si se ha convenido que el pluricentrismo no implica una simetría en las relaciones entre variedades ya que siguen existiendo variedades con más poder que otras. Como advierte Zimmermann (2005), esto es especialmente válido en el caso del español. Para el autor (2005), esta asimetría puede observarse principalmente en el ámbito de la enseñanza del español como lengua extranjera, puesto que la variedad que sigue utilizándose mayoritariamente es la del español académico. Razón de ello es que España es el Estado que fomenta más estos medios didácticos, donde está la mayor producción bibliográfica y actualmente existe una formación masiva de personal docente[25].

---

[23] Con referencia a la cita de Clyne, dice Oesterreicher (2001: 310-319): "Dem ist nämlich emphatisch entgegenzuhalten, daß für die hipanohablantes trotz aller sprachlicher Unterschiede und Bewertungen und dem durchaus gegebenen Selbstbewußtsein der einzelnen Zentren nach wie vor gerade die 'verbindende' Funktion ihrer Sprache zentral ist – *como un medio provindencial de comunicación y un vínculo de fraternidad*".

[24] Ver Demonte (2003: 22) y del Valle (2007).

[25] Símbolo de ello es para Moreno de Alba (1993) y Zimmermann (2005) la creación del Instituto Cervantes: "Éste representa un nuevo centro de poder en la política de lengua extranjera y un instrumento que no pueden ignorar los políticos involucrados en ella de los países donde se enseña la lengua. Aunque el Instituto Cervantes se declara a favor de la propagación de la cultura panhispánica (función que también desempeña en parte), es dirigido desde Madrid (con intelectuales iberoamericanos en el consejo), los directores se envían de España, el personal docente se recluta principalmente en aquel país, se usan manuales y otros materiales hechos en España, el servicio de biblioteca se constituyó a partir de bibliotecas y bibliografía españolas, etcétera" (Zimmermann 2007: 572).

6.2.3. *El contínuum estándar-dialecto en el español pluricéntrico*

Dentro de una constelación del español como lengua pluricéntrica, con distintos estándares regionales, ¿de qué manera puede establecerse el contínuum entre dialecto y estándar? Siguiendo la tipología de Auer, ¿en qué variante se puede insertar al español? Para contestar a estas preguntas, se seguirá desarrollando a continuación la propuesta de Oesterreicher (2001) y Koch/Oesterreicher (1990), que compararé con la tipología de Auer, y posibilitar así un marco lo más definido posible para analizar a través de estos parámetros el caso del dialecto canario.

Oesterreicher (2001) utiliza el término *Varietätenraum* (espacio de las variedades) como base para analizar el problema del contínuum en las lenguas pluricéntricas. Para ello, parte de la idea de Coseriu de la arquitectura de una lengua histórica[26] y del hecho de que las variaciones diatópica, diastrática y diafásica no se dan paralelamente, sino que poseen ciertas afinidades. Esto se desprende de la siguiente cita: "un dialecto puede funcionar como nivel y como estilo de lengua y un nivel también como estilo de lengua, pero no al revés" (Coseriu 1981[b]: 21). Es decir, variedades diatópicas pueden utilizarse como marcadas diafásica o diastráticamente y algunos elementos diastráticos pueden funcionar como diafásicos, pero no a la inversa. La suma de las tres variedades conforma un "diasistema" (Koch/Oesterreicher 1990: 13, Oesterreicher 2001: 289). Esta dinámica sincrónica dentro de la arquitectura de una lengua histórica es lo que Koch/Oesterreicher (1990: 14, también 2001: 288) denominan *Varietätenkette* (cadena de variedades), que se basa en la diferencia concepcional entre lengua hablada y lengua escrita, que representa una cercanía comunicativa y una distancia comunicativa respectivamente. Esto es denominado "contínuum concepcional" (1990: 12-17, 2001: 289). Koch/Oesterreicher (1990) proponen, a partir de ello, que en el diasistema existe un elemento más, que es el que marca a su vez las variedades diatópicas, diastráticas y diafásicas: se trata de la diferencia concepcional entre lo hablado y lo escrito (1990: 13), que se explicará a continuación.

Para el establecimiento de este contínuum concepcional, los autores parten de la diferencia clave, establecida en 1974 por Ludwig (1986) entre "medio"

---

[26] La concepción de Coseriu (1981[b]) de que la lengua histórica es una actividad humana que, bajo normas históricas dadas, es practicada individualmente, se puede dividir en tres niveles:
    a) universal: habla como un hecho que engloba los rasgos generales de un sujeto hablante, como por ejemplo la referencialización, que los mensajes están situados local y temporalmente, que tomamos el papel de emisor y/o receptor, el hecho de poseer una finalidad, etc.
    b) histórico: el nivel histórico conlleva dos aspectos: por un lado, la lengua histórica como un conjunto de normas y, por otro, las tradiciones discursivas propias que esa lengua lleva consigo.
    c) individual/actual: es el discurso individual en el aquí y ahora.

(*Medium*) y "concepción" (*Konzeption*), que describe las realizaciones materiales de expresiones lingüísticas que se realizan, bien de manera escrita en forma de grafías, bien de manera oral en forma de fonemas. El medio de realización puede ser, por tanto, fónico o gráfico y la concepción, oral o escrita. Entre el medio gráfico y fónico existe una "dicotomía estricta" (1990: 6), mientras que lo oral y lo escrito solo pueden entenderse como los dos polos extremos de un contínuum concepcional. Con referencia a la diferencia entre las variedades, se presenta, pues, como importante tomar en cuenta los aspectos concepcionales, y no tanto los mediales (1990: 6, 2001: 289). La dimensión hablado-escrito que forma el contínuum concepcional supone, como se dijo en el párrafo anterior, una variación más en la cadena de variedades, e influye en las otras tres, porque se basa en el contínuum universal de distancia y cercanía comunicativa.

Estos dos polos del contínuum cercanía-distancia están ligados a ciertas "condiciones comunicativas" y a "estrategias de producción de habla" (*Versprachlichungstrategien*) (1990: 12). Las condiciones comunicativas del polo cercanía son, entre otras: la privacidad, la confianza, la emocionalidad, la unión al contexto y a la acción, la cercanía física, la dialogicidad, la espontaneidad, etc. Y las del polo de distancia: lo público, lo ajeno, la falta de emocionalidad, la separación del contexto y de la acción, la monologicidad, la reflexividad, etc. El contínuum cercanía-distancia es totalmente paralelo al contínuum hablado escrito de una lengua histórica particular, que se puede denominar lengua cercana y lengua distante (1990: 12), así como también al nivel histórico de las tradiciones discursivas (tradición discursiva cercana y distante) y al nivel actual de discurso (discurso cercano y distante). Para los autores es importante tener en cuenta que "en todas las comunidades de habla y cultura han tenido que existir variedades e idiomas que contengan el polo de la cercanía, mientras que el de la distancia está sujeto a considerables oscilaciones históricas" (1990: 127; Tr. LM).

En el proceso de codificación de la escritura como lengua de distancia, hay que distinguir los siguientes aspectos (Koch/Oesterreicher 1990: 128):

a) *Ausbau* ("elaboración"): se distingue en este caso entre un *Ausbau extensivo*: la lengua elegida para ser codificada en la escritura debe ser utilizada en las tradiciones discursivas de distancia (sentido extralingüístico); y un *Ausbau* intensivo (en sentido intralingüístico): la variedad elegida debe desarrollar medios que cumplan las exigencias del habla de distancia en la mayor medida, esto es, una sintactización más marcada de la frase como forma de expresión canónica, intensificación de la hipotaxis, preferencia de los campos simbólicos a los deícticos, etc.

b) Estandarización: debe producirse una normativización prescriptiva, esto es la institucionalización de un estándar como lengua de distancia. Desde una perspectiva externa, esto supone la selección de una variedad como diatópicamente *neutra* y diastrática y diafásicamente altamente valorada. A nivel interno, se trata de la codificación de la lengua que permita y garantice una estabilidad y, con ello, una expansión de la misma[27].

c) Regularización de la ortografía: frente a los aspectos a y b, que son concepcionales, este supone un aspecto puramente medial y no tiene, pues, relevancia para el contínuum concepcional, mientras que las otras dos son de máxima importancia.

Para Oesterreicher (2001: 292), el modelo de contínuum entre cercanía-distancia (hablado-escrito) se ha desarrollado a partir de la concepción de Coseriu, cuyo concepto de lengua histórica posee el axioma fundamental de que la variación se da solo a partir de la conciencia de la unidad de la misma. Este hecho sucede mediante la aceptación de una norma ejemplar hacia la que se orientan las demás variedades que quedan, por ello, marcadas (diasistemáticamente). Sin embargo, el modelo de Oesterreicher/Koch (1990) y (Oesterreicher 2001), aunque parte de esta base, se centra mucho más en aquellas comunidades lingüísticas en las que aún no se ha establecido un estándar y es, por tanto, de gran utilidad para dichas lenguas o dialectos, "justo porque se basa en el contínuum universal cercanía-distancia" (Oesterreicher 2001: 293; Tr. LM). Para el autor, en estos casos en los que aún no se ha producido (o no ha finalizado) el proceso extensivo e intensivo del *Ausbau*, no se trata ya de la modelación del espacio de variedades de una lengua particular, sino de la modelación de un "espacio de comunicación determinado" con las variedades utilizadas en él (2001: 293). Es importante en estos casos caracterizar el estándar que sirve de referencia para todas las marcaciones, así como tomar en cuenta los resultados de la irradiación e influencia del estándar en aquellas variedades que no siguen la norma prescriptiva.

Por todo ello –y teniendo en cuenta que la concepción teórica del pluricentrismo se basa en la constitución de estándares regionales, que sustituyen al antiguo estándar español prescriptivo– es de suponer que aún existen países o regiones donde estos estándares no existen aún o no se han consolidado, como es el caso de Canarias o de Venezuela, para los que es de utilidad la aplicación de este modelo de contínuum.

Por otro lado, hay que preguntarse si estos estándares regionales se dan de igual manera en la América hispanohablante que dentro del Estado español. Para abor-

---

[27]   Ver Zimmermann (1999ª), Ninyoles (1977), Kloss (1978).

dar la problemática del contínuum dialecto-estándar en el español pluricéntrico, es absolutamente necesario aclarar antes esta cuestión, porque parecen existir concepciones diferentes entre los autores acerca de lo que son estándares regionales y de cómo se constituyen. Es mi propósito esclarecer estas diferencias en el próximo punto.

6.2.3.1. LOS ESTÁNDARES REGIONALES EN AMÉRICA Y EN EL ESTADO ESPAÑOL

Antes de comenzar, valga una primera aclaración terminológica: cuando se habla de *estándar regional* en la América hispanohablante, se refiere a estándares que abarcan más de una nación. Sin embargo, en el Estado español, *estándar regional* se refiere a aquellas variantes que han sido constituidas como prestigiosas y *sustituyen* al estándar normativo de la Academia; por ejemplo, el andaluz occidental. En ambos casos, los estándares regionales han sufrido un proceso de codificación. Por otra parte, *estándar nacional* hace referencia al de un estado-nación determinado, tanto en la América hispanohablante, como en el Estado español[28].

a) América hispanohablante

Con referencia a la América hispanoablante, existe discrepancia entre los autores en cuanto a la delimitación de los estándares regionales y nacionales, aunque tal discrepancia se debe principalmente a si parte de una concepción pluricéntrica del español o no. Como se vio en el punto anterior, tanto para Oesterreicher (2001) como para Bierbach (2000), si se toma al español como una lengua pluricéntrica, no puede sostenerse que actualmente cada variedad nacional suponga un *centro*, y como tal una variedad estándar. De ahí que los estándares regionales abarquen más de una nación, como el caso del español del Río de la Plata. El término estándar regional es equivalente –en este sentido– a la variedad que representa uno de los *centros* del pluricentrismo. Oesterreicher (2001) distingue tres principales, que conforman así tres de los polos del español pluricéntrico: el español de México, el de Buenos Aires y el español de los países andinos (2001: 310) (cf. también en Lara 2005: 184-185). En el Caribe, en la zona norte de Sudamérica y en Chile, todavía no hay un estándar regional claro. No obstante, parece muy dificultosa la determinación de estos centros, ya que, dentro de las propias naciones, la variante prestigiosa suele ser considerada en muchas ocasiones la de la capital. Este es el caso de Bogotá y Lima, pudiendo hablar de un estándar colom-

---

[28] Aunque sea redundante, esta aclaración será repetida en momentos en que pueda haber ambigüedad.

biano y peruano. En este sentido, hay que dar razón a Zimmermann (2005) cuando dice:

> Este desarrollo ha ocasionado que en cada país haya una variedad estándar *de facto* (es decir, una variedad mexicana, una venezolana, una chilena, una peruana, una argentina, etcétera), que por un lado se diferencia de la norma académica española, pero por el otro también se distingue de las variedades no estandarizadas de estos países (Zimmermann 2006: 565).

Nuevamente, se plantea aquí la cuestión de la simetría en el pluricentrismo, puesto que, como se ha señalado, la constitución de otros centros lingüísticos está relacionada con la existencia de centros económicos, culturales y mediáticos, como podrían ser Buenos Aires o México D. F. Acerca de esto, se podría concluir que los estándares regionales americanos (tomemos como ejemplo el mexicano) se convierten en la variedad más prestigiosa del contínuum, sustituyendo al estándar europeo. Esto no significa que los hablantes de otras naciones abandonen su propia variedad en pos de la mexicana, al igual que no lo hicieron en pos de la europea, sino que representa la norma de mayor prestigio. Para Lara (2005: 184) y Garatea (2006), los distintos polos constituyen centros irradiadores de prestigio, tanto para un país como para una región (que abarca más de un país):

> En términos reales, afirmar el pluricentrismo del español es admitir la existencia de varios centros que constituyen modelos estándares de prestigio y que, por consiguiente, son irradiadores de normas para un país o para una región (Garatea 2006: 151-152).

Por todo ello, se puede suponer que, en aquellas regiones de América en las que se están estableciendo estándares regionales y/o nacionales, el estándar castellano académico desaparece completamente como norma de prestigio. En este sentido, afirma Oesterreicher (2001: 300) que el estándar es "una variedad apenas marcada diatópicamente, sino más bien una variedad altamente marcada diastrática y diafásicamente, que es capaz de reunir un radio de comunicación máximo con una alta unidad y estabilidad" (Tr. LM). Los estándares regionales del español poseen también esta función, pues representan las formas distantes de la lengua hablada, sin que con ello formen parte de una variación diatópica simple. Esto se debe para Oesterreicher (2001: 300-301) a dos razones principales:

1. En su zona lingüística determinada, tienen validez como lengua de distancia y no forman parte, por ello, de la cadena de variedades habladas.

2. Como estándares, representan un punto de referencia para todos los fenómenos de variabilidad diasistemáticos y para las respectivas diferencias diatópicas.

A pesar de todos estos intentos de definición, la terminología presenta algunas dificultades, y se encuentra aún en arenas movedizas. Esto es lógico, si se piensa que la configuración de la realidad sociolingüística que ha sido motivo de la concepción teórica del pluricentrismo está en pleno proceso de cambio, incluso en sus comienzos. Esto dificulta la delimitación de una terminología fija. Es complicado dar una respuesta definitiva a qué son los estándares regionales, la función que cumplen y cómo quedan los estándares nacionales. La cuestión radicaría, a mi juicio, en observar y delimitar de qué manera se produce el contínuum en las distintas comunidades de habla, para saber así cuál es el estándar y qué formas intermedias se dan entre este y el polo más opuesto a él en el contínuum, a partir de estudios empíricos de las actitudes de los hablantes. Esto no es en la actualidad posible porque, como afirma Demonte (2003: 9):

> La sociolingüística aplicada al español aún no dispone de la obra de conjunto sobre las variedades regionales y sociales de nuestra lengua y sobre la manera como los hablantes perciben estas variedades que permita hacer apreciaciones certeras sobre qué se entiende exactamente por español estándar y cuáles son los rasgos y procesos que engloba y que lo definen (Demonte 2003: 9).

b) Estado español

No menos complicada es la situación del Estado español, aunque lógicamente es más acotable, por el número menor de hablantes implicados y la también menor magnitud de territorio. Dejando a un lado las situaciones de bilingüismo, en un principio, se puede partir de que existe un estándar estatal, representado por la Real Academia, y correspondiente a la norma septentrional. Sin embargo, el cambio de actitud hacia esta variedad y la revaloración de las variedades regionales como prestigiosas tienen tanto peso dentro del Estado como el señalado internacionalmente. Existen distintos estándares regionales con alto prestigio que no se guían exclusivamente por la norma académica y, en este sentido, es necesario preguntarse si estos estándares regionales sustituyen totalmente al estándar estatal. El caso del andaluz es donde más profundamente se ha estudiado esta cuestión (Villena 1996, 1999[29]). Se tomará aquí como ejemplo y base comparativa para analizar la situación del canario.

Para el caso del andaluz, Villena (1999: 109-111) relaciona el contínuum con ciertos factores que determinan la variación, y que –opino– pueden extenderse a otras situaciones dialectales, especialmente a la canaria. En primer lugar, postula que el eje de la variación estándar-dialecto vernacular[30] puede medirse a partir de

---

[29] Para otra bibliografía al respecto ver Villena (1999).
[30] Hasta ahora se ha utilizado siguiendo la terminología de Auer dialecto base, que significa lo mismo que lo que Villena denomina dialecto vernáculo, es decir, el polo más opuesto en el contínuum al polo del estándar.

factores de poder, de clase social, de edad y de género. En segundo lugar, pueden observarse en el contínuum (y esto es de gran importancia) los procesos de convergencia y divergencia, donde la convergencia vertical, ligada al estándar nacional y al abandono de los dialectos vernaculares, coexiste con la convergencia horizontal entre las distintas variedades dialectales[31]. Como un factor importante, Villena distingue la aparición de estándares regionales en el contínuum, y hace al respecto la siguiente observación, de enorme trascendencia también para el caso canario:

> La cuestión nuclear consiste en saber si estos estándares regionales son variedades intermedias en la misma dimensión que el eje estándar-dialecto vernacular o si, por el contrario, el estándar regional se debe situar en una dimensión distinta (Villena 1999: 110).

Villena (1999: 112, 113, 141) postula que en el caso del andaluz se dan ambos procesos y habla, por ello, de dos contínuum distintos, que se refieren a la convergencia entre dialectos y entre dialecto y estándar. Por un lado, en el andaluz occidental, la convergencia horizontal y vertical se dan de manera independiente la una de la otra, y se observan tres variedades relativamente separadas: dialecto vernacular, estándar regional y estándar nacional. El estándar regional[32] ocupa una dimensión distinta en el contínuum dialecto-estándar nacional. Su consolidación se basa en el grado de divergencia estructural con respecto al estándar nacional, que debe ser lo mayor posible y está, además, directamente relacionado con la consolidación de una identidad regional y con una valoración positiva de la propia comunidad y de los valores de pertenencia grupal. Por otro lado, las variedades de la zona oriental son estructuralmente más cercanas al estándar nacional, de modo que se da un proceso de convergencia vertical y una variedad media (dialectos terciarios). Es decir, en el contínuum que va del dialecto vernacular al estándar nacional, por la convergencia vertical, los rasgos dialectales dejan de serlo para convertirse en rasgos del español coloquial, compartidos con muchas otras variedades (1999: 113). Por estas razones, Villena habla de un contínuum tridimensional en el que están incluidas dos clases de estándar: el regional y el nacional, por una parte, y las variedades vernáculas, por otra. De ello, se pueden extraer dos conclusiones principales: primero, que no existe subordinación del estándar regional al estándar nacional en la escala de prestigio; y segundo, la coexistencia de más de una dimensión de prestigio.

---

[31] Siguiendo a Coseriu (1981b), la primera de ellas conduce a la formación de dialectos terciarios. En la segunda, se da un acercamiento entre los dialectos que forman una *koiné*, en el sentido descrito por Trudgill (1980) y Auer/Hinskens (1996).

[32] Como se verá más adelante, el estándar regional, en sentido pleno, ha sufrido un proceso de codificación.

En la Comunidad Autónoma de Andalucía se ha puesto en marcha, además, un programa de planificación lingüística y de defensa del andaluz, cuya variedad estándar (andaluz culto) es la que debe ser enseñada en las escuelas y utilizada en los medios de comunicación y en las Instituciones. Como se verá a partir del punto 6.4, en Canarias se está produciendo una situación similar. ¿Quiere decir esto que se puede dar una situación de pluricentrismo dentro de un mismo Estado? Según el estudio de Clyne (1992) y el de Oesterreicher (2001: 308), este último en relación con el canario, el fenómeno sí se puede dar. No obstante, y en referencia a aspectos estudiados en capítulos anteriores, esto no es del todo cierto. Una vez más, hay que tener en cuenta las jerarquías existentes entre las variedades: no es lo mismo ser un país independiente, en el que se consolide un estándar nacional diferente del antiguo estándar español (como se ha visto que es el caso de muchos países hispanoamericanos), que una región altamente dependiente de un Estado central, como son las Islas Canarias[33]. El concepto de diaglosia desarrollado arriba puede ayudar a esclarecer estas cuestiones, y será analizado en el próximo punto con referencia a todo lo discutido hasta ahora.

6.2.3.2. Diaglosia, pluricentrismo y estándares regionales

Una situación de diaglosia está caracterizada por la aparición de formas intermedias entre los polos estándar-dialecto del contínuum. Estas se dividen principalmente en dos: por un lado, los regiolectos, que pueden hasta sustituir a los dialectos base, cumpliendo las funciones etnosociales de los mismos, y por otro, los estándares regionales. Cuando Auer (2005) asume el hecho de que se constituyen estándares regionales, está calificando de diaglosia a algo muy similar a lo que se ha denominado lengua pluricéntrica. La importante diferencia radica en que, mientras que para Auer sigue existiendo como polo extremo el estándar supraregional (en el caso del español, la norma prescriptiva castellana), el considerar el español como lengua pluricéntrica supone que el polo más extremo del contínuum lo ocupa el estándar regional. Pero no es esta la única diferencia entre ambas concepciones, pues las formas intermedias a las que hacen referencia Auer (2005) y Auer/Hinskens (1996) no significan exactamente lo mismo en una len-

---

[33] Como advierte Trujillo (1981: 18): "Y así, mientras las naciones hispanoamericanas, tras la independencia, forjaron cada una sus modelos particulares de habla, arrancados del caos popular, afianzando así su personalidad diferencial, el Archipiélago canario, a medio camino entre la Península y América, y muy influido por las ideas y cultura europeas, no alcanza a encontrar su identidad lingüística".

gua pluricéntrica. En una situación de diaglosia, el estándar regional se forma: 1. por convergencia vertical de los dialectos con el estándar: se trata de una variante regional del estándar nacional, que se produce por estandarización de los dialectos o por dialectalización del estándar, y que son los dialectos terciarios en el sentido coseriano; 2. por nivelación entre los dialectos base, surgiendo una koiné (2005: 27-28; 1996: 7 y ss.).

Sin embargo, en relación con la concepción de diaglosia que serviría para explicar la situación actual del español dentro del Estado, hay que tener en cuenta nuevamente la aportación de Villena, referente al andaluz. Para el autor, la formación de estándares regionales: "no equivale necesariamente a la realización "teñida regionalmente" del estándar nacional. Se trata de casos en los que existen centros que sirven de referencia y que permiten hablar de una identidad regional en este sentido" (1999: 110). Según se vio anteriormente, para Villena estos estándares no son variedades intermedias –como así creen Auer/Hinskens (1996)–, sino que ocupan una dimensión distinta en el contínuum dialecto-estándar nacional. El estándar nacional sigue existiendo, de manera referencial, como polo más opuesto del contínuum, coexistiendo con ello distintas dimensiones de prestigio: la del estándar regional y la del nacional.

En relación con esta coexistencia de dimensiones de prestigio en el contínuum dialecto-estándar, y para aclarar la aparición y función de formas intermedias en el mismo –un estándar regional prestigioso que sustituye al nacional, sin que este desaparezca–, concluyo lo siguiente: *En el Estado español se da una situación de diaglosia, entendiendo por esta: la existencia de formas intermedias en el contínuum dialecto vernáculo-estándar nacional, que se dividen en dos:*

a) *los dialectos regionales que forman parte del contínuum vertical dialecto-estándar (dialectos terciarios);*

b) *los estándares regionales que ocupan una dimensión distinta en el contínuum y que funcionan como orientadores de la actuación lingüística de los hablantes y como norma de prestigio altamente valorada. Esto no significa que el estándar nacional deje de existir, sino que coexiste como dimensión de prestigio con el regional, aunque solo de manera referencial.*

En los cuadros de la figura 3 se refleja la diferencia entre estas dos concepciones de diaglosia y pluricentrismo.

En esta figura se observa cómo el estándar regional funciona a modo de una variedad más distante del contínuum. Se trata de un contínuum dialecto-estándar en el que la antigua forma intermedia se ha convertido en la más distante, no formando parte ya de la variación diatópica. A medida que esta situación se afirme,

FIGURA 3
Contínuum dialecto-estándar regional en el español pluricéntrico

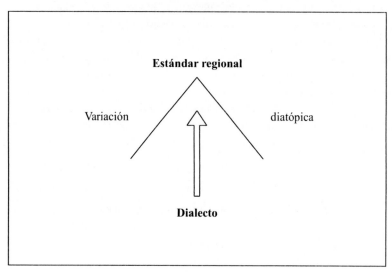

es de esperar que puedan surgir nuevas formas intermedias, por procesos de convergencia y divergencia[34].

Una cuestión problemática la representan los estándares nacionales. Si existen estándares regionales que abarcan más de una nación, cabe preguntarse qué ocurre con los nacionales, en el hipotético caso de que cada Estado desarrollara un estándar nacional, cuestión que recordemos, parece estar en contradicción con la nueva ideología de la panhispanización o en palabras de del Valle (2007) *hispanofonía*. Tómese como caso el del español de Venezuela[35]: varios estudios acerca de actitudes lingüísticas en regiones no capitalinas, como Mérida o Maracaibo (por ejemplo, Álvarez 2001: 151), demuestran que los hablantes de regiones no capitalinas no valoran como prestigiosa el habla de Caracas, como sería de esperar, por ser esta la ciudad más poderosa política y económicamente y por el prestigio consiguiente que conlleva ser la capital de un país[36]. Pero no solo eso, Bentivoglio y Sedano (1999) han demostrado que ni tan siquiera los propios

---

[34] Soy consciente de la dificultad que supone realizar un cuadro así para todas las variedades del español. Debe servir únicamente, como reflejo de la teoría.

[35] Ver Obediente (1999), Bentivoglio y Sedano (1999), Álvarez y Freites (2000), Álvarez (2001).

[36] Álvarez et al. (2000) hacen por ello una interesante distinción entre prestigio y poder, postulando –para el caso de Venezuela– que el uno no está relacionado con el otro.

hablantes caraqueños valoran positivamente su variedad, considerando el habla de Bogotá más prestigiosa que la suya propia (159, 161, 162). Tomando en cuenta esto y todos aquellos casos en los que aún no hay un estándar nacional establecido, parece, pues, plausible la idea de que se consoliden estándares regionales supranacionales, vinculados a "centros de prestigio socio-político y a sus medios de comunicación" (Lara 2005: 184). De cualquier manera –como ya advertí– hay que tener siempre presentes dos cuestiones: a) los fenómenos asociados al pluricentrismo del español están inmersos en un proceso dinámico y cambiante, y por ello es aún muy difícil delimitar la importancia de los estándares regionales y nacionales; b) son necesarios muchos más estudios empíricos como los realizados en Venezuela, para determinar exactamente cuáles son las normas de prestigio en los distintos países.

FIGURA 4
Contínuum dialecto-estándar en el español diaglósico

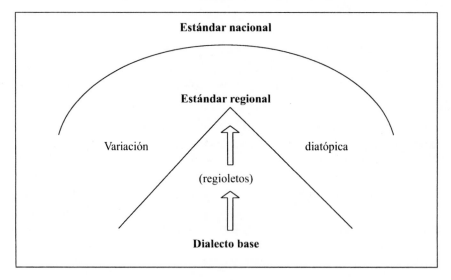

En esta figura se observa la aparición de formas intermedias. Por un lado, los regiolectos y, en el polo más opuesto del contínuum, el estándar regional. A diferencia del caso anterior, y al ser la diaglosia un fenómeno que se produce siempre dentro de las fronteras de un mismo Estado, por encima del estándar regional, se encuentra el nacional como forma prestigiosa coexistente, aunque sea solo de manera referencial. Es decir, no es hacia la que se guían los hablantes ni con la que se sienten identificados, pero posee un estatus simbólico, al ser la utilizada en la escritura, en los medios de comunicación, etc.

6.3. Conclusiones

Con lo expuesto y discutido en este capítulo hasta ahora, se puede concluir lo siguiente:

1. El pluricentrismo supone, en su concepción teórica, una respuesta a cómo las comunidades dialectales relocalizan su variedad como atributo cultural y fuente de sentido para la construcción de la identidad colectiva dentro del orden global. Siguiendo la definición de glocalización de Robertson (1992), se puede concebir el fenómeno del pluricentrismo como "síntoma" de la misma, debido a que conlleva sus principales características. Es:

a) Reflexivo: la noción de pluricentrismo supone siempre un cambio en la conciencia lingüística de los hablantes, que revaloran su variedad frente a la que hasta entonces había sido considerada como prestigiosa. Este es un proceso reflexivo en el que intervienen distintos agentes sociales como los medios de comunicación, la escuela, escritores/as y, claro está, los lingüistas e intelectuales que planifican la codificación de la variedad en cuestión.

b) Institucional: al igual que advirtió Castells (1998) para la relocalización de la cultura, en el caso de las variedades, se trata de la defensa de una variedad que no está necesariamente en conflicto con lo institucional. Al contrario, es impulsada desde este ámbito de manera activa y reflexiva (Zimmermann 1999ª: 14). En la institucionalización de las culturas locales, está mucha veces implícita la institucionalización/oficialización/codificación de la lengua o variedad hablada.

c) Transnacional: el pluricentrismo constituye una relocalización de lo local dentro de lo global[37], y es un proceso de índole global, en tanto en cuanto la producción del mismo es similar en todos los casos, y trasciende, por ello, las fronteras nacionales.

d) Relocalizador: como resultado del proceso de establecimiento de distintos centros lingüísticos de prestigio, las variedades se relocalizan, con referencia: 1. al antiguo estándar prestigioso; 2. a sí mismas (al sufrir un proceso de codificación, las variedades se convierten en lengua de distancia, con una variación disistemática interna); 3. a los hablantes.

2. La diaglosia y el pluricentrismo se diferencian en que la primera se da dentro de los límites de un mismo Estado, con un estándar nacional aceptado suprarregionalmente por encima del estándar regional, mientras que el pluricentrismo se

---

[37] Ver capítulo. 5, punto 5.3.1.

da a nivel internacional, donde el estándar regional es el polo más distante del contínuum. A pesar de esta diferencia, ambas reconstruyen como concepto teórico exactamente el mismo proceso de cambio, en el que los parámetros de prestigio no están asociados al estándar "clásico"[38], sino a un cambio en la conciencia de los hablantes, que revaloran de manera positiva la variedad propia (nacional o regional).

3. En el español se dan ambos casos: de diaglosia dentro del Estado español, con la constitución de estándares regionales con alto prestigio, y de pluricentrismo a nivel internacional, puesto que existen estándares regionales que han sustituido completamente al estándar normativo español.

Hasta aquí, se pueden sacar estas conclusiones sin mayores dificultades, ya que las relaciones en el contínuum dialecto estándar son claras. El problema está, sin embargo, como vimos en el punto 6.2.3, en las variedades que, en una lengua pluricéntrica, no poseen un estándar regional. Es decir, en aquellas en las que no se ha producido o finalizado el proceso extensivo e intensivo del *Ausbau*, como puede ser el caso de Venezuela o de Canarias. Para analizar el contínuum dialecto-estándar en el español de Canarias, es muy interesante la aplicación del modelo planteado por Oesterreicher (2001), pues aún no puede postularse la existencia de un estándar regional, que coexista como variedad prestigiosa hacia la que se guíen los hablantes.

6.4. Dialecto-estándar y pluricentrismo en el español de Canarias[39]

En este punto pretendo desarrollar, –a partir de lo dicho hasta ahora para el español general–, cuál es exactamente el estatus del español de Canarias. Como muchos otros casos de variedad dialectal del español, el canario nunca se ha estudiado bajo el enfoque teórico del español como lengua pluricéntrica. Tampoco se ha abarcado la problemática del contínuum dialecto-estándar ni los fenómenos de prestigio asociados a ella. Es mi objetivo presentar un marco teórico que englobe al español canario dentro de este enfoque. La necesidad de un enfoque tal se justifica mediante dos razones principales:

1. Si el pluricentrismo supone, como se acaba de decir, una respuesta al modo en que las comunidades dialectales relocalizan su variedad como atributo cultural y fuente de sentido para la construcción de la identidad colectiva dentro

---

[38]   En el caso del inglés, el de Reino Unido, y en el del español, la variedad septentrional.
[39]   Se hará una delimitación del término estándar en Canarias, a continuación.

del orden global, es necesario analizar si esto es válido para el caso de Canarias. Esto es: ¿funciona la variedad vernácula en Canarias como fuente de sentido para la construcción de la identidad colectiva? Antes de responder a la pregunta, hay que aclarar, entre otras, algunas cuestiones acerca del contínuum y de la relación histórica dialecto-estándar en Canarias.

2. Mantengo que la minusvaloración de la variedad canaria por sus propios hablantes descrita por los teóricos del español canario (Morera 1990, Trujillo 1981, Ortega 1981) está en proceso de cambio. Según se vio en el fragmento representativo (F. 3), y como muestran a priori los restantes datos del corpus, se produce más bien una actitud positiva por parte de los hablantes, además de una revaloración académica y política de la misma.

Hablar de un contínuum dialecto-estándar en el español de Canarias se presenta como tarea dificultosa, si se parte del hecho de que, incluso, se ha llegado a dudar si el canario posee los rasgos *suficientes*[40] para ser definido como dialecto. A ello se suma el postulado repetido por todos los estudiosos de las hablas canarias de que estas se encuentran tan fragmentadas que no se puede hablar de una norma canaria. Esta postura se discutirá aquí en relación con el contínuum y a la noción de pluricentrismo y diaglosia, que será contrastada además con los análisis del corpus.

Antes de continuar, es necesaria una aclaración terminólogica, nuevamente acerca del concepto estándar. En el punto 6.1.1 se concluyó que el estándar como tal no existe, puesto que no hay ningún hablante que lo hable; siempre existe una variación diasistemática e individual, y el estándar prescriptivo de la Academia no es utilizado por ningún hablante. Ahora bien, a tenor de lo estudiado en detalle en este capítulo, la norma del español septentrional ha sido la que ha gozado hasta hace muy poco, y en algunos casos hasta la actualidad, de mayor prestigio en el mundo hispanohablante. Frente a las hablas meridionales y americanas, se caracteriza por carecer de seseo y ceceo, por no aspirar las /x/ ni las /s/ finales e implosivas y, en Canarias (y en gran parte de América), por la supresión de la segunda persona del plural. Aunque desde un punto estrictamente lingüístico no existe ninguna diferencia entre variedad dialectal y estándar, estos rasgos han sido y siguen siendo marcadores de prestigio.

Por todo ello, a partir de este punto, y con referencia al ámbito canario, el término *estándar* se refiere a aquellas variedades del español septentrional que han sido las irradiadoras de prestigio, caracterizadas principalmente por la pronuncia-

---

[40] En primer lugar, habría que definir qué criterios reuniría esta suficiencia.

ción de: la interdental fricativa /c/, la velar tensa /x/ y la /s/ implosiva y final, y por la utilización de la segunda persona del plural *vosotros*. Justo en este sentido aclara Déniz Ramírez (1996: 322) que la norma culta en Canarias ha sido la de Centro-Norte peninsular "es aquella que se ha presentado e impuesto como norma culta referencial".

6.4.1. *¿Fragmentación de las hablas canarias?*

Si existe una postura unánime entre los estudiosos de las hablas canarias, es la afirmación de que están sumamente fragmentadas, tanto en el plano fónico como en el léxico y morfosintáctico, sosteniendo incluso que el canario no posee los rasgos suficientes para ser considerado un dialecto. Quien más claramente ha sostenido que el canario no es un dialecto es Alvar aunque, como se verá a continuación, tuvo a lo largo de su vida académica distintas opiniones. En 1969, sostiene: "las hablas de Canarias no son un dialecto, al menos lo que solemos entender por dialecto. Ni uno solo de sus rasgos fonéticos es privativamente suyo; ni su sintaxis ni su morfología son exclusivas. Pertenecen a ese gran complejo lingüístico que podríamos llamar hablas hispánicas meridionales, en el que cabrían el extremeño sur, el andaluz, el murciano (...) y el español de América" (1996: 325). En 1996, tras intentar definir qué es un dialecto[41], Alvar llega a la conclusión de que:

> Al considerar el dialecto como fragmentación o escisión de una lengua viva o desaparecida damos cabida en el concepto de dialecto tanto a las formaciones antiguas como a las que se están fraguando ante nuestros ojos (hablas meridionales de España (...). Aclaremos con un ejemplo, nadie suele discutir que el andaluz es un dialecto ¿pero lo es el canario? (1996: 14).

Unas veces, Alvar incluye al canario dentro de las hablas meridionales, que considera los nuevos dialectos del español, y en otras ocasiones no lo considera dialecto, sin dar una explicación satisfactoria al respecto. Únicamente se basa en el hecho de que ningún rasgo es exclusivamente suyo, pues los comparte todos con otras hablas. Pero, ¿se puede en el mundo hispánico seguir este criterio para establecer si es un dialecto o no? Como se ha repetido en numerosas ocasiones, al menos en el campo fónico y en el morfosintáctico, ninguna variedad del español puede ser considerada estrictamente como dialecto, ya que las isoglosas se cruzan continuamente.

Según Morera, lo que hay que resaltar es el hecho de que los rasgos léxicos, morfosintácticos y fonéticos no se dan de la misma forma en cada una de las Islas.

---

[41] Definición que se ha rechazado aquí, por razones explicadas en el punto 6.1.2.

Habla de una falta de uniformidad dialectal, aunque no de la inexistencia de una norma común. Para este autor existe, además, una característica común (1990: 111) de las hablas en todo el Archipiélago, que es su subordinación al estándar peninsular y la actitud de inseguridad de los hablantes. La disparidad y la fragmentación, que se dan sobre todo en el plano fónico y léxico, se deben fundamentalmente a causas extralingüísticas, como el aislamiento geográfico y cultural que ocasionó que durante muchos siglos no hubiera contacto con el exterior, y apenas entre Islas. Como consecuencia, se produjo una gran creatividad e innovación en el plano léxico, en el que surgieron voces que no se encuentran ni en el español académico ni en los dialectos meridionales, de donde procede gran parte del vocabulario canario (1990: 113)[42]. Esta disparidad también se debe a las distintas procedencias de los colonizadores. Así, por ejemplo, se observa en los portuguesismos una repartición sumamente desigual de Isla a Isla, dependiendo de la procedencia de los mismos portugueses y de las zonas donde se asentaran.

Igual ocurre con los guanchismos, con los arabismos y con los americanismos, que se encuentran repartidos de manera dispar. En el primer caso, existen tanto voces exclusivas de cada Isla, debido probablemente a que la lengua precolonial tampoco era unitaria entonces, como acepciones distintas de una misma voz: *perenquén, perinquén, perinquel*, etc. En el caso de los arabismos, los esclavos moriscos y negros fueron repartidos en zonas muy concretas, quedando los préstamos léxicos reducidos a las mismas. La disparidad en la repartición de los americanismos se debe al hecho de que los isleños emigraron a distintas zonas de América, así como a que fueron los isleños occidentales los que principalmente lo hicieron. En Lanzarote y Fuerteventura se produjo más una emigración al Sáhara. En cuanto a los anglicismos, existen voces comunes a todas las Islas, como *queque* y *Choni*, y algunas pertenecientes solo a algunas zonas. Otros factores extralingüísticos que han contribuido a esta disparidad son la diversidad de paisajes, climas y, consecuentemente, de actividades profesionales y de modos de explotación del medio ambiente.

Estos aspectos son, para Morera, los que han producido la fragmentación de las hablas, que además se ha visto reafirmada por un factor actitudinal. El problema no es únicamente que existan diferentes hablas en el español canario, sino la marginalidad en la que han vivido las Islas y la valoración negativa que a los hablantes canarios se les ha inculcado hacia su propia variedad. Esto ha producido, según el autor, que las hablas acusen un fuerte polimorfismo: "a falta de un modelo seguro que seguir, las hablas canarias han caído en un acusado polimorfismo"

---

[42] Para ejemplos, ver Morera 1990: 111-118.

(Morera 1990: 121). Sin embargo, el autor advierte por último que, a pesar de que los rasgos fónicos, léxicos y morfosintácticos tengan una distribución desigual, esto no significa "que no exista una norma canaria más o menos generalizada, norma caracterizada por el seseo, los vocablos guagua, tupir, abanar, gofio, etc. (...) el sistema de tratamientos (...)" (119). En 2005, Morera resalta además "que esta falta de unidad dialectal no puede considerarse como una anomalía (...) sino como una forma natural de desarrollarse el idioma de las islas" (2005: 31).

En un mismo sentido, afirma Diego Catalán (1989) que, aunque se haya sostenido que el canario no es un dialecto, porque no hay una uniformidad en todas las Islas y porque los rasgos distintivos del español de Canarias también son los propios de otras comunidades, hay que reconocer la existencia de un español canario al nivel de la norma (153). Para el autor, es esta norma regional, y no la oficial, la que se utiliza en todos "los estratos socioculturales de la comunidad isleña" (1989: 153) Añade que esto es también observable tanto a nivel fonético como sintáctico y morfológico, y no solo el alto grado de polimorfismo.

Estas afirmaciones acerca de la fragmentación de las hablas canarias deben ser matizadas, si se tiene en cuenta lo que se dijo en el punto 6.1.2 con Coseriu (1981[b]); acerca de los dialectos. Estos están sometidos, al igual que las lenguas (ya que de forma esencial no se diferencian de ellas), a una variación interna: "los dialectos pueden abarcar –y normalmente abarcan– toda una serie de variedades y por tanto, como las lenguas históricas, funcionan en el hablar solo de manera mediata" (1981: 10). Para Trujillo (2003: 198), hablar del andaluz o del canario como dialectos no es una cuestión de homogeneidad lingüística interna, que pueda hacer considerar estas construcciones abstractas como una unidad, sino una cuestión geográfica-política que los distingue en ciertos rasgos del murciano, en otros, del extremeño, y en otros, del cubano. Si se considera al dialecto como una variedad caracterizada por un conjunto más o menos constante de isoglosas propias, se produce un problema, ya que, o tales isoglosas no son las mismas para el conjunto del considerado dialecto, o son compartidas total o parcialmente por otra variedad. Trujillo (2003: 198) considera que, si se observan aquellos rasgos lingüísticos que comparten todos los canarios, son casi los mismos que los de los andaluces, cubanos o venezolanos, aunque distribuidos en forma y proporción distintas. En cualquier forma, el caso andaluz, a pesar de su gran heterogeneidad interna, es considerado siempre como un dialecto.

La variación y las diferencias son, pues, intrínsecas a cualquier variedad, sin que esto suponga una imposibilidad o contradicción con el hecho de que pueda existir un estándar regional común hacia el que se orienten los hablantes. El mexicano o el andaluz están sometidos a una variación interna; no son homogéneos, ni diatópica, ni diastrática, ni diafásicamente, sino que presentan distintas variedades.

Igual sucede en el español de Canarias, lo que ocurre es que no se ha establecido, como se analizará en el próximo punto, una variante de prestigio. Los hablantes canarios tal vez sean inseguros lingüísticamente, pero, como advierte Trujillo (2003: 201), tampoco se encuentran cómodos ni siguen el estándar español prescriptivo. Y es justamente aquí donde radica el problema: a pesar de que la fragmentación[43] sea intrínseca a cualquier variedad dialectal y a pesar de la existencia de una norma culta, es decir, de una variedad diastrática y diafásica propias utilizadas a nivel educativo e institucional, esta no cumple una función orientadora y de prestigio para el resto de los hablantes, que cumpliría un estándar. ¿Puede entonces hablarse en Canarias de la *aparición* de formas intermedias en contínuum dialecto-estándar que hicieran pensar en una situación de diaglosia con un estándar regional? A continuación se intentará responder a esta pregunta, teniendo en cuenta lo que se ha discutido a lo largo de este capítulo, en relación con la constitución de estándares regionales en el español pluricéntrico.

6.4.2. La constitución de un estándar regional canario

La pregunta de si existe un estándar regional canario establecido no ha sido tratado de manera amplia. Es Trujillo (2003: 200 y ss.) quien intenta responder a esta controvertida pregunta más claramente: "los canarios no poseemos –ni hemos logrado construir hasta el momento– una modalidad estándar propia, pero nos encontramos además con que no manejamos ni conocemos bien el estándar castellano" (201). Que el polimorfismo sea la razón de la inexistencia de un estándar canario es desechado por el autor. Como dije antes, la existencia de un estándar no supone que se dé una unidad entre todos los hablantes. Se sigue produciendo una variación diasistemática: que exista, por ejemplo, un estándar mexicano no significa que todos los mexicanos hablen igual geográfica, social y/o estilísticamente. Es decir, existe polimorfismo o variación interna, solo que se ha construido una variante de prestigio hacia la que se orientan los hablantes de dicho país o región. Trujillo (2003: 202-206; 208-212) atribuye el hecho de que no se haya establecido un estándar canario a dos razones principales:

1. La actitud de inseguridad lingüística de los hablantes. Esta inseguridad posee dos causas principales: por un lado, a que los hablantes canarios se encuentran a caballo entre las variedades americanas y la castellana[44]; por otro, a

---

[43] Que considero aquí como variación interna y no como fragmentación.

[44] Trujillo expresa este hecho de la siguiente manera: "pero el canario a medio camino entre el estándar castellano y los diversos estándares americanos, no acaba de echar a andar con pie firme por su propio camino"; a lo que plantea dos consecuencias posibles: "o bien se afilia

cuestiones de prestigio, marcadas por la dicotomía corrección-incorrección, y por las que los hablantes canarios han considerado su variedad como incorrecta frente al estándar castellano[45].

2. La oposición entre las hablas rurales y las urbanas: La diferencia entre lo rural y lo urbano no se da en las mismas proporciones en las distintas Islas; mientras que las dos Islas capitalinas poseen un desarrollo urbano exorbitante, las no capitalinas mantienen una distribución mucho más rural. Por otra parte, el canario urbano posee dos variedades: una culta y una vulgar; y el canario urbano vulgar no es equiparable a la diversidad de variedades rurales de las distintas Islas. Por esto, afirma el autor que "no parece posible la construcción de un modelo estándar que integre, junto a las variedades urbanas, la compleja diversidad de las rurales".

Que no exista un estándar regional establecido no quiere decir –según se observó en puntos anteriores– que no exista una norma culta, utilizada en ámbitos institucionales y educativos. Como definió Garatea (2006) en el punto 6.1.1, el estándar es "una norma que sirve de referencia para las distintas variedades, ella actúa como criterio evaluador del estatus de los fenómenos lingüísticos y orienta la actuación lingüística de los hablantes".

Se ha visto con Trujillo que esto no sucede en Canarias: no existe una variedad de prestigio hacia la que se orienten los hablantes de todas las Islas, esto es, un estándar regional. Sin embargo, esto no supone una contradicción con la existencia de una norma canaria culta, pero no constituye un modelo a seguir para los hablantes. Prueba de ello son los innumerables locutores televisivos y radiofónicos, que intentan imitar la norma castellana sin éxito, mezclando la /c/ interdental fricativa con la aspiración de /s/ implosiva y final y de la velar tensa /x/, la inexistencia de libros de texto adecuados para los colegios, etc. Norma culta no puede ser, en este caso, igualada a estándar, ya que no está aceptada como norma connotada positivamente, ni funciona "como criterio evaluador del estatus de los fenómenos lingüísticos" ni "orienta la actuación lingüística de los hablantes" o al menos, no de todos. A pesar de ello, se observa en Canarias un cambio de actitud hacia la propia variedad, muy acorde con el que se ha visto que se produce en una situación de pluricentrismo o diaglosia.

---

a un pseudodialecto canario construido sin un buen fundamento, o bien intenta someterse al estándar castellano, sin darse cuenta de que no puede seguirla porque esa no es su variedad idiomática materna. Por el camino de la imitación quedará condenado a la incorrección perpetua" (2003: 205-206).

[45] Sobre la actitud de inseguridad de los hablantes canarios se incidirá en el punto próximo. Además, como ya dije, opino que este es un hecho en proceso de cambio, como se observa en los datos empíricos aquí presentados.

6.4.3. *El canario como ejemplo del pluricentrismo del español*

Según se vio en la introducción (punto 1.1), si hay algo que han repetido los estudiosos de las hablas canarias es que los canarios tienen una actitud negativa hacia su propia variedad, creyendo que es inferior y, como consecuencia, abandonándola en determinados contextos. Los estudios empíricos acerca de actitudes hacia la variedad vernácula frente a la estándar han sido muy escasos. Los que hay son de tipo variacionista, centrándose en la actitud hacia ciertos rasgos fonológicos, morfológicos y, en menor medida, léxicos. Entre ellos cabe distinguir el de Almeida (1994) y el de Serrano (1996). Las demás apreciaciones han sido hechas, como advierte Blas Arroyo (1999: 55) acerca de Ortega (1981), "mediante una metodología impresionística" y por el conocimiento que estos investigadores tienen de la realidad lingüística canaria, pero no a través de trabajos de campo.

Todas ellas –reitero– coinciden en señalar la actitud negativa que los hablantes canarios poseen hacia su propia variedad. Así, para Ortega (1981: 117), "el hablante de las islas, a través de algunos comportamientos, que, sin ser generales, sí son frecuentes, manifiesta tener un concepto más bien negativo de su modo de hablar", y ello le lleva a imitar rasgos del español estándar y a renegar de los propios en determinados contextos. De igual manera, para Trujillo (1981: 34) se produce entre los hablantes canarios un rechazo léxico, que se explica por un "sentimiento de escaso prestigio, de inferioridad cultural y social que arrastra al canario a la convicción de que no sabe hablar". Para Morera (1990: 129) "el canario, siempre que tiene la más mínima oportunidad, traiciona a su grupo social e imita la norma que él considera correcta, que es, como ya hemos indicado, el español peninsular".

Esta actitud negativa hacia la variedad dialectal se ha constatado además en muchos otros estudios acerca de otras variedades del español[46] y esto es, como se dijo en el primer punto de este capítulo, esencial cuando se habla de variedades dialectales y estándar, ya que es precisamente la cuestión del prestigio la que diferencia a la lengua del dialecto. Son los parámetros de prestigio los que están cambiando en la actualidad, y estos cambios los produce una revaloración de las variedades dialectales.

Se ha convenido que la construcción teórica del pluricentrismo parte, en primer lugar, de un cambio de actitud y conciencia en los hablantes y en las instituciones políticas, sociales y académicas de un país o región, donde se produce una revaloración de las variedades vernáculas frente al estándar español prescriptivo. Se constituye, a partir de ahí, un estándar regional que sirve como lengua de distan-

---

[46] Para ejemplos, ver Blas Arroyo 1999 y Almeida 1999: 112-118.

cia y que sustituye al estándar español prescriptivo. También se ha convenido que este hecho se produce no solo a nivel internacional sino, en el caso del Estado español, dentro de un mismo Estado. Se ha producido un cambio de actitud hacia la variedad septentrional, que no posee ya su antiguo prestigio, a la par que una revaloración de las variedades regionales[47]. Este cambio de actitud y una corriente de revaloración de la variedad dialectal son observables en Canarias. Aunque no exista aún un estándar establecido, sí puede decirse que se trata de una construcción en proceso. Como advierte Trujillo: "podríamos estar acercándonos a conatos y tanteos de un estándar propio" (2003: 208). Aunque hay que tener en cuenta que este cambio de actitud no se da por igual en todos los ámbitos sociales, se pueden distinguir, a mi juicio, cuatro ámbitos principales en los que este proceso es observable como dinámico y en curso:

a) Académico: el primer cambio de actitud se observa, sin duda, en el ámbito académico, donde distintos dialectólogos canarios han propuesto una revaloración de las hablas canarias. Este proceso, que comenzó en otros lugares del Estado con la Constitución pos-franquista, que reconocía no solo las distintas lenguas sino también las diferentes modalidades lingüísticas, se activó igual en Canarias, con la proliferación a partir de los años setenta de estudios acerca del español de las Islas[48]. Recuérdese que una de las características del español pluricéntrico es que la variedad revalorizada, que puede convertirse en un estándar, sufre un proceso de codificación, donde el primer paso es la creación de diccionarios (ver punto 6.2.2). Esto ya ha sucedido en Canarias, principalmente con el *Tesoro Lexicográfico del Español de Canarias*, del que Alvar comenta que es "el mejor diccionario que tenemos de ninguna región española". Asimismo, en 2000 se funda la Academia Canaria de la Lengua. Sin duda, es en este ámbito académico donde más claramente se observa el cambio de actitud. Morera (1995: 72) define los objetivos de la Academia así: "nuestra Academia no puede perseguir otro fin que el de colaborar en el rescate y la dignificación del desprestigiado patrimonio lingüístico canario, reivindicar la expresión de la región como una forma tan legítima como la que más de ver y de sentir la realidad que nos rodea". En el año 2000, es por fin financiada la Academia por el Gobierno de Canarias, y se observa entonces también un cambio político, al que me referiré a continuación.

---

[47] Sin contar, por supuesto, con las distintas lenguas: gallego, vasco y catalán.

[48] Las posturas conservadoras que habían primado hasta el momento pueden resumirse en esta cita de Gregorio Salvador, con referencia al artículo 3.3 de la Constitución: "a mí, que he dedicado buena parte de mi vida profesional a la dialectología de campo, que he estudiado en vivo, en España y América, esas modalidades de las que ahí se habla, lo de considerarlas patrimonio cultural, necesitado de respeto y protección, me parece una frivolidad altamente peligrosa" (1992: 114).

b) Político-institucional: en el discurso de investidura (1998) del nuevo Presidente de Canarias, Román Rodríguez, este adquirió el compromiso de apoyar y financiar la Academia Canaria de la Lengua. Comienza así un proceso político institucional, ligado a la formación nacionalista, reflejo del cambio de actitud hacia la variedad vernácula. Rodríguez afirma en 2001 que "el habla canaria es el principal patrimonio cultural de las Islas (...) y es tan respetable y digna como cualquier otra". Este proceso de revaloración ha seguido hasta la actualidad, de modo que en la proposición de reforma del Estatuto de Autonomía se propone "implantar el canario como modalidad lingüística"[49]. Un programa concreto de planificación lingüística no ha sido aún realizado.

c) Medios de comunicación: en los medios de comunicación parece no haberse producido este cambio de actitud, que sí se observa en los ámbitos anteriores. Así, frente a locutores televisivos y radiofónicos que utilizan la variedad canaria, existen también otros que intentan adaptar la variedad estándar, en la mayoría de los casos de manera muy afectada y artificial. Singular importancia guarda la televisión, que supera sin duda la influencia que pueda ejercer la escuela en los niños. El hecho es que la mayor parte de la programación se realiza en español estándar, conservando este su condición de variedad más prestigiosa. Se puede distinguir, por un lado, los medios estatales, en los que se habla la variedad estándar prescriptiva, y por otro, los medios locales, donde los locutores canarios, o siguen la variedad vernácula, o intentan adaptarse a la variedad estándar. Habría sido de esperar que esto provocase en la población mayor sensación de que la norma canaria no es lo suficientemente buena como para utilizarla en los medios de comunicación, e incrementase así la citada inseguridad lingüística de los hablantes canarios. Sin embargo, se verá en las entrevistas las fuertes reacciones que este fenómeno produce en los hablantes, quienes valoran negativamente que locutores canarios intenten seguir el estándar[50]. Esta actitud positiva hacia el uso de la variedad vernácula en los medios se refleja en un estudio acerca de su uso en la prensa escrita en Tenerife, donde "la mayoría de la población encuestada está a favor del uso de palabras y expresiones canarias en la prensa local. Las cifras no pueden ser más elocuentes: un 92% considera que está bien el uso de dialectalismos en periódicos locales y solo un 8% está en contra"[51].

---

[49] Periódico *El Día* 8.04.2005.
[50] Especialmente en la "conversación en la oficina". Originariamente se realizaron también para este trabajo grabaciones de los locutores que intentan seguir la norma estándar, pero su análisis se salía de las posibilidades actuales de este trabajo.
[51] Encuesta realizada a 100 personas en Tenerife, en 2002, acerca del uso de dialectalismos en la prensa escrita. Ver Armas Marrón 2003: 13-20.

Sin embargo, el cambio de actitud debe producirse principalmente en los hablantes aunque aún no existen estudios empíricos suficientes para determinar qué es considerado como estándar por los hablantes de las distintas variedades del español (*cf.* punto 6.2.2). Lo mismo ocurre en Canarias, donde, hasta el presente estudio, no se ha investigado este hecho. Indudablemente, es necesario un estudio mucho más amplio, que incluya a todas las Islas, para llegar a una idea más aproximada de lo que los hablantes canarios consideran como estándar y qué actitudes existen hacia la variedad vernácula. Antes de proceder al análisis de las actitudes en las entrevistas, es conveniente analizar qué ocurre, pues, con el contínuum dialecto-estándar en Canarias, así como la manera en que se relaciona este contínuum con la construcción de la identidad de los hablantes canarios.

6.4.4. *El contínuum dialecto-estándar en Canarias*

A partir de lo dicho en el punto anterior y en el punto 6.2.3, se puede extraer una conclusión principal: en el español de Canarias, no se ha dado aún un *Ausbau* (elaboración) intensivo, y la estandarización tampoco se ha producido, sino que está en los comienzos de su proceso. Si se traslada esto al plano del contínuum dialecto-estándar, parece adecuada la aplicación del modelo de Koch/Oesterreicher (1990) para las variedades que aún no han desarrollado un estándar regional, y en cuyo caso, es la lengua escrita la que representa el polo más distante. Sin embargo, al encontrarnos frente a un posible proceso de estandarización (esto es, el establecimiento de un estándar propio como lengua de distancia), hay que tener en cuenta que las posibles consecuencias de ello podrían ser a priori dos: o se establece este estándar y es aceptado por los hablantes como norma de distancia, o no es aceptado como lengua de distancia, y el proceso de estandarización no se cumple ni llega a su fin. En esta situación, estaríamos, teóricamente, ante el modelo de Auer (2005), de pérdida de dialecto.

Para Oesterreicher (2001: 293), si se aplica el modelo de contínuum concepcional a las variedades sin estándar, se trataría de la modelación no ya de un espacio de las variedades, sino de un "espacio comunicativo" con las distintas variedades utilizadas en él. Así, para Canarias podríamos decir lo siguiente: hay un contínuum cercanía-distancia, en el que el polo cercano tiene además sus marcaciones diasistemáticas donde, en lo diatópico, podrían considerarse las distintas variantes insulares, y en lo diastrático, se pueden distinguir –como se dijo anteriormente con Trujillo (punto 6.4.3)– las variedades rurales, por un lado, y las urbanas, por otro, y estas a su vez con una variante culta y otra vulgar. La variación diafásica es la misma que puede producirse en cualquier otra variedad del español. Para Oesterreicher (2001), hay que determinar, en primer lugar, cuál es el estándar que sirve de referencia para todas las marcaciones del contínuum. Precisamente, y como se ha venido viendo, este es el problema del español de Canarias actual: no puede establecerse con la claridad que hasta pocos años era posible que el estándar sea la norma prescriptiva del español académico. Sin embargo, si se toma únicamente la diferencia concepcional entre lo hablado y lo escrito, sigue teniendo indudable vigencia la siguiente cita de Catalán:

> Si la norma castellana oficial rara vez interfiere sobre la local a la hora de modelar el habla de cada día, en cambio, ejerce un poderoso control sobre la lengua escrita por la minoría letrada del Archipiélago. Mientras a hablar se aprende en la calle y en familia, a escribir se aprende en los centros de enseñanza y sobre unos libros escritos en prosa castellana "extrainsular". Ello trae consigo, para la población no analfabeta, una situación de incipiente diglosia. Los dos niveles lingüísticos representados por el uso coloquial y el uso literario del idioma dejan de constituir las dos caras de una misma moneda: de un lado el habla tiende a desarrollarse ajena del todo al depurador influjo del español literario, a su vez la lengua escrita viene a ser aprendida y cultivada como estructura sobrepuesta y artificiosa, extraña a la propia experiencia lingüística del sujeto hablante (Catalán 1989: 155).

Lo escrito como polo más distante del contínuum está lógicamente relacionado con la norma prescriptiva castellana. No obstante, si se considera el hecho de que está surgiendo un estándar regional, parece mucho más adecuado tener en cuenta nuevamente el concepto de diaglosia de Auer (2005). Según se dijo sobre el andaluz, y en relación con la observación de Catalán, la situación en el Estado español puede caracterizarse de diaglósica: aunque surjan estándares regionales hacia los que se orienta y guía la actuación lingüística de los hablantes, existe un estándar supra-regional, representado por la norma prescriptiva castellana, que sigue coexistiendo como variante de prestigio junto al estándar regional.

Al encontrarse en Canarias la situación menos clara que en el caso del andaluz, se podrían distinguir, a nivel estrictamente teórico, y siguiendo a Auer (2005), dos posibilidades, dependiendo de si se establece el estándar regional o no: si se establece el estándar regional, estaremos ante un caso de diaglosia; si no se establece, a la larga, se producirá una pérdida de dialecto, puesto que, al no surgir una forma intermedia, el dialecto base pierde dominios y competencias. Para Auer (2005: 37-38), antes de la pérdida total, suelen resurgir actitudes positivas e incluso folcloristas[52] que intentan rescatarlo. La pérdida del dialecto no supone, no obstan-

---

[52] Estas actitudes folcloristas, que sin duda han surgido en Canarias, son duramente criticadas por Trujillo (2003: 208 y ss.), para quien tomar las hablas rurales (además de manera no natural y completamente exagerada) no es adecuado a la hora de conservar la variedad dialectal canaria, ya que la mayoría de los hablantes no se sienten identificados con ellas.

te, una convergencia total con el estándar, ya que se desarrollarán formas divergentes y se producirá un proceso de desestandarización.

Sin embargo, a juzgar por los acontecimientos analizados, no parece ser este el camino que siga el español de Canarias. Más bien, y en concordancia con la teoría del pluricentrismo, parece que se está en camino del establecimiento y codificación de un estándar regional. Que este estándar regional llegue a sustituir totalmente al estándar castellano en cuestión de prestigio, es una cuestión aún por definir, y difícilmente pronosticable. Además, al encontrarse Canarias dentro de un Estado con un estándar que ha sido durante siglos el único centro de irradiación de prestigio, dentro y fuera de sus fronteras, y debido a la analizada situación periférica del Archipiélago, este hecho no parece por el momento posible. Lo que sí se puede decir es que, si el estándar regional se establece como variante de prestigio, orientadora de la actuación lingüística de los hablantes isleños, esta coexistirá, como en el caso del andaluz, con el estándar castellano.

Qué tipo de convergencia se produciría para la formación del estándar es también aún un proceso por aclarar, que dependerá de cuán establecido llegue a estar el estándar regional. O bien se producirá, siguiendo a Auer/Hinskens (1996), una convergencia hacia el estándar nacional, convirtiéndose el estándar regional en un estándar "teñido regionalmente" –como el que distingue Villena (1999: 112) para el andaluz oriental–, o bien puede –como en el andaluz occidental– producirse una nivelación interdialectal en la que aparezca una koiné de rasgos fonológicos y léxicos bien aceptados (el seseo o la aspiración de /s/ y de /x/, o los vocablos *guagua*, *abanar*, *tupir*, *gofio*, etc.), y que sea lo más distante estructuralmente posible del estándar nacional. Para Villena (115), este estándar regional divergente se constituye a partir de los rasgos más neutros posible, no asociados a las variedades más vernaculares ni al estándar nacional[53]. Para Canarias, y en este mismo sentido, Trujillo (2003: 208 y ss.) advierte que la utilización de las variedades rurales como modelo de las hablas canarias es totalmente impensable, ya que existen muchísimos hablantes que no se sienten identificados con ellas, y puede que estén tan mal valoradas como el estándar nacional. Ambos procesos poseen implicaciones distintas en cuanto a las relaciones intergrupales y, por tanto, también en cuanto a la construcción de la identidad. Además, dependen en la mayoría de los casos de la actitud negativa o positiva que los hablantes manifiesten hacia su propia variedad y con respecto al estándar nacional. Una posible

---

[53] Para Villena, el estándar regional occidental es tanto más simbólico, y puede servir de base a contenidos regionales, cuanto más diverge del estándar nacional. Este estándar divergente, como se dice en el texto, se forma a partir de los rasgos neutros: ni los vernaculares ni los estándares nacionales.

situación de diaglosia en el español de Canarias puede representarse así en forma de gráfico:

FIGURA 5
Contínuum dialecto-estándar en el español canario

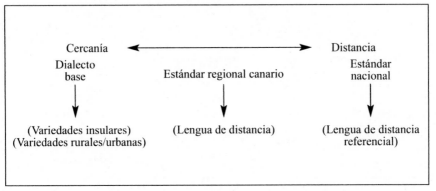

6.4.5. *Contínuum dialecto-estándar e identidad*

Villena (1999), con el propósito de analizar el caso del andaluz, pone en relación el contínuum dialecto-estándar con las lealtades grupales y la identidad. Se basa, para ello, en el conocido modelo de Le Page/Tabouret-Keller (1985), en el que la lengua funciona como "acto de identidad", y tanto de integración como de alejamiento grupal (108). Para Villena (108-109), este modelo puede aplicarse de manera valiosa a la situación de las variedades meridionales del español, puesto que permite diferenciar "los tipos de identidades" que se corresponden con los distintos puntos en el contínuum dialecto-estándar. Estas identidades son:

1. Identidad local: está relacionada con el grupo pequeño y "por tanto conectada con comportamientos lingüísticos regulares y sistemáticos" (109).

2. Identidad regional: como "reacción frente a la identidad nacional", a partir de las identidades locales. Incluso, las sobrepasa en el sentido de que se vuelve una alternativa a la identidad nacional, emergiendo muchas veces de una actitud reivindicativa.

3. Identidad referencial: a través de "valores nacionales de integración", propicia la convergencia con el estándar nacional y la deslealtad lingüística con el grupo de origen.

Para el autor, este modelo de representación de la comunidad de habla, representa "un contínuum de variación entre dos extremos relativamente regulares". A lo

largo del mismo, se mueven los hablantes, determinando así no solo sus usos lingüísticos, sino también las identidades a él asociadas.

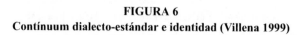

FIGURA 6
Contínuum dialecto-estándar e identidad (Villena 1999)

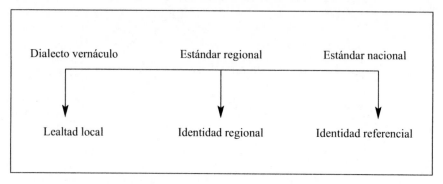

Con ello, "las variedades vernaculares sostenidas por la cultura y por la lealtad
locales, fuertemente marcadas y relacionadas con las redes sociales densas y
múltiples, tienden a disolverse en un proceso de convergencia hacia el estándar
nacional" (114). Sin embargo, "un estándar regional relativamente divergente es
la única opción alternativa en la convergencia a la dirección del español ejemplar" (ídem). En qué punto del contínuum se sitúan los hablantes canarios y de
qué manera construyen a través de ello su identidad será discutido y analizado
ampliamente en los próximos capítulos.

6.5. Conclusiones

A lo largo del pasado punto, se ha estudiado la relación dialecto-estándar que se
produce en Canarias, enfocando esta relación a partir de lo dicho hasta ahora para
el español como lengua pluricéntrica y diaglósica, y desarrollando en último
lugar qué implicaciones tiene esta relación dialecto-estándar en la construcción
de la identidad. A partir de estas cuestiones, se pueden extraer las conclusiones
siguientes:

1. La fragmentación y el polimorfismo de las hablas canarias no son una característica exclusiva ni anómala, pues se produce de igual manera en otras variedades del español, sin que esto invalide que en dichas variedades se haya constituido un estándar regional. Se trata de una variación interna común a la que posee
cualquier otra variedad del español.

2. En Canarias se está produciendo un cambio de actitud hacia la variedad vernácula, que puede observarse en distintos ámbitos: el académico, el político y el
institucional (no tanto en los medios de comunicación), y también en los hablantes (se verá en el capítulo 8). Este desarrollo es común al que se da en otras regiones hispanohablantes. Por ello, se puede afirmar que el español está inmerso en
un proceso dinámico de cambio, donde se construyen reflexivamente nuevas
variedades de prestigio. Esto permite concebirlo como una lengua pluricéntrica,
no solo a nivel internacional, sino también dentro de las fronteras de un mismo
Estado (con las matizaciones pertinentes hechas al respecto, mediante el concepto de diaglosia).

3. El establecimiento de un estándar regional que sirva como variedad de prestigio, orientadora de la actuación lingüística del resto de los hablantes, aún no se
observa en Canarias. Es, consecuentemente, aún muy difícil saber de qué manera
se establecerá este estándar regional. Siguiendo a Auer/Hinskens 1996 y a Villena 1999, podría producirse principalmente de dos formas:

a) o bien se produce una paulatina estandarización de las variedades vernáculas,
    es decir, una convergencia vertical hacia el estándar nacional;

b) o bien se produce una convergencia horizontal, resultando una koiné, cuyos
    rasgos serían aquellos más divergentes posibles del estándar castellano, así
    como de las variedades dialectales más *bases*.

A juzgar por el presumible cambio de actitud de los hablantes canarios hacia su
propia variedad –reflejo de un deseo de diferenciación y divergencia de los
hablantes estándar peninsulares[54]–, de la reafirmación de la variedad canaria
como válida y prestigiosa, así como por la situación política, que prevé una
implantación del canario como modalidad lingüística, parece más probable la
segunda variante que la primera. No obstante, es dicutible que deba producirse
para ello una convergencia horizontal.

4. Estos dos procesos llevan consigo distintas construcciones de la identidad de
los hablantes, y están directamente relacionados con el tipo de actitud que se adop-
te con respecto a la variedad propia frente a la estándar castellana. Teóricamente,
en el caso de una convergencia vertical con el estándar, se produciría un abandono
de las identidades locales, mantenidas por redes sociales densas; en el caso de una
convergencia horizontal y del afianzamiento de un estándar regional[55], se consti-

---

[54] Ver la matización que se ha hecho de estándar en la introducción del presente punto, 6.4.
[55] Como he reiterado, *estándar regional* en el sentido otorgado por Villena (1999), y no por
      Auer/Hinskens (1996) y Auer (2005).

tuiría una identidad alternativa a la representada por el estándar nacional. Esta hipótesis de Auer/Hinskens (1996) tendría que ser corroborada siempre con datos empíricos, como ha hecho Villena para el caso del andaluz. En los próximos capítulos se discutirán y analizarán estas cuestiones, en relación con los datos empíricos.

7. CONTACTO Y CONFLICTO ENTRE HABLANTES CANARIOS Y HABLANTES ESTÁNDAR

Consideraciones previas

Antes de comenzar los análisis, son necesarias una serie de consideraciones previas, además de tener en cuenta todo lo estudiado en el capítulo 4 en referencia al proceder metodológico. Los capítulos que siguen se dividen en cuatro y están ordenados a partir de la estructura del ciclo: conflicto-asimilación-resistencia, que será explicado a continuación. Por último, se dedicará un capítulo exclusivo al análisis de los juicios de valor y actitudes hacia la variedad canaria (aunque esto tendrá suma importancia en todos los capítulos). Según se dijo en la introducción, el análisis de los datos empíricos persigue dos objetivos fundamentales.

1. Cómo los hablantes construyen discursivamente su identidad como grupo en referencia a la migración interna, a la variedad estándar y a la propia.

2. Qué tipo de actitud poseen hacia la variedad propia, de qué manera influye esto en su uso y cómo se posicionan ante la estandarización.

Además de estos objetivos generales, se especificarán los particulares de cada capítulo en estrecha relación con los conceptos de contacto/conflicto, asimilación y resistencia. A continuación, se hará un breve acercamiento a varios aspectos a tener en cuenta en los análisis: las actitudes lingüísticas, los procesos de categorización social y los prejuicios y estereotipos.

a) El estudio de las actitudes

Los estudios acerca de actitudes lingüísticas han sido abundantes en la sociolingüística y han constituido una parte esencial de la misma. No se va a desarrollar aquí este tema con profundidad por lo que remito a la amplia bibliografía existente al respecto. Mi único objetivo en este es delimitar brevemente el concepto de actitud con el que trabajaré aquí.

Como es bien conocido, dos posturas principales han sido distinguidas en la psicología social y la sociolingüística a la hora de definir qué es una actitud (López Morales 1989, Blas Arroyo 1999). Por un lado, está la aproximación conductista, que propone analizar las actitudes a partir del uso real en las interacciones. Esta propuesta no ha encontrado demasiado eco en la sociolingüística. Mucho más importantes han sido las aproximaciones mentalistas, que en el ámbito hispánico han sido trabajadas a partir de la propuesta de López Morales (1989) y desarrolladas principalmente por Fishman/Agheyisi 1970, Fasold 1984, Lambert 1979, entre otros.

Esta última postura es la que toma López Morales (1989: 234), quien distingue entre creencia y actitud. La actitud está caracterizada "por un solo rasgo: el conativo". Las creencias son por su parte las que producen las actitudes; éstas sólo pueden ser positivas o negativas y nunca neutras. Sin embargo, no todas las creencias producen actitudes, como han demostrado Almeida/Vidal (1995), aunque sí suele producirse una toma de posición: si se cree que x es rural o feo probablemente producirá una actitud negativa.

Para Almeida (1999: 112), la asunción de que existen actitudes lingüísticas supone "la aceptación de que los individuos son capaces de evaluar su propio modo de hablar y los de los demás a partir de la presencia de una serie de rasgos lingüísticos". Para Appel y Muysken (1987), lo que causa esta evaluación subjetiva del habla es la distancia social que existe entre los grupos etnolingüísticos intervinientes (ver Blas Arroyo 1999: 51). Por ello, no pueden ser "diferencias lingüísticas ni estéticas las que estén en el origen de las actitudes lingüísticas, sino convenciones relacionadas con el estatus y el prestigio asociado a las personas que hablan dichas lenguas o variedades" (Blas Arroyo 1999: 51).

Según Fasold (1984: 148), para analizar las actitudes lingüísticas hay que tener en cuenta tres tipos: 1. las actitudes hacia la lengua en sí misma cuando ésta se valora como fea o bonita, suave o fuerte, etc., 2. hacia los hablantes de esa lengua o dialecto y 3. hacia el futuro de la lengua. El estudio de las actitudes hacia las variedades dialectales y estándar ha estado marcado por los distintos tipos de prestigio que los hablantes asocian a las mismas y que pueden ser valoradas de manera abierta o encubierta. Mientras que el prestigio abierto suele estar relacionado a las variedades estándar, valoradas como positivas, las dialectales son normalmente valoradas en referencia a este como negativas. No obstante, pueden ser valoradas positivamente de manera encubierta. Ya los trabajos pioneros de Trudgill (1978) y Labov ([1972] 1983) demostraron que una misma variedad puede estar sometida a distintos tipos de prestigio. Mientras que aquellas ligadas a los grupos de élite gozan de un prestigio abierto, las que se encuentran estigmatizadas son valoradas en referencia a valores como la solidaridad e integridad grupal de manera positiva. Giles y Powesland (1975: 27-45) demostraron esto para las variedades dialectales y estándar en Reino Unido, donde los hablantes estándar eran mejor evaluados en ámbitos de ascenso social, inteligencia y confianza en sí mismos mientras que los dialectales eran mejor evaluados en valores como la honestidad, generosidad, sencillez, etc. Importante para los análisis que se realizarán a continuación es el hecho descrito por Lavob (1983: 228-29) que cuando se trata de evaluar el habla propia, esta suele ser valorada positivamente. En español estos fenómenos también han sido descritos para la velarización de /r/ en Puerto Rico (López Morales), así como por Alvar y Quilis (1984) para el español cubano.

No se seguirá aquí un acercamiento clásico al plano de las actitudes. Mi objetivo es analizar la construcción discursiva que los hablantes hacen de los aspectos de conflicto asimilación y resistencia entre dialecto y estándar, mediante qué actitudes y categorizaciones valoran su variedad y de qué manera construyen así la identidad propia y la del grupo al que se adscriben. Siguiendo a Morales, me basaré en que existen actitudes positivas y negativas y siguiendo a Fasold que estas actitudes se pueden tener con relación a tres elementos distintos: 1. la naturaleza de las lenguas (fea, bonita, correcta o incorrecta); 2. los hablantes; 3. su futuro. Importante es también analizar en qué punto del contínuum los hablantes se sitúan a sí mismos y a los otros y qué identidades son adscritas a través de ellos.

b) Categorizaciones internas y externas

Como ya se expuso en el capítulo 4, un importante aspecto a tener en cuenta en los análisis son los procesos de categorización social. Los hablantes entrevistados han hecho tanto categorizaciones propias de sí mismos como individuos y de su grupo, como categorizaciones ajenas. A ello se suma que, en ambos casos, estas categorías han sido de carácter interno y externo.

Para Jenkins (1997: 53 y ss.), las internas se refieren a la autodefinición de la identidad que los miembros del endogrupo hacen de sí mismos con relación al exogrupo. Las externas, son aquellas en las que un grupo le atribuye al otro una serie de definiciones, teniendo esto consecuencias a la hora de ese grupo percibirse a sí mismo. La categorización externa está además estrechamente relacionada con dos aspectos muy importantes para el caso a estudiar aquí, entre la población receptora y la migración interna: Estas sólo se producen cuando existe una relación de contacto estrecha entre los dos grupos y cuando existan o hayan existido durante un largo periodo histórico, relaciones de autoridad y poder entre ellos (Jenkins 1997: 53). El autor define categorización social como "la identificación de los otros como una colectividad" (55). Todas las colectividades se caracterizan por estar construidas socialmente por medio de la imagen propia de sí mismos y de las categorías sociales que le son dadas a partir de los otros. La diferenciación e identificación grupal está siempre dada por la dialéctica existente entre el nosotros y el ellos, como ya fue ampliamente estudiado en el capítulo 5. Esta dicotomización se observa en todas las entrevistas y en todos los fragmentos a analizar, y supone uno de los modos básicos de identificación colectiva de los hablantes.

Las categorizaciones sociales no son pues más que "a routinal social process than the collective self-identification of the group" (Jenkins 1997: 53). Que las categorizaciones que un grupo hace de otro sean internalizadas y lleguen a formar parte de su identidad, tiene que ver con el tipo de relación de poder que exista entre los grupos interactuantes. Para Jenkins, las categorizaciones contribuyen en distinta manera a la construcción de la identidad colectiva. Se trata de un proceso de internalización en el que las categorías externas pueden asimilarse en parte o completamente. Se pueden distinguir, siguiendo al autor (1997: 70-71), cinco posibilidades diferentes de internalización:

1. La categorización externa puede ser muy similar a categorizaciones internas existentes con la que se ratifican los unos a los otros en su propia identidad de grupo. Esta ratificación ayuda asimismo a mantener las definiciones internas del endogrupo.

2. También puede ocurrir que durante un proceso largo de contacto intergrupal o interétnico las identidades se vean afectadas de manera recíproca e igual si la relación intergrupal es más o menos armoniosa.

3. Las categorizaciones externas se pueden producir porque el endogrupo otorga al exogrupo la autoridad (tal vez dada desde fuera por relaciones de desigualdad entre ambos) de categorizarlo porque percibe al otro como superior en conocimiento, estatus, etc. Esto no podría ocurrir entre grupos totalmente diferentes, ya que estas categorizaciones no tendrían valor, es decir, ocurre sólo entre grupos que compartan de manera mínima su sistema de valores y de ver el mundo.

4. En un nivel más drástico las categorizaciones también pueden ser impuestas, de manera violenta, por un grupo que tiene la posición de poder. La identidad se convierte con ello en estigma (en sentido de Goffman) y eso conlleva una apreciación negativa de sí mismos.

5. Por último, existe la posibilidad de que el grupo que está en condición de inferioridad tome la alternativa de resistir a las categorizaciones impuestas y a sus contenidos. Paradójicamente, cuando un grupo se resiste a estas categorizaciones, es porque ya las tiene en cierta manera internalizadas y ha tenido que asimilarlas, para poder después rechazarlas.

Las formas de internalización 3 y 5 son especialmente relevantes para los materiales empíricos, según se podrá comprobar en los análisis.

d) La homogeneidad del exogrupo: prejuicios y estereotipos[1]

Muchos estudios han demostrado el hecho de que los grupos perciben al exogrupo como más homogéneo que al propio. Esto se debe principalmente al hecho lógico que los miembros del endogrupo poseen menos contacto con los del exogrupo que entre ellos mismos y es ese desconocimiento lo que lo hace aparecer como más homogéneo (Ver Tajfel 1984, Morales, 1998, Terrén 2002).

En la percepción de homogeneidad entran en juego los prejuicios y sobre todo los estereotipos, ambos muy presentes en las entrevistas y poseen una función básica en los procesos de identificación colectiva, autodefinición y establecimiento de fronteras grupales. Distinguiré brevemente ambos con el objetivo de tener presentes estas definiciones en el análisis:

1. *Prejuicios*: Para Morales (1998: 14 y ss.), las definiciones que los distintos autores han hecho acerca del prejuicio, se pueden dividir en dos grandes grupos, las que toman el prejuicio como una actitud y las que lo toman como un aspecto cognitivo. Para simplificar estas teoría Morales realiza un cuadro en el que se reflejan ambas tendencias, dentro de aquellos que toman el prejuicio como una actitud (Harding 1969, Allport 1977, Gergen y Gergen 1981, Lamberth 1982, Stephan 1985, Billig 1991, entre otros) hay quienes afirman que esta pueda ser de carácter negativo o positivo o ambos "se puede ser prejuicioso en favor o en contra de alguien" (Morales 1998: 14). Otros autores, entre los que destaca Tajfel (1984), toman el prejuicio como un aspecto cognitivo en el que se incluyen percepciones, ideas, etc. Para Morales, ambas posturas tienen un núcleo común:

> El prejuicio implica una serie de creencias, opiniones, acerca de su objeto que conllevan una valoración o juicio de valor (…) y es compartido por un grupo social (…). Implica creencias referidas a las características de su objeto y las diferencias existentes entre este y el sujeto prejuicioso (Morales 1998: 15-16).

Además de la orientación cognitiva o actitudinal, el prejuicio está en estrecha relación con el sistema de valores afectivo-emocionales del individuo y del grupo social al que pertenece. Para los materiales obtenidos es de gran validez la siguiente explicación de Morales (1998): "el objeto del prejuicio es una categoría, un grupo social al que no se pertenece, es decir, surge en las coordenadas de

---

[1]   Para bibliografía correspondiente ver Morales 1998.

la pertenencia grupal, en la distinción: endo-exogrupo". Para Metin (1990: 54) el prejuicio no puede entenderse (en reglas generales) como algo individual, sino siempre en relación con la sociedad y al grupo al que se pertenece. Tiene la importante función de destacar las características del endogrupo de manera positiva frente al exogrupo, crea un mecanismo de protección de lo propio frente a lo ajeno y de esta manera justifica la discriminación frente al otro. En este mismo sentido para Malgesini y Giménez (2000: 333) los prejuicios se configuran en el proceso de socialización. La familia, la escuela, las relaciones de barrio, los medios de comunicación y otros agentes de socialización son clave en la formación de los prejuicios (Malgesini y Giménez).

2. *Estereotipos*. Para Morales (1998: 24), los estereotipos quedan configurados como el conjunto de creencias y estructuras que contienen el conocimiento y las ideas sobre los distintos grupos sociales. El estudio de los estereotipos ha estado marcado durante muchas décadas por los trabajos precursores de Lippman (1922) y Kratz & Bally (1933). Para Lippman, los estereotipos proporcionan a las personas modos de pensar y categorizar, maneras de entender el mundo y de interpretarlo (Morales 1998: 25). Son creencias sociales compartidas acerca de los atributos o características que poseen los miembros de un grupo, que se adquieren durante el proceso de socialización y son fruto de la interacción social. Cumplen también una función de "defensa" al ser un mecanismo de identificación y de posicionamiento frente a los otros. Para Tajfel (1984: 171), un estereotipo es "una imagen mental muy simplificada de alguna categoría de personas, institución o acontecimiento que es compartida en sus características esenciales por un gran número de personas".

Con referencia a la importancia de la categorización y por tanto de las delimitaciones entre grupos el estereotipo hace que aquel que lo tenga esté comprometido emocionalmente en el mantenimiento de la diferenciación entre su propio grupo y los otros. (Tajfel 1984: 171 y ss.). Según Tajfel (1984), las condiciones requeridas para la constitución de los estereotipos son las siguientes: necesidad de explicar graves acontecimientos sociales, justificación de acciones cometidas o planteadas contra exogrupos y diferenciación positiva de los endogrupos, en especial en situaciones donde se pone en evidencia el statu quo. Para Tajfel, los contenidos de los estereotipos estarán relacionados con las funciones que cumplen, y éstas a su vez, con las relaciones de poder.

Los estereotipos suelen ir acompañados de prejuicios aunque no necesariamente es así. Existe una correspondencia entre estereotipos negativos y prejuicios, pero hay estereotipos que no van asociados a prejuicios. Valgan como ejemplo los estereotipos positivos de múltiples grupos.

7.1. El ciclo conflicto-asimilación-resistencia

Los conceptos de conflicto, resistencia y asimilación han sido desarrollados y estudiados ampliamente en trabajos acerca de contacto de lenguas y bilingüismo. También en referencia a contacto entre dialectos, que es al que el concepto de Ferguson (1959) de diglosia hacía originariamente referencia (Zimmermann 1992, 1999, Ninyoles 1977, Lafont 1984). Muy unido a la ampliación de este concepto a situaciones de bi- o plurilingüismo, es propuesto el concepto de conflicto, que viene a sustituir al de contacto[2]. El aspecto de conflicto entre variedades distintas de una misma lengua, refiere a la diferencia de estatus de ambas y a las relaciones de poder existentes entre los grupos que hablan la variedad alta y la baja. Esto fue destacado –como advierte Zimmermann (1992: 62)– sobre todo por la sociolingüística catalana, occitana y caribeña donde diglosia es entendida como: "la superposición de dos idiomas como expresión de una serie de desigualdades entre los grupos sociales y su vinculación a un estatuto cultural discriminado" (Ninyoles 1977: 218, citado en Zimmermann 1992a: 62). Es decir, no se trata de un modelo de coexistencia como el de Ferguson sino de competencia y desplazamiento[3].

Siguiendo los ejemplos del caso catalán, occitano y caribeño, y conforme a Vallverdú (1973) las situaciones de conflicto de lengua tienen según Zimmermann (63) tres consecuencias principales: o bien se produce una sustitución de la lengua dominada por la dominante, o bien una dialectalización de la lengua dominada, o en casos de resistencia una normativización de la lengua dominada. En términos de asimilación esto podría entenderse respectivamente como una asimilación total a la lengua o variedad dominante, una asimilación parcial y como resistencia a la asimilación. Todos estos aspectos serán estudiados en referencia a los materiales empíricos.

En el contexto de las lenguas amerindias, Zimmermann (1999a: 112 y ss.) relaciona las situaciones de conflicto y de asimilación con el concepto de agresión. Mientras que otros conceptos utilizados como el de amenaza no poseen para el autor un agente claro, es decir "se elimina la mención del actor", el concepto de agresión sí lo hace. El conflicto no es entendido bajo este aspecto como un conflicto psicológico "de selección de lenguas en una situación diglósica, sino un

---

[2] Para Zimmermann (1992: 62), una cosa no invalida la otra, es decir, ambos son complementarios ya que el contacto de lenguas no necesariamente deja fuera el conflicto y viceversa, en una situación de conflicto de lenguas, se puede dar un contacto también.

[3] Para Zimmermann (1992: 63) la postura de Ferguson y la de la lingüística del conflicto no se contradicen sino que simplemente refieren a casos distintos.

conflicto que deriva de la acción de un grupo contra las manifestaciones culturales del otro grupo" (1999: 112). Existen distintas formas de agresión cuyos métodos pueden ser directos o indirectos. No obstante, al ser las lenguas entidades
abstractas, esta agresión se produce de manera indirecta, por medio de los hablantes y es la que lleva a la muerte o desaparición de las mismas. Este proceso de
asimilación lingüística, que lleva consigo también una asimilación cultural[4] (en
sentido humboldtiano, la una implica la otra, ver capítulo 3) puede producirse de
dos maneras: o bien por muerte de los hablantes o por abandono de la lengua, que
puede estar a su vez marcado por fuertes políticas asimilacionistas (Zimmermann
1999: 113). En el caso de la desaparición o muerte de dialectos, se ha visto con
Auer (2005: 37-38) que son dos sus causas principales: o bien se produce un
abandono "voluntario" por razones de prestigio o el dialecto no es transmitido a
la generación siguiente y muere con sus hablantes, en muchos casos también por
políticas asimilacionistas.

La asimilación y el ejercicio de poder pueden desatar procesos de resistencia[5].
Para Zimmermann, y nuevamente en el contexto de las lenguas amerindias, hay
que preguntarse de qué manera este concepto se puede aplicar al lenguaje ya que
–aunque se haya interpretado el mantenimiento de rasgos indígenas en la lengua
y culturas de asimilación, los usos sincréticos, etc. como resistencia– esto no es
del todo cierto, por no resultar "de una intención deliberada de resistir a la
influencia" (121). Según se estudió ampliamente en el cap. 5, las posturas de
resistencia tienen en la era de la globalización, una dimensión de gran importancia, al ser uno de los modos básicos de construcción de la identidad. Además, se
ha apuntado, que a nivel lingüístico la globalización lleva consigo procesos de
asimilación y homogeneización alarmantes, y concomitantemente fuertes procesos de localización donde cultura, lengua y modos de vida tradicionales son reva-
lorados e intentan mantenerse y promoverse conscientemente, incluso desde las
instituciones oficiales. Asimismo he dicho que el pluricentrismo de lenguas y
especialmente el del español, puede enmarcarse dentro de este proceso de glocalización.

Ahora bien, está claro que el caso de las variedades del español no es en absoluto
comparable a la situación de las lenguas amerindias o de dialectos completamente desaparecidos. Las distintas variantes del español han poseído y poseen una

---

[4]   La asimilación cultural ha sido interpretada también como aculturación (Buxó Rey 1988,
      Albó 1981, Zimmermann 1992, 1999, Gugenberger 1995). "la lengua no es el único objeti-
      vo de la agresión. Es la cultura, el modo de vida en general que debe cambiar" (Zimmer-
      mann 1999a: 113).
[5]   Ampliamente estudiados en el capítulo 5.

fuerte vitalidad, que actualmente se está viendo reforzada por el proceso de revaloración que supone el pluricentrismo. La agresión a las variedades dialectales ha
sido una cuestión de prestigio. Durante siglos, y en algunos casos hasta la actualidad, la única variante considerada como correcta y prestigiosa era la del español
septentrional (ver punto. 6.2.3.1). Todo ello ha producido actitudes de resistencia,
primero en la América de la independencia y actualmente dentro del Estado español[6]. Lo mismo se observa para el español de Canarias. El conflicto con la variedad estándar y las fuertes políticas de asimilacionismo lingüístico –que se produjeron durante el franquismo, no sólo con las distintas lenguas, sino también con
la minusvaloración de los dialectos meridionales (ver punto 6.3)– no ha producí-
do un proceso de asimilación y abandono sino, como advierte Morera (1990,
1998), una alta inseguridad lingüística y una valoración sumamente negativa de
los hablantes hacia su propia variedad.

Conflicto, asimilación y resistencia constituyen un ciclo, donde en muchos casos
uno puede llevar al otro. En una situación de dialectos en conflicto, donde estos
no se han asimilado al estándar, (el conflicto) se traduce al plano de las actitudes
y a una valoración negativa de la propia variedad. La revaloración y la reivindicación de la variedad canaria como "tan buena como cualquier otra", etc. parece
pues constituirse en un momento en el que sí se está produciendo un proceso de
convergencia hacia la variedad estándar. En referencia a ello, se ha repetido a lo
largo de todo el capítulo 6, que el pluricentrismo se constituye a partir de la conciencia de los hablantes y de una revaloración de su propia variedad como prestigiosa. Las comunidades de habla de uno de los centros de una lengua pluricéntrica son conscientes de tener una lengua común –en este caso el español– pero
reconocen una serie de formas lingüísticas como características y diferenciadoras
para ese grupo, tienen una apreciación positiva de esas formas y no las ven como
inferiores frente a otras variantes o a la variante estándar clásica. He sostenido
además que, en ciertos ámbitos sociales, se ha producido una revaloración positiva de la variedad canaria y por ello el español de Canarias es un ejemplo más del
proceso de pluricentrismo del español. Será objetivo principal de los próximos
capítulos analizar qué ocurre con los agentes más importantes de este proceso:
los hablantes.

En el presente capítulo, se tendrán en cuenta muchos de los aspectos recién señalados en las consideraciones previas. Con referencia a ello, es especialmente

---

[6]   La reivindicación dentro del estado Español de las particularidades de las variedades verná-
      culas y la resistencia a una convergencia hacia el estándar no se produce sólo en regiones
      "obvias" como Andalucía o Canarias sino que ha llegado incluso a regiones como Castilla,
      que ha representado por antonomasia el núcleo y corazón del estándar.

importante mantener presente la premisa de la percepción que el endogrupo tiene
del exogrupo como más homogéneo que el propio (Tajfel 1984, Jenkins 1997,
Worchel 1998, Terrén 2002). Esto se observa aquí en relación con dos ámbitos
fundamentales: los hablantes y la lengua. En ninguno de los dos planos los entrevistados realizan diferenciaciones. Las principales categorías utilizadas en referencia a los inmigrantes (internos) son, por orden de utilización: *peninsular*, *godo*
y *español*, que en la mayoría de los casos son percibidos, y construidos discursivamente, como un grupo homogéneo. La variedad es considerada también como
homogénea, aunque se deduce con facilidad que los hablantes hacen referencia
casi siempre al estándar septentrional. Como se discutió ampliamente en el capítulo 6, este ha sido, hasta hace muy poco, el marcador de prestigio y norma de
referencia para todo el mundo hispánico. El término variedad estándar será utilizado para denominar esta variedad peninsular septentrional percibida como
homogénea por los hablantes[7].

Los fragmentos siguientes han sido agrupados atendiendo a la reconstrucción de
distintas situaciones de contacto y conflicto. En primer lugar, se tratarán aquellos
que sitúan el origen del contacto/conflicto en la conquista. En segundo lugar,
fragmentos que se refieren a situaciones de conflicto en la esfera pública (admi-
nistraciones públicas, lugares de ocio, colegios y consulta médica). En tercer
lugar, los que se refieren a situaciones de conflicto en la esfera privada: vecindad,
familia, amigos. Por último, se analizarán una serie de fragmentos, correspondientes a la parte más centrada de la entrevista, realizada al final de la misma y
donde las respuestas de los hablantes son consecuentemente más breves y conci-
sas. El análisis no será, como en todos los casos restantes, individual para cada
fragmento, sino que se tendrán en cuenta simultáneamente. Importante es la percepción que los hablantes tienen del contacto en el ámbito laboral. Esta cuestión
será relacionada con lo expuesto en los capítulos 2 y 5 acerca de la relación centro-periferia en Canarias.

A tenor de lo expuesto en el capítulo 4, a diferencia de las conversaciones naturales estudiadas por el análisis etnometodológico y de la conversación, a lo que se
tiene acceso en las entrevistas narrativas es a la (re)construcción que los hablantes hacen de ciertas parcelas de la realidad pasada, presente o futura. Según se
dijo en la introducción, el objeto de estudio de este trabajo es la población receptora y la influencia que la inmigración interna posee en la construcción de la
identidad colectiva y en la valoración y uso de la variedad vernácula. Los siguien-

---

[7]   Recuérdese lo dicho en el punto 6.4 en referencia a la utilización del término estándar en
       relación con Canarias.

tes fragmentos son de gran interés en referencia a ello, debido a que los hablantes reconstruyen situaciones de contacto entre ambos grupos. El análisis de los fragmentos siguientes persigue tres objetivos fundamentales: determinar cómo los hablantes perciben el contacto; la construcción de la identidad colectiva en tales situaciones de contacto; y determinar el papel que la variedad juega en el contacto y en la construcción de la identidad. Por último, es necesario señalar que, en muchos de los fragmentos que siguen, al referirse a situaciones pasadas, predominan los aspectos de relato y descriptivos. No obstante, muchos de ellos forman parte de una argumentación (explicativa, justificativa o evaluativa) y están subordinados a esta (ver punto 4.3).

7.2. Reconstrucción de contacto histórico

En los siguientes fragmentos, los hablantes se refieren a situaciones de contacto histórico. Sitúan el origen del mismo en la conquista e incluyen aspectos tanto de la relación entre la variedad estándar y la canaria como de muerte de lengua, con referencia al bereber. Aunque la referencia histórica al bereber se da en pocas entrevistas, no ocurre lo mismo con la conquista, presente en muchas de las entrevistas realizadas. Los hablantes proceden de Tenerife (F. 5), Lanzarote (F. 6) y La Palma (F. 8).

F. 5: Pedro M03/18: 143-166 'al final ni hablamoh cahtellano ni hablamoh nada'

143 P: ((muy rápido)) tú vah al Paíh Vahco y tienen su propia lengua, ¿sabeh?=tú vah a
144 Galisia y tienen su lengua, vah a Valensia=a Cataluña y tienen su lengua y todoh esoh
145 sitioh tienen propia cultura, no como nosotroh porque =lleGAron y no leh interesaba
146 y eso que ya hase quinientoh añoh=de eso= y ehterminaron todo lo que
147 teníamoh=pero bueno=todavía quedan algunah cosah=lo que eh el tema del habla
148 canaria, no sé porque en el fondo hablamoh máh o menoh cahtellano ¿no? y lo que
149 deberíamoh hablar sería bereber o algo así porque supuehtamente= no podría ser la
150 lengua ofisial=pero sería la SEGUNda=como tienen el euhkera=como tienen el catalán
151 y todoh ehtoh...
152 L: ... hmmmm pero no eh lo mihmo ¿no? hay una diferensia porque aquí nadie habla
153 ya bereber
154 P: NO NO pero porque se encargaron loh EHPAñoleh en la CONQUIHta=claro=y
155 ademáh dehpuéh aparte de eso no leh interesaba que siguiera pa-lante el tema y...
156 todo ehto... que que siguiera pa lante y que aquí sólo se hablara cahtellano, ¿no? y al
157 final ni hablamoh cahtellano ni hablamoh nada... eso me refiero
158 L: hmmm y entonseh, ¿qué hablamoh?
159 P: pueh no sé, hablamoh un diale:to no?, pero que no eh verdadero cahtellano, sino
160 una mehcla ahí de todah lah cosah que han pasado no? tenemoh el habla canaria como
161 en otroh sitioh tienen otrah y que si sea un diale:to o como se llame pueh tendríamoh

162   que haber conservado nuehtra propia lengua@@@ aunque tú no ehtáh de acuerdo no?
163   L: @@@bueno, lo que yo dihe eh que hoy en día eh muy difísil que aquí se hable
164   bereber, porque ya nadie habla...
165   P: claro porque se encargaron loh ehpañoleh ya te lo dihe, se encargaron en la
166   conquihta y se ehterminó el idioma de aquí y todo el tema ese que te dihe...

En el presente fragmento sobresale un carácter descriptivo, aunque está subordinado a una argumentación justificativa mayor. Siguiendo a Lucius-Hoene/
Deppermann (2004: 214 y ss.) en las descripciones el narrador construye lingüísticamente los aspectos del mundo que ha escogido como relevantes, y lo hace
mediante distintos recursos en el que el más importante es la categorización. Esta
se divide a su vez en dos: categorización de personas y de hechos y sucesos,
ambas son observables en este fragmento. Se distinguen cuatro partes principales:

La primera abarca de la línea 143 hasta la mitad de la 147 (*teníamos*) en la que la
base de la descripción es una comparación no metafórica. La comparación es una
de las operaciones cognitivas y de construcción lingüística fundamentales a través de la cual se llega a la categorización (Croft & Cruse 2004). Este proceso se
observa en este pasaje ya que se pasa de una comparación a un proceso de categorización. En la primera parte, el hablante da relevancia a la situación lingüística de otras zonas del Estado donde tienen su propia lengua. Esto es comparado, a
través del adverbio *como*, con la situación en Canarias, donde además de no tener
una *lengua*, tampoco tienen propia *cultura*: *tienen su lengua y todoh esoh sitioh
tienen propia cultura, no como nosotroh* (L. 144-145). Esta comparación posee
dos elementos fundamentales: por un lado, iguala lengua a cultura al negar para
los canarios ambas cosas, por otro, y a través de esta negación se sitúa en una
posición de inferioridad. El posicionamiento es social, ya que se incluye en el
nosotros, mientras que los que tienen lengua y cultura representan un *otro*, marcado por la utilización de la tercera persona del plural, aquí aún sin especificar.

En la segunda parte (L. 145-146), el hablante continúa con la línea argumentativa
a través de la conjunción *porque* y donde se produce lo que Lucius-Hoene/
Deppermann (2004: 215) denominan "asignación de culpa". Realiza así una primera categorización donde los canarios (entre los que, como se ha visto, el
hablante se sitúa) son la parte que recibe la acción: *lleGAron y no leh interesaba
y eso que ya hase 500 añoh=de eso= y ehterminaron todo lo que teníamoh* (L.
145-147). A través de la referencia indirecta (como recurso de la descripción se
puede apelar a la vaguedad) –mediante el eufemismo *eso* e introducida por *hase
500 añoh*–, el hablante se refiere a la situación de conflicto que supone una conquista. Esto es reconstruido lingüísticamente mediante el verbo *ehterminar* y el
totalizador *todo* (L. 146).

La tercera parte comienza introducida por la conjunción adversativa *pero* (L. 147). En parte, el hablante se retrae de su opinión anterior (recurso de la reformulación) y afirma que *todavía quedan algunah cosah* (L. 147). La *cosa* es especificada como *habla canaria* (L. 147-148) y categorizada como *máh o menoh castellano*. (L. 148). Importante es que *más o menoh* es introducido además por *en el fondo* (L. 148), que relativiza aún más que lo que se hable sea castellano. Las hablas canarias son, pues, construidas como una *cosa* que quedó después de la conquista[8] y que no es exactamente castellano. Aún así, para el hablante esto no es lo que se debería hablar en Canarias, sino la lengua bereber. El hablante aclara su posicionamiento al respecto cuando advierte que esta no podría ser la primera lengua sino la segunda, y regresa con ella a la comparación del principio que es la que ha guiado todo el fragmento hasta ahora: *como tienen el euhkera, el catalán* (L. 150). El conflicto lingüístico no se restringe en este caso a la variedad vernácula frente a la estándar sino mucho más a un conflicto entre la lengua desaparecida por agresión (Zimmermann 1999) y el castellano como lengua de los conquistadores. A través de ello, puede observarse además no sólo el posicionamiento del hablante dentro de un grupo determinado, los canarios, sino también deja entrever su posicionamiento ideológico ya que la reivindicación del bereber como lengua para Canarias ha sido defendida por un sector del independentismo canario nacido en los años 60[9].

La última parte comienza en la L. 152. La intervención de duda de L, quien dice al hablante que no es igual que el euskera o el catalán porque el bereber ya no se habla en Canarias, tiene una fuerte consecuencia interactiva (Deppermann 1999). El hablante sube considerablemente el tono de voz y especifica con sustantivos concretos lo que hasta entonces sólo había sido insinuado directamente: españoles y conquista: no se habla bereber porque se *encargaron loh EHPAñoleh en la CONQUIHta* (L. 154). A partir de aquí y hasta el final del fragmento comienza un proceso de categorización de la variedad canaria (L. 156-166). Ésta comienza con una conclusión de su observación anterior: *al final ni hablamos castellano ni hablamos nada* (L. 156-157). Esta doble negación, es de carácter creciente: no se habla *bereber* pero tampoco se habla *cahtellano;* y, como negación absoluta, no se habla *nada*.

Tras la pregunta de L. (L. 158), comienza un proceso de categorización de la propia variedad como *diale:to, pero que no eh verdadero cahtellano, sino una meh-*

---

[8] Si se mira esto desde un punto de vista que no sea de análisis del discurso oral es una contradicción, ya que las hablas canarias son precisamente fruto de la conquista y no lo que sobrevivió a ella.

[9] El hablante procede de Somosierra, barrio de Santa Cruz donde este movimiento tuvo y sigue teniendo en la actualidad gran importancia. Ver punto. 5.5.

cla ahí de todah lah cosah que han pasado (L. 159-160). Esta *mehcla* al ser un *diale:to* y no *verdadero cahtellano* no es válida para el hablante. Redunda por ello en que esa es la razón debido por la que se debería tener en Canarias una lengua diferenciada, el bereber. El castellano no es construido, pues, como algo propio con lo que el hablante se sienta identificado, sino como algo impuesto desde fuera, ajeno a él y su grupo.

F. 6: Carmen M03/30: 72-84 'por nuehtra forma de hablar piensan que somoh máh boboh'

72   C: noh han hecho creer que somoh inferioreh por supuehto dehde la conquihta, de
73   toda la hihtoria, que venimoh de una rasa inferior y elloh han venido aquí a educarnoh, a
74   colonisarnoh=eso eh lo que elloh piensan=y a traernoh el progreso... que vienen a
75   ocupar nuehtroh puehtoh en la enseñansa, en la a:minihtrasión, (en todo) XXX
76   (muchah diferensiah)
77   L: XXXX (diferensiah) ((ruido de coches))
78   C: ((XXXX)) son muy autosufisienteh, en heneral máh que nosotroh=creo que son
79   prepotenteh, creen que son mehoreh a , que ehtán máh enteradoh de todo=quiih por
80   nuehtra forma de hablar piensan que somoh máh boboh=que no ehtamoh a su altura,
81   quisá por la forma de hablar (XXX) ((ruido de coches)) (en realidad nosotroh) desimoh
82   muchah cosah máh corre:toh que elloh=el tema del le y del la ¿cómo disen elloh?
83   >CITA: la pegué< o creo que gramaticalmente hablamoh corre:to porque tenemoh
84   ehpresioneh antiguah por ehemplo del cahtellano antiguo

En cuanto a la reconstrucción del conflicto, se observan bastantes paralelismos con el hablante anterior. Este es reconstruido de manera directa y consciente y tiene, como en aquel, su origen en la conquista (L. 75). Se trata asimismo de un texto con un alto componente descriptivo, con varias comparaciones y consecuentemente categorizaciones.

En la primera parte (L.72-75), se produce una categorización de hechos o sucesos (Lucius-Hoene/Deppermann 2004: 215). La hablante se posiciona como colectividad "nosotros" y no como individuo, y es el nosotros quien recibe la acción[10]. El hecho está marcado por la forma verbal *nos han hecho creer* (L. 72), que indi-

---

[10]   Este tipo de categorizaciones de hechos o sucesos son desde el punto de vista del análisis del conflicto muy interesantes y de gran importancia ya que como advierten Lucius-Hoene/Deppermann (2004: 214): "Die Kategorisierungen von Handlungen und Ereignissen enthält in vielen Fällen Hinweise darauf, wie sie motiviert sind bzw. zu erklären sind. Mit der Semantik der Verben, die zur Kategorisierung benutzt werden, werden oftmals die beteiligten Personen als aktiv handelnde oder passiv Erleidende kategorisiert und es wird angezeigt ob ein Ereignis absichtlich herbei geführt oder kausal durch äußere Umstände bedingt ist (Ver también Goffman 1974: 138).

ca una intencionalidad por la parte agente. Los verbos posteriores están subordinados a este: *que somoh inferioreh (...) que venimoh de una rasa inferior* (L.72-73). Se trata de una categorización externa (Jenkins 1997), que la hablante incluye en su discurso y que a la vez rechaza. Los siguientes verbos principales están marcados por la perífrasis *venir a + infinitivo* y conjugados en tercera persona del plural, marcando asimismo la intencionalidad por la parte agente, que sigue siendo la misma: (*elloh*): *han venido a educarnoh* (L. 73), *a colonisarnoh* (L. 74), *a traernoh el progreso* (L. 74), *a ocupar nuestroh puestoh en la enseñansa, en la a:minihtrasión* (74-75). En medio de estas perífrasis la hablante aclara *eso eh lo que elloh piensan* (L. 74). Hay, como en el caso anterior, una clara asignación de culpa.

La segunda parte abarca de la línea 78 a la 82 y comienza con el recurso descriptivo de la comparación que induce a un proceso de categorización por contraste (Atkinson 1984: 73). La hablante realiza una categorización ajena y por contraste una categorización propia, aunque esta tiene distintos grados. Por un lado, con el comparativo de superioridad *más que*: *son muy autosuficienteh, en heneral máh que nosotroh* (L. 78) *que ehtán máh enteradoh de todo* (L. 79); y por otro, con el superlativo *mejor*: *mehoreh a nosotros* (L. 79). Aunque, a primera vista, puede parecer que se trata de una categorización positiva de los otros frente a una negativa, es importante tener en cuenta en la L. 79 el verbo *creen*, que supone un cambio de posicionamiento. Mientras que en *son muy autosuficienteh* y *son prepotenteh* (L. 78-79) la hablante categoriza desde su yo narrativo, en *creen que son mehores* (L. 79) se posiciona en la tercera persona del plural, con lo cual se distancia de esta categorización. *Creer* expresa además únicamente una posibilidad: ellos lo creen, pero no significa que sea así.

En la misma línea 79 comienza, subordinada al proceso de categorización, una argumentación con *por,* mediante la que la hablante intenta justificar las categorizaciones en el posicionamiento de ellos. Introduce, al mismo tiempo, una nueva (también por contraste): *máh boboh* (L. 80). Lo importante, sin embargo, es que la justificación de este proceso de categorización es la lengua: *quisá por la forma de hablar* (L. 81). Las categorizaciones ajenas, *mehoreh a nosotroh, máh enteradoh de todo, autosuficienteh, prepotenteh,* y la propia, *máh boboh,* se definen con respecto a la lengua (L. 78-80). Por último, la hablante toma una actitud de defensa, categorizando la propia variedad como *máh corre:tah* y *gramaticalmente corre:to* (L. 82-83), y lo argumenta a través del laísmo y el leísmo que no se da en las hablas canarias y en *tenemoh expresioneh antiguah por ehemplo del cahtellano antiguo* (L. 83-84). Esas categorizaciones por contraste suelen ser características de unidades discursivas sobre conflictos grupales (Kesselheim 2003: 52). A lo largo de todo este fragmento, la hablante ha construido, a través de las mismas, su identidad como miembro de un grupo determinado (hablantes canarios) que se define con respecto a un ellos (hablantes estándar). La lengua, en este caso, la variedad vernácula, juega en esta autodefinición un papel primordial, ya que en referencia ella se realiza la construcción de la identidad.

F. 7: Tomás S04/8: 212-252 'una guerra sutil que no se acabó con la conquihta sino que ha seguido y seguido hahta hoy con la lengua'

212 T: ((muy rápido)) mucha hente d: aquí no SA!ben=no
213 SA!ben que aquí anteh de la conquihta se haBLAba otra lengua, la hente se creerá no
214 SÉ qué loh guancheh haBLAban por señah o como loh tro:loDItah no? que no se
215 cuenta en loh libroh de hihtoria lo que ocurrió en Canariah
216 L: hmmm
217 T: mira por ehemplo yo veo que a la hente de fuera le interesan a veseh máh lah cosah
218 d:aquí
219 L: sí
220 T: &la novia de mi hermano que eh SUEca y le interesan lah cosah de hihtoria de
221 Canariah y le guhta preguntarme porque mi hermano eh otro que pasa de todo sabeh?
222 Entonseh yo le digo >CITA: (Helen) lo que=ocurrió en Canariah fue un henoSIDIo
223 que cometieron loh ehpañoleh como dehpuéh en América igual=igual entiendeh?
224 ((no se sabe si corresponde a la >CITA: o la interacción))
225 L: sí
226 T: un henosidio ehh... como las ihlah son tan chicah y tenían pocoh habitanteh pueh...
227 loh que no mataron murieron de enfermeDAdeh o también loh hisieron ehclavoh y la
228 lengua aborihen desaparesió por eso [pero]
229 L: [ya]
230 T:&nadie cuenta eso en loh colehioh por el sihtema de educasión que ha habido toda
231 la hihtoria en Canariah ha sido un sihtema colonial que yo no digo que haya que
232 enseñarla en loh colehioh pero eh que NI se Habla d:ella como si no hubiera esihtido
233 nunca [y por]
234 L: [sí]
235 T: ((enfadado, alta emocionalidad, rápido)) &ahí hay que empesar no? por la hihtoria
236 porque si no al final aHOra QUÉ noh QUEda? noh queda una ehpesie de ehpañol
237 que enSIma también noh han hecho creer que ehtá mal hablado... eehm
238 de-incorre:to=que no tenemoh la corresión de loh madrileñoh... y...
239 L: sí...
240 T: ((baja el tono)) ademáh... que no se enseña tampoco nuehtro diale:to en loh
241 colehioh sabeh?
242 L: ((bajito)) hmm... pero por qué creeh tú que no se enseña?
243 T: &eh todo por lo mihmo dehde la conquihta hahta hoy ((rápido)) porque el sihtema
244 colonial de loh ehpañoleh noh impone lo de fuera, priMEro noh quitan nuehtra
245 lengua y la que hablamoh ahora disen que eh mal hablado=que sí qué dulseh=pero
246 hablamoh mal, entiendeh? que no hablamoh cahtellano verdadero sólo un diale:to

247   inferior =ESE eh el sihtema colonial que... que... BUEno no sé... a lo mehor no ehtáh
248   de acuerdo conmigo no?
249   L: @eh muy interesante lo que diseh
250   T: &eh que MIra= para MÍ EH-una-GUE:rra... una guerra sutil que no se acabó con
251   la conquihta sabeh?sino que ha seguido y seguido hahta hoy con la lengua=con lah
252   personah=con el medio ambiente no? y no sé, se ve con todo lo que ehtá pasando aquí

Una argumentación explicativa es la que destaca este pasaje. Al igual que en los
dos anteriores, predomina la descripción y algunos elementos de relato, como la
utilización de estilo directo en la línea 222. El conflicto es aludido de manera
directa desde el principio. Interesante es, primeramente, el posicionamiento del
hablante, quien se construye discursivamente como interesado en la historia de
Canarias, frente a los otros miembros de su grupo (*hente d:aquí*, L. 212) que a
veces ni siquiera saben que había otra lengua antes de la conquista, y frente a su
hermano *que eh otro que pasa de todo* (L. 221). Para T. la *hente de fuera* (L. 217)
se interesa más por lo sucedido; como ejemplo, toma a la novia sueca de su hermano y escenifica su propia voz en estilo directo explicándole lo sucedido en
Canarias. El relato con su escenificación (L.220-228) está subordinado a la descripción y a su vez al texto primario argumentativo. El hablante comienza un proceso de categorización de sucesos, donde la conquista es categorizada como
henocidio y lo compara con lo sucedido en América (L. 222-223).

En este pasaje es relevante la semántica de todos los verbos ya que, por medio de
estos, hace una clara construcción de la situación conflictiva, que había categorizado como *henosidio*. Se menciona claramente a los españoles, que representan
la parte agente del suceso (*cometieron, mataron, hisieron*, L. 223 y 227) y hay por
tanto una asignación, si aún no de culpa, sí de responsabilidad. El hablante
extiende ese conflicto histórico hasta la actualidad, lo construye aún como
vigente. La responsabilidad recae ahora sobre el *sihtema colonial: nadie cuenta
eso en loh colehioh por el sihtema de educasión que ha habido toda la hihtoria
en Canariah ha sido un sihtema colonial* (L. 230-231). A diferencia del hablante
anterior, este argumenta que aunque la lengua bereber *(lengua aborigen*, L. 228)
no tiene que ser enseñada en los colegios, sí se debe hablar de ella como parte de
la historia. A partir de la línea 236 y en relación con lo anterior el hablante
comienza un proceso de categorización de la variedad vernácula por listado[11]:
primero, hay una categorización implícita de ella como lo que quedó de la
conquista y explícitamente como una *ehpesie de ehpañol que ademáh también
noh han hecho creer que ehtá mal hablado... eehm de- incorre:to* (L. 236-238).

---

[11]   Ver punto 4.2.

Las categorías *mal hablado* e *incorrecto* están ambas matizadas por el verbo *creer* que expresa posibilidad, no significa que sea así. Se trata, como en el caso anterior, de categorizaciones externas, que el hablante ha interiorizado y a su vez rechaza (Jenkins 1997). Esto se observa en la persona en la que está conjugado creer: *noh han hecho creer*. Hay nuevamente una asignación de culpa donde los *otros* son la parte agente y *nosotros* la que recibe la acción. La segunda categoría *incorre:to* está, además, matizada por la comparación *que no tenemoh la corresión de loh madrileñoh* (L. 238). El hablante se posiciona, por medio de estas matizaciones, en desacuerdo con estas categorías externas. Parte final de este listado, es la referencia al sistema educativo: *no se enseña tampoco nuehtro dialecto en loh colehios* (L. 240-241). El adverbio *tampoco* refiere a la intervención anterior en la que el hablante se quejaba de que no se enseña que existió una lengua aborigen. Esto es confirmado después de la pregunta de L. a través de una argumentación.

La argumentación abarca de la línea 243 hasta la 252 y contiene elementos descriptivos de categorización. El hablante construye el conflicto histórico como vigente: *dehde la conquihta hahta hoy* (L. 243). La asignación de culpa es más clara que en las intervenciones anteriores. Es el mismo *sistema colonial de loh españoleh* (L. 243-244) el causante de la desaparición de la lengua precolonial, categorizada como *nuehtra lengua* (L. 244-245) y de la minusvaloración de la variedad actual. El hablante ha establecido una continuidad con el pasado precolonial al hacer suya la desaparecida lengua aborigen, mediante el posesivo: *nuehtra lengua*. Como anteriormente, y como se vio en F. 6, el hablante realiza un proceso de categorización de la variedad vernácula, pero posicionándose en la perspectiva del otro; se trata nuevamente de categorizaciones externas internalizadas y a la vez rechazadas. Esto es marcado por la forma verbal dicen: *disen que eh mal hablado que sí que dulseh pero que hablamoh mal, ¿entiendeh? que no hablamoh cahtellano verdadero sólo un dialecto inferior* (L. 245-247). Tras un momento de duda, donde el hablante busca la confirmación de L. (L. 247-248), realiza un nuevo proceso de categorización del conflicto como *guerra*, máxima forma posible de un conflicto: *para MÍ EH-una-GUE:rra* (L. 250). Vuelve a incidir en la duración del mismo, que no ha finalizado aún sino que sigue existiendo en la actualidad: *una guerra sutil que no se acabó con la conquihta sabeh? sino que ha seguido y seguido hahta hoy con la lengua=con lah personah=con el medio ambiente no? y no sé se ve con todo lo que ehtá pasando aquí* (L. 250-252).

Se observa en este fragmento, más que en los dos anteriores, una construcción del conflicto de alta complejidad. Los procesos de categorización realizados por el hablante abarcan tanto el conflicto (categorizado de forma creciente como conquista, genocidio y guerra) como la variedad vernácula. El posicionamiento del hablante cambia a lo largo del fragmento: primero, se posiciona individualmente con respecto a aquellos miembros de su grupo que no conocen la historia de Canarias (lo concretiza en su hermano). Posteriormente, se posiciona socialmente como perteneciente al grupo de los canarios. Mediante la utilización de primera y tercera persona del plural y de deixis, es continuamente trazada una frontera entre el endogrupo como víctima y el exogrupo como agresor.

7.3. Reconstrucción de contacto en la esfera pública

En los siguientes fragmentos, los hablantes reconstruyen situaciones de contacto en la esfera pública: en la administración, el banco, el colegio, la autoescuela, la consulta médica, en bares y en el mercado. En todas ellas, la utilización de distintas variedades desempeña un papel fundamental. Las respuestas suelen estar subordinadas a un texto argumentativo mayor, aunque se reconstruyen también experiencias propias en forma de relato.

7.3.1. *Administraciones públicas*

Las situaciones de contacto en este ámbito de la esfera pública, han sido las más abundantes en los hablantes. Tanto es así, que tras la realización de varias entrevistas en las que se reprodujo esta situación, se incluyó como posible pregunta de la parte centrada. Este es el caso de los tres primeros (F. 8, 9, 10) que están motivadas por la pregunta de L. ¿quién prefieres que te atienda en una administración pública un peninsular, un canario o te es indiferente? En F. 9, se relata además una situación de contacto en una autoescuela. La hablante de F. 11 reconstruye una situación de contacto en una administración, sin que haya habido ninguna pregunta al respecto. Los hablantes proceden de Gran Canaria (F. 8) y de Tenerife los siguientes (F 9, 10, y 11).

F. 8: Óscar M03/17: 423-433 'el canario eh reasio a ese CeCeo'

423 O: Bueno me parese uno de aquí mucho máh sercano porque uno de aquí me diría
424 >CITA: mira vete allí a aquella mesa que la chica te atiende< a que me diga,
425 ((pone acento peninsular)) >CITA: no mira tieneS que recoGer eSte papel y
426 preSentarlo en la recoGida de datoS< eh como fohh ¿no?= eh menoh sercano. Eh a
427 lo que ehtá acohtumbrado yo creo que el canario mmmm eh como no sé... no sé...
428 como que en heneral= como que ((dudando)) medio... ehtán... no sé, no enfrentadoh
429 =pero el canario eh reasio a ese CeCeo ((pronunciando la interdental))=que suena

430   como pedante=que te suena mal=eso te suena mal y como que sólo tieneh que oír
431   hablar por ahí que como alguien haya hecho un papeleo y sea peninsular lo primero
432   que te dise eh >CITA: chacho me atendió un godo ahí< ¿no? pero si fue alguien d:aquí
433   sólo te dise >CITA: me atendieron fatal hoy<

En este fragmento, se observan elementos tanto descriptivos como de relato, subordinados a una argumentación introducida en la línea 423 por *porque*. El hablante explica la razón por la que prefiere que lo atienda un canario en una institución pública. Lo hace con un elemento característico de los relatos: la representación de voces como escenificación[12]. Se trata del presente escénico (Quasthoff 1980: 224) que, al utilizarse en un texto de relato, suele marcar un cambio con respecto a la utilización de tiempos de pasado. Sin embargo, al tratarse aquí de un texto argumentativo, este no es el caso. El hablante ya utiliza el presente, porque está virtiendo su opinión a una pregunta concreta de la entrevista. Estas voces son la manera que tiene de posicionarse dentro de su propia narración y, por tanto, de construir su propia identidad (Lucius-Hoene/Deppermann 2004: 231). El hablante prefiere que lo atienda *uno d:aquí* porque es *mucho máh sercano* (L. 423). La razón no es explicitada a través de un proargumento o contraargumento explicativo, sino que estos se construyen con una escenificación. Primero, escenifica la voz de un hablante canario, no modifica su propio tono de voz ni su acento en demasía, y luego, escenifica la voz de un hablante estándar, pronunciando las interdentales, la s como sibilante y la /x/ como tensa y cambiando notablemente el tono de voz. También hay una diferencia semántica entre los verbos y los sustantivos utilizados: mientras que en el primero sobresalen las construcciones deícticas, donde el hablante forma parte del acto y el espacio comunicativo (Croft & Cruse 2004: 59), en la segunda escenificación no hay deixis local. De gran importancia, es que el referente es el mismo, pero que se construye de manera distinta, dependiendo de la procedencia del hablante: *aquella mesa* (L. 424) para el primer caso (hablante canario) y *recogida de datos* (L. 426) para el segundo (hablante estándar). La primera construcción parte del espacio compartido entre ambos hablantes; la segunda, no. Mientras que la primera implica una cercanía comunicativa a la que el mismo hablante hace referencia, en la segunda, el hablante no es incluido en este espacio y presenta por tanto una mayor distancia comunicativa.

Como conclusión, se reafirma en la *quaestio* inicial, pero la reformula ahora en referencia al hablante estándar: *eh menoh sercano* (L. 426). Con ello, el hablante

---

[12]   Esta entrevista está caracterizada por sus muchas escenificaciones, representación de diálogos en estilo directo, etc. parece ser una característica del hablante.

ha establecido un contínuum variedad dialectal cercana-variedad estándar distante y ha posicionado a ambos grupos en un punto distinto del mismo. Esta dicotomía cercanía-distancia está pues directamente relacionada con la variedad que se utilice[13]. La variedad vernácula representada por la primera voz es construida como más cercana y como compartida por el hablante, la estándar es construida como lejana y no compartida por el hablante. Con este "acto de identidad" el hablante se sitúa en referencia al contínuum dialecto-estándar, en una identidad local o regional que comparte con los otros miembros de su grupo, representado en este caso por la voz 1, y que lo diferencia del exogrupo, representado por la voz 2. A partir de la mitad de la línea 427, continúa la argumentación, que ya no es de carácter causal sino explicativo, marcado por el verbo *creer* (Brinker 2001). Tras dudar, el hablante hace referencia directa al conflicto entre variedades, primero refiriéndose a los hablantes que *medio... ehtán... no sé, no enfrentadoh* (L. 428) y seguidamente a la variedad estándar: *pero el canario eh reasio a ese CeCeo* (L. 429). Es reticente a decir que hay un enfrentamiento abierto pero lo insinúa (*no enfrentadoh*, L. 428), lo que sí hay es un rechazo a una característica del estándar: el ceceo que justifica a través de un valor estético, en este caso de la acústica: que *suena como pedante=que te suena mal=eso te suena mal* (L. 429-430).

En la última parte del fragmento (L. 430-433) el hablante realiza de nuevo una escenificación de voces como conclusión final de su argumentación. La causa de que atiendan bien o mal en una administración es valorada de manera distinta dependiendo de la procedencia del administrativo. Si es atendido mal por un hablante canario la procedencia no se valora como relevante, simplemente se dice *me atendieron fatal* (L. 433). En cambio, si es un hablante estándar, la procedencia es la causa de la mala atención: *me atendió un godo ahí* (L. 432). Mientras que la propia variedad es valorada como cercana, la estándar lo es como distante y además: *suena pedante* y *suena mal* (L. 429-430), categoría que se extiende hacia los hablantes de manera implícita.[14] La variedad vernácula es categorizada pues como cercana y valorada positivamente, mientras que la estándar es categorizada como distante, pedante y malsonante y con ello valorada negativamente.

---

[13] La pregunta de L. no está dirigida a la utilización de las variedades, solo a la variable procedencia. Que la razón de la preferencia porque le atienda un canario sea la lengua, es introducido por el hablante.

[14] En el párrafo anterior (pie de página 5) sí se expresa de manera explícita la actitud hacia los hablantes: tienen mejor humor, son más familiares para los hablantes dialectales.

F. 9: Mari y Yurena M03/28: 93-132 'pero qué mal habláiS loS canarioS eS que no Se entiende nada'

93   Y: yo prefiero máh alguien d:aquí porque loh peninsulareh... a veseh loh peninsulareh
94   ponen carah... carah de medioh raroh @@@ no ponen carah amableh,... no sé, se
95   crEEN MEhoreh y te miran por debaho d:elloh=entonseh tú vá con:un papel y a lo
96   mehor no ehtá lleno completo y elloh te disen >CITA: ((pone acento peninsular))
97   mira eSte papel no eStá bien relleno, vuelva otro día< en caMbio otra persona d:aquí
98   te dise >CITA: ehpera un momentito, rellena ehto=toma ehto=mira, vete a la ventanilla
99   aquella= pídele ehte documento, no hase falta que hagah cola tal= y dehpuéh vieneh
100 por aquí<
101 L: hmmmm
102 M: ((rápido)) sí mira, yo tuve una ehperiensia sacando el carné y lo pasé muy mal,
103 muy mal porque la tía era prepotente=eh que son muy prepotenteh, dehde la primera
104 que me subí al coche me diho que era una su:normal=que no servía para eso... bueno
105 me lo fui tragando, me llamaba ehtúpida, me llamaba inútil yo con- yo sola? sabeh?
106 ((explica durante más de un minuto su experiencia en la autoescuela))
107 ... y luego me llamaba monina como que siempre me echaba en cara eso, hahta que
108 un día puse el freno mano en MEdio Santa Cruh y le dihe >CITA: o TÚ me tratah
109 bien o de aquí ahora mihmo me baho y la que ehtoy pagando SOY YO! Y ati te ehtán
110 pagando por detráh así que si a ti te interesa conservar tu trabaho te comportah como
111 tieneh que comportarte si no la lihta del paro ehtá enorme<=y dehpuéh de esoh quinse
112 díah saqué el carné y ya llevaba treh meseh hasiendo prá:ticah
113 L: ...¿pero no creeh que eso te podría haber pasado también con alguien d:aquí?
114 M: hombre! hay hente y hente en todoh ladoh pero yo pienso que afe:ta mucho la
115 forma que tienen elloh de mirarte por ensima... para ella que nosotroh éramoh como
116 unoh inútileh, que ehto aquí... que nosotroh no trabahamoh y que allá no pasa eso,
117 que aquí en lah carreterah fuéramoh unoh ganduleh [y que]
118 Y:_ [eh que a] nosotroh noh miran como ehtuviéramoh en otro mundo... pa' elloh
119 piensan que las ihlah son dihtintah=que vivimoh a kilómetroh... en cambio cohen un
120 avión y ehtán aquí en doh horah y te disen >CITA: ((pone acento peninsular))
121 JesúS, ¿que son de laS iSlaS? //Qué lehoS=qué lehoS<
122 M: @@@ ay Yure!
123 Y: no chica eh verdá y dehpuéh de llegar disen >CITA: pero qué mal habláiS loS
124 canarioS eS que no se entiende nada>
125 M: sabeh también lo que yo veo? que por ehemplo, nosotroh vamoh allá que yo ehtuve
126 en Ahturiah y hablamoh como otro idioma y tenemoh que ada:tarnoh a la forma de
127 hablar de elloh y elloh vienen acá y tú tieneh que adaptarte a elloh entonseh, no! te
128 da rabia adá:tate tú a nosotroh...
129 L: sí
130 M: no? si tú no sabeh desir lah cosah como elloh te disen >CITA: mira tú la burra
131 ehta que no tal< digo >CITA: pueh tú deberíah ser el que te preocupeh en aprender
132 nuehtra forma de hablar, nuehtro idioma que ereh quien ehtá aquí y no al revéh<

Igual que en el fragmento anterior, se trata de una argumentación causal con el elemento de relato de escenificación de voces. El paralelismo entre ambos es casi absoluto: la hablante utiliza dos voces: 1) la de un hablante estándar: *mira eSte papel no eStá bien relleno, vuelva otro día* (L. 97), donde cambia el tono de voz y el acento; 2) la de un hablante canario: *ehpera un momentito, rellena ehto=toma ehto=mira, vete a la ventanilla aquella= pídele ehte documento, no hase falta que hagah cola, tal= y despuéh vieneh por aquí* (L. 98-100). Como en el caso anterior, lo que más llama la atención, es la altísima utilización de deixis en el segundo caso, frente a una utilización nula en el primero. El administrativo canario y la hablante, son parte del mismo espacio comunicativo y existe, además, una cercanía comunicativa entre ellos. En cambio, el hablante estándar representa una lejanía comunicativa, situándose cada uno en un punto distinto del contínuum dialecto-estándar (ver análisis anterior). La hablante asigna, consecuentemente, identidades sociolingüísticas distintas. A partir de la L. 102, comienza un relato donde M narra acerca de su contacto con una profesora peninsular en una autoescuela. Sobresalen elementos descriptivos y consecuentemente categorizaciones. Se trata, como F. 6, de una categorización por contraste donde ambas partes son categorizadas. Aunque es la hablante actual la que realiza la categorización, lo hace con una reproducción de la voz de la profesora peninsular en estilo indirecto. Con ello, cambia su posicionamiento, recurso utilizado también en fragmentos anteriores para expresar las categorizaciones externas.

En las líneas 103 y 104, el posicionamiento es de carácter individual referido únicamente a la hablante misma: *que era una su:normal=que no servía para eso, me llamaba estúpida, inútil* (L. 104-105). En la línea 107, hay un cambio en el relato, marcado por la preposición *hasta*, donde la hablante toma una actitud de defensa ante las agresiones de la profesora. De la línea 107 a la 109 se produce un cambio al plural, donde se incluye a todo el grupo de los canarios/as, al que la hablante se siente perteneciente: *que nosotroh éramoh como unoh inútileh, que ehto aquí... que nosotroh no tabajamoh y que allá no pasa eso, que aquí en lah carreterah fuéramoh unoh ganduleh* (L. 115-117). La profesora realizó una categorización del "nosotros" como *inútileh, no trabajadoreh* y *ganduleh* (L. 116-117). La hablante, por su parte, la categoriza como *prepotente* y por extensión también al "ellos": *la tía era prepotente=eh que son muy prepotenteh* (L. 103). Se observa claramente un posicionamiento social, y una identificación del nosotros frente al ellos. Es trazada una frontera clara entre el endogrupo y el exogrupo y donde, a partir de la experiencia individual, se categoriza a una colectividad entera. Además de ello (ver F. 6), se ha convenido que las categorizaciones por contraste son, en sí mismas, construcciones discursivas que remiten a conflictos grupales.

De la L. 118 a la 132, sigue produciéndose una construcción discursiva del conflicto por escenificación de voces; la lengua funciona como componente principal de este conflicto. Y. representa a un hablante estándar, esta vez un *ellos* generalizado (no como en el caso anterior, que era la docente de la autoescuela): *pero qué mal habláiS loS canarioS eS que no se entiende nada* (L. 123-123). Esta intervención de Y. es explicada y ratificada por M. (L. 125-128), que cuenta que son los canarios los que tienen que adaptarse a la variedad peninsular y no viceversa. De nuevo, es central la semántica verbal: *tener que*. Los/as canarios/as sufren una imposición simbólica: tanto si van a la Península (en este caso Asturias), como si los peninsulares van a Canarias, son siempre los canarios los que tienen que adaptarse *a la forma de hablar de elloh* (L. 126-127). Esto produce un conflicto en la hablante que construye como *rabia* (L. 128).

De gran interés, son las últimas líneas (L. 130-132), donde se escenifica un diálogo en estilo directo entre ambas partes, con un notable tono de agresividad. La confrontación entre ambas voces gira en torno a la lengua: la voz 1 representa una hablante estándar que toma una actitud de agresión: *mira tú la burra esta que no tal* (L. 130-131). La voz 2, que representa ella misma, toma una actitud de defensa frente a dicha agresión: *pueh tú deberíah ser el que te preocupeh en aprender nuehtra forma de hablar, nuestro idioma que ereh quien ehtá aquí y no al revéh* (L. 131-132). La distancia comunicativa existente –que las hablantes han construido a lo largo de todo el fragmento, posicionándose a sí mismas como hablantes canarias y a los peninsulares como hablantes estándar y asignando identidades diferenciadas a unos y otros– se especifica claramente con la categorización de la propia variedad como *otro idioma* (L. 126). No se trata ya de un contínuum variedad dialectal-variedad estándar, sino de una lengua distinta, por lo que la distancia comunicativa es la máxima que puede haber. En este interesante fragmento, las hablantes han construido tres situaciones de conflicto donde la lengua desempeña un papel fundamental, sin que la entrevistadora haya realizado ninguna pregunta directa al respecto. La lengua ha sido construida, una vez más, como la razón principal del conflicto existente entre ambos grupos.

F. 10:   Gonzalo M03/28: 312-323 'uno d:aquí m:entiende lo que ehtoy disiendo'

312   L: ¿en una a:mihtrasión pública quién prefiereh que te atienda un peninsular, un
313   canario o te eh indiferente?
314   G: pueh yo la verdá... si me atiende alguien d:aquí mehor&
315   L: &¿por qué?
316   G: /oohhh ((pausado)) \porque siempre se puede hablar mehor... porque se entiende...
317   eh que te entiende... a lo mehor te puede atender mal= no quiere desir ni que me vaya a
318   atender mehor ni que me vaya a atender peor... +sino que uno d:aquí me entiende lo
319   que ehtoy disiendo=eh que a lo mehor si no ehpesifican la palabra de tal forma como

320 viene en el disionario entonseh parese que eh como si no supierah hablar... en cambio
321 el de aquí como bueno... aunque sea un belillito pero el hombre te entiende...
322 ((asciende)) y loh peninsulareh no loh peninsulareh te marhinan si en veh de desir de
323 cuál diseh cuálo como desimoh aquí... pueh... /YO se loh digo ADREDEH @@@@@@

Para responder a la pregunta de L., el hablante realiza una argumentación similar
a la que se vio en F. 8. La razón por la que prefiere que lo atienda un canario es la
lengua. Esta funciona como la premisa principal de una argumentación causal
introducida por *porque* (L. 316). Para el hablante, la variable procedencia no
tiene relevancia en relación con la calidad de la atención recibida. Refiriéndose a
un administrativo canario argumenta: *a lo mehor te puede atender mal= no quiere desir ni que me vaya a atender mehor ni que me vaya a atender peor* (L. 317-
318). Lo único que el hablante construye como relevante es la lengua: *uno d:aquí
me entiende* (L. 318). Se sitúa así, como miembro de un grupo, el que conforma
con el administrativo canario, en un punto del contínuum distinto que al hablante
estándar. Esto se observa con claridad en L. 319-320: *si no ehpecificah la palabra de tal forma como viene en el disionario parese que eh como si no supierah
hablar.* El diccionario representa la lengua de distancia, que es la que entiende el
hablante estándar. Mientras que la variedad del hablante canario, es minusvalora-
da, y se sitúa en un punto más bajo del contínuum de prestigio. Por su posicionamiento como miembro del endogrupo y como hablante de la variedad canaria, el
hablante traza una frontera clara con el exogrupo y su correspondiente variedad.

En contraposición F. 8, aquí se trata de una diferencia más profunda de la que
existe entre distancia y cercanía comunicativa. Se trata (como en F. 9) de la posibilidad que ambas partes tienen de entenderse. Según la construcción discursiva
del hablante, no existe entendimiento verbal por ninguna de las partes: mientras
el administrativo canario lo entiende, el peninsular únicamente lo hace si utiliza
la variedad estándar *como viene en el disionario* (L. 319-320). Como contraparti-
da de *entender* no aparece únicamente *no- entender* (*el de aquí te entiende aunque sea un belillito y los peninsulareh no* L. 321-322), sino *marginar* (L. 322).
Esta marginación se produce por utilizar rasgos de la variedad dialectal: *loh
peninsulareh te marhinan si en veh de desir cuál diseh cualo* (L. 322-323). En
esta última frase, es donde más claramente se observa la construcción de una
situación de conflicto, en este caso de marginación, por la utilización de una
variedad determinada. La reacción del hablante es de defensa: *yo se lo digo adredeh* (L. 323), reafirmándose así en su propia variedad y mostrando una actitud
positiva hacia sí misma.

Esta actitud positiva hacia la variedad vernácula queda patente con la última frase,
no obstante, se ha manifestado de forma encubierta a lo largo de todo el fragmento.
Ha sido valorada positivamente como rasgo compartido por los otros miembros del

endogrupo con quienes el hablante se siente identificado, por poder *entenderse* verbalmente, incluso aunque un hablante del exogrupo pudiera atenderlo mejor.

F. 11: Estefanía M03/14: 52-90 'pero Ehtefanía ni que hablaran otro idioma que tú!'

52 E: eh que a mí me dan una paga por invalideh sabeh? por mi marido=que yo también
53 ehtoy llena de doLOreh- pero BUEno y tengo que ir siempre a Santa Cruh a:rreglar loh
54 papeleh=que me CUEHta monTÓN! coher la guagua y eso aun-bueno a veseh me lleva
55 mi hermano y ya entonseh pueh casi eh único cuando salgo d:aquí de ((el pueblo))
56 L: ya
57 E: y así también cuando voy aprovecho pa ir al supermercado y cosah así que tenga
58 que haser allí y arreglar la paga
59 L: sí
60 E: que:ya te lo dihe anteh ((lento)) a MÍ no me guhta Santa Cruh... ni me ha guhtado
61 nunca y loh papeleh menoh me guhtan sabeh?
62 L: sí ((bajito))
63 E: no... no me guhta loh-siempre lo MIH!mo, lo MIH!mo lo MIH!mo...
64 L: síii.../
65 E: ir allí loh caLO!reh=que sooN LEN![toh] ((acentúa mucho))
66 L :[sí]
67 E: y dehpuéh enSIma: que tratan a una como si hubierah hecho algo=no sé: como si
68 fuerah boba= ((rápido)) que por ehemplo lo que te dihe anteh de loh peninsulareh
69 ((bajo)) pueh allí también te pasa...
70 L: el qué?
71 E: &que hay doh... que YO! REso y REso pa que no me toque con elloh... todoh loh
72 avemaríah y todo lo que me sé pa que no me toque con elloh
73 L: @@[y (por qué)]
74 E: -[Porque] tratan a una fatal ((más rápido)) porque no me entienden lo que leh digo
75 y yo a elloh ni te cuento cómo tengo abrir lah orehah VAmoh! NI=te=CUENto=
76 ((rápido))que hay educadoh que mi hiha vive en la Península y yo sé que hay educadoh=
77 pero a MÍ me cuehta mucho entenderloh...
78 L: ahhh
79 E: será porque a mí me da miedo que no me entiendan y mehor que me atienda alguien
80 d:aquí que habla máh normal conmigo que yo digo=que me digo yo a mí no? >CITA:
81 pero Ehtefanía ni que hablaran otro idioma que tú!< @[@@]
82 L: ((bajito)) [@@]
83 E: sino que esa manera de hablar d:elloh, como si ehtuvieran enfadadoh que pueh me
84 parese que será que tengo mal loh papeleh o algo y me voy poniendo nerviosa nerviosa
85 en la cola ...
86 L: ...ya... pero al final te entiendeh no?
87 E: sí muher. ((despacio)) que lah palabrah... son lah mihmah palabrah... pero no sé
88 dichah de otra forma... que... no no sé como desirte que elloh hablan con máh asento
89 máh pronunsiando lah cosah bien que en La Península yo loh he oído también cuando
90 he ido a ver a mi hiha...

En el presente pasaje, la hablante reconstruye una situación pasada en una administración pública, sin que haya habido ninguna pregunta por parte de L. Se trata de un relato del tipo crónica (pasajes biográficos que no están atados a una línea de sucesos consecutivos y no se ordenan en un eje temporal sino temático) en el que la hablante cuenta que no le gusta ir a la capital, sobre todo a cobrar la paga de invalidez de su marido. Este fragmento no está subordinado a una argumentación mayor, pues pertenece al principio de la entrevista, donde la hablante (de aprox. 70 años) relata cómo es la vida en su pueblo y lo que hace normalmente.

Como en F. 10, la razón por la que a E. no le gusta ser atendida por un hablante estándar es la inexistencia de un entendimiento: *ni me entienden lo que leh digo y yo a elloh ni te cuento cómo tengo que abrir lah orehas* (L. 74-75). Sin embargo, la manera en que la hablante se enfrenta a ello es distinta que en el caso anterior: no toma una actitud de defensa sino que tiene temor de no ser entendida y viceversa. Este temor se observa en las L. 71 y 72: *REso y REso pa que no me toque con elloh...todoh loh avemaríah y todo lo que me sé pa que no me toque con elloh* y se explicita en la L. 79: *porque a mí me da miedo que no me entiendan*. Con esto se manifiesta una inseguridad lingüística muchísimo mayor que en los fragmentos anteriores: la hablante minusvalora su habla hasta tal punto que considera que no van a entenderla. Con un canario no le sucede lo mismo ya que *uno d:aquí habla máh normal conmigo* (L. 80). Como en los dos casos anteriores, la hablante incluye al canario en su mismo espacio comunicativo a través de deíxis. La única razón por la que prefiere ser atendida por un canario es la lengua y no, por ejemplo, la educación a la hora de atender (L. 76).

Se sitúa así, como en los casos anteriores, en un punto del contínuum distinto en el que sitúa a los hablantes peninsulares. Tanto es así, que no son ya diferencias en el contínuum dialecto-estándar, sino que estas son tan grandes que se trata de distintas lenguas (igual que en F. 9), donde la variedad vernácula es construida como *otro idioma* (L. 81). La hablante se dice así misma: *pero Ehtefanía ni que hablaran otro idioma que tú* (L. 81). Aunque es consciente de que se trata de la mima lengua y de distintas variedades, el miedo a no ser entendida y no entender parece ser el mismo se produciría si se tratara de una lengua extranjera. En las siguientes líneas, se observa que la hablante es consciente de que se trata de distintas variedades. La causa de su temor es explicada con una categorización: *esa manera de hablar d:elloh, como si ehtuvieran enfadadoh que pueh me parese que será que tengo mal loh papeleh* (L. 83-84). Tras la pregunta provocativa de L. (L. 86), la hablante categoriza las distintas variedades como *lah mismah palabrah pero dichah de otra forma* (L. 87-88). Continúa con una categorización por contraste de ambas variedades, donde la estándar se categoriza como *con máh asento* y *máh pronunsiando bien* (L. 88-89) y con los comparativos de superioridad *más*. También la vernácula que, por ende, será con menos acento y pronunciando mal o peor. Hay una valoración negativa encubierta de la variedad vernácula, que no había sido realizada durante el relato de la hablante.

Aunque las situaciones de contacto reconstruidas han variado, se observan muchas similitudes entre los hablantes analizados en este fragmento. En primer lugar, todos/as han preferido que lo atienda un canario. La principal razón esgrimida ha sido, en todos los casos, la lengua: bien porque los hablantes se sentían más cercanos o cómodos, bien por una cuestión de entendimiento. Las situaciones de contacto adquieren, debido a las actitudes y al rechazo hacia la variedad estándar y, en algunos casos, a sus hablantes, un carácter de conflicto lingüístico, tanto en el ámbito personal (F. 10, 11) como colectivo (F. 8, 9, 10). Uno de los principales recursos utilizados para la construcción discursiva de la identidad, ha sido el posicionamiento en la reproducción de diálogos en estilo directo. En ellos, los entrevistados han situado a los hablantes peninsulares en un punto distinto del contínuum del que se sitúan a sí mismos y a su grupo y han adscrito así identidades lingüísticas distintas a unos y otros. Este recurso se observa en muchos de los fragmentos que siguen a continuación.

7.3.2. *Colegio y consulta médica*

En F. 12. el hablante, enfermero de profesión, reconstruye dos situaciones de contacto distintas, en ambos, y como se vio en los puntos anteriores, la utilización de variedades distintas llevan a una situación de conflicto. En F. 13 la hablante reconstruye varias situaciones de contacto: en el colegio, en un banco y en el mercado. La hablante de F. 14 reescenifica un diálogo entre ella y una profesora peninsular acerca de la clase de historia en Educación Secundaria. Los/as hablantes proceden de: La Gomera (F. 12, F. 13) y de Tenerife (F. 15).

F. 12:   Jorge M03/23: 215-224 'en CaNAriah un par nunca eh doh'

215 J: yo trabaho con médicoh, y a veseh van pasienteh y disen >CITA: hase un par de
216 díah que tengo un dolor< el tío pone >CITA: hase DOH díah que tengo un dolor< y
217 yo le dihe >CITA: hombre ehtá confundido, hase doh díah no< >CITA: nooo! acaba
218 de desir un par de díah< >CITA: HOMbre! en CaNAriah un par nunca eh doh, un par
219 puede ser seih siete ocho o dieh díah< entiendeh? o como fue otra compañera >CITA:
220 tengo unoh cólicoh que me ehtán llevando< el tío pone tiene cólico y lo que le reseta
221 son unoh antidiarreicoh, >CITA: no perdone lo que tiene son cólicoh por la
222 mehtruasión< >CITA: ah pueh tendría que haberlo dicho< >CITA: NO, uhté era el
223 que tendría que haberle preguntado qué cólicoh y de qué tipo< entiendeh?
224 L: sí sí...

Este fragmento constituye, en su totalidad, una reproducción de diálogo, donde el hablante reconstruye dos situaciones de contacto distintas, ocurridas en el hospital en el que es enfermero. El médico, hablante estándar, no entiende a los pacientes cuando estos le explican sus síntomas. Se trata de una situación clara de comunicación fallida, que va más allá de la utilización de códigos comunicativos distintos, hasta llegar a una incomprensión por ambas partes. La comunicación fracasa porque el médico, al no entender al paciente, le receta una medicina equivocada. Así, se produce una grave situación de conflicto con el enfermero (hablante), quien tiene que "traducir" al médico lo que han dicho a sus pacientes. A continuación, se desglosan ambos diálogos para poder analizarlos en detalle ya que son de gran interés.

En el primer diálogo, médico y paciente no se entienden debido a la utilización vernácula del cuantitativo *par* (L. 215-218) que –como apunta el mismo hablante– en Canarias no significa necesariamente 'dos'. El enfermero tiene que intervenir realizando la función de "traductor" entre ambas partes, ya que el médico al tomar nota, utiliza el significado estándar de par como 'dos días'. Como se ve en la intervención 4, el significado vernáculo canario le es desconocido. En el segundo diálogo, paciente y médico no se entienden debido a la distinta utilización del término *cólico* (L. 220-223). Este malentendido tiene una consecuencia mucho

TABLA 5
Diálogo médico-paciente

Diálogo 1:
1. **Paciente**:–Hace un par de días que tengo un dolor
Médico: ((escribe)) Hace dos días que tiene un do
2. **Enfermero (Jorge)**:–HOMbre! está confundido, hace dos días NO!
3. **Médico**: –CÓmo que nooo?! Acaba de decir un par de días
4. **Enfermero (Jorge)**: –HOMbre! en CaNArias un par nunca es dos, un par puede ser seis siete ocho o diez días, entiendes?

Diálogo 2:
1. **Paciente**: Tengo unos cólicos que me están llevando
Médico: ((escribe)) Cólico y le reseta antidiarreico
2. **Enfermero (Jorge)**: –No perdone lo que tiene son cólicos por la menstruasión
3. **Médico**: Ah! pues tendría que haberlo dicho
4. **Enfermero (Jorge)**: –NO! usted era el que tenía que haberle preguntado: ¿cólicos y de qué tipo?

más grave que en el primer caso, ya que el médico receta una medicación equivocada. Nuevamente, es el enfermero quien tiene que intervenir como *traductor*. El conflicto entre ambos es mayor que en el primer diálogo, debido a que hay una réplica más por parte del médico: este culpa al paciente de no especificar mejor su dolencia, mientras que el enfermero culpa al médico, diciéndole que es él quien tiene que preguntar qué tipo de dolores.

Que el hablante estándar está situado en un punto distinto del contínuum es, en este diálogo, más claro que en ningún otro caso analizado hasta ahora. Mientras que en fragmentos anteriores, los hablantes canarios aludían al hecho de no ser entendidos y no entender a los hablantes estándar, en este caso es un hecho consumado, con consecuencias tan drásticas como es la receta de un medicamento equivocado. La divergencia con respecto al estándar alcanza, pues, un grado máximo porque la comunicación fracasa. Este fracaso y, consecuentemente, la distancia entre los hablantes, que se mueven en distintos espacios comunicativos, ha sido construida por medio de diferencias en el léxico.

A diferencia de los otros fragmentos, donde la distancia comunicativa había sido construida a partir de la escenificación de rasgos fónicos del estándar, en este caso, el hablante no escenifica un acento estándar. Por el contrario, la distancia comunicativa se establece a partir del significado distinto de los vocablos *par* y *cólico*, que no son traducibles al estándar. Justo en el sentido humboldtiano estudiado en el punto 3.1. El hablante, que representa su propia voz en el diálogo, al cumplir la función de traductor con los pacientes y encontrarse por tanto en un mismo punto del continuo que estos, construye una identidad social como perteneciente a ese grupo con cuyos miembros posee, una misma visión del mundo y, por tanto, una construcción afín de la realidad.

F. 13: Yolanda M03/5: 321-370 'hábleme dehpasito que si no no lo entiendo'

321   Y: no SÉ si eh que: yo... tengo mala suerte o
322   qué=pero a MÍ siempre me pasan cosah, si no eh con ingleseh@@ con loh peninsulareh
323   L: sí
324   Y: que yo sé que hay muy buenah personah... eso no tiene que ver que aquí también
325   hay montón de hente mala y mi mehor aMIgo:eh peninsular= pero eh que... yo no sé,
326   eh... que
327   L: ((bajito)) sí?
328   Y: sinSERAmente no me Guhta: no sé que no... no=no sé que -HESÚH que no lo
329   DI!GO! no me guhhta no sé la manera de hablar así... que tienen
330   L: ya
331   Y: que sabeh? que será muy corre:ta y todo eso y yo no digo que no sea así... ade[máh]
332   L: [sí]
333   Y: ((más segura)) -loh niñoh peninsulareh por ehemplo... se ehpresan muy bien=hahta

334   mehor que loh ninoh d:aquí y en el colehio, te lo digo por mi hiho tienen menoh faltah
335   y esah cosah
336   L: ya
337   Y: que a lo mehor será algo suhetivo mío no? pero mi hiho me vino un día contando
338   que la maehtra peninsular que tienen=que será muy buena persona y todo lo que tu
339   quierah leh dise que loh niñoh canarioh tienen máh faltah por no pronunsiar lah setah
340   y esah cosah
341   L: sí
342   Y: y mira yo... me calenté de una forma tremenda
343   L: y qué hisi[hte]&
344   Y: [pueh] mira a lah otrah madreh leh daba igual y eh verdá que con esah maehtrah
345   peninsulareh tendrán menoh faltah pero a mí me molehta que digan esah cosah en
346   clase entiendeh?
347   L: hmm
348   Y: &y como lah otrah madreh no desían nada pueh... yo tampoco dihe
349   L: ya
350   Y: pero te digo eso porque no iba a ser la única madre no? pero otrah veseh no me
351   callo, yo cuando en hasienda o algún sitio te atiende un godo yo le digo >CITA:
352   hábleme dehpasito que si no no lo entiendo< @@
353   L: hmm@
354   Y: aunque sólo sea pa molehtarlo sabeh? en el banco hay uno y siempre se lo digo y
355   al final el hombre pueh ya se ríe se ríe porque-((rápido más segura)) o el otro día en
356   el mercado eh que: no me PUde aguanTA:R porque haBÍA una señora peninsular y
357   venga a desirle al de lah verdurah >CITA: ((pone acento estándar, exagera mucho las
358   eses finales) laSS patataSS estaSS shon muy pequeñinaSS=shon muy
359   pequeñinaSS=no hay de otraSS y el hombre que eh de Fahnia o por ahí >CITA: que
360   lah PA:pah ehtah son aSÍ: \doña< y la señora venga >CITA: que shon muy
361   pequeñinaSS muy pequeñinaSS esh que voy a tener que comprarlaSS en otro shitio<y
362   yo((alto, agudo))=AY=AY=AY=AY=me PONgo hihTÉrica >CITA: ((lento)) pueh
363   señO:ra váyase a comprar suh patatinaSS al supermerCA:do y déheme esah a
364   mí< @@[@@]
365   L: [@@]
366   Y: ademáh muchacha sabeh? lah patatinaSS eran papah negrah! @@
367   L: @@@
368   Y: así que yo no me callo no me callo porque me enveneno toda cuando loh oigo
369   desir así esah cosah sabeh? con ese tono dehpe:tivo que tienen al
370   hablar=dehpe:tivo=de lah cosah d:aquí

La hablante reconstruye varias situaciones de contacto en la esfera pública: en el colegio, en el banco y en el mercado. El texto es esencialmente de relato, los elementos descriptivos son reducidos en comparación a otros ejemplos hasta ahora vistos y se encuentran en la primera parte del fragmento (L. 321-335), donde la hablante (muy insegura y tímida al hablar) expresa su desagrado hacia la variedad estándar: *no me guhta la manera de hablar que tienen* (L. 329), pero la categoriza positivamente como *muy correcta* (L. 331) y por contraste como: *loh niños peninsulareh por ehemplo se ehpresan muy bien mehor que loh niños d:aquí / tienen menoh faltah* (L. 333-334).

A partir de la L. 337, comienzan las partes de relato que, en total, son tres. En la primera (L. 337-350), la hablante reconstruye una situación en el colegio de su hijo, donde una maestra peninsular: *leh dise que loh niñoh canarios tienen máh faltah por no pronunsiar las setah y esah cosas* (L. 339-340). El posicionamiento de la hablante, aunque parece ser ambiguo, no lo es, pero intenta encubrir su actitud de rechazo hacia la variedad estándar. Justifica sus intervenciones como: *a lo mehor eh su:hetivo* (L. 337), *será muy buena persona y todo lo que tu quierah* (L. 338-339), *eh verdá que con esah maestrah peninsulareh tendrán menoh faltah* (L. 344-345). Tras L. preguntarle qué hizo al respecto y la respuesta negativa la hablante argumenta (justificación) que las otras madres no hicieron nada al respecto, y por eso ella tampoco. La hablante toma, a partir del segundo relato (L. 351-355), un posicionamiento hacia la variedad estándar y sus hablantes más claro que en la situación anterior: *pero otrah veceh no me callo* (L. 350-351). De la timidez que mostró al principio, pasa a una actitud que casi se podría llamar de provocación: le dice al administrativo del banco al que suele ir *hábleme dehpasito que si no no lo entiendo* (L. 352) y añade: *aunque sea sólo paa molehtarlo* (L. 354). Esto es, la hablante inicia una posible situación de conflicto, que no es tal porque afirma que el banquero se ríe.

En la tercera situación, reproduce un diálogo en estilo directo, escenificando una situación de contacto en el mercado (L. 356-366). Hay tres emisores distintos: una señora peninsular, el vendedor de verduras y ella misma. Los rasgos de la variedad estándar son de carácter hiperbólico: la hablante cambia notablemente su tono de voz, las s finales son exageradas y utiliza léxico y lexemas que no se usan nunca en la variedad canaria: el sufijo diminutivo –ñinas (L. 358) y el vocablo *patatas* (L. 358). A nivel del relato, la hablante se sitúa en el mismo espacio comunicativo que el vendedor de verduras. A nivel de la interacción, en el mismo espacio comunicativo que la entrevistadora. Esto se observa en la L. 366 donde la hablante incluye a L en su "espacio de interacción y conocimiento": *ademáh muchacha que lah patatinass eran papah negrah!*[15] (L. 366). Así, se ha situado, con el vendedor de verduras a nivel del relato y con la entrevistadora a nivel de la interacción y, como se ha visto para otros casos de reproducción de diálogo, en un punto distinto del contínuum del que sitúa a la hablante peninsular. Aunque, en este caso, su

---

[15]   Tipo de papas muy apreciado en Canarias, generalmente pequeñas, con la cáscara negra y muy amarillas por dentro.

posicionamiento es gramaticalmente siempre individual (no habla de un nosotros y un ellos), traza una frontera entre ella, el vendedor de verduras, la entrevistadora (con quienes comparte un conocimiento del mundo y una afinidad en la construcción del mismo) frente a la hablante estándar. Ésta no comparte ni la misma variedad, ni la misma visión del mundo: *laSS patataSS estaSS shon muy pequeñinaSS=shon muy pequeñinaSS=no hay de otraSS* (L. 358-359). Mientras que para la hablante estándar las papas son pequeñas y por eso no sirven, para el vendedor y para la hablante su valor reside justamente en esa característica.

A partir de la L. 368 la hablante abandona el relato y realiza una coda a través de una categorización del modo de hablar estándar como *dehpectivo* (L. 369). Se observa, además, una actitud de resistencia que no se observó de la misma manera en la situación del colegio (ver arriba) mediante la que la hablante se identifica con su variedad y con los otros miembros de su comunidad de habla.

F. 14: Noelia M03/1: 52-71 'nosotroh tenemoh que ehtudiar nuehtra hihtoria'

52   N: una veh yo tuve una profesora de hihtoria peninsular muy simpática y dehpuéh...
53   como yo quería ehtudiar hihtoria pueh a veseh tenía dihcusioneh con ella... y
54   hablábamoh de eso >CITA: eh que me da RA:bia que en segundo de bachillerato
55   demoh hihtoria de Ehpaña y no demoh nuehtra hihTOria<... ñOH!... eh que nosotroh
56   tenemoh que ehtudiar nuehtra hihtoria y no la de elloh que dehpuéh en la carrera eh
57   igual sabeh, pero [bueno]
58   L: [sí]
59   N: y ella me desía >CITA: pero oye también eh un poco de tu hihtoria por mucho que
60   tú digah y ademáh eh que en la ESO[16] yo no sé lo que dihte tú, pero se da
61   Canariah=hihtoria de Canariah y si comparah con La Península= dehde primero se
62   tienen que ehtudiar lihtah de reyeh ehpañoleh< >CITA: NO, pero loh reyeh también
63   lo hemoh ehtudiado aquí=que lo hemoh ehtudiado montón lo que no puedeh eh intentar
64   alargarlo y dehconoser de lo tuyo< sabeh?
65   L: sí
66   N: porque lo que realmente luego te queda eh lo de loh últimoh cursoh y eh hihtoria
67   de Ehpaña y heneral... eh que si no no te enterah de lo que que pasa en Canariah
68   >CITA: No no pero tal pero cual< y yo digo pero eh que ademáh en cada Comunidad
69   ehtudian lo que leh da la gana, vete al Paíh Vahco pa que veah que dan hihtoria
70   vahca<>CITA: no porque si cada uno ehtudia lo de su Comunidad luego qué hasen,
71   eso hay que normalisarlo para que sea lo máh o:hetivo posible<

Igual que en F. 12, el presente fragmento representa, casi en su totalidad, un diálogo en estilo directo con reproducción de voces. La hablante relata acerca de una

---

[16]   Educación Secundaria Obligatoria.

profesora peninsular de historia con la que la hablante *a veseh tenía dihcusioneh* (L. 53). Una de estas discusiones es escenificada. A diferencia de otros fragmentos, en el presente, no se reproducen las distintas variedades. La hablante hace referencia, de manera indirecta, a lo que el hablante de F. 7 denominó *educasión colonial*. No obstante, no reconstruye un conflicto de manera abierta, este queda implícito en el diálogo mantenido en el que las dos posturas son contrarias. La hablante tiene, en todo momento, un posicionamiento social, se entiende como un nosotros frente a un ellos y diferencia a ambos grupos reiteradamente. Adscribe no sólo identidades, sino intereses grupales comunes divergentes: mientras que para la profesora peninsular es importante conocer la historia de España, la hablante da más relevancia a la historia de Canarias. El posicionamiento de la hablante en la situación de contacto parece ser, como en F. 7, más en referencia al sistema educativo que a la profesora en sí misma. Se observa así que la reconstrucción de la situación de contacto, ha servido más como ejemplificación a un posicionamiento argumentativo que como relato mismo.

7.3.3. *Lugares de ocio*

Las situaciones reconstruidas en los próximos fragmentos tienen lugar en un bar, el primero en la ciudad de Las Palmas y el segundo en Barcelona. El contacto entre ambos grupos tiene distintas consecuencias: mientras que en el primero se da una situación de conflicto (encubierto), en el segundo, juega un importante papel la cuestión del entendimiento (como en F. 12, F. 11 y F. 10). Los hablantes proceden de Gran Canaria (F. 15) y Tenerife (F. 16).

F. 15: Pablo S04/7: 116-134 'aparesen elloh con su zzzzzz y te queah tú callaíto no?'

116 P: mira hase un par de sábadoh: eran ya:por lo MEnoh lah cuatro la maña:na CHAcho!
117 aparesió un grupo de godoh en el bá y noh quedamoh tóh fríoh porque iban tóh rapaoh
118 paresían ehkín y con una prepotensia así que van como... y CHAcho nosotroh allí
119 mirando a ver qué pasaba y era un rollo raro porque te veh así de pronto a guhto en tu
120 bá de siempre y aparesen elloh con su zzzzzz y te queah tu callaíto no?
121 L: sí
122 P: mirando a ver qué hasen, la hente se fue el buen rollo que tenía y... mi colega
123 >CITA: mira que lo:canarioneh somoh ehcandalosoh no? pero ehto:Ggodoh CHAcho
124 por favor! na máh oírloh me quedo tó erisado> @[@@@]
125 L: [@@]
126 P: [@@] eh que@ con esa forma tan agresiva que tienen
127 d:hablá pueh no é:pa menoh@@
128 L: @hmm
129 P: BUEno no sé a lo mehó ehtoy esaherando un poco pero eh verdá que como llegue

130   un grupo así de tantoh godoh huntoh pueh te quedah tú máh callao no? pa no pelearte
131   o algo así porque mi:Ccolegah ehtaban ya mohqueadoh pero como somoh máh
132   tranquiloh quel caraho no te vah a pelear no? aunque te dan ganah de desirleh >CITA:
133   CHAcho váyanse pa su:Bareh con su SEta del caraho< y a nosotroh que no:dehen lo
134   poco que noh queda

Este fragmento constituye un relato, donde el hablante reconstruye una situación de contacto entre él, sus amigos y un grupo de peninsulares que llegan al bar que los primeros frecuentan habitualmente. Se trata de un relato escénico-episódico en el que, aparecen todos sus elementos, aunque no ordenadamente (Lavob/ Waletzky 1973). La delimitación temporal es concreta: *hase un pa de sábado: eran ya por lo menoh lah cuatro la mañana* (L. 116) que funciona como "anuncio". Prosigue la "orientación" (L. 117-119) donde reconstruye la situación, el lugar y las personas que hay en él: el hablante se encuentra en un bar y aparece un grupo de peninsulares, que son descritos físicamente.

A mitad de la L. 119, con el cambio a presente *te veh ahí de pronto* (L. 119) comienza la "complicación", parte central del relato que abarca hasta la L. 124. Al aparecer el grupo de peninsulares, las personas que ya se encuentran en el bar se quedan en silencio, mirando lo que ocurre y el ambiente cambia a negativo *a la hente se le fue el buen rollo que tenía* (L. 122). Este silencio está provocado, en gran parte, por la utilización de la variedad estándar: *aparesen elloh con su zzzzz y te queas tú callaíto, no?* (L. 120). En la complicación, el hablante escenifica la voz de un amigo (la escenificación es siempre característica de la complicación). El "resultado" y la "coda" abarcan de las L. 129 a la 133, pero no se dan de manera lineal: como resultado de la reconstrucción narrativa, el hablante dice *mih colegah estaban ya mohqueadoh pero como somoh máh tranquiloh quel carajo no te vah a pelear no?* (L. 131-132). En la coda, el hablante extiende esa situación a otras similares: *eh verdá que como llegue un grupo así de tantoh godoh huntos pueh te quedah tú máh callao no? pa no pelearte o algo así* (L. 129-130). El componente moral de la coda se encuentra en la última intervención, en la que el hablante vuelve a escenificar una voz: *>CHAcho váyanse pa su: Bareh con su ZEta del caraho > y a nosotroh que no: dehen lo poco que noh queda* (L. 133-134).

El hablante se posiciona dentro de la narración desde el principio en la primera persona del plural, la primera del singular es únicamente utilizada a nivel de la interacción cuando dice a L: *ehtoy esaherando un poco* (L. 129). El posicionamiento es social, el hablante se construye como perteneciente al grupo de los canarios (y no sólo a sus amigos, ya que lo extiende a las otras personas que había en el bar). Como elemento fundamental de la situación conflictiva reconstruida, está nuevamente la lengua. Es a través de ella, que se traza una frontera entre ambos grupos y la que provoca que el ambiente del bar cambie: *aparesen elloh con su zzzzz y te queas tú callaíto, no?* (L. 120). Hay un rechazo a la variedad estándar, categorizado en las siguientes frases como *na máh oíloh me quedo tó erisado* (L. 124) / *Zeta del caraho* (L. 133), la variedad estándar es categorizada como *agresiva* (L. 126). Como en los dos casos anteriores, se puede concluir, que existen dos tipos de posicionamiento: una actitud abierta de rechazo a la variedad estándar y una inseguridad lingüística encubierta.

F. 16: José M03/26: 184-194 '¿Por qué tengo yo que entrar por ahí y elloh no saben m:idioma?'

184 J: y yo he ido a La Península y he hablado canario allí y SE RÍEN del vocabulario
185 d:aquí ((alterado))) / / eh que tú vah allá y pideh un barraquito y elloh NO SAben qué
186 eh un barraquito y tieneh que entrar por donde elloh disen ¿entiendeh?... eeehhh...
187 que no debe ser así=igual que loh ingleseh=como tú vayah allá y como no sepah ingléh
188 olvídate, te MUEREH de HAMbre=yo lo que digo eh >CITA: ¿por qué elloh
189 cuando vienen aquí no saben hablar como nosotroh? eso yo lo veo mal=tú vah allí a un
190 bareto=por ehemplo a Barselona= y pideh un sangüih de hamón y queso y elloh no
191 saben lo que eh un sangüih NO SABEN qué eh!! tieneh que desir >CITA:
192 ((pone acento peninsular)) unaS toStadaS calienteS< porque no se dise a la plancha,
193 >CITA: con hamón y queso< y elloh no lo entienden ¿Por qué tengo yo que entrar
194 por ahí y elloh no saben m:idioma?

En los fragmentos analizados hasta ahora, los hablantes construyeron o reconstruyeron situaciones de contacto conflictivas en Canarias, a causa de la utilización de distintas variedades. En este caso, el hablante reconstruye una situación en Barcelona, en la que, si utiliza su léxico dialectal no es comprendido[17]. El texto tiene carácter de relato tipo *reportaje* ya que no hay una delimitación temporal concreta. Se reconstruye una situación pasada siempre desde la perspectiva presente, con un grado alto de abstracción. No obstante, está claramente subordinado a una argumentación evaluativa, como se ve en la semántica de las siguientes intervenciones *no debe ser así* (L. 187), *eso yo lo veo mal* (L. 189), *por qué tengo yo que entrar por ahí* (L. 193-194). En las L. 184-185, el hablante introduce el relato y hace referencia a una actitud negativa de los hablantes estándar hacia la variedad canaria: *yo he ido a la Península y he hablado canario y se ríen del vocabulario d:aquí* (L. 184-185).

---

[17] Lógicamente no tiene por qué ser entendido en Barcelona si utiliza vocablos dialectales, como tampoco lo sería en otro lugar hispanohablante.

A continuación, el hablante describe una situación en la que, como en los dos casos anteriores, su conceptualización del mundo y construcción de la realidad no coincide con la del exogrupo: *tú vas allá y pides un barraquito y ellos No Saben qué eh un barraquito*[18] (L. 185-186). El hablante introduce un ejemplo similar escenificando un diálogo. Como en el F. 12 hace la función de "traductor", esta vez en sentido inverso: de la variedad canaria a la estándar peninsular. El vocablo *sangüih* (L. 190) (anglicismo: sandwich) es construido por el hablante como propio y tiene que traducirlo como *tostadah calienteh con hamón y queso* (L. 192-193): caliente es el término que el hablante asigna al traducir a *la plancha*: *tieneh que decir: >Cita ((pone acento peninsular)) unaS toStadaS calienteS< porque no se dise a la plancha, >Cita: con hamón y queso<* (L. 191-193). A través de esta traducción, el hablante se sitúa en un punto alejado del contínumm del que ha situado a los hablantes estándar. Lo hace tanto mediante una escenificación de rasgos fónicos estándar, como de la utilización de un léxico diferencial. Su posicionamiento es social, trazando una frontera entre el nosotros, con quienes comparte un espacio comunicativo y consecuentemente una identidad determinada, y el ellos con quienes no comparte dicho espacio. En el caso del *barraquito* (L. 186), el no ser comprendido por el hablante estándar, es categorizado como *tieneh que entrar por donde elloh disen* (L. 186). Los canarios representan, una vez más, la parte que recibe la acción. Para el hablante, mientras que los canarios tienen que adaptarse a la forma de hablar estándar, los hablantes estándar no tienen que hacer lo mismo cuando van a Canarias (F. 12, F. 9) *¿Por qué tengo yo que entrar por ahí y elloh no saben m:idioma?* (L. 193-194). El conflicto entre variedades es construido mediante esa diferencia de poder entre los hablantes de la variedad estándar y los de la dialectal, ya que son estos últimos quienes deben converger hacia el estándar y no al revés.

7.4. Reconstrucción de contacto en la esfera privada

Los siguientes fragmentos se centran en situaciones de conflicto dentro de la esfera privada, esto es, no como en los casos anteriores a nivel público, sino en reuniones de ocio con amigos, en la relación con los vecinos y con la familia. En todos ellos, la lengua desempeña un papel fundamental en la construcción del contacto y la identidad.

---

[18] Tipo de cortado con café expreso, leche condensada, leche natural, limón y canela típico de Tenerife, ni siquiera de otras islas.

7.4.1. *Relaciones de amistad*

Los cuatro hablantes de los fragmentos que siguen a continuación, reconstruyen una situación de contacto en el ámbito de las relaciones amistosas. Mientras que en F. 17 y F. 18, los hablantes parten de una situación pasada vivida, en F. 19 el hablante construye en el acto interactivo una situación de contacto hipotética. Los hablantes proceden de Tenerife (F. 17 y 19) y de Gran Canaria (F. 18).

F. 17: Peraza M03/24: 321-360 'loh canarioh tienen que callarse'

321 L: ¿Con quién te relahionah normalmente?
322 P: en el trabaho?
323 L: sí... bueno y en tu vida privada...
324 P: pueh eh que en el trabaho tengo que ver con ehtranheroh y con muchoh
325 peninsulareh=que mucha de la cohtrusión ehtá en manoh de hente fuera y dehpúeh
326 pueh mi hente son máh d:aquí
327 L: ya
328 P: mi, mi familia eh toda de aquí y la de mi muher también BUEno que tenemoh
329 unoh amigoh peninsulareh muy buenoh
330 [Resumen: habla de quiénes son y cómo los conocieron y que suelen reunirse con
331 ellos para almorzar los fines de semana. A veces hay más peninsulares, y eso parece
332 desagradar al hablante]
333 P: lo que pasa eh que=mira el otro día ehtuvimoh en una reunión en la casa d:elloh y
334 había montón de peninsulareh y claro entonseh pueh pasa lo mihmo de siempre... que
335 hablan y hablan y elloh se lo pasah porque son tuh amigoh no? pero loh otroh yo no
336 ehtoy pa ehtar aguantando a nadie y entonseh eh... paha lo mihmo de siempre
337 L: ((bajito)) qué&
338 P: &pueh que loh canarioh en una reunión con peninsulareh tienen que callarse, tienen
339 que callarse porque ya te digo ((en otro fragmento ya habló de la forma de hablar)) un
340 peninsular empiesa a hablar muy deprisa, muy deprisa y por la forma de vocalisar
341 que tiene noh parese un fantahma al momento. Hablah lo presiso y yo ehtoy en una
342 reunión con peninsulareh y no me voy a poner a soltar un palique, yo creo que nosotroh
343 hablamoh dehpasio y vocalisamoh poco y un peninsular te habla deprisa
344 vocalisa demasiado y te ehcupe todo @@@@@
345 L: @@
346 P: eh broma... pero creo que loh peninsulareh deberían acohtumbrarse un poquito
347 máh aquí, el que viene aquí a trabahar=vienen aquí como a acohtumbrarnoh
348 L: sí
349 P: pero creo que hoy en día somoh ya capaseh de mandarloh a callar y ahora aquí va
350 ya todo el mundo a raha tabla con elloh=ademáh hahta loh godoh saben ya que no
351 pueden ir así
352 L: ya&
353 P: & mira lo que me refiero que a lo mehor ehtáh oyendo hablar a una persona y el
354 simple hecho que habla peninsular ya te da como que eh una persona culta, pero no

355 eh culta, eh su manera de hablar, pero tampoco todoh loh peninsulareh hablan bien o
356 vocalisan bien, hay sitioh de Ehpaña que hablan igual de mal o peor que nosotroh
357 L: sí
358 P: pero hay una cosa que sí me mohquea y eh que loh peninsulareh que ehtán aquí
358 hamáh se adaptarán a hablar como hablamoh nosotroh y nosotroh somoh tan hilipollah
360 que vamoh allá y porque noh creemoh menoh ehtamoh hablando con la se de loh
361 cohoneh... pero yo creo que se puede hablar bien, hablar con cultura sin nesesidá de
362 perder el asento, ademáh total total...

Aunque con varias características de relato, este pasaje es enteramente argumentativo. El hablante parte de una experiencia particular, una reunión en casa de
unos amigos peninsulares, y a partir de ella se posiciona como miembro del grupo
de los canarios y generaliza a cualquier otra situación similar: *pasa lo mihmo de
siempre loh canarioh en una reunión con peninsulareh tienen que callarse* (L.
336-338). Esto tiene dos consecuencias discursivas principales:

Por un lado, realiza una argumentación causal: razona la *quaestio* principal de
por qué tienen que callarse. Dentro de ella, se produce un pasaje descriptivo
donde las respectivas variedades son categorizadas. El argumento principal es la
forma distinta de hablar de unos y otros. Los peninsulares son categorizados
como *fantahmah*[19] (L. 341) por su manera de hablar *muy deprisa* (L. 340). Las
variedades son también categorizadas por contraste: *nosotroh hablamoh dehpasio y vocalisamoh poco, un peninsular te habla deprisa vocalisa demasiado y te
ehcupe todo* (L. 342-344). El conflicto al que remite esta categorización por contraste es esencialmente lingüístico. Por medio de la misma, el hablante se posiciona como un nosotros frente a un ellos y se sitúa en un punto determinado del
contínuum distinto al que sitúa a los hablantes peninsulares. Además, es destacable que el hablante vuelve a la primera persona: *yo ehtoy en una reunión con
peninsulareh y no me voy a poner a soltar un palique* (L. 341-342). De manera
encubierta, puede observarse un alto grado de inseguridad lingüística, que no es
expresada de manera abierta anteriormente ni en las frases siguientes.

Por otro lado, comienza una argumentación de carácter más evaluativo, introducida por *yo creo* (L. 342). El hablante toma una actitud de defensa y hace referencia
a un cambio de actitud por parte de ambos grupos: los canarios se convierten en
agente y no ya sólo en quien recibe la acción, como en las frases anteriores *hoy en
día somoh capaseh de mandarloh a callar / aquí va todo el mundo a raha tabla
con elloh* (L. 349-350). Este cambio de actitud se da también, según la construc-

---

[19] Fantasma: persona que quiere aparentar lo que no es.

ción discursiva del entrevistado, en los hablantes peninsulares que *saben que ya no pueden ir así* (L. 350-351) Que el hablante señale la existencia de un cambio de actitud, es muy interesante desde la visión del pluricentrismo, sobre todo porque lo hace de manera reflexiva. Aunque en los demás hablantes hasta ahora analizados, también se haya constatado una valoración positiva de la variedad vernácula, el señalar en el discurso un cambio de actitud por ambas partes, supone un grado de reflexividad individual que podría señalar a la existencia de uno social.

A partir de la L. 353 se produce un nuevo proceso categorización. En ella, es importante tener en cuenta, los modalizadores que la limitan y sitúan en el discurso. Para el hablante: *el simple hecho que habla peninsular ya te da como que eh una persona culta* (L. 353-354). La categorización del peninsular como *persona culta* no se produce de manera absoluta, sino que está limitada por el adverbio *como* y es negada en la frase siguiente con la conjunción adversativa pero: *pero no eh culta, eh su manera de hablar* (L. 354-355). El hablante se posiciona así con respecto al prestigio de las variedades ya que no las asocia con una cualidad positiva y tradicionalmente perteneciente a los hablantes estándar: *culto*, sino que las construye como maneras distintas de hablar. En las L. 355-356 realiza una comparación doble: por un lado compara a los peninsulares entre sí: *tampoco todoh los peninsulareh hablan bien o vocalisan bien* (L. 355-356 y por otro con los canarios: *hay sitioh de Ehpaña que hablan igual de mal o peor que nosotroh* (L. 356). En esta última comparación, se observa nuevamente un juicio de valor a la variedad canaria como *mala*. El hablante asume que su variedad es mala y se defiende construyendo que hay otras que son aún peores. La última intervención del hablante, remite nuevamente una situación de conflicto muy similar a la que se analizó en F. 9 y F. 16: los peninsulares no se adaptan a la variedad vernácula, en cambio, los canarios sí tienen que hacerlo. Al hablante anterior esto le producía *rabia,* el hablante actual se *mosquea* (L. 358). Sin embargo, a diferencia del anterior, donde los canarios eran construidos como la parte pasiva que recibía la acción, aquí son categorizados mediante la semántica verbal como activos: *los peninsulares que ehtán aquí jamás se adaptarán a hablar como hablamoh nosotroh y nosotroh somoh tan hilipollah que vamos allá y porque nos creemoh menoh estamoh hablando con la c de loh cohones* (L. 358-361).

Se produce una construcción negativa tanto de la identidad nosotros, como de la de los hablantes peninsulares, simbolizados por la variedad estándar y la categorización altamente despectiva de la interdental fricativa: la *c de loh cohones* (L. 361). Por último, el hablante vuelve a un nivel discursivo distinto, donde de manera reflexiva y con un nivel de emocionalidad mucho más bajo concluye: *yo creo que se puede hablar bien, hablar con cultura sin nesedidá de perder el asento* (L. 361-362). Se observan, por tanto, dos tipos de actitud:

1) Un cambio de actitud hacia la variedad vernácula valorada positivamente, que es consciente y manifestado de manera abierta, característico del cambio de conciencia que se produce en el pluricentrismo.

2) Sigue existiendo un alto grado de inseguridad lingüística encubierta, así como valoraciones negativas de la propia variedad.

F. 18: Óscar M03/17: 249-269 'que somoh doh grupoh'

249 O: hase poco ehtábamoh en un asadero de la Universidá... pueh ehtábamoh de
250 parranda y tal lo normá no? y lo ddoh o tré:goditoh de la clase se quedaron aparte,
251 no... no se sabían la ccansioneh, ni improvisá una copla no ná y no han vihto un timple
252 en su (XX) vida entiendeh?
253 L: Sí ...
254 ((silencio largo aprox. 4 seg.))
255 L: hmmm ya... y tú creeh que eso suele pasar normalmente... no sé algo así como lo
256 que cuentah eh normal?
257 O: bueno yo creo sí que... no sé que eh normá, se crea una afinidá... no sé depende de
258 si se conosen o no (XXXX)... si son godoh se (quedarían) entre elloh y dirían>CITA:
259 ((pone acento peninsular)) qué mal haCen la carne estoS canarioS no tienen ni idea,
260 pueblerinoS y tal< ¿no?
261 L: sí
262 O: Y nosotroh también ya no eh tanto de eso sino que somoh doh grupoh, el canario
263 tiene montón de prehuisioh con el peninsulá=pero una pasada=yo lo reconohco y no
264 me considero rasihta ni ná, pero quierah que no el entorno en el que te rodeah tiende
265 a que seah como medio reasio a una persona cuando la oyeh hablá peninsulá, te veh
266 como que no eh iguá a ti, que cuando te oyeh a un tío hablando normá. Como que el
267 entorno te obliga a tené sierto reselo que no sólo lo: ppeninsulareh son tal, sino que si
268 nosotroh oímoh hablar al grupito de godoh desimoh:>CITA: ló: ggodoh que no se
269 bañan tal<

El hablante relata, como el del fragmento anterior, una situación de contacto pasada, aunque, en este caso, los inmigrantes peninsulares no eran sus amigos, sino compañeros de clase de la universidad. El fragmento se puede dividir en tres partes principales: La primera abarca de L. 250 a la 253; se trata de un relato en el que se delimita el espacio temporal, el físico y las personas intervinientes. El hablante cuenta que en la parranda *lo ddoh o tré: goditoh de la clase se quedaron aparte* (L. 250) por no conocer las canciones. Hace referencia al conocimiento cultural compartido entre los miembros del endogrupo, que el exogrupo no conoce ni comparte, hecho que provoca una separación entre ambos grupos.

Esto es reafirmado, en forma de argumentación evaluativa, en la segunda parte del fragmento, que abarca de la L. 257 a la 260. El hablante cree que se trata de una situación normal porque se *crea una afinidá* (L. 257) entre los miembros del endogrupo, de la que los del exogrupo no forman parte (aunque depende del grado de conocimiento entre ellos). A continuación, es reproducida la voz de un hablante estándar hipotético, pronuncia la interdental fricativa y las eses finales*: qué mal haCen la carne eStoS canarioS no tienen ni idea, pueblerinoS y tal< ¿no?* (L. 259-260). Sitúa así a los hablantes estándar en un punto distinto del contínuum que a sí mismo y adscribe identidades sociolingüísticas diferentes, recurso analizado para el mismo hablante en F. 8., y también en F. 9, 12, 13, 15 y 16.

La tercera parte del fragmento (L. 262-269), es muy interesante en referencia a la percepción del contacto y a la construcción de la identidad como colectividad. El posicionamiento del hablante es social, se sitúa discursivamente como un nosotros que se define por alteridad como un ellos. La percepción y reconstrucción de una frontera grupal se explicita de manera clara: *somoh doh grupoh* (L. 262). Interesante es que el hablante, a diferencia del caso anterior (y por ejemplo de F. 5, 6, 7, 9, 13 y 16) no aborda el contacto desde una postura defensiva, donde los otros sean percibidos como amenaza o agresores a la integridad y cohesión endogrupal, sino desde una evaluación del comportamiento del propio endogrupo: *el canario tiene montón de prehuisioh con el peninsulá=pero una pasada=* (L. 262-263) y aclara desde un posicionamiento individual: *yo lo reconohco y no me considero rasihta ni ná* (L. 263-264). Esta premisa se justifica mediante una nueva argumentación, en la que enlaza consecutivamente los principales motivos que ocasionan el prejuicio: por un lado es *el entorno en el que te rodeah* (L. 264), éste a su vez: *tiende a que seah como medio reasio a una persona cuando la oyeh hablá peninsulá* (L. 264-265). La variedad funciona como fuente de sentido y atributo básico en la construcción de la diferencia y la identidad grupal: *te veh como que no eh iguá a ti, que cuando te oyeh aun tío hablando normá* (L. 265-266). La diferencia se basa, pues, en una cuestión de hábito. El hablante categoriza la variedad del endogrupo como *normal* (L. 266), aunque, claro está, esta no sea una característica propia de ningún habla en sí, sino para la comunidad hablante que la utiliza, como medio, no sólo de comunicación, sino en este caso, de identificación.

En la última intervención del hablante, se ve nuevamente su posicionamiento desde el endogrupo. Este no es construido únicamente como la parte que recibe una acción determinada del exogrupo, sino que se construye asimismo como activo en este arbitraje del prejuicio: *que no sólo lo: ppeninsulareh son tal, sino que si nosotroh oímos hablar al grupito de godoh decimoh: >Cita: ló: godos que no se bañan tal<* (L. 267-269). La frontera grupal es construida como establecida por ambas partes de igual manera.

F. 19: Carmen y Roberto M03/30: 212-234 'elloh hasen zzzzzzzz y tú no te enterah de nada'

212 C: en una fiehta entre canarioh noh sentimoh mucho mehor que con peninsulareh si
213 hay algún peninsular en la fiehta como digo y ehtá a guhto y se intregra bien y eh una
214 buena persona pueh bien...
215 L: Hmmm [y uhté (cree)XX...?] ((interviene el marido, habla rápido y fuerte, alta
216 emocionalidad))
217 R: [¿un canario de aquí] de la tal= que que venga una manada de de= de un grupo de
218 dieh o dose godoh a una fiehta y haya otro grupo de dieh o dose canarioh en una
219 fiehta como diseh tú cantando y eso? ¿a dónde va el canario?
220 L: hmmm ((bajito)) ¿a dónde va?
221 C: [a loh canarioh]
222 R: [pueh al canario] no te lo veh que pegue con la tradisión de loh godoh ni la manera
223 de hablar. Loh godoh son máh pedanteh y tú no cabeh ahí con elloh, tú con quien
224 máh cabeh eh con loh canarioh que hablan igual que tú y son igual que tú...
225 L: ...ya ¿y en qué máh se diferensian?
226 R: hombre, pueh en todo... en el cará:ter en la forma de ser, que elloh son así, como
227 son loh tíoh, loh godoh @@@
228 L: @ ((bajito)) cómo son...
229 R: nosotroh tenemoh un cará:ter máh tranquilo y máh pasífico y una manera de
230 hablar menoh agresiva... que loh ehpañoleh, entonseh=eso mihmo la manera de
231 hablar agresiva que tienen loh ehpañoleh comparada=al tú ehtar reunido, tú te quedah
232 apocadito y elloh hasen zzzzzzzz y tú no te enterah de nada, entonseh te vah a la fiehta
233 de loh canarioh y ereh uno máh, conoseh tal sabeh loh guhtoh de uno, máh o menoh
234 lah papah arrugadah el pehcado y lah cansioneh=para qué vah a ir

Al contrario que en los fragmentos anteriores, en este no se parte de una situación vivida sino construida *ad hoc* por el hablante. Se observa, de manera clara, cómo los hablantes trazan una frontera entre el nosotros y el ellos y cómo, a partir de ahí, adscriben identidades distintas, a sí mismos como endogrupo y a los otros como exogrupo. Como consecuencia interactiva de una evaluación de C –quien, a pesar de sentirse mejor en una fiesta con canarios, tiene una actitud de integración hacia los peninsulares, siempre y cuando se trate de una *buena persona* (L. 214)– comienza la intervención de R.

Primeramente, el hablante no se posiciona, sino que formula una pregunta a partir de lo dicho por C. Para responder a esta pregunta, se posiciona en segunda persona del singular, que aunque se refiere a él mismo, le permite un grado de distancia mayor que la primera, y por tanto, una implicación discursiva menor. En la situación construida por el hablante (*que venga una manada de... de= de un grupo de dieh o dose godoh a una fiehta y haya otro grupo de dieh o dose canarioh*, L. 217-218), una de las razones por la que ambos grupos permanecen separados en una fiesta es la lengua: *al canario no te lo veh que pegue con la tradi-sión de loh godoh ni la manera de hablar* (L. 222-223). La lengua es construida como frontera que separa a ambos grupos. Esto se reformula en la frase siguiente con *quien máh cabeh eh con loh canarioh que hablan igual que tú* (L. 223-224). Como se ha visto en fragmentos anteriores, también aquí el hablante se sitúa en un grupo determinado y a través de este 'acto de identidad' en un punto determinado del contínuum, distinto del que sitúa al exogrupo.

A partir de la línea 225 y de la pregunta de L., el hablante comienza una comparación en la que la lengua juega nuevamente un papel fundamental. Los canarios son categorizados por contraste como *máh tranquiloh y máh pasíficoh* (L. 229) y la variedad vernácula *como menoh agresiva* (L. 230). A pesar de esta valoración positiva, se encuentra en la frase siguiente un indicio de inseguridad lingüística. Como en el caso anterior (F. 18), ambos tipos de actitudes (positiva y negativa) están incluidas: la negativa aparece de manera encubierta: *tú te quedas apocadito* (L. 231-232) y no por listado de categorías, como en la positiva. Además, surge, como en los fragmentos anteriores, la cuestión del entendimiento *elloh hasen zzzz y tú no te enteras de nada* (L. 232). El paralelismo con el F. 15 es asombroso (donde el hablante dijo: *aparesen elloh con su zzz y te quedah tu callaíto, no?*). Los peninsulares son posicionados en un espacio comunicativo distinto que los canarios y, por tanto, en un punto alejado del contínuum vernacular-estándar del que se ha situado a sí mismo y a su grupo. Este posicionamiento social, que lleva consigo un proceso de identificación con el propio grupo a través de la variedad canaria, es observable también en la siguiente intervención: *te vah a la fiehta de los canarioh y ereh uno máh* (L. 232-233). En esta situación en la esfera privada, el hablante ha construido la lengua como frontera y como componente principal de un conflicto en el que ambos grupos, por su manera de hablar, permanecen separados unos de otros, incluso encontrándose en el mismo espacio físico y en la misma situación.

En los tres fragmentos analizados en este punto, la lengua ha representado un papel primordial en la reconstrucción del contacto, en el establecimiento de una frontera grupal y la percepción de la diferencia. Ha servido como "fuente de sentido" (ver punto 5.3.2) para la construcción de la identidad como colectividad, definida esta como un nosotros –hablantes canarios– frente a un ellos –hablantes peninsulares.

7.4.2. *Relaciones familiares*

Las situaciones de contacto en la esfera familiar, se han referido, en la mayoría de las entrevistas, a familias que no son la propia familia del/la entrevistado/a, sino casos cercanos a los mismos. No es así en F. 21, donde la hablante de La Palma

reconstruye una situación de contacto conflictiva entre ella y sus suegros peninsulares. En F. 20, la hablante gomera escenifica un diálogo entre un matrimonio
en el que la esposa es asturiana y el marido de La Gomera.

**F. 20: Lola M03/7: 497-517 'yo tengo un nieto y me dise pinsah le digo:te doy un tor-
taso niño!! aquí se dise trabah!!'**

497 Lo: MIra, en La Gomera hay una profesora que eh ahturiana y el marido eh de La
498 Gomera entonseh tenían una niñA y tú sabeh lo que son lah trabah de la ropa no?
499 L: sí
500 Lo: que siempre lo hemoh conosido como trabah [de la ropa],
501 L_ [trabah]
502 Lo: entonseh la madre le re:tificaba mucho y le peleaba y le desía >CITA: no se dise
503 trabah se dise pinZAS!< y el padre que también eh profesor le desía >CITA: no mi
504 niña/ aQUÍ son TRAbah, TRAbah=de=la=ropa< y la madre >CITA: eso ehtá mal
505 dicho SON pinZAS!!< Y el padre >CITA: no mi niña son trabah< o sea la niña se ha
506 quedado hablando canario porque eh donde ha nasido donde se ha criado, y donde
507 VIve o sea >CITA: no seah ehTÚpida, (a ver si) la niña saBRÁ en todo momento
508 que se le puede desir pinsa y se le puede desir traba<
509 L: claro
510 Lo: lo que tienen que enseñarle eh que >CITA: mira mi niña allí le desimoh pinsa y
511 aquí le disen Traba< tú viveh aquí? pueh sigueh disiendo traba pero también sabeh
512 que si llegah a otro sitio pueh mira lo conoseh igual osea no quierah haser tonteríah
513 hnnn donde tú viveh
514 L: sí
515 Lo: por lo menoh esa eh mi mi idea no sé y si yo tengo un nieto y me dise pinZAS le
516 digo le doy un torTAzo >CITA: mira niño!! no seah ehTÚpido y TONto porque aquí
517 son TRAbah

En este fragmento, la hablante reconstruye una situación de conflicto familiar a
causa de las variedades. El padre es hablante canario y la madre hablante estándar
y ambos discuten por cómo debe hablar su hija. Se trata de un relato, donde se da
una continua escenificación de voces en estilo directo y una reproducción de diálogo. La hablante toma la voz del padre y de la madre y al escenificar esta última,
cambia de acento y pronuncia en *pinzas* (L. 503) la interdental fricativa y la s final
como implosiva. La posición de la madre en el diálogo es que le dice a su hija que
diga *pinzas*. Hay una valoración negativa del vocablo dialectal *trabas* frente al
estándar porque *trabah ehtá mal dicho* (L. 504-505). El padre toma la posición
contraria y dice a su hija que lo correcto en Canarias es decir *trabah* (L. 503-504).

La propia hablante se decanta por la posición del padre. Como se ha visto en los
otros ejemplos de escenificación de voces, al cambiar su propio acento, sitúa a la
hablante estándar en un espacio comunicativo distinto del suyo. De esta forma,

construye a través de su posicionamiento discursivo, su identidad como miembro del grupo de hablantes canarios. Este posicionamiento propio y ajeno se hace más patente en las últimas frases. La hablante escenifica su propia voz y habla a la madre como si estuviera presente: *no seah ehtúpida, la niña sabrá que se le puede desir pinza y traba, lo que tieneh que enseñarle eh que aquí se dise traba. No quierah haser tonteríah donde tú viveh* (L. 507-513). La hablante categoriza a la madre como *ehtúpida* (L. 507) y su postura como *tontería* (L. 512). A partir de los distintos diálogos y voces, la hablante manifiesta una actitud positiva hacia su propia variedad. Esta es reafirmada en su intervención siguiente *si yo tengo un nieto y me dice pinZaS le digo >CITA te doy un tortaso niño!! Aquí se dise traba!!<* (L. 515-517).

F. 21: Luisa M03/8: 89-116 'bahtanteh confli:toh hay siempre ya con eso de loh asen-
**   toh'**

89   Lu: bueno eh que como te dihe anteh loh padreh de mi marido pueh son peninsulareh
90   no? madrileñoh y mi suegro dise que... pueh... que bueno que:aquí enCanariah
91   hablamoh mal... que hablamoh mal porque no pronunsiamoh bien y no pronunsiamoh
92   lah setah y bueno...
93   L: sí
94   Lu: pueh al prinsipio yo me callaba sabeh?... te callah porque=que no iba a quedar
95   mal delante de mih suegroh
96   L: ya
97   Lu: pero... eso me sienta muy mal... mal que te sienteh... eh una ofensa... y no=bueno
98   no sé...
99   L: ya... ¿y por qué le sienta mal?
100 Lu: eh que... mira a lo mehor pueh eh verdá que loh canarioh pueh tenemoh una forma
101 de hablar dihtinta que elloh y que dirán cosah mehor que nosotroh pero a mí me duele
102 mucho que diga esah cosah porque mi familia eh d:aquí de toda la vida=son del campo
103 campo=mih padreh pueh no saben leer pero hablan a su manera queee...
104 L: sí
105 Lu: que no vah a llegar tú a la península y a desirleh en su cara que hablan mal...
106 L: ya
107 L: eso un canario nunca lo haría, nunca se le ocurriría y por eso a mí me duele cuando
108 loh peninsulareh disen que aquí no sabemoh hablar... eh que hablamoh de nuehtra
109 forma con nuehtrah cohtumbreh y el asento que tenemoh aunque sea sin pronunsiar
110 tanto de esa manera tan perfe:ta pueh se entiende lo que desimoh
111 L: sí...
112 L: y qué le dise a su suegro?
113 Lu: pueh mira... alguna veh le he dicho algo no? pero claro no vah a entrar en un
114 confli:to, bahtanteh confli:toh hay siempre ya con eso de loh asentoh de loh
115 peninsulareh y con y pueh quierah que no eh mi suegro y bueno ya pueh sierro lah
116 orehah cuando dise esah cosah

El fragmento está subordinado a un relato principal: la hablante cuenta de la relación con sus suegros madrileños. Sobresalen rasgos descriptivos, aunque también de argumentación evaluativa. Desde el principio del fragmento, se da un proceso de categorización por listado de la variedad vernácula, por medio de la voz del suegro utilizada en estilo indirecto: *mi suegro dise que aquí en Canariah hablamoh mal /no pronunsiamoh bien / no pronunsiamoh lah setah* (L. 90-92). Estas categorizaciones del suegro crean un conflicto a la hablante: *eso me sienta muy mal / te sienteh ofendida* (L. 97). Esto es argumentado mediante otra categorización, realizada por la hablante misma (y no en la posición de su suegro), en la que, en parte, asume la categorización de su suegro: *eh verdá que dirán cosah mehor que nosotroh* (L. 101). El posicionamiento de la hablante es social, explícitamente se sitúa en el grupo de los canarios con quienes, como se ha visto en mucho de los fragmentos anteriores, se sitúa en un mismo punto del contínuum, siendo este distinto del que sitúa a los hablantes estándar *loh canarioh tenemoh una forma distinta de hablar que ellos* (L. 100-101).

Este posicionamiento en un punto distinto del contínuum, se observa no sólo en su propia categorización, sino en la que ha hecho a partir de su suegro. En las L. 101-102 la hablante construye esto como una agresión, no sólo hacia ella, sino a su propia familia: *a mí me duele mucho que diga esah cosah* (L. 101-102). De la L. 107 a la 109, la hablante repite su intervención anterior: *a mí me duele* y comienza un proceso de categorización de la variedad vernácula, primero con una categorización externa: *loh peninsulareh disen que aquí no sabemoh hablar* (L. 108) y seguidamente con una interna. La variedad canaria es categorizada como: *nuehtra forma de hablar con nuehtrah cohtumbreh* (L. 108-109) y como *asento* (L. 109). El *asento* es, a su vez, categorizado por contraste con el estándar peninsular como: *sin pronunsiar tanto / de esa manera tan perfecta* (L. 109-110); y con respecto a ello hace una última valoración positiva: *se entiende lo que desimoh* (L. 110).

Se observa que, aunque discursivamente la hablante se posiciona con una actitud positiva hacia su propia variedad, reproduce inconscientemente actitudes negativas (como en F. 17) No obstante, predomina una valoración positiva a pesar del contacto conflictivo con su suegro y de las categorizaciones de este. Lo mismo se observó para la hablante anterior, aunque mucho más segura lingüísticamente y con una clara actitud positiva y de defensa hacia su variedad.

7.4.3. *Relaciones vecinales*

El último ámbito de las relaciones de contacto en la esfera pública, es de las relaciones vecinales, bajo estas entiendo aquellas en las que hablantes canarios/as tienen vecinos peninsulares. El primer fragmento de un hablante del noroeste de

Tenerife es a este respecto muy interesante, aunque también en referencia a muchos otros aspectos como se verá en el análisis. La segunda hablante, procedente de Las Palmas de Gran Canaria, reconstruye también una situación de contacto con los vecinos del piso de arriba.

F. 22: Vicente M03/27: 96-135 'que le daría vergüenza cómo hablaba'

96   V: mi madre y yo teníamoh unoh vesinoh peninsulareh y siempre fuimoh ambleh
97   con elloh que si /buenoh díah / buenah tardeh y esah cosah normaleh que... BUEno
98   que:... ya sabeh que me refiero=así lah cosah nomaleh que yo que sé pueh que se
99   dis[en si]
100 L: [sí]
101 V: si te encuentrah a un vesino d:Añoh...
102 L: sí
103 V: .y hahta aHÍ: pueh todo iba bien=/ AHOra te digo como quisiera hablar con Elloh
104 MÁH mi madre no le guhtaba y no-=BUEno no eh que no me deHA:ra
105 L: sí
106 V: sino que: me desía: >CITA: ((cambia la voz, más aguda)) muCHA!:cho ViSENte
107 no ehtéh molehtando a loh veSI!noh< @@ pa mi guhto que como loh oía hablar
108 psssssss=psssss ((s sibilante)) y con todah esah setah que... pueh creo yo que a lo
109 mehor\ le daba vergüenza a ella hablar porque desía que no había ehtudiado no? y
110 esoh señoreh pueh... era médico el marido y... qué sé yo que... le daría vergüenza a
111 ella que hablara mal con elloh...
112 L: ya...
113 V: que... ((suspira, se calla))
114 L: pero cómo que mal?
115 V: sí... que... pueh eso=que se creía ella que hablábamoh mal con loh vesinoh o que
116 elloh hablaban mehor que=/eh que eso se ha dicho aquí SIEmpre... se ha dicho
117 que loh peninsulareh hablan mehor que nosotroh\
118 L: &y tú qué creeh [d:eso]?
119 V: [pueh] mira será... no sé que será=verdá que:... nosotroh noh comemoh lah
120 letrah y hahta palabrah enterah noh comemoh si noh dehan y loh peninsulareh pueh
121 hablan máhh qué sé yo pueh eso mihmo que no se comen tanto lah letrah y disen otrah
122 cosah mehor que nosotroh...
123 L: ya&
124 V: @@@@a lo mehor le preguntah a mi madre y te dirá la pobre que no que era por
125 otra cosa/
126 L: @@ ((bajito))
127 V: pero seGUro que eh así como te ehtoy diSIENdo SAbeh? porque yo conohco a
128 mi=además si con loh otroh vesinoh d:aquí hablaba como una cotorra, en la asotea
129 pa hablar con la vesina aquella y la otra y eso hablaba que da guhto@@@con lah
130 otrah vesinah @@ con esah sí hablaba= así que:eh como te digo/
131 L: ahh y saXXX&
132 V: & eh que loh vesinoh peninsulareh pueh eran dihTINtoh entiendeh? que loh otroh

133   vesinoh que mi madre conosía de toda la vida y todah lah familiah eran como familia
134   nuehtra no? y como le paresía a ella que hablaban tan dihtinto pueh no le guhtaba
135   hablar mucho con elloh...

El hablante reconstruye en el presente fragmento, una situación vivida en el pasado. El conflicto es mucho más encubierto que en los fragmentos vistos hasta
ahora y resalta, sobre todo, el aspecto de la inseguridad lingüística. Se trata de un
relato en el que no hay una limitación temporal concreta, sino en que el hablante
hace un resumen de hechos del pasado de una manera temporalmente abstracta.
Esto se reconoce en la utilización mayoritaria del pretérito imperfecto frente al
indefinido que indicaría una acción más concreta y finalizada temporalmente. No
obstante, tiene también elementos escénicos, se da una reproducción de voces en
estilo directo y un gran componente descriptivo, sobre todo a partir de L. 119
pero sin que, en ningún momento, el hablante deje de lado su relato.

El conflicto construido es puramente lingüístico. Relata acerca de unos vecinos
peninsulares que tenían él y su madre, con quienes no podía conversar porque a
su madre no se le gustaba que lo hiciera. La razón de ello es que: *como loh oía
hablar pssssss=psssss y con todah esah setah que.. pueh creo yo que a lo mehor\
le daba vergüensa a ella hablar* (L. 107-109). Esto muestra un alto grado de inseguridad lingüística por parte de la madre, que es ratificado en la intervención
siguiente. El estatus social desempeña un papel importante: *porque desía que no
había ehtudiado no? y esoh señoreh pueh.. era médico el marido y..qué sé yo
que.. le daría vergüensa a ella que hablara mal con elloh* (L. 109-111). La inseguridad lingüística frente a los hablantes estándar, se manifiesta discursivamente
a partir de una categorización por contraste[20], surgida de una comparación: *nosotroh hablábamoh mal* frente a *elloh hablaban mehor que* (L. 115-116).

El hablante 'sale' seguidamente del relato concreto y abstrae mediante una evaluación: *SIEmpre se ha dicho que loh peninsulareh hablan mehor que nosotroh*
(L. 116-117). La variedad estándar es construida como prestigiosa frente a la vernácula, importante es el adverbio absoluto *siempre* y la conjugación del verbo *se
ha dicho*: el hablante toma un discurso ya existente (*Ready Ma*de) y lo incluye a
su propio discurso. Cuando L. le pregunta lo que él opina acerca de ello, el
hablante se reafirma en este *ready made* (también se puede ver como estereotipo)
y valora la variedad estándar como más prestigiosa que la vernácula. Lo hace
mediante una nueva categorización por contraste: en referencia a la propia variedad categoriza: *nosotroh noh comemoh lah letrah y hahta palabrah entrerah noh*

---

[20]   Que como se ha dicho en un contexto de relaciones intergrupales remiten en sí mismas a
situaciones de conflicto.

comemoh si noh dehan (L. 119-120) y en referencia a los hablantes estándar: *no se comen tanto lah letrah y disen otrah cosah mehor que nosotroh* (L. 121-122). De la línea 124 a la 135, el hablante regresa al relato y reformula la inseguridad lingüística de su madre frente a los hablantes peninsulares. Categoriza a su madre como *una cotorra* cuando esta hablaba *con loh otroh vesinoh d:aquí* (L. 128). Es decir, con los hablantes de su mismo grupo no sentía la inseguridad que sentía con los hablantes estándar. Los demás vecinos, pertenecen a una red social densa: *loh otroh vesinoh que mi madre conosía de toda la vida y todah lah familiah eran como familia nuehtra* (L. 132-134). Los hablantes estándar no forman parte de esta familiaridad: *loh vesinoh peninsulareh pueh eran dihtintoh y como hablablan tan dihtinto pueh no le guhstaba hablar mucho con elloh* (L. 132-135).

La lengua es construida por el hablante como frontera entre ambos grupos, mediante ella se identifica el endogrupo, entre los que existe una red social densa y, en este sentido, es valorada como positiva. Se asocia de manera encubierta a relaciones de familiaridad y solidaridad social. Sin embargo, en referencia a la variedad estándar, es valorada negativamente, como menos prestigiosa y como motivo de inseguridad lingüística.

F. 23: Guacimara S04/1: 99-111 'eh una forma de identificarnoh=nosotroh ehtamoh aquí y lo:Ggodoh ahí'

 99 G: ... yo creo que aquí hay un problema, que eh que hay mucha incultura, también,
100 no? Y eso hase que haya... no sé, sierta senofobia
101 L: sí
102 G: aquí como no tenemoh tampoco una identidá muy definida, pueh eso eh una forma
103 de identificarnoh, nosotroh ehtamoh aquí y lo:Ggodoh ahí, y yo he notado que cuando
104 la hente no tiene mucha cultura, como que tiende a... fffff,. a dehcargá, a meterse
105 con lo de fuera>CITA: el godito tal que habla agresivo< sobre todo hasia esa
106 iNmigrasión de la Península veo que hay mucho rechaso
107 L: sí
108 G: mi padre mihmo le tiene rabia a lo:Vvesinoh d´arriba porque son peninsulareh y
109 CHacho eh superantipático con elloh>CITA: que ehto:ggodoh no lo ttrago que son
110 unoh Engreídoh, que no sé qué< >CITA: ya COño PÁ tampoco seah así no?< no sé
111 que yo no soy así=que no quiero ser tan separatihta

El presente fragmento es de carácter argumentativo evaluativo introducido por la forma verbal *yo creo*. Interesante es que la hablante categoriza al endogrupo de manera generalizadora como con *mucha incultura* (L. 99) y esta a su vez provoca *sierta senofobia* (L. 100). De la L. 102 a la 106, esta evaluación primera es concretada. La hablante se entiende como miembro de un nosotros que no tiene una *identidá muy definida* (L. 102) y cuya "única" forma de identificarse es por alteridad con un exogrupo, en este caso los inmigrantes internos: *nosotroh estamoh aquí y lo: Ggodos ahí* (L. 103) marcando la deíxis aquí y allí una clara distancia grupal entre unos y otros. Para explicar este proceso de identificación, la hablante regresa a su evaluación inicial acerca de la posesión o no de cultura, *el no tener cultura* (L. 104) lleva *a dehcargá, a meterse con lo de fuera* (L. 104-105). De fuera y el rechazo es especificado de manera clara en las L. 105-106: *sobre todo hacia esa iNmigración de la Peninsula veo que hay mucho rechazo* (L. 105-106).

Esta actitud atribuida de manera generalizadora al endogrupo es concretada en el padre de la hablante. De la L. 108 a la 111, la hablante relata acerca de su padre quien tiene una actitud de rechazo con los vecinos de arriba. La razón es únicamente su procedencia *porque son peninsulareh* (L. 108). La hablante rechaza esta actitud del padre y escenifica un breve diálogo entre ambos (el padre y ella), donde se ve la actitud distinta de ambos frente al contacto intergrupal. La hablante se distancia en su última intervención nuevamente, no sólo de su padre, sino de las actitudes que ella ha calificado de xenófobas y que reformula aquí como separatihta: *que no quiero ser tan separatihta* (L. 111). La percepción de la hablante se asemeja a del hablante de F. 19, en tanto en cuanto la delimitación de una frontera y distancia grupal es atribuida de manera consciente al endogrupo, categorizado por ello como con *sierta senofobia* y *separatihta* (L. 100 y 111).

7.5. Discusión y conclusiones

En este punto, se han analizado un total de diecinueve fragmentos con veinte hablantes distintos. Los fragmentos se han dividido según la situación de conflicto reconstruida: histórico, en la esfera pública y en la privada. El posicionamiento de los hablantes, las categorizaciones y la construcción del conflicto han variado, lógicamente, de hablante a hablante (las construcciones son siempre individuales), pero existe una afinidad entre ellas. De manera general, se pueden extraer de los análisis algunas conclusiones muy interesantes, en referencia a los objetivos planteados en la introducción a este capítulo. Estos eran: determinar cómo los hablantes perciben y reconstruyen el contacto, la construcción de la identidad colectiva en tales situaciones de contacto y determinar el papel que la variedad juega en el contacto y en la construcción de la identidad.

7.5.1. *Construcción discursiva del conflicto*

Las situaciones de contacto reconstruidas por los hablantes han remitido, tanto en el plano lingüístico como en el intergrupal, más a una reconstrucción de conflicto que de contacto, justo en el sentido estudiado en las consideraciones previas al análisis.

Se pueden distinguir en los fragmentos analizados dos clases de construcciones principales:

a) Construcción discursiva explícita del conflicto (por ejemplo, en los fragmentos 5, 6, 7, 8, 17, 18, 19 y 23) y donde la problemática entre la variedad estándar y la vernácula y sus respectivos hablantes es abordada explícitamente, mediante construcciones metalingüísticas. b) Aquellos en los que se construye implícitamente a través de un relato (por ejemplo en los fragmentos 11, 12, 13, 15, 16, 17 y 20). En muchos de ellos se encuentran presentes ambos elementos.

b) Construcción discursiva implícita del conflicto mediante relato: los hablantes han reconstruido en sus relatos situaciones de contacto conflictivas, vividas en el pasado, siempre en relación con la variedad estándar y la vernácula, cuya distinta utilización ha sido construida como la causa del conflicto. Las categorizaciones utilizadas están vinculadas estrechamente al relato en sí y al posicionamiento de los hablantes. Esto será analizado en detalle en el próximo punto.

La diferencia en la construcción discursiva del conflicto, de manera explícita o implícita, está relacionada –como advierten Lucius-Hoene/Deppermann (2004: 224) para casos similares– a que los hablantes, por razones de construcción de su identidad individual en la interacción con la entrevistadora, no quieren posicionarse directamente respecto de dicho conflicto, ya sea este personal o grupal. Por ello, lo hacen a través de un relato y de su posicionamiento en él. Esto es especialmente así, en casos donde existe una diferencia de estatus y de poder entre los grupos en conflicto (Keupp 1999).

A la izquierda y en cursiva se encuentran las categorías que hacen referencia a un ámbito emocional; a la derecha, y en negrita, las que hacen referencia a un ámbito social; **conflicto** funciona aquí como hipónimo, introducido por mí. Es decir, lo que se ve en este cuadro, es una relación de hiponimia: inclusión entre unidades léxicas que van de lo más general a lo más especifico, simbolizado, por ello, con líneas continuas. Todas las categorías pueden considerarse subcategorías de **conflicto** La subcategoría *conflicto* en el ámbito emocional, tiene un carácter de hiperónimo, es específica y se relaciona con el hipónimo general **conflicto** pero su significado no es el mismo.

Las categorías referentes a un ámbito personal emocional pueden dividirse, a su vez, en dos principales: aquellas que expresan *ofensa*: dolor (F. 21) y ofensa (F. 21 y F. 14); y las que expresan *agresión*: rabia (F. 9) y mosqueo (F. 16 y F. 17). En las referentes al ámbito social, también se puede hacer una división: 1. Las que remiten a un conflicto grupal histórico, que se pueden subsumir bajo el concepto de *colonización*: conquista (F. 5, F. 6 y F. 7), colonización (F. 6 y F. 7),

FIGURA 7
Construcción discursiva explícita de conflicto

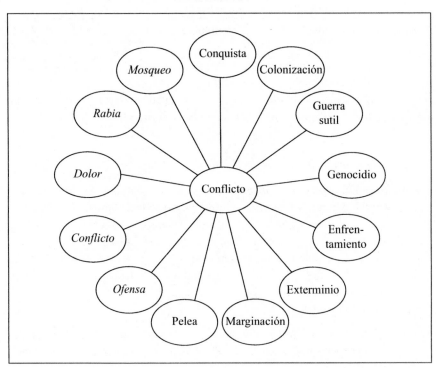

genocidio (F. 7), guerra sutil (F. 7), exterminio (F. 5 y F. 7) 2. Las que hacen referencia a un conflicto social y lingüístico en sí mismo, agrupables bajo el concepto de *confrontación*: enfrentamiento (F. 8), pelea (F. 15), conflicto (F. 21) y marginación (F. 10). De forma esquemática se puede representar del siguiente modo:

La relación entre inmigración interna y población receptora es, por tanto, y desde el punto de vista de esta última, más de conflicto que de contacto. Este conflicto no es de tipo psicológico, sino que los hablantes lo han reconstruido como "un conflicto que deriva de la acción de un grupo contra las manifestaciones culturales del otro grupo" (1999ª: 112). El conflicto afecta a la población receptora, tanto en el ámbito emocional/personal como en el social, y ha estado relacionada con una percepción de poder que una comunidad ejerce sobre la otra, justo en el sentido descrito por Déniz Ramírez (1996: 324, ver consideraciones previas). El proceso de identificación de los hablantes, en tanto población receptora (todos los hablantes se han construido como un *nosotros* canario), ha sido siempre en referencia a la inmigración interna. Cómo ha sido este posicionamiento del *noso-*

TABLA 6
Tipos de conflicto

Ámbito personal-emocional	Ámbito social
Conflicto como *ofensa* y *agresión*	Conflicto como *colonización y confrontación*

tros (hablantes canarios) frente al ellos (hablantes peninsulares) ha sido estudiado individualmente para cada hablante y, seguidamente, se valorará en común.

7.5.2. *Posicionamiento y construcción de la identidad colectiva*

En referencia al contacto y a la construcción de la identidad, ha sido especialmente valioso durante los análisis determinar y estudiar el posicionamiento de los hablantes. Este ha variado, dependiendo sobre todo del tipo de conflicto (explícito o implícito) que se haya construido. Sin embargo, en todos ellos predomina el posicionamiento social como miembro de un grupo frente al individual, así como en referencia a las variedades estándar y vernácula. Se puede concluir que se han producido dos tipos fundamentales de posicionamiento, con distintas variantes dentro de ellos:

a)   Posicionamiento propio como miembro del endogrupo frente al exogrupo: este tipo se observa en todos los hablantes de todos los fragmentos. Los hablantes se han construido siempre como miembros de un *nosotros canario*, que se define en referencia a un *ellos peninsular*. No obstante, la manera en que esta frontera ha sido trazada varía dependiendo de cómo haya sido la construcción del contacto/conflicto:

–   En los casos de construcción explícita del conflicto, ha primado una alta utilización de deíxis personal y de lugar, mediante la que los hablantes han trazado la frontera entre el nosotros y el ellos. En los casos de reconstrucción de conflicto histórico, los hablantes se han posicionado siempre socialmente, no sólo como miembros del endogrupo actual, sino como miembros de un grupo histórico, que se remonta a antes de la conquista española, y trazando una clara frontera con el exogrupo, construido como agresor. Esto se ha producido en todos los casos, a través de una categorización de hechos y sucesos, que lleva implícita una *asignación de culpa*, donde el endogrupo ha sido construido como la parte pasiva que recibe la acción (en este caso, agresión), desde antes de la conquista hasta la actualidad, frente al exogrupo, que realiza la acción agresora. También se ha hecho por medio de categorizaciones por contraste como las analizadas sobre todo en el F. 6, donde son categorizados por contraste tanto las variedades como los hablantes. Una imagen del endogrupo como activo en la delimitación de una frontera grupal, y no como víctima, se ha visto en los fragmentos 19, 23 y 17.

– En los casos de construcción indirecta del conflicto, los hablantes se han posicionado también, mediante la primera y tercera persona del plural, en grupos diferentes, adscribiendo así identidades sociales distintas. Esto se ha realizado, sobre todo, mediante categorizaciones por contraste, tanto de su propia variedad como de la estándar y de sus hablantes. Recuérdese que las categorizaciones por contraste hacen referencia en sí mismas a situaciones de conflicto grupal (Kesselheim 2003: 52). Muy importante es también el posicionamiento analizado en que los hablantes se apropian de categorías que les han sido dadas por el exogrupo (*categorización externa*; Jenkins 1997: 53). Esto se ha expresado discursivamente con formas verbales como *se piensan que*, *creen que somos* + categorización (fragmentos 6, 8, 9, 17, 18 y 21). En el siguiente cuadro se exponen tanto las categorías internas como las externas (esto es, construidas discursivamente como externas) para el endo y el exogrupo.

En las consideraciones previas, se han analizado los dos tipos de categorizaciones que Jenkins (1997) denomina interna y externa. En las categorizaciones propias del endogrupo, se observan ambos tipos. Por un lado, las internas, que remiten a un ámbito de cercanía y solidaridad endogrupal: *más cercano, más tranquilo, más pacífico, más amable*, siempre en contraste con el exogrupo. Por otro, las externas, que remiten a una internalización de una minusvaloración de sí mismos como grupo: *inferiores, raza inferior, más bobos, inútiles* y *gandules*. En estas últimas (categorizaciones externas), es muy importante tener en cuenta que son siempre una reconstrucción de la percepción que tienen los hablantes de lo que el exogrupo *piensa* de ellos. También es necesario considerar que estas categorías corresponden a las descritas por Jenkins (1997) como de resistencia: cuando un grupo se resiste a categorizaciones impuestas por el exogrupo es porque ya las tiene, en cierta manera, internalizadas, y ha tenido que asimilarlas para poder después rechazarlas. Este rechazo se observa en las siguientes construcciones verbales: *creen que, dicen que, piensan que, nos han hecho creer que*.

En cuanto a la categorización del exogrupo, se observan también de carácter externo, en relación directa con las propias de carácter externo: *mejores* y *cultos*; e interno: *autosuficientes, enterados, prepotentes* y, por contraste, no *amables* y *menos cercanos*. Las categorías relacionadas con el exogrupo han sido en referencia al binomio inferioridad/superioridad, común a muchos otros fragmentos, según se podrá comprobar en los próximos capítulos. Asimismo, otra forma muy

TABLA 7
Construcción discursiva de la identidad mediante categorización
por contraste. Categorías internas

Nosotros	Ellos
Más cercano	Muy autosuficientes
Más tranquilo	Enterados
Más pacíficos	Prepotentes
Más amables	Menos cercanos
–	no amables
–	fantasmas[21]

TABLA 8
Construcción discursiva de la identidad mediante categorización por contraste.
Categorías externas

Nosotros	Ellos
Inferiores	mejores
Raza inferior	cultos
más bobos	–
inútiles	–
Gandules	–

clara de posicionamiento ha sido a través de la reproducción de voces y diálogo, como se analizará a continuación, en el segundo tipo fundamental de posicionamiento.

b) Posicionamiento propio y ajeno en el contínuum dialecto-estándar: los hablantes se han posicionado a sí mismos como miembros del endogrupo, en un punto del contínuum dialecto-estándar distinto del que han situado a los del exo-

---

[21] Se dice de una persona que quiere aparentar lo que no es.

grupo. Para ello, han utilizado tres recursos principales: escenificación de voces (fragmentos 8, 9, 18, 15, 16 y 19), reproducción de diálogo en estilo directo (fragmentos 9, 12, 13 y 20) y mediante la forma verbal *no entender* (fragmentos 10, 11, 13, 16 y 18).

Tanto en la escenificación de voces, como en la reproducción de diálogo, los hablantes han escenificado a hablantes estándar y han cambiado, para ello, su acento, pronunciando las interdentales fricativas, la ese implosiva, etc. Cuando escenificaron a los hablantes vernáculos, no cambiaron ni el acento ni, normalmente, el tono de voz. De esta manera, se han posicionado a sí mismos en el endogrupo y a los otros en el exogrupo, en un punto distinto del continuo dialecto-estándar. Consecuentemente, han adscrito identidades sociolingüísticas distintas a unos y otros.

En otros casos, algunos hablantes se han posicionado mediante la forma verbal *no entender*, directamente relacionada con la categorización de la variedad vernácula de *otro idioma*. El no entenderse tiene su punto máximo F. 11 y 12. En F. 11, la hablante tiene miedo de que la atienda un hablante estándar, porque no la entienden, y viceversa (*pero Ehtefanía ni que hablaran otro idioma que tú*). En F. 12, el hablante realiza la función de traductor en el diálogo del médico (hablante estándar) y el paciente (hablante dialectal), ya que no se entienden entre ellos. La distancia comunicativa establecida en estos casos es aún mayor que la anterior, debido a que la lejanía entre la variedad canaria y la estándar es percibida de tal manera, que no hay entendimiento posible. Con ello –insisto–, se posicionan a sí mismos como hablantes canarios, en un espacio comunicativo totalmente diferente del que sitúan a los hablantes estándar, y adscriben así identidades sociolingüísticas distintas a unos y a otros.

A partir de lo dicho, se pueden extraer dos conclusiones principales, acerca de la construcción de la identidad:

1. Los hablantes se han posicionado como un *nosotros*, definido por el *ser canario* frente a la inmigración interna. Esto demuestra que el método de la entrevista narrativa no es sólo sumamente interesante en casos de construcción de la identidad individual, sino también en la colectiva. Las narraciones individuales de los hablantes han servido de vía para establecer una continuidad y una coherencia a nivel grupal, y no sólo individual.

2. A pesar de los fuertes procesos de deslocalización, que ha sufrido Canarias a partir de la irrupción del turismo de masas y del crecimiento exorbitante de la población por los flujos migratorios, los hablantes se han localizado claramente como pertenecientes a una comunidad determinada; han entrado en

juego tanto aspectos de resistencia como –sobre todo– de interacción y significado, que se perfilan en modos básicos de construcción de la identidad en la globalización (ver capítulo 5).

7.5.3. *Actitudes hacia la variedad vernácula*

La lengua ha jugado, en la reconstrucción del contacto como conflictivo, un papel fundamental, quizá el más relevante. La variedad vernácula ha sido valorada, en referencia a la estándar, de manera bastante divergente entre los distintos hablantes. No obstante, se ha podido apreciar una actitud general positiva, expresada en el discurso de manera abierta, pero en muchos casos "teñida" por una actitud de inseguridad encubierta. Se han realizado una gran cantidad de categorizaciones internas y externas de la misma, cuyo análisis comparado puede proporcionar algunas respuestas en referencia a la cuestión de la valoración. Al igual que ocurrió con los hablantes, las variedades han sido categorizadas por contraste, según se observa en el cuadro de la página siguiente.

En referencia a la variedad canaria, se pueden distinguir los siguientes tipos de categoría:

1. Las que hacen referencia a la variable de prestigio: por un lado, *gramaticalmente correcta* y *correcta*, que implican una valoración positiva. Por otro, algunas que no parecen remitir a un tipo de actitud positiva ni negativa, (aunque en el discurso se analizaron considerando más bien su carácter positivo): *sin pronunciar tanto, vocalizar poco*.

2. Las que hacen referencia a un valor estético: *más despacio, más dulce, menos agresiva*; e implican una actitud positiva. Es decir, en estas categorizaciones por contraste, no se pueden constatar actitudes negativas abiertas hacia la variedad vernácula, sino –como se vio detalladamente en los análisis– a una actitud más bien positiva. A estas categorizaciones internas se añaden las externas *mal hablado* e *incorrecta*, que implican una actitud negativa hacia la variedad vernácula. Han sido reconstruidas, igual que en el caso de los hablantes, en tanto impuestas desde fuera. Es decir, categorizaciones hechas por el exogrupo, que los hablantes han reconstruido en su discurso porque las han internalizado y, a su vez, las rechazan. Estas categorías pueden relacionarse con la hipótesis del valor inherente, enmarcándose así en el ámbito del prestigio.

Frente a la variedad estándar, sin embargo, se observan tanto valoraciones positivas en el ámbito del prestigio: *muy correcta, mejor, más pronunciado bien*; como negativas en el ámbito estético: *agresiva, pedante, despectivo, vocalizar dema-*

TABLA 9
Construcción discursiva de las variedades canaria y estándar
mediante categorización por contraste. Casos de conflicto

Variedad canaria	Variedad estándar
Menos agresiva	Agresiva
Sin pronunciar tanto	Más pronunciando bien
Vocalizar poco	Vocalizar demasiado
Más despacio	Muy deprisa
Gramaticalmente correcta	Pedante
más dulce	Mejor
más correcta	Despectivo
–	Muy correcta
–	Más acento

siado. Ambas hacen referencia a las estrategias comunicativas del polo de leja-nía, característico de las variedades estándar y escritas (Koch/Oesterreicher 1990, ver punto 6). Además de estas categorizaciones por contraste, las categorizacio-nes sustantivas han sido un recurso más en la construcción y en la valoración de la variedad canaria (Deppermman & Lucius-Hoene 2004: 14). En ellas también se distinguen las de tipo interno y externo, recogidas en el cuadro siguiente, donde las externas se han señalado mediante comilla.

Como se observa en el cuadro, existen dos categorizaciones externas: *no verda-dero castellano* y *dialecto inferior.* Es notable que implican una actitud negativa de los hablantes estándar hacia la variedad canaria y que, a su vez, los hablantes vernaculares las han interiorizado y reproducido en su discurso. Sin embargo, se resisten a ellas (fragmentos 5 y 7). Prestando atención al resto de categorías, no parecen implicar tampoco una actitud positiva: la categoría *nada,* implica clara-mente una actitud negativa, y *especie de español* y *más o menos castellano,* pare-cen también implicar una actitud más negativa que positiva. Por otro lado, *otro idioma* y *mezcla*[22] no parecen guardar ningún tipo de actitud determinada.

---

[22] *Mezcla* puede tener un valor negativo, pero no parece ser así para el hablante de F. 5.

Se puede, pues, concluir que, mientras que, en las categorizaciones por contraste, la variedad vernácula ha sido valorada positivamente frente a la estándar, en las categorizaciones sustantivas, ha sido valorada más bien en forma negativa. ¿Qué significa esto? Desde el punto de vista de la construcción narrativa de la identidad colectiva, parece tener una respuesta clara: por un lado –como se ha estudiado con profundidad en el capítulo 5–, el grupo, aún en situaciones de identidad estigmatizada, se valora positivamente frente al exogrupo, sobre todo en los valores de integridad y de solidaridad grupal. Por ende, su lengua o variante dialectal es mejor valorada en referencia a estos ámbitos. Con ello, los hablantes, al haber construido la variedad dialectal por contraste, la han valorado más positivamente que en las categorizaciones sustantivas. Se ha visto además que, en el proceso de categorización social, en el que entran en liza prejuicios y estereotipos, las características del endogrupo son resaltadas de manera igualmente positiva frente al exogrupo. Esto crea un mecanismo de protección de lo propio frente a lo ajeno

FIGURA 8
Categorización interna y externa de la variedad canaria

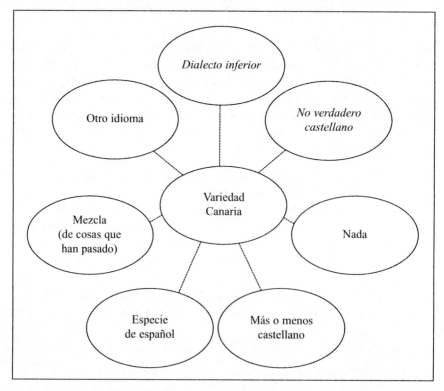

que, a su vez, justifica la discriminación frente al otro (Tajfel 1994, Jenkins 1997, Morales 1996).

A diferencia de la figura 7, estas categorizaciones son de carácter sustantivo[23] y han estado marcadas por el verbo *ser*. *Dialecto inferior* y *no verdadero castellano* están en cursiva por tratarse de categorías externas. Todas han sido construidas discursivamente como sinónimos, es decir, poseen, en su contexto interactivo, una relación de sinonimia entre ellas, y no pueden considerarse como subcategorías de *variedad canaria*. Por ello, están marcadas con una línea discontinua, no como en la figura 7. *Variedad canaria* es una categoría de la investigadora para: *nuestra forma de hablar, nuestro dialecto, nuestra habla, idioma, acento*, etc.

En las categorizaciones sustantivas, que no llevan implícita una comparación, se observa que la creencia de que la variedad dialectal es inferior (hasta el punto extremo de ser categorizada como *nada*), aún está viva en los hablantes canarios. Siguiendo a Kraus (1996) y a Keupp et al. (1999), los individuos poseen al narrar distintos tipos de discurso, sobre todo en situaciones de cambio social, donde integran en sus propias narraciones, tanto discursos sociales pasados, como los que están en proceso de cambio.

Por otro lado, en referencia al cambio de actitud que conlleva el pluricentrismo y la constitución de un estándar regional como norma de prestigio, esta convivencia de dos tipos de actitudes muestra claramente que para el caso del español, y en especial para el español de Canarias, este es un proceso aún no finalizado, por lo que muchas veces se manifiesta conflictivo. Los hablantes otorgan a su variedad un estatus aún no definido, ya que, aunque valoran su variedad positivamente –no sólo en ámbitos de solidaridad y de cercanía grupal, sino también en los polos de distancia comunicativa y de prestigio–, se ve con claridad que no existe una conciencia ni una identificación con una norma de prestigio canaria que oriente su actuación lingüística.

7.6. Contacto en el ámbito laboral: identidad y periferia

Según se vio en el capítulo 6, la valoración negativa de la propia variedad, es una característica asociada más a aquellos hablantes que están en la escala más baja de la estratificación social. Esto tiene que ver, a su vez, con los conceptos de len-

---

[23] Según Lucius-Hoene/Deppermann (2004: 214), las categorías pueden ser sustantivas, adjetivas o verbales.

gua y dialecto, determinados, como se ha explicado ampliamente (ver punto 6.1), únicamente por razones extralingüísticas de prestigio y poder, donde aquella variedad que se establece como estándar es, normalmente, la perteneciente a la élite social del momento. Si se pone esto en concordancia con la relación centro-periferia, los *flujos culturales* (Hannerz) y *la división cultural del trabajo* (Hech-ter 1972) asociados a esta relación, se verá que, en el caso de Canarias, la utiliza-ción de la variedad dialectal y la estándar peninsular también está relacionada con cuestiones de poder y que esto posee una influencia tanto a la hora de valorar la variedad vernácula, como a sí mismos como grupo[24]. Déniz Ramírez (1996), teniendo en cuenta la teoría de los códigos restringido y elaborado de Berstein (1989), y las relaciones de poder que existen entre los hablantes de distintas varie-dades de una misma lengua, afirma lo siguiente con referencia a la situación canaria:

> [d]esde el punto de vista de la consideración y el prestigio social de una norma, desde el punto de vista del poder, de la posibilidad de acceso o no al conjunto de bienes cul-turales disponibles y su relación con un poder no sólo material o económico sino, incluso, cultural o político podría establecerse una relación desigual entre pueblos del mismo habla. Comunidades que, aunque compartan el mismo escenario institucional del poder político, económico y cultural, es decir, compartan y se configuren desde un mismo estado, tienen un acceso diferente al ejercicio y control real de ese poder. Este es el caso de la comunidad canaria respecto al poder que se ejerce sobre la misma. Así la contradicción social que se desprende de la relación lingüística que entablan las dis-tintas clases sociales en el análisis de Bernstein se convierte en una contradicción nacional en el caso de la relación entre las hablas canarias y las peninsulares puesto que, objetivamente, esta contradicción se resuelve marginando no a una clase social, sino a la comunidad canaria como tal (Déniz Ramírez 1996: 323-324).

Esto es tomado por el autor como motivo sociológico para explicar la actitud negativa de los hablantes canarios hacia su variedad. Sin embargo, en los análisis realizados hasta ahora, se ha mostrado que la variedad canaria es valorada como positiva no únicamente con referencia a la solidaridad y cohesión grupal, sino también al prestigio. Por otra parte, esta valoración positiva no es exclusiva y se han observado asimismo actitudes de minusvaloración. En el capítulo 2, se ha visto, a partir de los datos socioeconómicos, que, en Canarias, sigue existiendo una relación de dependencia económica del exterior, basada en relaciones de poder desiguales con el Estado Español y con la Unión Europea. ¿Cómo influye todo esto en la valoración y uso de la variedad? ¿Cómo perciben los hablantes la estructuración social en Canarias con referencia a la inmigración interna? ¿Puede

---

[24] Todo esto ha sido analizado con profundidad en el capítulo 6.

ofrecer esto alguna respuesta a la valoración negativa realizada por los hablantes anteriores de la propia variedad? Los fragmentos que se analizarán en este punto, están destinados a responder estas preguntas. Es esencial tener en cuenta el concepto de *división cultural del trabajo* de Hechter (*cf.* 2.2.1) así como el de *flujos culturales* de Hannerz (*cf.* 2.2.2.2 y 5.3.1).

A continuación, se analizarán nueve fragmentos en su conjunto, es decir, no se realizará un análisis individual de cada uno de ellos, como se ha hecho hasta ahora. Únicamente se extraerán los argumentos de los hablantes y serán estudiados directamente en común. Esto se debe a que la mayoría de ellos corresponden a una parte centrada de las entrevistas, donde se realizaron preguntas directas acerca de inmigración interna y sobre qué puestos de trabajo ocupan estos inmigrantes. Me centraré en dos aspectos principales: la percepción que los hablantes tienen acerca del tipo de ocupación que realizan estos inmigrantes, los argumentos que explican su posicionamiento y en la construcción discursiva de la categoría *trabajo*. Se pondrá en relación con lo estutiado en el capítulo 2 acerca de la relación centro-periferia en Canarias.

F. 24: Andrés M03/29: 287-312 'siempre habrá un peninsular que tenga máh categoría'

287 A: loh peninsulareh loh dividimoh entre godoh y peninsulareh @@@@ =loh godoh
288 sabeh lo que eh, ¿ no?
289 —sí... pero me lo puede ehplicar...
290 A:–loh godoh son loh que vienen como reyeh...ehhhh en plan superior, ahora hay
291 muchoh=muchísimoh=hay muchísimoh y sobre todo en las áreah que yo trabaho : la
292 a:ministrasión pública como hay libertá de movimiento pueh eso=te loh
293 encuentrah a la patada... y... y... y... ADemáh como la PENÍnsula eh tan grande
294 proporsionalmente hay máh hente preparada que en canariah...a la hora de
295 o:tar a un puehto siempre habrá un peninsular que tenga máh categoría y
296 tal=también loh tenemoh aquí porque yo tengo compañeroh que ocupan altoh
297 cargoh y son nativoh... ((irónico)) menoh mal serán loh únicoh@@@@
298 L:–¿sí, loh menoh?&
299 A:–eh así, porque a poco que se ponga a haser un pequeño inventario de la hente que
300 tenemoh allí y a ver puehtoh que ehtán ocupadoh por peninsulareh y puehtoh por
301 nativoh... yo digo nativoh como si fuéramoh indíhenah@@@@...pueh siempre hay
302 máh godoh en loh puehtoh altoh porque casi siempre hay máh...
303 uhté diho que eso eh porque ehtán mehor formadoh [o porque son máh]
304 A:–[no, yo lo creo eh que tienen] máh cháchara, yo lo que creo que son máh
305 charlataneh, pero a la hora de la rehponsabilidá, a la hora de replicar y de haser lo
306 que hay que haser no son máh que loh de aquí...lo que ocurreh eh eso que cuando eh
307 un se:tor donde hay libertá de movimiento y lo que vale eh el nivel académico... la
308 antigüedá... o... dependiendo de a qué puehto o:teh pueh pasa eso, si aquí se convocan

309   sien plasah=pueh sien plasah pa todo la Península y siempre habrá MÁH HENte que
310   venga de allá que canarioh… pero yo no creo que vaya en nada con el cará:ter… medio
311   aplatanadoh somoh pero no=yo creo que aplatanadoh somoh en no sé en la forma de
312   hablar que somoh máh pausadoh y tal pero nada máh a la hora de currar no

- Puestos de trabajo de la inmigración interna: administracion pública.

- Argumentos referidos al exogrupo (por qué ocupan estos puestos): hay libertad de movimiento, la Península es más grande proporcionalmente, hay más
  gente preparada que en Canarias, siempre habrá un peninsular que tenga más
  categoría.

- Argumentos referidos al endogrupo: (por qué no ocupan estos puestos de trabajo): somos medio aplatanados. Reformulación: aplatanados al hablar pero
  no al trabajar.

F. 25 Paloma y Teo M03/27: 96-110 'vienen aqui a ocupar puehtoh altoh'

96   L: –¿Y loh peninsulareh a qué puehtoh de trabaho vienen?
97   P: –A altoh cargoh&
98   T: –A vivir mehor&
99   P: –Sobre todo vienen muchísimoh que trabahan en… en… pueh en huhtisia y
100 a:ministrasión, que vienen a aquí a ocupar puehtoh altoh, a lo mehor porque tienen
101 preparasión mehor, pero yo creo que no que no eh la preparasión pero siempre cohen
102 anteh a hente de la Peninsula que a hente de aquí&
103 L: –¿Y sería mehor que loh canarioh ocuparan esoh puehtoh de trabaho?
104 T: –Pueh que motiven a la hente de aquí y si hay menoh capasidá pueh que preparen
105 a la hente de aquí, ademáh como la a:ministrasión eh sentral pueh de allí loh mandan…
106 P: –Ademáh no todo el mundo tiene la capasidá de prepararse, eh difisil en launiversidá
107 por ehemplo, no todo el mundo puede permitírsel= unah matrículah[tan carah]
108 T: –[no, y no sólo eso] ¿tú sabeh también lo que yo veo?
109 En la peninsula siempre tienen máh opsioneh de formarse y de irse al
110 ehtranhero, aquí como ehtamoh en una ihla pueh… pueh eh máh difisil.

Puestos de trabajo de la inmigración interna: altos cargos, justicia, administración

- Argumentos referidos al exogrupo: (por qué ocupan estos puestos): porque tienen mejor preparación; porque la admistración es central y de allí los mandan;
  porque no todo el mundo tiene la capacidad de prepararse e ir a la universidad;
  porque hay más opciones de formarse e ir al extranjero que en una isla.

- Argumentos referidos al endogrupo: (por qué no ocupan estos puestos de trabajo): ninguno explícito. Por contraste a los anteriores.

**F 26: Pedro M03/18: 203-212 'leh interesa tener aquí cantidá de hente pre-
parada'**

203   P: LOH EHPAñoleh vienen con el trabaho ya garantisado=((muy rápido)) TOdo
204   funsionarioh, todoh suelen ser ehpañoleh=y todo lo que tenga que ver con el ehtado=
205   guardia sivil, polisía nasional= pueh son todoh pañoleh=canarioh muy pocoh...
206   L: ¿Y por qué creeh que eh eso, creeh que ehtán mehor formadoh o peor formadoh
207   que la hente d:aquí?
208   P: No... porqueee le interesa al gobierno+++ le interesa al gobieerno ehpañol=que no
209   sé cuando llegan lah elesioneh aunque sí tal=tenemoh a ATI pero ATI no noh representa
210   y leh interesa tener aquí cantidá de hente prepadada de ehpañoleh y...y...¿sabeh lo
211   que te digo? que quierah o no quierah llegan=se hasen lah familiah=y todo eso va
212   empesando=luego van llegando máh=van trayendo a la familia...

– Puestos de trabajo de la inmigración interna: funcionarios, todo lo que tenga
   que ver con el estado, policía nacional, guardia civil.

– Argumentos referidos al exogrupo: (por qué ocupan estos puestos): le interesa
   al gobierno español, le interesa tener cantidad de gente preparada.

– Argumentos referidos al endogrupo: (por qué no ocupan estos puestos de trabajo): ninguno explícito.

F. 27: Haridián M03/2: 103-118 'grandeh hefeh y tal son peninsulareh'

103   H: Por ehemplo por lah sonah más pihitah hay muchoh máh godoh, hay sonah como
104   mi barrio donde te encuentrah hente d:aquí y otrah donde hay máh peninsulareh...
105   mi: barrio eh un barrio baho, pobre de toda la vida, toda esa sona de debaho=de pabaho
106   de Santa Crú eh máh alta.
107   L: –¿A qué creeh que se debe eso?
108   H: –A que tienen mehoreh puehtoh de trabaho
109   L: –¿Y por qué?
110   H: –... Se dise... [XXX].. que loh canarioh ehtamoh aplatanadoh=que loh godoh vienen
111   imponiéndose = no sé =que a lo mehor ehtán máh formadoh, no sé eso depende ya
112   de lah empresah ...
113   L: –¿Y en qué notah que ehtán mehor formadoh?
114   H: –En muchoh sitioh vah y eh raro que no te atienda un peninsular, grandeh hefeh y tal
115   son peninsulareh= no sé si ehtán ?MÁH formadoh, tienen MÁHdisponibilidá= que
116   son MÁH atrevidoh pal trabaho ?o..o..no sé= que no noh dan una oportunidá a
117   nosotroh, no sé... será que loh que tienen lah grandeh empresah son godoh y elloh
118   contratan a otroh peninsulareh

– Puestos de trabajo de la inmigración interna: mejores puestos, grandes jefes.

– Argumentos referidos al exogrupo: (por qué ocupan estos puestos): los godos
   vienen imponiéndose; están más preparados; tienen más disponibilidad; son

más atrevidos para el trabajo; los que tienen las grandes empresas son godos y ellos contratan a otros.

– Argumentos referidos al endogrupo: (por qué no ocupan estos puestos de trabajo): los canarios estamos aplatanados.

F. 28: Óscar M03/17: 189-202 'casi como un tresermundihmo europeo'

189 L:–¿Y te parese que eso ehtá influensiándonoh en algo?
190 O: –((rápido)) Pueh en ló: puehtoh de trabaho porque de la Península vienen ya con
191 carrera y ¿sabeh? =todoh loh universitarioh que salimoh d:aquí que ensima somoh
192 montoneh, demasiadoh, pueh lo tenemoh máh difísil aún, ¿no? =no digo que sea=que
193 yo no soy xenófobo ni rasihta ni ná-= pero si encuentran un trabaho pueh FELISIdadeh
194 de PUta madre pa ti, yo me tendré que buhcar otro=pero lo tenemoh más difísil eso
195 eh innegable pero muchísimo máh difísil, siempre coherán a un lisensiado de la
196 Complutense de Madrí que a uno de La Laguna
197 L: –¿ Y eso por qué?
198 O: –Por el chabacanihmo que se entiende que hay aquí en todoh loh sectoreh, casi
199 como un tersermundihmo europeo, ¿sabeh no?&
200 L: &mmm&
201 O: &como yo no puedo a:seder al puehto de trabaho de loh peninsulareh= pueh tó- lo
202 veranoh trabaho en la construsión de pintor o de tal...

– Puestos de trabajo de la inmigración interna: licenciados.

– Argumentos referidos al exogrupo: vienen ya con carrera.

– Argumentos referidos al endogrupo: (por qué no ocupan estos puestos de trabajo) Por el chabacanismo que se entiende que hay aquí en todos los sectores; como un tercermundismo europeo, siempre cogerán a un licenciado de la Complutense que a uno de La Laguna.

F. 29: Israel M03/19: 56-68 'loh canarioh somoh muchahh veseh má vvagoh'

56 I: –No sé: ya, po:que ese problema de que venían a quitarnoh el trabaho= que eh verdá=
57 que eh verdá que aquí hubo un tiempo= que lo: peninsulareh venían a quitarnoh el
58 trabaho... y no sé qué pero no creo que fuera sólo el peninsular= porque AHOra
59 [muchah veseh]
60 L: [–¿Por qué?]
61 I:–& porque aunque parehca mentira loh canarioh somoh mucha: veseh má: vvagoh
62 =aunque parehca mentira caer en el tópico, pero mucha: veseh eh así. O simplemente
63 porque muchah veseh lah otrah personah vienen mehor preparadah, porque te preparan
64 mehor fuera que aquí y ahora yo creo que no, por lo menoh hay Universidadeh, hay
65 cosah ¿ no? No eh lo mismo una titulasió: en Barselona, o en Madri de derecho que la
66 que puede haber aquí. Y= igual.. igual la hente d:aquí sale má: preparada que otro que

67   viene de fuera, pero sólo por tener un papel que diga que ehtás TITUlado en Barselona
68   pueh, se valora más, INCLUso por loh PROpioh canarioh.

– Puestos de trabajo de la inmigración interna: no especifica.

– Argumentos referidos al exogrupo: (por qué ocupan estos puestos): Porque
otras personas están mejor preparadas. Te preparan mejor fuera que aquí, no es
lo mismo una titulación en Barcelona o en Madrid.

– Argumentos referidos al endogrupo: (por qué no ocupan estos puestos de trabajo): Porque los canarios somos muchas veces más vagos, el empresario
canario va a coger primero más a alguien de fuera que al canario.

**F. 30: Jorge M03/23: 111-123 'nosotroh hemoh ido un poco dehándonoh coher el
terreno**

111   eh que nuehtro carácter nosotroh hemoh ido un poco dehándonoh coher el terreno,
112   eh desir, no eso... aquel sabe más y siempre... yo digo noh tienen que quitar, no noh
113   quitan el trabaho, o sea loh peninsulareh no noh quitan el puehto de trabaho, eso eh
114   una mentira eh? Eso eh una mentira, no noh quitan el puehto de trabaho... lo que hasen
115   eh que muchah veseh elloh se preparan mehor que, eh? Porque aquí se ha dado el
116   caso de que hay médicoh, maehtroh, médicoh y enfermeroh que eh donde yo me muevo,
117   y le diseh, mira hay una plasa en el Tanque: ñoh en el Tanque, muchacho tal! Y mira
118   y aquí serca de S/C no hay? Mira no, sólo hay plasa en el Tanque, lo más serca que
119   hay eh en Granadilla, ñoh en Granadilla! Ñoh tú sss!Tú coheh a un godito y le diseh
120   hay una plasa en Chipude y el tío cohe su maleta y se viene pa Chipude y se pasa doh
121   treh añoh en Chipude. Qué pasa que el tío eh intelihente, se pasa doh treh cuatro añoh
122   en Chipude y cohe una puntuasión, entonseh... claro ehmuy bonito tumbarse al sol,
123   y carnavaleh y fineh de semana y

– Puestos de trabajo de la inmigración interna: médicos, maestros y enfermeros.

– Argumentos referidos al exogrupo: (por qué ocupan estos puestos): se preparan mejor, es inteligente.

– Argumentos referidos al endogrupo: (por qué no ocupan estos puestos de trabajo): nosotros hemos ido dejándonos quitar el terreno. Argumento implícito:
la no disponiblidad para una cierta movilidad.

F. 31 Lola M03/7: 56-70: 'Por muy canario que seah si no ehtás preparado rumbo'

56   vamoh a ver la insularidad siempre noh ha condisionado, siempre, entonseh siempre
57   pensamoh lo puedeh comprobar en oposisioneh, en un montón de exámeneh que llega
58   hente de la Península con el zzzzz y ya sé más que nadie, pero no eh así. Qué ocurre
59   no tengah miedo a esa hente, lo que tieneh que haser tú eh prepararte para saber igual

60 que loh demás. Ahora no pienseh que por ser canario tieneh derecho a todo aquí no!
61 Por muy canario que seah si no ehtás preparado rumbo! Vienen otro de la Peninsula y
62 te lleva, pero prepárate, tieneh que partir de ahí, pienso yo, si ehtah preparado por mucho
63 qe te vengan de Huan de loh Paloteh tú ehtás preparado.Tú date cuenta que tú terminah
64 una carrea de mahisterio mismo y te disen tiene usted que ir a dar clahe a Chipude, a
65 La Gomera, >CITa: yo a la Gomera? Tú ehtás loca! Si yo soy de Lah Palmah de nó sé
66 dónde< quieren el puehto de trabaho al lado de su casa, vale, vienen alguien de la
67 Peninsula que le ofresen esa plasa en donde el diablo perdió loh calsoneh cohen su
68 avión se vienen aquí, ehtán un año doh, treh hahta que puedan pedir su trahlado… aquí
69 no, aquí queremoh el trabaho al lado de la casa y eso no puede ser, si tú quiereh ganarte
70 un puehto pueh te vah a a dónde sea y ya dehpués pideh trahlado.

– Puestos de trabajo de la inmigración interna: implícito funcionariado.

– Argumentos referidos al exogrupo: (por qué ocupan estos puestos): mejor preparación.

– Argumentos referidos al endogrupo: (por qué no ocupan estos puestos de trabajo): la insularidad siempre no ha condicionado, mala preparación, queremos
   el trabajo al lado de la casa.

Como se aprecia, en todos los hablantes, prima la construcción de que los inmigrantes ocupan mejores puestos de trabajo que la población local. Si se observa
esto desde un punto de vista de la construcción social de la realidad, se verá claramente que se trata de una "construcción social del mundo convencionalizada y
transmitida en la interacción" (ver punto 5.3.2.2 y 5.4), además, de forma afín.
Según se vio en el capítulo 2, el carácter cualificado de la inmigración interna ha
variado a partir de la irrupción del turismo de masas y la explotación del sector
de la construcción. Aunque el número de inmigrantes altamente cualificados
oscila entre el 42 y 45% (ver punto 2.1), existe una importante inmigración interna no cualificada, vinculada al sector del turismo y sus ramas adyacentes. No
obstante, este hecho no es percibido ni reconstruido por los hablantes en casi ninguna de las entrevistas. Todavía prima una noción de inmigración interna altamente cualificada. Por tanto, se puede decir, que los hablantes han reconstruido
una situación de periferia clásica de colonialismo interno, donde las diferencias
entre un grupo y otro se mantienen a través de la división cultural del trabajo.
Esto se podrá observar claramente en la figura nueve.

Los argumentos dados por los hablantes en estos fragmentos, se dirigen a justificar la diferencia percibida en la pirámide laboral, y hacen referencia a dos ámbitos
principales: uno exógeno, referido a la inmigración interna y otro endógeno, referido a sí mismos. Estas argumentaciones son, a veces consecuencia interactiva de
una pregunta causal (F. 25, 26 y 27), y a veces introducidas por los propios hablan-

tes (F. 28, 29, 30 y 31). Es muy importante señalar, que los distintos tipos de argumento utilizados por los entrevistados, tienen un correlato en los discursos oficiales. Como hace constar Déniz Ramírez (1996: 329) basándose en el Consejo escolar de Canarias y otras fuentes como los sindicatos, en las islas: "los argumentos que suelen esgrimirse como justificación de la inmigración cualificada y no tan cualificada" son principalmente tres, observables todos ellos en los hablantes:

1. "Motivos educativos, especialmente la falta de preparación": el argumento de la formación o la mejor preparación de la inmigración interna ha sido utilizado por todos los hablantes menos en F. 26. La mejor formación está justificada a su vez por razones exógenas, donde el endogrupo aparece, nuevamente, como la parte pasiva que recibe la acción. Esto se ve claramente en F. 24, F. 25, F. 26, F. 27 y F 28. En estos fragmentos, las razones esgrimidas para explicar la falta de preparación son: *aquí hay menoh capasidá* (F. 25; L. 104), *no todo el mundo puede permitírse=unah matrículah tan carah* (F. 25; L. 107); *en la peninsula siempre tienen máh opsioneh de formarse y de irse al ehtranhero, aquí como ehtamoh en una ihla pueh...pueh eh máh difìsil* (F. 25; L. 109-110); *le interesa al gobieerno ehpañol* (F. 26; L. 208); *porque te preparan mehor fuera que aquí* (F. 29; L. 63-64). Las razones endógenas esgrimidas a la falta de preparación, están directamente relacionadas con el siguiente argumento recogido por Déniz Ramírez y se verán a continuación con relación a él.

2. "La falta de empuje y arrojo de los canarios para la obtención de puestos laborales disponibles": este argumento se observa también en casi todos los fragmentos. En F. 24 y 26, sobresale, en este sentido, la categorización *aplatanado*[25]. En ambos casos, los hablantes la reproducen en el discurso como categorización externa, pero que funciona como argumento decisivo de la ocupación de los puestos de trabajo más cualificados por la inmigración interna. En F. 28 y 29, los hablantes construyen esta falta de arrojo de distinta manera: para el hablante de F. 28 existe en *todos los sectores* laborales canarios un *chabacanismo* (L. 198), a su vez categorizado como *tercermundismo europeo* (L. 199), que es la causa de que *siempre coherán a un lisensiado de la Complutense de Madrí que a uno de La Laguna* (L. 195-196) y de que el hablante no pueda *a:seder al puehto de trabaho de loh peninsulareh* (L. 201). En F. 29, el entrevistado categoriza el endogrupo como *vago: ló ccanarioh somoh mucha: veseh má: vvagoh =aunque parehca mentira caer en el tópico* (L. 61-62). Ésta es la razón por la que se prefiera una titulación de Barcelona (L. 65). Los hablantes de los fragmentos F. 30 y F. 31,

---

[25] Aplatanado, se trata de un estereotipo muy extendido socialmente y es indudablemente arbitrado por el exogrupo. El hablante de F. 24 lo achaca a la manera de hablar.

achacan esta falta de arrojo de los canarios a que *queremoh el trabajo al lado de la casa* (F. 31; L. 69). Ambos ponen el mismo ejemplo de un inmigrante que toma un puesto de trabajo en cualquier lugar, independientemente de cuán lejos esté (*donde el diablo perdió loh calsoneh* F. 31; L. 67), mientras que en la población local influye mucho el factor distancia. Ambos hablantes dan, pues, únicamente razones endógenas a que los canarios ocupen peores puesto de trabajo.

3. "El que muchas empresas por tener factores de producción fuera de Canarias, faciliten acceso al trabajador no-canario": este argumento se encuentra de manera clara en F. 27 *loh que tienen lah grandeh empresah son godoh y elloh contratan a otroh peninsulareh* (L. 117-118).

A estos tres argumentos de Déniz Ramírez cabe añadir, en términos de periferia, uno más, que ha sido destacado por varios hablantes: el centralismo. En F. 24, 25 y 26 los hablantes han argumentado que los puestos más altos de la pirámide del trabajo los ocupan los inmigrantes por una cuestión de centralidad estatal: *como la a:ministrasión eh sentral pueh de allí loh mandan* (F. 25 L. 105) *todo lo que tenga que ver con el ehtado vienen con el trabaho ya garantisado* (F. 26; L. 204). El hablante de F. 24, hace referencia a la centralidad en cuanto a la cantidad de "hente preparada" y a que las plazas de trabajo se convocan de manera estatal: *si aquí se convocan sien plasah=pueh sien plasah pa todo la Península y siempre habrá MÁH HENte que venga de allá que canarioh* (F. 24; L. 308-310).

Las categorizaciones mediante las que los hablantes se han asignado a sí mismos y a los otros identidades distintas han estado íntimamente ligadas a la categoría *trabajo*, como se puede observar en la figura 9.

Al igual que en la figura 7, en esta se observa una relación de hiponimia, en la que se da una inclusión entre unidades léxicas que van de lo más general a lo más especifico, simbolizado con líneas continuas. Todas las categorías pueden considerarse subcategorías de la categoría primaria *trabajo*. Se diferencian algunas categorías referidas a profesiones concretas: guardia civil, policía nacional, médicos, enfermeros, funcionarios del estado, licenciados, justicia y otras más abstractas: altos cargos, puestos altos, grandes jefes.

Según se dijo anteriormente, y también en el capítulo 2, esta reconstrucción discursiva de los hablantes de que la inmigración interna ocupa únicamente los puestos altos de la pirámide del trabajo, no se corresponde con la realidad estadística. Se trata de una construcción social existente, que los hablantes han introducido en su discurso, un claro *Ready Made* que pertenece a una percepción de la inmigración interna como "conquistatorial" y que hace referencia a un sistema de colonialismo interno, en el que las diferencias grupales son mantenidas mediante la *división cultural del trabajo* (Hechter 1975). Esta construcción social de la mejor preparación de los inmigrantes, que de la población receptora, se repite en un gran número de entrevistas. Como se ha visto con Déniz Ramírez, forma además parte de un discurso institucional (en el caso analizado por él, del consejo escolar de Canarias y de los sindicatos, algo muy significativo). Si se tiene en cuenta el corpus total de entrevistas, los hablantes que han atribuido a los inmigrantes internos puestos bajos en la pirámide laboral, por ejemplo, en el sector de la construcción o en el sector servicios, han sido casi inexistentes con respecto a los altos cargos. Esto es lógico, repito, cuando se trata de un discurso social, no sólo fruto de las interacciones sociales, sino de una institucionalización del mismo.

FIGURA 9
Construcción discursiva de *trabajo*

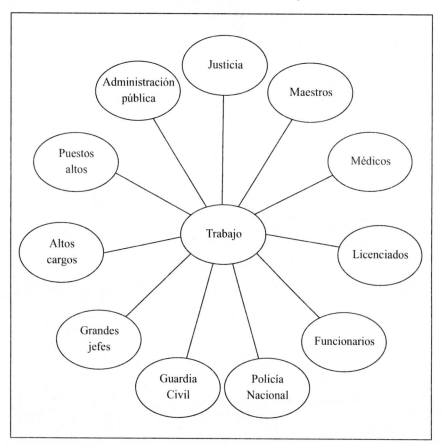

Si se consideran las relaciones de poder reconstruidas por los hablantes en el ámbito del contacto laboral, donde, según su construcción discursiva, el grupo de los canarios se encuentra en una escala más baja de la pirámide del trabajo, puede explicarse, desde un punto de vista sociolingüístico clásico, que esta es una de las razones por las que aún existen valoraciones negativas de la variedad. Se puede reafirmar así lo concluido en el punto anterior que, en casos de contacto y conflicto, existe un doble discurso en cuanto a la propia variedad. En referencia al prestigio, que es la variable más importante en una constelación de pluricentrismo, se puede decir que los hablantes poseen actitudes contradictorias, o siguiendo lo estudiado con Keupp (2002) y Kraus (2000) (ver puntos 3.3, 5.3.2.2, 5.4) coexisten viejos y nuevos discursos sociales, hecho característico de una situación de cambio social[26], que los hablantes incluyen en su discurso personal, dependiendo de cuál sea su posicionamiento y su meta comunicativa del momento.

---

[26] Cuán rápido ha sido el cambio social que se ha producido en Canarias, en muy diversos sectores pero sobre todo en el económico ha sido estudiado ampliamente en distintos capítulos (2, 5, 6).

8. ASIMILACIÓN Y CONVERGENCIA A LA VARIEDAD ESTÁNDAR

En el capítulo 6, se concluyó que, en Canarias, se está produciendo un proceso de revaloración de la variedad vernácula en distintos ámbitos sociopolíticos. Esta tendencia, es parte de un proceso mayor de relocalización, que se constituye, según se analizó ampliamente en el capítulo 5, a partir de un proceso concomitante de deslocalización. Para Morera (1990), los factores que han influido en la pérdida de la variedad canaria son: la urbanización de la sociedad, transformación de las actividades tradicionales, el contacto con otros pueblos, los medios de comunicación de masas y la escolarización. Hay que apuntar dos cosas al respecto:

1. Es bien sabido que el cambio es algo normal, intrínseco a cualquier variedad lingüística. Como apuntan Ortega y González Aguiar (2002: 34), para el caso canario: "hay diversas causas que potencian la desaparición de léxico regional, hecho normal en cualquier modalidad lingüística en la que los procesos de creación y de pérdida son continuos". Por ejemplo, en cuanto a la vitalidad del léxico canario, los autores afirman que, por un lado, se observa un proceso de convergencia y asimilación y, por el otro, un gran número de voces dialectales que no tienden a perderse y que gozan de prestigio y vitalidad entre los hablantes canarios como *guagua, papa, bubango, millo, perenquén, gofio*, etc. También Morera hace referencia a esta importante diferenciación entre pérdida y cambio y afirma que la variedad canaria:

> Como toda modalidad viva o en ebullición, crea y abandona palabras incesantemente. Por eso, carece de la más mínima justificación ese alarmismo que suele generar en algunas personas la pérdida de voces canarias relacionadas con las viejas tradiciones de la vida campesina y marinera. Se trata de un abandono justificado: los hablantes canarios sienten que las viejas palabras del mundo rural y el mundo de la mar apenas sirven para entender el moderno mundo del sector terciario y las abadonan sin piedad. Por eso crean palabras nuevas que satisfagan tales necesidades comunicativas; o las toman prestadas de las lenguas que las han inventado ya. Estos cambios no afectan para nada a la identidad idomática de la sociedad canaria (Morera 2005: 30).

2. Cuando se habla de asimilación se trata de la convergencia de la variedad dialectal a la estándar, cuestión que ha sido reconstruida por los hablantes. Esta tiene
mucho más que ver con motivos de prestigio[1]. Según se vio en la introducción
(punto 1.2.1) y en el capítulo 6, autores como Trujillo (1981), Morera (1990) y
Ortega (1981) Déniz Ramírez (1996), han advertido que la minusvaloración que
los hablantes canarios tienen de su variedad, lleva a actitudes de deslealtad lingüística, por las que, en ciertas situaciones, "traicionan" su propia variedad en
pos de la estándar. No obstante, esto no significa que se haya producido un proceso de convergencia hacia la variedad estándar septentrional. Como se vio con
Trujillo (1981, 2003), lo que ocurre es que los hablantes no poseen una norma de
prestigio propia que oriente su actuación lingüística. Por ello, pueden explicarse
actitudes contradictorias hacia la propia variedad, como las analizadas en los
hablantes del capítulo anterior.

Se ha visto con Zimmermann (1992ª: 63), que las situaciones de conflicto de lengua tienen tres consecuencias principales: o bien se produce una sustitución de la
lengua dominada por la dominante, o bien una dialectalización de la lengua dominada, o en casos de resistencia una normativización de la lengua dominada. En
términos de asimilación, he interpretado esta postura del autor como: una asimilación total a la lengua o variedad dominante, una asimilación parcial y como
resistencia a la asimilación. Los hablantes hacen referencia tanto a un proceso de
asimilación total a la variedad estándar, como a uno de asimilación parcial. Con
referencia a ello, es muy importante tener en cuenta en estos análisis, la diferenciación de Fasold (1984) en cuanto a los tipos de actitudes que los hablantes de
una lengua o variedad pueden tener hacia la misma. Hay que distinguir entre
aquellas actitudes hacia el futuro de la variedad y aquellas hacia la variedad
misma. Esto se observa claramente en los fragmentos de este capítulo, donde
puede haber una actitud negativa o positiva hacia el futuro de la propia variedad,
independientemente de la que se tenga hacia la variedad en sí misma.

8.1. Asimilación total y pérdida de dialecto

Siguiendo a Auer (2005: 34-39), se ha expuesto en el punto 6.1.3, que tanto los
repertorios diglósicos como los diaglósicos pueden llevar a que se produzca una
pérdida del dialecto base. O bien porque cada vez se infiltran más rasgos estándares, o bien porque el dialecto se mantiene de manera conservadora y acaba por

---

[1]   Esto ha sido expuesto y discutido ampliamente en el capítulo 6 y en las consideraciones
        previas al análisis.

perderse completamente y asimilarse al estándar[2]. Además, se ha analizado que, en el caso del español en general y en el español de Canarias en particular, es más fácil que ocurra esto cuando no hay un estándar regional. En un proceso de pérdida de dialecto, este pierde su función de marcador de la lealtad local (*Ortsloyalität*). Esta pérdida de la lealtad local, por pérdida de la variedad vernácula, es reconstruida en los fragmentos siguientes, en los que los hablantes comparten una actitud pesimista hacia el futuro de la variedad (Fasold 1984).

8.1.1. *La convergencia hacia el estándar*

En los siguientes fragmentos, los hablantes hacen referencia a un proceso de convergencia hacia la variedad estándar, en el que miembros del endogrupo abandonan rasgos léxicos fonéticos propios de su variedad en pos de la estándar.

F. 32: Andrés M03/29: 655-707 'la hente d:aquí v:acabar hablando al final como loh peninsulareh

655 L: hmmm, anteh me diho que incluso aquí en el pueblo había oído a hente intentando
656 hablar como peninsulareh… cree que se va a perder nuehtra [forma d:ha-]
657 A: ((lento y bajo, hay muy pocos cambios en el tono y en el ritmo, que es pausado y
658 melódico)) & [bueno sí se] pierde… sí se pierde, se van perdiendo muchah cosah…
659 porque=MIra, yo tengo=no sé donde pero la tengo, una guía de teléfonoh... de
660 paLAbrah de pequeño…y ya no se usan... conDUte ehgorriFAR y qué sé yo no me
661 acuerdo… ((despacio)) si porque a veseh oía a alguien desir algo y digo >CITA: ahhh!
662 si ya no usamoh esa palabra< y entonseh me dio por poner cada veh que me
663 acor- igual que puse-hise una lihta de de nombreteh como desimoh aquí
664 O[3]: &sí sí
665 A: &que llegué hahta dohsientoh y pico que aquí todo el mundo se conosía por loh
666 nombreteh
667 ((O y A hablan sobre los nombretes de las distintas familias del pueblo))
668 A: ... y todo eso se va perdiendo y claro todo eso va
669 L: sí
670 A: y eso... qué PAsa? que nosotroh POR EHEmplo si localisamoh aquí en ((nombre
671 localidad)) por ehemplo teníamoh una forma de hablar,=Ya noh relacionamoh=YA
672 trabahamoh todoh fuera y no sólo eso sino que ademáh loh medioh de comunicasión
673 ya no son loh que había a lo mehor hase… treinta añoh… y hahta menoh… y entonseh

---

[2] Sin embargo, la asimilación nunca es total ya que como se ha expuesto ampliamente en el capítulo 6, tras un proceso de estandarización sigue uno de desestandarización.

[3] O. Bordón Hernández, persona de contacto que me facilitó la realización de esta y otras entrevistas en una zona del nordeste de Tenerife, a quien agradezco su colaboración.

674 todo eso va influyendo… y la hente deha de hablar como se ha hablado toda la
675 vi- canario... dehan de hablar=y dehpuéh ehto no?... sí yo creo que sí que eso se va
676 perdiendo...
677 L: hmm...-¿y eso qué... que le parese?
678 A: (...) ((pensando))
679 L: le parese normal o&
680 A: &-Hombre!!! YO una cosa eh el GUHto para mí eh el GUHto… o lo que debería
681 ser y otra cosa eh lo que realmente eh porque ehtáh ehpuehto a lah influensiah y la
682 (XXX) que dehpuéh te lleva a un montón de cosah… yo creo que sí que esa eh la
683 tendensia y aunque te opongah a ello va a ir ahí, va a ir, porque de la mihma manera
684 que hemoh ido perdiendo palabrah ehpresioneh… pueh la hente d:aquí v:acabar
685 hablando al final como loh peninsulareh
686 L: ya
687 A: que ademáh hay mucha hente que habla de vosotroh y de no sé qué=pero VA:moh
688 cuando... que habla normaLI:to y de pronto dise vosotroh empiesan a hablar así
689 @@=yo por ehemplo tengo un hefe o sea que no eh un culichichi cualquiera sino
690 que eh un aboGA:do… que sobre todo si ehtá hablando en público ademáh se le nota
691 el ehfuerso que hase para pronunsiar la se ((/c/)) la seta ((z)) la uve ((v)) la de ((d))
692 final, se le nota el ehfuerso también y cuando lo dise porque lo hah asimilado y lo
693 diseh de forma natural pueh bueno… pero de esa manera así tan... antinatural... eh
694 una bobería como un cahtillo… que yo digo que eh porque uno quiere=porque tenemoh
695 ehemploh de tehineroh que viven en Madrid hase máh de treinta añoh y siguen
696 hablando canario…
697 O: claro, claro que loh hay, la hermana de... de ((nombre de la persona)) por ehemplo
698 ((nombre de la persona)) no sé si la [conoseh y habla]
699 A: [Miguel Miguel]
700 O: habla máh canario que... pero por eso eh una a:titud… por qué tengo que cambiar yo?
701 A: yo creo que eh porque se quiere, porque creeh que quiereh dar otra apariensia
702 de... yo creo que todo va en funsión de lo que quiereh aparentar que ehto de loh
703 idiomah y loh asentoh, el que lo hase eh porque quiere… o eh un defe:to, a mí nunca se
704 me ha colado nada pero eh que no le doy importansia, y por ehemplo tieneh hente que
705 vivió toda su vida aquí y se fue a La Península y a lo mehor adoptaron la manera de
706 hablar de allí… en fin ehpresioneh puramente peninsulareh… eso eh porque se quiere
707 ya te digo todo va en funsión de lo que quierah aparentar…

En este largo fragmento, el hablante utiliza distintos argumentos para explicar la pérdida de la variedad dialectal. Se trata de un pasaje enteramente argumentativo de carácter causal marcado por la conjunción explicativa *porque*. Posee también algunos elementos descriptivos y de relato. Hay tres argumentaciones principales, cada una de ellas construidas discursivamente de distinta manera, donde se observa el posicionamiento del hablante con respecto a la pérdida, así como las razones a las que atribuye dicha pérdida.

La primera argumentación es de carácter explicativo y abarca de la L. 657 a la 667. El entrevistado afirma que la variedad vernácula sí se pierde, aunque lo construye como un proceso no finalizado, mediante el gerundio *se van perdiendo muchah cosah* (L. 658). El hablante ya ha reflexionado con anterioridad a la entrevista acerca de esta pérdida: *a veseh oía a alguien desir algo y digo >CITA: ah! si ya no usamoh esa palabra<* (L. 661-662) y por ello hace una lista de estas palabras en una libreta. Con ello, muestra una actitud positiva hacia su variedad y un intento de mantenimiento de la misma, por medio del rescate de léxico moribundo. Esta argumentación tiene la función de confirmar su intervención anterior, donde afirmaba que la premisa de que la variedad canaria se pierde es cierta y que se había percatado anteriormente de ello.

La segunda argumentación (L. 670-685) es también de carácter explicativo y está originada por una pregunta que el hablante se hace a sí mismo (L. 670) en referencia a la intervención *todo eso se va perdiendo* (L. 675-676). Razón de la pérdida es, por un lado, una mayor relación con el exterior: debido a motivos laborales, los habitantes de la localidad ya no trabajan en la misma y debido a los medios de comunicación (L. 672-674). Ambas cosas producen una *influensia* (L. 679) en la población local que abandona la variedad vernácula: *la hente deha de hablar como seha hablado toda la vida=canario* (L. 674-675). La influencia exterior como argumento de la pérdida es ratificado a partir de la L.679 de manera causal: *porque ehtáh ehpuehto a la influensia* (L. 681). Esta tercera argumentación, abarca de la 679 a la 696 con una descripción subordinada, que sirve de ejemplificación a los argumentos del hablante. La exposición a la influencia es tan fuerte que no puede evadirse ni con una actitud de resistencia: *aunque te opongah a ello va a ir ahí* (L. 683). Esta declaración provoca un nuevo argumento causal: *porque de la mihma manera que hemoh ido perdiendo palabrah, ehpresioneh todo el mundo v:acabar hablando al final como peninsulareh* (L. 683-685). El hablante pronostica un proceso de convergencia hacia el estándar, donde habrá un abandono de la propia variedad (L. 685) una pérdida del léxico vernáculo y una convergencia total hacia el estándar. Todo ello es ejemplificado mediante un subfragmento descriptivonarrativo.

La descripción subordinada abarca de la L. 687 a la 689, el hablante describe el abandono del pronombre de tercera persona plural *ustedes* por el de segunda *vosotros*. En la L. 689 comienza un relato en forma de ejemplo de la descripción abstracta realizada: *yo por ehemplo tengo un hefe*. El jefe, categorizado como *no un culichichi[4] cualquiera* (L. 689), cuando habla en público adopta con esfuerzo

---

[4] Culichichi: persona sin ningún atributo especial y algo vulgar.

la fonética de la variedad estándar. Es interesante analizar este relato en términos de prestigio: un hablante perteneciente a un estrato social (o al menos profesional) alto abandona la variedad vernácula en un contexto formal. Este abandono provoca una actitud de rechazo en el hablante, quien lo categoriza como *antinatural* y como *una bobería como un cahtillo*[5] (L. 693-694). Con esta actitud de rechazo, el hablante se distancia de aquellos miembros de su grupo que abandonan su variedad y queda a la vez manifiesta una actitud positiva hacia los rasgos de la variedad vernácula. El hablante intenta explicar la razón de este abandono y comienza con ello (L. 700) una nueva argumentación causal.

La cuarta y última argumentación abarca de la L. 700 a la 707. El abandono es construido como voluntario (*porque uno quiere*, L. 703). Para argumentarlo el hablante hace referencia a personas del pueblo que viven desde hace años en Madrid y no han abandonado su variedad. Esta construcción del abandono como voluntario es reafirmada en la siguiente intervención del hablante *que ehto de loh idiomah y loh asentoh el que lo hase eh porque quiere* (L. 702-703). Además de voluntario el abandono se produce por una cuestión de prestigio: todo *va en función de lo que quiereh aparentar* (L. 707). La apariencia (L. 701, 702, 707) está directamente relacionada con el modo de hablar. Aunque el hablante no especifica qué apariencia correspondería a qué modo de hablar, por el contexto, se deduce que son aquellos que abandonan la variedad vernácula quienes *quieren aparentar* (L. 702). Al hilo de esto, el hablante introduce una nueva categorización del abandono como *defe:to* (L. 703). Con ello, se observa nuevamente, no sólo una actitud positiva hacia la variedad vernácula, sino una actitud de lealtad lingüística. El hablante se distancia de quienes abandonan la propia variedad.

La construcción de que hay una pérdida de la variedad canaria, el desacuerdo manifiesto de que esto produce en el hablante, así como no incluirse en aquellos que abandonan su variedad, se observa también en los siguientes fragmentos.

F. 33: Jonay M03/21: 133-153 'llegará el tiempo (...) que todo el mundo hable como loh peninsulareh'

133 J: lah cosah MUchah se van perdiendo lah cohtumbreh todah y el hablar pueh=que...
134 aquí debería de mantenerse su idioma su forma de hablar y eh que hay que cuidar
135 esah cosah, por lo menoh esah cosah de la tierra... como que pueh la hente se piensa
136 que... no sé... se leh va pegando esa forma de hablar y como si andah con peninsulareh
137 pueh a algunoh se leh pega la forma de hablar y la forma de ser y tal y entonseh...
138 creo que eh eso

---

[5] Esta categorización tiene un carácter hiperbólico además de constituir una metáfora.

139 L: ya
140 J: creo que se ehtá perdiendo nuehtra forma de hablar y llegará el tiempo en que se
141 pierda del todo... y que todo el mundo hable como loh peninsulareh
142 L: hmm... y eso en qué lo notah?
143 J: &Pueh que se pronunsia mucho la ese =ya no hay palabrah típicah d:aquí se
144 pronunsia dihtinto que se pierden muchah cosah, muchah palabrah =por eHEmplo...
145 ehhh... qué te digo... pueh no sé... ((bajito)) por ehemplo:por eHEMplo eso eh igual
146 que loh carnaVAleh mihmoh pueh era una cosa que se había fundado aquí típica d:aquí
147 y ahora todo eh montahe en plan... pa La Península, ((rápido)) todo pa venderlo y eso
148 claro año a año loh carnavaleh=sí ha surhido alguna cosa=pero se han cargado lo que
149 vale la pena, ANteh loh carnavalehh eran del pueblo y ahora no, ahora ya tieneh que
150 ehtar ahí luchando pagando a un montón de hente y todo pa loh peninsulareh y aho-
151 bueno anteh era hente que le guhtaba que iban a ensayar, se entretenían un rato y ya
152 ehtá... ahora no... ((sigue contando su experiencia en una agrupación carnavalera a
153 la que pertenecía))

El hablante construye aquí un segmento del mundo, caracterizando a personas y situaciones y posicionándose con respecto a las mismas. Se trata de un texto argumentativo donde realiza una evaluación y posteriormente trata de justificarla. La argumentación no es, por tanto, explícita ni causal sino que el hablante argumenta su posicionamiento con respecto a un hecho: la pérdida de la variedad vernácula. De la L. 133 a la 138 se trata de una evaluación de carácter exhortativo y deóntico, marcada por la forma verbal *debería* y *hay que* (L. 134). Hace una comparación entre *las costumbreh* y *el hablar* (L. 133-134), situando ambas al mismo nivel mediante la conjunción *y*: las dos se pierden de igual manera. En la L. 137 repite la misma formulación: mediante la conjunción *y* relaciona *la forma de hablar* y *la forma de ser* (L. 137). Por el contacto con peninsulares se da una convergencia, tanto en un plano lingüístico, como psicológico (de hábito). A nivel discursivo, el hablante se distancia completamente de este hecho y de la lengua que se está perdiendo con la utilización de tercera persona del singular y en los posesivos su: *debería mantenerse su idioma, su forma de hablar* (L. 134). Implícitamente muestra con ello una actitud positiva hacia la variedad vernácula. Estos posesivos parecen hacer referencia a una colectividad canaria genérica, en la que el hablante primeramente no se incluye. *Su idioma y su forma de hablar* (L. 134) son categorizadas como *cosah de la tierra* (L. 135). En la línea 139 el hablante rompe este distanciamiento y se incluye tanto como miembro del nosotros y como hablante de la variedad canaria: *nuehtra forma de hablar* (L. 140). El distanciamiento anterior se puede interpretar en términos de construcción de la identidad: el hablante se posiciona como no-perteneciente al grupo de personas que por contacto con peninsulares pierde *su forma de hablar y su idioma* (L. 134).

Como conclusión a su evaluación anterior, el hablante realiza un pronóstico pesimista hacia el futuro de la lengua (Fasold 1984): *creo que se ehtá perdiendo nuehtra forma de hablar y llegará el tiempo en que se pierda del todo y que todo el mundo hable como loh peninsulareh* (L. 140-141). Pronostica así un proceso de asimilación total a la variedad estándar por medio de la repetición del absoluto *todo*: primero se da una pérdida de la variedad vernácula y después una convergencia absoluta al estándar. Tras la pregunta de L., explica esta afirmación utilizando para ello cuatro argumentos: *se pronuncia mucho la ese / ya no hay palabrah típicas d: aquí / se pronunsia distinto / se pierden muchah cosah= muchah palabrah* (L. 143-144). El hablante construye con ello un proceso de asimilación total a la variedad estándar, donde se convergerá hacia su pronunciación característica y donde habrá una pérdida del léxico vernáculo.

Igual que en su intervención anterior, donde la lengua se puso al mismo nivel que *lah costumbreh* y *la forma de ser* (L. 133 y 137), en este caso al no encontrar otro recurso con el que ejemplificar la pérdida de la variedad vernácula, esta se metaforiza mediante los carnavales. El hablante construye un cambio a través de los adverbios antes y ahora donde el carnaval ha pasado de ser *una cosa típica d: aquí* (L. 146) (anteriormente utilizó la misma construcción en referencia a la lengua) y *del pueblo* (L. 149) a ser un *montahe pa la Península* (L. 147) y *todo pa loh peninsulareh* (L. 150). Es decir, un evento que es sentido y construido en el pasado como propio, cambia en pos de adaptarse al exogrupo, al igual que la variedad vernácula converge hacia la estándar (*se pronunsia mucho la ese*, L. 143, etc.).

El hablante tiene, pues, una actitud pesimista hacia el futuro de la variedad vernácula que tiende a asimilarse y a converger completamente con el estándar (*llegará el tiempo en que pierda del todo y que todo el mundo hable como peninsulareh* L. 140-141). De gran importancia, son las comparaciones analizadas, en las que el hablante sitúa en un mismo nivel a la variedad que se pierde con otras manifestaciones propias como las *cohtumbreh, cosah de la tierra, loh carnavaleh* y con rasgos de hábito y carácter: *la forma de ser* (L. 133, 135, 146 y 137). Se identifica de manera positiva con su variedad, se posiciona también de manera social como miembro del endogrupo y construye su identidad en oposición al exogrupo.

F. 34: Rosa M03/4: 88-105 'se va acabar nuehtro diale:to y nuehtra cultura'

88   R: a nivel educativo eh uno de loh falloh máh grandeh que yo veo aquí en Canariah
89   que... un poco se intente perder lo que ha sido la cultura canaria... la han machacado
90   durante montón de sigloh... que no entiendo por qué=bueno sí se entiende por qué=
91   pero un poco la educasión=la mentalidá=que cada pueblo cada persona tiene su propia
92   cultura y debería de mantenerse y no intentar como han hecho dehde siempre dehde
93   la conquihta... la cultura goda implantarla aquí porque, VAmoh!! como ELLOH

94 QUIEren y no deharnoh prohperar nuehtra cultura nuehtra orma de hablar y nuehtrah
95 palabrah, lo veo fatal, un fallo enorme... en ese sentido sí
96 L: hmm hmm qué quiereh desir con prohperar la forma d:hablar? ((Bajito)) [Eh
97 interesante]
98 R: &[pueh prohperar] en el sentido que no sé... que se desarrolle libremente y no que
99 se pierda que la hente-eh que la forma de hablar eh pueh la cultura mihma no?=y a
100 mí me ha pasado que la hente... te empiesa a hablar pronunsiando como Godoh cada
101 veh se ve máh y máh=sobre todo en loh niñoh
102 L: ya
103 R: &eh importante desir a esa hente que nuehtro asento también ehtá bien QUÉ quieren
104 que al final haBLEmoh TOdoh como Godoh? que si sigue así la hente si siguen así
105 hablando como elloh se va acabar nuehtro diale:to y nuehtra cultura

En contraposición a los fragmentos anteriores (F. 32 y 33), la hablante introduce
el abandono y la pérdida de la variedad vernácula sin que haya habido ninguna
pregunta de L. al respecto. Pertenece a la primera parte de la entrevista, donde la
hablante describe la situación actual de las islas, centrándose en que en los centros educativos no se da importancia a lo que está ocurriendo en el Archipiélago,
ni a la cultura canaria. También, a diferencia de los fragmentos anteriores, el proceso de asimilación a la variedad estándar es construido como conflictivo. Si en
el fragmento anterior era voluntario, en este es impuesto desde el exterior.

El fragmento es de carácter evaluativo, aunque con bastantes aspectos descriptivos de categorización de sucesos. Como se vio en los casos de conflicto, hay una
asignación de culpa donde la parte que recibe la acción es *la cultura canaria*, y la
activa el exogrupo *la han machacado durante montón de sigloh* (L. 89-90). El
agente de esta acción se concreta en una reformulación de la asignación de culpa:
*como han hecho dehde siempre dehde la conquihta la cultura goda implantarla
aquí* (L. 92-93). Este hecho es construido como vigente mediante el adverbio
durante y su comienzo temporal es acotado en la conquista. La asignación de
culpa se construye a través de los verbos *machacar* e *implantar* (L. 89 y 93) en
tercera persona del plural y se reafirma con la construcción: *como elloh quieren*
(L. 93-94). Con la utilización de primera persona del plural, la hablante se sitúa
como perteneciente al endogrupo que ha recibido la acción y toma por tanto un
posicionamiento social, construyendo su identidad en oposición a la del exogrupo. Como consecuencia de esta construcción del endogrupo como parte pasiva, la
hablante afirma que ni *la cultura*, ni *la forma de hablar* ni las *palabras* (L. 94-95)
propias han podido prosperar: importante es la construcción verbal *no deharnos
prohperar* (L. 94) en la que se reafirma la asignación de culpa.

Tras la pregunta de L., la hablante categoriza prosperar como *desarrollarse libremente* y *no perderse* (L. 98-99) e introduce así el concepto de pérdida. Éste se

entiende como: *que la hente te empiesa hablar pronunciando como godoh cada veh máh y máh* (L. 100-101). Como en los fragmentos anteriores, la hablante construye un proceso de asimilación a la variedad estándar. La variedad vernácula es categorizada *como la cultura mihma* (L. 99). Esto provoca asimismo dos actitudes: primero, una actitud de rechazo hacia la pérdida y consecuentemente una actitud positiva hacia la variedad vernácula: *nuehtro asento también ehtá bien* (L. 103). Por otro, una actitud pesimista hacia el futuro, no sólo de la lengua, sino de la cultura: *si la hente sigue hablando como elloh se va acabar nuehtro dialeto y nuehtra cultura* (L. 104-105). Es importante señalar la forma condicional, ya que la hablante no construye la asimilación a la variedad estándar como algo que haya ocurrido. La pérdida es construida como posibilidad, si continúa el proceso de convergencia de los hablantes vernáculos.

8.1.2. *La urbanización de las variedades rurales*

En el presente fragmento, el hablante no hace únicamente referencia a un proceso de convergencia hacia la variedad estándar, sino que distingue entre este y un proceso de urbanización de las variedades rurales, categorizadas como *mago*. Aunque a continuación, se analice esto exclusivamente en discurso de un hablante, la referencia a la urbanización de las variedades rurales se encuentra también presente en: F. 37, 38 y 43 y muy explícitamente en F. 35.

F. 35: José M03/26: 195-211 'antiguamente eran máh mago lah cosah y se comprendían y todo eso se ehtá perdiendo'

((continuación de F. 16.))
195   L: ... hmmm ya...
196   J: eh así como te ehtoy disiendo...
197   L: sí... o sea que tú no deharíah de... hablar como hablah...
198   J: no, NUNca=ademáh eh que me guhta, a mí me guhta como hablan loh viehoh, no
199   sólo el mago, sino el canario ¿sabeh? m:encanta y eso se ehtá perdiendo cada veh máh
200   =porque quieren aparentar=a lo mehor o porque se ríen del vocabulario nuehtro=de
201   cuando tú hablah en La Península ELLOH se te RÍen >CITA: ¿pero qué disen?< y se
202   preguntan entre elloh >CITA: ¿pero qué ehtá disiendo?< no eh plan de eso ¿entiendeh?
203   eh que no noh entedemoh bien, por lo menoh eh la ehperiensia que yo tengo allá...
204   L: ... y... aquí tú creeh que la hente va a dehar de desir gofio, a dehar de desir guagua,
205   tú qué creeh?
206   J: yo creo que sí MIra, eh que se ehtá viendo cada veh se ehtá viendo máh y date cuenta
207   que- voy a desir una palabra que el mago ya se ehtá perdiendo, ya prá:ticamente el
208   mago eh poco ya no eh como anteh antiguamente eran máh mago lah cosah y se
209   comprendían y todo eso se ehtá perdiendo y eh una pena, eh una pena, lah cohtumbreh

210   todo se ehtá perdiendo, lah cosah cada veh máh capital, máh ehpañol, mah... hase veinte
211   añoh se hablaba máh mago que ahora

En este fragmento, se observa desde el principio una actitud positiva hacia la variedad vernácula: *a mí me guhta cómo hablan loh viehoh* (L. 198) / *m:encanta* (L. 198). y una actitud pesimista hacia su futuro: *se ehtá perdiendo cada veh máh* (L. 198). Se trata de un texto argumentativo marcado por las dos preguntas de L. La primera parte abarca de la L. 195 a la 203. Causa de la pregunta de L. es la intervención anterior del hablante (F. 16). A partir de la línea 200, comienza una argumentación causal en referencia a la pérdida. Posee dos argumentos principales: el primero relacionado con el abandono de la variedad vernácula por sus hablantes. Esta se pierde –como en F. 32– porque los hablantes vernáculos *quieren aparentar* (L. 200) Se relaciona con un mayor prestigio no utilizar la propia variedad. El segundo argumento está relacionado con una actitud negativa de los hablantes estándar hacia la variedad dialectal canaria, quienes no la entienden y además se burlan de ella (L. 201). La pérdida, en este caso, está también relacionada directamente con el estándar, sin que haya habido ninguna pregunta de L. al respecto.

En su siguiente intervención, el hablante reafirma, su opinión de que la variedad canaria se está perdiendo. Interesante es la distinción entre dos variantes: el canario y el mago[6]. Sin embargo, a partir de la línea 205 se refiere sólo a esta última: *el mago ya se ehtá perdiendo* (L. 207), la asimilación aún no ha finalizado sino que está en proceso de cambio como indica el gerundio. Es también constatable que el hablante posee una actitud claramente pesimista hacia el futuro de la misma: *todo eso se ehtá perdiendo* (L. 209). El deíctico *eso* es concretado en la L. 209 a la variante hablada en el campo y por un grupo etario determinado. La convergencia –a diferencia de los casos anteriores– no sólo es hacia el estándar: *máh ehpañol* sino hacia la variante urbana: *máh capital* (L. 209). Al igual que en los dos primeros fragmentos, el hablante relaciona la pérdida de la variedad vernácula con la de *lah cohtumbreh* (L. 209-210).

En estos cuatro fragmentos, los hablantes han relacionado la pérdida de dialecto a la pérdida de "lealtad local" y otras manifestaciones socioculturales como: costumbre, cosas de la tierra, cultura, etc. Común a los cuatro, es que construyen siempre a los otros miembros de su propio grupo como desleales y como aquellos que abandonan la propia variedad pero nunca a sí mismos. Esto puede analizarse desde dos puntos de vista principalmente: 1. Se puede decir que

---

[6]   Nombre con el se designa a las personas del campo en Tenerife, puede tener carácter despectivo. El hablante lo extiende a la forma de hablar.

existe un alto grado de lealtad (abierta y encubierta) por una valoración positiva de la variedad vernácula y un fuerte sentimiento de pertenencia grupal. 2.
Hay que tener en cuenta, desde el punto de vista de la construcción de la identidad narrativa, que los hablantes están realizando un "trabajo de identidad propia" en la interacción con la entrevistadora, frente a la que no quieren presentarse como "traidores lingüísticos". Común también a los cuatro fragmentos,
son dos tipos principales de actitud: una actitud positiva hacia la variedad vernácula (íntimamente relacionada con lo que se acaba de decir acerca de la lealtad) y una actitud negativa hacia el futuro de la misma, a quien le pronostican
una asimilación total al estándar. Común a los cuatro pasajes, es que en ninguno de ellos hubo una pregunta de L. con respecto a la variedad estándar, el proceso de convergencia hacia la misma fue construido por los hablantes de manera independiente.

8.2. Asimilación parcial

En contraposición a los fragmentos anteriores, en los que siguen a continuación,
los hablantes presentan una actitud más optimista hacia el futuro de la variedad.
No se percibe una construcción de un proceso de pérdida absoluta de la variedad
canaria, sólo de alguno de sus rasgos. El proceso de convergencia a la variedad
estándar no es tan relevante como en el punto anterior.

**F. 36: Peraza M03/24: 380-387 'no eh un diale:to propio sino una cohtumbre, enton-
seh se pierde como se pierden otrah cohtumbreh'**

380 L: te parese entonseh que nuehtra forma de hablar se ehtá perdiendo?
381 P: &((bajito)) no… no… no… yo creo que no, hay algo que sí se va perdiendo, supongo
382 también en sierto modo que porque no eh un diale:to propio sino una cohtumbre,
383 entonseh se pierde como se pierden otrah cohtumbreh, el folklore=de cosah, nuehtro
384 habla eh muy paresido a lah cohtumbreh=hay algo que sí se va perdiendo… pero a
385 nosotroh no se noh va a pegar el asento godo ni mucho menoh… no no de ninguna
386 manera, hemoh aprendido a comportarnoh pero perderse no creo que se pierda… no
387 qué va, yo creo que no, ahí ehtá el cantante Toni Santoh que no ha perdido el asento

En este fragmento, el hablante relaciona, como en los del punto anterior, la pérdida de la variedad vernácula con otras manifestaciones socioculturales como las
costumbres o el folclore, se vincula a una pérdida general de la identidad local.
Sin embargo, a diferencia que en los anteriores, la pérdida no es construida como
absoluta, sino como parcial. Esto se observa en el indefinido "algo": *hay algo
que sí se va perdiendo* (L. 381). A partir de aquí, se desatan dos argumentaciones.
La primera de carácter causal (L. 380-384), el hablante explica que lo que se

pierde es la variedad canaria, categorizada como *no un dialecto propio sino una cohtumbre* (L. 382). Precisamente esta categorización como costumbre, representa el argumento de la pérdida: *entonseh se pierde como se pierden otrah cohtumbreh* (L. 383).

La segunda argumentación (L. 384-387) es de carácter explicativo, el hablante dice qué es lo que no se pierde o permanece. Afirma de manera rotunda que, al menos a nivel fónico, no va a producirse una asimilación a la variedad estándar: *a nosotroh no se noh va a pegar el asento godo ni mucho menoh, no no de ninguna manera* (L. 384-386). Con ello, muestra una actitud positiva hacia el futuro de la variedad vernácula que reafirma en la frase siguiente: *perderse no creo que se pierda, no qué va!* (L. 386-387). Es importante, no obstante, tener en cuenta la frase *hemos aprendido a comportarnos* (L. 386) en la que puede verse, de manera encubierta, una actitud negativa y de minusvaloración hacia su grupo y su comportamiento en el pasado. Precisamente esta actitud es observable también en el fragmento siguiente:

F. 37: Yasmina M03/6: 288-293 'palabrah arcaicah que utilisaban nuehtroh abueloh ya no se utilisan'

288 Y: muchah cosah se van perdiendo=palabrah arcaicah que utilisaban nuehtroh abueloh
289 ya no se utilisan pero también eh porque nuehtra cultura ha cambiado, la educasión
290 ha cambiado, ya no eh lo mihmo sabeh? lah palabrah que se desían anteh ehtaban
291 mal dichah y ahora hay una educasión que te re:tifica que eso ehtá mal dicho... por
292 ehemplo... no sé... humasera y esah cosah pero eso eh avansar eso ehtá bien, porque
293 si noh ehtancamoh en lo de anteh no seríamoh personah que avansamoh...

La hablante construye en este fragmento un proceso de cambio generacional, en el que *palabrah arcaicah que utilizaban nuehtroh abueloh ya no se utilisan* (L. 288-289). Se trata nuevamente de un texto argumentativo, en el que la hablante explica el porqué de la pérdida a través de la pérdida de *la cultura*. Este primer argumento tiene gran afinidad con muchos de los anteriores en los que se perdía el dialecto igual que se pierden las costumbres, cosas de la tierra, cultura, etc., pero se diferencia en el verbo: la hablante no dice que la cultura se ha perdido sino que *ha cambiado* (L. 289). Este hecho es importante en referencia a la construcción discursiva de la identidad, ya que el cambio parece ser un proceso más natural y menos conflictivo que la pérdida, al menos, tal y como la construyeron los otros hablantes. El cambio es valorado positivamente con una valoración negativa del dialecto base: *lah palabrah que se desían anteh estaban mal dichah* (L. 290-291).

Al final del fragmento, la hablante realiza al respecto una última argumentación: el cambio es positivo porque *si noh ehtancamoh en lo de anteh no seríamoh per-*

sonah que avanzamoh (L. 293). La hablante se construye como miembro de un nosotros, el posicionamiento es social, pero se distancia de aquellos que utilizan voces dialectales, que categoriza como *mal dichas* (L. 291). El posicionamiento social no es en referencia al endogrupo completo, sino sólo a un sector del mismo (*lah personah que avanzamoh*, L. 293). Aunque la hablante no construye directamente una pérdida o un proceso de asimilación, esta actitud negativa hacia voces dialectales como *humasera*, constituye, siguiendo a Auer (2005) una de las causas principales que llevan al abandono de dialectos base y a un proceso de estandarización. El cambio es valorado positivamente y no es construido como pérdida sino como avance.

F. 38: Israel M03/19: 324-332 'que eh muy difísil, ¿no? que algo así se pierda'

324 L: pero ¿creeh que nuehtra forma d:hablar se ehtá perdiendo o no? ¿a ti qué te parese?
325 I: yo creo que nosotroh tenemoh un asento y eso ehtá ahí, ¿no?=y creo que eh muy
326 difísil, ¿no? que algo así se pierda, aunque se h an perdido mucha:Palabrah y cosah,
327 porque vemoh a mi abuelo=a cualquier persona d:aquí… a mih abueloh, por ehemplo
328 son d:Arucah y seguro que loh oyeh hablar y pa´ti pueh no entiendeh porque te disen
329 (XXXX) de una manera muy esaherada, mucha:Palabrah que mi madre usaba=VAmoh
330 a mí mi madre me puede desir cuatro palabrah típica:Canariah=y yo no lah sé...
331 ENTONseh CLAro=hay COsah que se pierden pero lo que eh el asento, eso eh muy
332 difísil que se pierda porque somoh mucha hente que lo ehtamoh hablando

Igual que en el fragmento anterior (F. 37), el hablante hace referencia a un cambio generacional. Se produce una pérdida a nivel léxico pero no a nivel fonético. Con respecto a este último, el hablante posee una actitud optimista hacia su futuro: *eh muy difícil no? que algo así se pierda* (L. 325-326). No ocurre lo mismo a nivel léxico donde: *se han perdido muchah palabrah* (L. 326). Mediante una argumentación, el hablante explica la pérdida por cambio generacional, donde sus abuelos y su madre utilizan un léxico que él no conoce. La diferencia es más fuerte con respecto a sus abuelos que a su madre. A los primeros no los *entiendeh porque te disen (XXX) de una manera muy esaherada* (L. 328-329), mientras que a su madre únicamente si le dice *cuatro palabrah típicah canariah* (L. 330), que él no conoce. Que no se produce una pérdida a nivel fonético, es también argumentado de manera causal *porque somoh mucha hente que lo ehtamos hablando* (L. 332). El hablante se posiciona como miembro de un nosotros, aunque sin referencia explícita a un álter.

Como en F. 36 el proceso de pérdida es parcial, sólo se pierden algunos rasgos (en este caso, léxicos) de la variedad vernácula. No es construido, sin embargo, como un proceso de convergencia hacia el estándar, que no juega ningún papel para el hablante. Este centra su foco de atención y da únicamente relevancia al endogrupo, ni el exogrupo, ni su variedad desempeñan un papel en la pérdida o mantenimiento de la propia variedad. Se ha construido, por tanto, más una situación de cambio lingüístico que de pérdida.

F. 39: Yeray M04/20: 104-128 'un conta:to entre diale:toh, entre lenguaheh (...) que tienden a ada:tarse unoh a otroh'

104 Y: -le pasa a todoh loh idiomah, ¿sabeh? siempre hay un conta:to, como un conta:to
105 entre... entre... diale:toh=entre lenguaheh y yo creo que tienden a ada:tarse unoh a
106 otroh pero no sé si llegará el punto a que loh canarioh podremoh cambiar totalmente
107 nuehtra forma de hablar... sería muy difisil... tendría que haber otra colonisasión para
108 que nosotroh yo qué sé para que se muriera nuehtro diale:to... no sé... a loh canarioh
109 siempre noh han tenido como muy apartadoh en Ehpaña
110 L: sí
111 Y: por ehemplo el hecho de ehtar como apartadoh del sentro siempre noh han como...
112 como... dehprehtihiado=noh han dehado a un lado... y por otro lado como que nuehtro
113 diale:to siempre noh ha guhtado, nuehtra manera de comunicar de hablar lo han
114 dehcrito como meloso=como que hablamoh cantando y eso como que gana puntoh
115 para unoh cosah pero para otroh no, por ehemplo profesionalmente hablando pueh
116 no, pueh como que te quita puntoh ser canarioh
117 L: hmm-¿y para qué gana puntoh?
118 Y: @@ pueh para ligar por eHEmplo @@ NO! [eh BROma muHE:r!@@]
119 L: [@@ @@]
120 Y: no sé que somoh dulseh=meLOsoh=tranquiLItoh que eh una manera muy cariñosa
121 de:hablar comparada a la de elloh que eh TAN... tan SEca y no sé tan:... engreída, no?
122 L: ya...
123 Y. pero claro profesionalmente hablando que loh canarioh tengan que dehar su diale:to
124 para conseguir un trabaho eso eh trihte y a lo mehor en ese sentido... CLAro si tenemoh
125 que hablar un lenguahe ehtándar pueh... se puede llegar a perder nuehtro lenguahe...
126 eh que yo tengo amigoh que leh ha pasado que a lo mehor por el hecho de no saber
127 hablar como un madrileño pueh sí le quita puntoh por ser canario o por ser andaluh o
128 por ser gallego... trihtemente eh así

Éste es un fragmento de alto valor e interés por el posicionamiento y la construcción discursiva que el hablante hace de la pérdida/asimilación. A diferencia de los anteriores, es de carácter explicativo y no posee ninguna argumentación causal. De la L. 104 a la 109 el hablante construye un "fragmento del mundo" (Lucius-Hoene/Deppermann 2004), en el que los participantes son las distintas variedades lingüísticas. El entrevistado hace referencia a un proceso de asimilación por contacto *entre dialectoh, entre lenguahes* que *tienden a adaptarse unoh a otroh* (L. 105-106). Esto es percibido como algo normal, que *le pasa a todoh loh idiomah* (L. 104). Con la conjunción adversativa pero el hablante pone en duda que, sin embargo, pueda haber una asimilación total (L. 107) y muestra una actitud positiva hacia el futuro de la variedad vernácula: *tendría que haber otra colonisasión (...) para que se muriera nuehtro dialecto* (L. 107-108).

La siguiente intervención es de gran interés, ya que el hablante valora la variedad vernácula teniendo en cuenta distintas variables. Además, hace referencia a una situación de conflicto mediante una categorización de hechos: *a loh canarioh noh han tenido siempre muy apartadoh en Ehpaña* (L. 109). Implica una asignación de culpa a través de la forma verbal utilizada *noh han tenido* (L. 109). Los canarios son nuevamente la parte pasiva que recibe la acción y que reformula en las líneas siguientes: *noh han dehprehtihiado/ noh han dehado a un lado* (L. 111-112). Muy interesante, en referencia a la situación de periferia de Canarias es la intervención: *ehtar como apartados del sentro* (L. 111), razón del desprestigio.

En las líneas siguientes, el hablante se posiciona de manera positiva hacia la variedad vernácula y lo hace no de manera individual sino colectiva: *nuehtro dialecto siempre noh ha guhtado, nuehtra manera de comunicar =d:hablar* (L. 112-113). Es categorizado como *meloso* y como *hablamoh cantando* (L. 114). Esta categorización de la variedad vernácula es positiva sólo para algunos aspectos (esto es construido con la metáfora ganar puntos: *gana puntoh para unah cosah* (L. 114-115). En el ámbito profesional, es negativo ser o hablar canario. Sin embargo, es positivo en la esfera de las relaciones personales. Esto último es ejemplificado por medio de una categorización por contraste de la variedad canaria como: *dulse melosa, tranquilita* y *muy cariñosa* (L. 120), frente a la estándar como *seca* y *engreída* (L. 121). Mediante esta categorización, queda manifiesta nuevamente la actitud positiva del hablante hacia la variedad de su grupo y una actitud negativa hacia la variedad estándar. Que la variedad estándar sea profesionalmente valorada como positiva, es rechazado por el hablante: *que loh canarioh tengan que dehar su dialecto para conseguir un trabaho eso eh trihte* (L. 123-124). Para ejemplificar esta evaluación, el hablante comienza un relato (L. 126-128) sobre amigos suyos a quienes les ha sucedido esto. Importante es que el hablante cambia su actitud, en referencia al futuro de la lengua, si anteriormente afirmaba que era *muy difícil* (L. 107) que se perdiera la variedad canaria, esto no se cumple en referencia a lo profesional: *a lo mehor en ese sentido...CLARO si tenemoh que hablar un lenguahe ehtándar pueh... sí se puede perder nuehtra forma de hablar* (L. 124-125).

Desde el punto de vista del cambio lingüístico, el hablante ha construido una situación sociolingüística "clásica": en términos de solidaridad, pertenencia y lealtad locales, la variedad vernácula es valorada muy positivamente, en términos de ascenso social es construida (y no valorada por él) como negativa. Importante es resaltar, sin embargo, que el hablante no comparte esta actitud negativa, construye la situación de abandono por imposición y no como voluntaria y además no la aprueba.

F. 40   Gonzalo M03/3: 312-328 'eh que hahta sierto punto te obligan a cambiar el lenguahe'

312   L: ¿tú creeh que se ehtá perdiendo la forma d:hablar o no?
313   G: no, NOooo qué va qué va... elloh pueden desir lo que quieran pero nosotroh
314   seguimoh disiendo guagua @@@@@ la guagua eso se queda aquí hahta loh sigloh=
315   hahta que quiten la guagua y pongan otro... un... tren... ¿eso no quieren poner elloh?
316   HAhta ESO quieren meter para ir cambiándonoh cambiándonoh=hahta que el gobierno
317   debería poner en lah paradah guagua y no autobúh=que en el Paíh Vahco ponen otra
318   cosa y en Cataluña ponen otra cosa
319   L: sí... pero anteh me dihihte que había mucha hente disiendo autobúh y pronunsiando
320   lah setah...
321   G: ((pausado y bajo)) no sé, eh que hahta sierto punto te obligan a cambiar el lenguahe,
322   te obligan a ser como son elloh, y al ser como son elloh eh pueh hahta sierto punto
323   una invasión=que eh por donde se empiesa a invadir... eh por lo máh pequeño, ESE
324   eh el futuro de nosotroh=al hacer eso elloh se hasen cada veh máh altoh y nosotroh
325   máh sumisoh... porque la rasa se noh va a quedar=el sentimiento de nosotroh ((mucho
326   más alto)) eh QUE eh en TOdah Las ihLah=no eh en en una sola=eh que eh todah las
327   ihlah en heneral, enTONseh elloh lo máh que pueden haser entonseh elloh ((rápido)) lo
328   máh que pueden haser eh cambiar la cultura=lo máh que pueden cambiar eh la forma de
329   diálogo=lo máh que podrán cambiar eso=pero eso lo llevan hasiendo añoh y añoh pero
330   nunca cambiarán loh coloreh nuehtroh ni el sentimiento nuehtro

En la primera parte del fragmento (L. 312-320), se observa una actitud positiva con respecto al futuro de la lengua. Ésta se contradice en cierto modo con una intervención anterior donde el hablante afirmaba: *yo creo que la hente= hay hente no? que disen autobúh porque se creen máh finah o pronunsian lah eseh mucho=esa eh ahora la moda, como si diherah cualquier otra moda que hay* (L. 298-300) y de ahí la pregunta incisiva de L.

La actitud positiva hacia el futuro de la lengua es construida a través del vocablo guagua: *la guagua eso se queda aquí hahta loh sigloh hahta que quiten la guagua y pongan otro un tren* (L. 314-315). Interesante es observar el posicionamiento del hablante, que, desde el principio, es social trazando una clara frontera entre el nosotros y el ellos, no exenta además de conflicto. El hablante se siente amenazado *hahta eso quieren poner para ir cambiándonoh* (L. 315-316). Se construye un proceso de cambio por imposición, que es reafirmado durante toda la intervención siguiente. La frontera trazada entre ambos grupos sigue siendo clara y conflictiva; el exogrupo es la parte activa que realiza la acción y quienes *obligan* al endogrupo a *cambiar el lenguahe/ a ser como elloh* (L. 321-322). Hay una categorización de este hecho (la obligación a cambiar) como *invasión* y esta a su vez es categorizada como *el futuro de nosotroh* (L. 324). Aunque de manera abierta el hablante mostró una actitud positiva hacia el futuro de la lengua, mediante estas categorizaciones ha construido un proceso de asimilación conflictivo.

A partir de la L. 323, parece que el hablante es consciente de ambas actitudes. Por un lado, reafirma al grupo y al nosotros: *la rasa se noh va a quedar /el sentimiento de nosotroh eh en todah lah ihlah* (L. 325-326). Por otro, vuelve a referirse al proceso de cambio, donde aunque, por imposición, el exogrupo intente cambiar *la cultura, la forma de diálogo* (L. 328-329), sigue existiendo una integridad grupal: *nunca podrán cambiar los coloreh nuehtroh* (L. 330).

Este fragmento es interesante desde el punto de vista de la construcción de la identidad colectiva, ya que el hablante se ha reafirmado como miembro de su grupo y ha construido a este como unido y con continuidad en el tiempo. A pesar de una situación tan conflictiva como una *invasión*, en la que por diferencias de poder con el exogrupo se produce un proceso de convergencia hacia este y su variedad: *cambiar el lenguahe, ser como elloh* (L. 321-322)*;* el hablante se reafirma en el nosotros categorizándolo como *de todah lah ihlah* (L. 324). Se observa bajo todo ello, una actitud de resistencia ante el conflicto y ante el exogrupo, con la que el hablante reafirma la identidad grupal que siente como amenazada. En referencia a un proceso de asimilación lingüística, el hablante no lo ha construido como la causa o la consecuencia de otras pérdidas (cultura, folclore, costumbres) como en muchos de los fragmentos anteriores, sino como imposición. No obstante, la pérdida o no de la variedad vernácula por imposición, no parece ser tan importante como *el sentimiento de nosotroh* (L. 325) que no se pierde aunque cambie *la cultura* y la forma *de diálogo* (L. 328-329). Esta construcción del grupo como *un sentimiento de nosotroh* (L. 325), que sobrevive a la pérdida de la variedad vernácula se observa también en el próximo fragmento.

F. 41: Aarón y Soraya S04/13: 160-188 'hablar no eh solamente una forma de hablar eh un sentimiento'

160 S: y por ehemplo mih sobrinah se ponen >CITA: ay Soraya y ehta palabra que no sé
161 qué< >CITA: pueh mira ehta palabra la digo porque en ehta frase significa ehto< y
162 CLAro me da pena que se vayan perdiendo esah cosah=que se vaya perdiendo nuehtrah
163 palabrah por-sobre todo por el colehio no? porque ha cambiado montón la forma=la
164 mentalidá de [loh profesoreh]
165 A: [y porque ha] cambiado la manera de vivir no? máh abierta quierah o no quierah
166 [te internasionalisah]
167 S: [la mentalidá de loh] profesoreh... si al leer eh pa dihtinguir la seta de la se me
168 parese bien pero que dehpuéh loh niñoh la empiesen a pronunsiar ya a la hora de
169 hablarlo ya no, de todah manerah eh imposible, tú hablah como hablan en tu casa=el
170 asento eso no se PIErde así como así&
171 A: &sí que loh niñoh sepan diferensiar la seta y la se me parese muy bien pero ehcrito!

172 entiendeh? porque hablar, yo qué sé, hablar no eh solamente una forma de hablar eh
173 un sentimiento y máh [para nosotroh]
174 S: [XXX pero]
175 A: que no hemoh tenido la libertad de Cataluña o del Paíh Vahco sabeh lo que te quiero
176 desir? enTOnseh ese sentimiento eh muy difísil que se pierda=muy difísil porque si
177 se pierde se va perder lo único que tenemoh
178 S: eso no se PIERde=no se PIErde, tú no lo vah a perder no?&
179 A: &no no
180 S: &ni yo tampoco y como nosotroh otroh tantoh&
181 A: &eh que si no defendemoh lo poco que tenemoh nuehtro pueh se va a perder
182 S: [que XXX]
183 A: [pero NO:] NO por vagansia o sea se ehtá perdiendo sobre todo el hablar y sobre
184 todo detalleh porque en realidad el sentimiento lo tiene todo el mundo hahta cualquier
185 niñato tú vah y le preguntah al niñato ehte harcorito y lo primero que te dise eh >CITA:
186 el godo tal no sé qué< aunque el pibe no tenga doh dedoh de frente el sentimiento
187 canario sigue habiendo incluso hoy eh máh fuerte que anteh pero qué pasa que todo
188 el vocabulario que teníamos como el guah la sera ahora loh pibeh disen la- a-se-ra

En este fragmento conversacional, se observa, en referencia al futuro de la lengua, un tipo de actitud distinto en ambos hablantes. Mientras que S. tiene una visión más positiva al respecto, A. tiene una algo más negativa. Ambos poseen paralelismos con los hablantes de fragmentos anteriores. S. relata en estilo directo acerca de sus sobrinas, quienes le preguntan qué significan algunas palabras. Como en F. 38 se observa un cambio en el que una generación más joven no conoce ciertos vocablos dialectales. La pérdida es también construida como parcial: se produce a nivel léxico mucho más que a nivel fonético. La hablante posee una actitud positiva hacia la variedad vernácula: *me da pena que se vayan perdiendo esah cosah / nuehtrah palabrah* (L. 162-163). A partir de la L. 162, comienza una argumentación introducida por S. y en la que también interviene A. Ambos dan argumentos distintos del porqué de la pérdida. Para S. la principal razón es el colegio *porque ha cambiado montón la forma=la mentalidá de los profesoreh* (L. 163-164). A. interrumpe a S. y hay un cambio de turno y añade (a través de *también*) otro argumento causal: *porque ha cambiado la manera de vivir* (L. 165). Ésta es categorizada como *máh abierta* y añade un argumento más: *quierah o no quierah te internasionalisah* (L. 165-166). Mientras que para S., la causa de la pérdida reside en el sistema educativo, para A. lo hace en un cambio de hábito. Ambos se reafirman en su propio argumento.

S. vuelve a tomar el turno (L. 167) y continúa con su argumento acerca del colegio. Redunda en el cambio de mentalidad de los profesores y pone un ejemplo al respecto: *por ehemplo si al leer eh pa dihtinguir la se y la seta me parese bien* (L. 167-168). Aunque resulta algo difícil seguir la continuidad y a lo que la hablante se refiere exactamente, parece que los profesores hacen pronunciar a los niños la interdental fricativa. No queda claro si es únicamente al leer o también al hablar ya que continúa: *pero que dehpuéh loh niñoh empiesen a pronunsiar a la hora d:hablarlo ya no* (L. 168-169). Se observan pues dos tipos de actitud al respecto: en referencia a la lectura, le parece bien la pronunciación de la interdental. En cuanto a lo hablado, la hablante concluye: *de todah manerah eh imposible, tú hablah como hablan en tu casa=el asento eso no se perde así como así* (L. 169-170). Los rasgos fonéticos son construidos como más estables que los léxicos.

A. interviene en la argumentación compartiendo la actitud de S. Le parece bien que los niños sepan distinguir la interdental fricativa al leer pero no al hablar. Introduce seguidamente un argumento para explicar esta actitud: *hablar no es sólo una forma de hablar eh un sentimiento* (L. 172-173). La categorización de la variedad canaria como sentimiento es reforzada a través de una comparación: *y máh para nosotroh que no hemoh tenido la libertad de Cataluña y el Paíh Vahco* (L. 173-175). Se observa cómo el hablante construye un fragmento de realidad a través de la comparación: primero realiza la categorización y ésta es comparada con *otrah regioneh* (L. 175) del Estado. Aunque el hablante no especifica más, a raíz de su actitud en el resto de la entrevista, probablemente se refiera a la situación lingüística de regiones donde hay una situación de bilingüismo, que el hablante categoriza como *máh libertad* (L. 175). Al no existir dicha situación en Canarias, el *sentimiento* es *lo único que tenemoh* y *eh muy difícil que se pierda* (L. 176-177). El argumento es, en esencia, muy similar al del fragmento anterior, donde podía cambiar *la cultura*, la *forma de dialógo* pero no *el sentimiento de nosotroh*.

En la siguiente intervención, S. afirma el argumento de su interactuante de que ese sentimiento *no se pierde* (L. 178). A. sigue construyendo el significado de *sentimiento* como aquello que permanece aunque se pierda la variedad lingüística propia: *se ehtá perdiendo sobre todo el hablar y sobre todo detalleh porque en realidad el sentimiento lo tiene todo el mundo* (L. 183-184). Como constatación del absoluto *todo*, el hablante ejemplifica a través de un término despectivo: incluso un *niñato harcorito*[7] que no tenga *doh dedoh de frente*[8], tiene *el sentimiento* (L. 185-186). El sentimiento es construido en términos de grupo y se define a través de la frontera que se establece entre el nosotros y el ellos: *le preguntah al niñato ehte harcorito y lo primero que te dise eh >CITA: el godo tal no sé qué<* (L. 185-186). El hablante añade dos nuevas categorizaciones a *sentimiento*: es *canario* y es en la actualidad *máh fuerte que anteh* (L. 186-187). A pesar de

---

[7] Término con el que se denomina a adolescentes que escuchan la música *hardcore* y que se visten según la moda correspondiente, suele estar relacionado con violencia juvenil.

[8] No tener un sentido de la realidad, no ser una persona demasiado inteligente.

que el hablante perciba una pérdida, esto no significa que ocurra lo mismo con la identidad grupal porque "el sentimiento canario lo tiene todo el mundo".

El proceso de categorización realizado de la variedad vernácula posee distintos grados. Esto es, las categorizaciones se han desarrollado a partir de las otras en forma de caja china: hablar ha sido categorizado como *sentimiento*, sentimiento a su vez como *de todo el mundo, canario*, y *máh fuerte que anteh*. Se puede concluir que, de igual manera que para el hablante anterior (F. 40), una posible pérdida de la variedad canaria, no supone necesariamente una pérdida de la identidad colectiva y cohesión grupal.

8.3. Pérdida e innovación

En los siguientes fragmentos, los hablantes perciben y reconstruyen en el discurso también una pérdida-asimilación de la variedad vernácula, pero introducen un elemento nuevo: la innovación. Para Milroy (1980), hay una diferencia entre innovación y cambio lingüístico en relación con la densidad de la red social a la que pertenezcan los hablantes: la innovación es siempre un acto individual del hablante y puede afectar o no al sistema lingüístico, mientras que el cambio siempre lo hace. Estudios de este tipo han sido, sin embargo, casi siempre de carácter cuantitativo y no se adaptan a la metodología cualitativa de las entrevistas narrativas. Por otro lado, han estado casi siempre ligados a cambio/innovación en el plano fonético, pero no en el léxico que parece ser al que se refieren los hablantes en las entrevistas. Con innovación me refiero aquí, tanto a procesos de innovación colectiva, como individual, según la construcción discursiva de los hablantes al respecto.

F. 42: Pablo S04/7: 215-228 'una:se pierden pero hay otrah nuevah que también son nuehtrah'

215 P: mi abuelo eh de San Mateo no? cuando lo veo hablando CHAcho veseh dise
216 palabrah=ehpresioneh y tal que no lo entiendo no? entonseh hay mucha:Ppalabrah
217 que se pierden porque mihmo toda:la: Ppalabrah relacionada: ((rápido)) con el campo=
218 con la:Vvacah aquí en La:Ppalmah ya no se usan porque esa manera ya se ha pe:dido no?
219 L: sí
220 P: & pero CLAro nosotroh tenemoh ahora otrah ehpresioneh que también son d:aquí=
221 que lo:Ggodoh no disen no? y CLAro que a lo mehó nuehtro:abueloh tampoco
222 la:Cconosen pero también son ehpresioneh d:aquí
223 :L: hmm hmm
224 P: como... no sé pueh a ver... que no... CHA!cho aHOra no se me ocuurre ninGUna...
225 bueno pueh como eso mi:mo @@el chacho por ehem@@ o... AH! por ehemplo al
226 golpito@@ como desimoh aquí y esa:Ccosah también son nuehtrah... que unah se

227   pierden pero hay otra:Nuevah que también son nuehtrah, entiendeh? aunque ya no
228   digamoh la:Dde nuehtroh abueloh...

El hablante se refiere aquí a un proceso de cambio generacional muy similar al F.
38. No entiende algunas *palabrah* y *ehpresioneh* (L. 216) que utiliza su abuelo,
habitante de una zona rural de Gran Canaria. El texto es de carácter argumentativo, la pérdida percibida a nivel léxico se justifica a través de dos argumentos causales. El primero, se basa en la diferencia entre lo rural y lo urbano: *porque
mihmo todah la: Ppalabrah relasionadah con el campo=con la: Vvacas aquí en
La: Palmah ya no se usan* (L. 217-218). El segundo, en que lo que se ha perdido
es el modo de vida rural esa *manera ya se ha perdido* (L. 218). La pérdida de la
variedad vernácula está relacionada, como en muchos otros fragmentos, con la de
otras manifestaciones socioculturales y de hábito, en este caso la vida rural.

A partir de la L. 220, el hablante hace referencia a un proceso de innovación léxica: *nosotroh tenemoh ahora otrah expresioneh* (L. 220). Importante es que estas
innovaciones no son construidas como resultado de un proceso de convergencia
hacia el estándar sino situadas dentro de la variedad vernácula. Esto lo hace
mediante dos recursos discursivos: por utilización de deixis, del adverbio también *que también son d:aquí* (L. 220) y por contraposición a los hablantes estándar: *que ló ggodoh no disen* (L. 221). El posicionamiento es enteramente social,
se sitúa como hablante dialectal en un punto del contínuum distinto del que sitúa
a los hablantes estándar, que no conocen ni utilizan dicho vocabulario y traza a
través de ello una frontera entre ambos.

Tomando como referencia únicamente al endogrupo, la innovación es acotada a
un grupo etario determinado: *a lo mehó nuehtro: abueloh tampoco la: Conosen
pero también son e:presioneh d:aquí* (L. 221-222). Tras dar algunos ejemplos de
estas nuevas palabras y expresiones (L. 225-226), el hablante reformula y reafirma lo dicho en su intervención anterior: *unah se pierden pero hay otra: Nuevah
que también son nuehtrah, entiendeh? aunque ya no digamoh la: De nuestroh
abueloh* (L. 226-228).

Esta construcción del hablante es muy interesante, como advierte Trujillo (2003)
existe una opinión extendida de que hablar canario es hablar rústicamente. Sin
embargo, el hablante ha construido su habla urbana y juvenil tan vernácula como
la de su abuelo de una zona rural y la ha situado tan perteneciente al endogrupo
(*también son nuehtrah*) como aquélla. Más que un proceso de pérdida o convergencia a la variedad estándar, el hablante ha construido un proceso de innovación
donde surgen (al menos a nivel léxico) nuevas expresiones enteramente dialectales, que no convergen con el estándar sino que son tan propias como las del dialecto más base. (Justo en el sentido visto arriba con Morera 2005: 30).

F. 43: Luisa M03/8: 194-209 'que haya nuevah palabrah que son también típicah d:aquí'

194 L: ¿uhté cree que aquí en las ihlah se ehtá perdiendo la forma de hablar?
195 Lu: pueh... bueno no sé la verdá... hmm bueno no sé... ¿a qué te refiereh?
196 L: sí por ehemplo que si la manera d:hablar ha cambiado mucho por ehemplo que la
197 hente ya no diga guagua o esah cosah...
198 Lu: BUEno, yo creo que... hay cosah que se han perdido=muchah cosah de...
199 cohtumbreh d:anteh de como hablan mih padreh a como hablo yo hay por ehemplo
200 una diferensia=lah palabrah esah se han perdido=aunque así lo máh típico de lah cosah
201 de la pronunsiasión y eso pueh no se pierde así... tan fásil no? ehh como una cohtumbre,
202 igual se pierde pero no tan fásil así...
203 L: sí
204 Lu: por ehemplo mis hihoh pueh ya no entienden esah palabrah=ELLOh como yo le
204 digo a mi marido cada día traen una palabra nueva del colehio=que no sé si serán
205 palabrah d:aquí o de dónde serán
206 L: sí
207 Lu: que a lo mehor hay palabrah d:aquí nuevah=que haya nuevah palabrah que son
208 también típicah d:aquí no? pero dehpuéh hablar hablan igual... igual que nosotroh, sin
209 la ese ni nada no? todoh hablamoh igual en casa mih padreh que mis hiihoh que nosotroh

Dos procesos de construcción discursiva de la pérdida/asimilación, similares a los que se han analizado en fragmentos anteriores, resaltan en este fragmento. Por un lado, la hablante construye un proceso de pérdida a nivel léxico y es representada nuevamente por un cambio generacional: sus hijos no conocen el léxico de sus abuelos. Sin embargo, a nivel fónico no hay pérdida: *lo máh típico de lah cosah de la pronunsiasión y eso pueh no se pierde así... tan fásil no?* (L. 200-201). Como en el fragmento anterior (F. 42), en referencia al léxico la hablante se refiere a un proceso de innovación en el que sus hijos: *cada día traen una palabra nueva del colegio* (L. 204). A diferencia del hablante anterior, duda de si trata de un léxico vernáculo, aunque lo percibe como posible: *a lo mehor hay palabrah d:aquí nuevah* (L. 207).

Al final de su intervención, la hablante redunda en que fonéticamente no existen las diferencias generacionales que se dan en el plano léxico: *Hablar hablan igual que nosotroh sin la ese ni nada, todoh hablamoh igual en casa, mih padreh=que mih hihoh=que nosotroh* (L. 208-209). Por tanto, la pérdida de la variedad vernácula ha sido construida, también por esta hablante, solo como parcial. Además, ha hecho referencia a un proceso de innovación en la generación más joven.

F. 44: Remedios S04/5: 403-433 'no podemoh desir que nuehtro diale:to se haya perdido'

403 R: ((muy expresiva, habla rápido y mucho)) a mí como maEhtra no? me preocupa
404 mucho imaHÍnate como maehtra de lengua máh todavía me preocupa MUcho MUcho

405　pero MUcho que se pierda el habla canaria y eso se ve ya en primaria=porque CLA!ro
406　Qué influENnsia tenemoh lo:Mmaehtroh frente a la televisión? son pocoh pueh
407　lo:Pprogramah en loh que se habla canario y menoh lo:Pprogramah de lo:Niñoh,
408　entonseh pueh se ve que lo:Niñoh se van acohtumbrando a una manera dihtinta
409　d:hablar en loh últimoh añoh... sabeh?...
410　L: ... ya... y uhté... bueno que anteh me diho que lleva máh de treinta añoh siendo
411　maehtra... anteh no pasaba eso?
412　R: mira te digo, lo:Niñoh de la:sonah ruraleh d:aquí de Gran Canaria sí se nota mucho la
413　diferensia=no sé cómo será en La:Ppalmah capital porque yo siempre he dado clase
414　en ehta sona
415　L: sí
416　R: &y yo noto muCHÍsimo la diferensia=hahta hase pocoh añoh lo:niñoh d:aquí de
417　((nombre localidad)) hablaban todavía con mucha:ppalabrah del campo y... en fin
418　con ehpresioneh d:aquí y POR suPUEhto con el asento canario sin ninGUna DUda
419　L: ya
420　R: ahora veo mucho:nniñoh que utilisan el vosotroh cosa que aquí hamáh se ha usado
421　y que ademáh lo usan mal, con lah seh y lah setah ya eh má:Ddifísil porque muchoh
422　no lah saben pronunsiar pero incluso alguno:lo intentan- y eh que a MÍ me da una
423　RA:bia treMENda treMENda y bueno pueh se lo:digo >CITA: que no se dise así se
424　dise asá a ver fulaNito por qué diseh eso así dilo de ehta manera>
425　L. sí
426　R: pero bueno que no hay que ser pesimihtah no? por otro lado también e:verdá que
427　aunque algunah cosah se pierden creo que también hay cada veh máh consiensia de que
428　eh importante conservar nuehtra forma d:hablar con todo eso de la Academia Canaria
429　y bueno pueh todavía no podemoh desir que nuehtro diale:to se haya perdido ni mucho
430　menoh, puede ser un cambio ehh... un cambio normal como en otroh ahpe:toh la-
431　como... no sé que la lengua de uno eh también como una tradisión me entiendeh? que
432　también cambia=palabrah que desaparesen y aparesen otrah nuevah @@ o eso
433　ehpero@@ que yo siempre he sido@@ muy IdeaLIH!ta@

A diferencia de la mayoría de los fragmentos estudiados en este punto, en el presente sobresalen elementos descriptivos y relato, aunque el texto tiene un carácter argumentativo-evaluativo. De la línea 403 a la 408 la hablante construye "un fragmento de mundo", donde hace referencia a un proceso de convergencia hacia el estándar en los niños. La hablante se posiciona en el rol social de maestra, con el principal atributo de estar altamente preocupada por la pérdida del *habla canaria* (L. 405) en los alumnos. En la L. 405 introduce una argumentación en la que la razón de esta pérdida es principalmente la televisión. Frente a ésta, los maestros tienen muy poca influencia en los niños, y al ser *pocoh pueh lo: Programah en loh que se habla canario* (L. 406-407) existe un cambio en la propia variedad.

A partir de la línea 412, y como consecuencia interactiva de la pregunta de L., el pasaje adquiere un carácter de relato del tipo reportaje, aunque hay una delimitación temporal concreta (*hahta hase pocoh añoh* L. 416). Se trata de un resumen de hechos del pasado desde la conciencia presente de la hablante del aquí y ahora interactivo. En el relato, la hablante construye un proceso de convergencia hacia la variedad estándar: en una situación pasada, los niños *todavía hablaban con muchah palabrah del campo y en fin con ehpresioneh d:aquí y por supuehto con el asento canario* (L. 417-418). En la actualidad, convergen hacia el estándar con la utilización de la segunda persona del plural e incluso en algunos casos con la pronunciación de la interdental fricativa. La hablante se posiciona en desacuerdo ante este hecho: tanto en la interacción: *me da una rabia tremenda* (L. 422-423) como dentro del relato con la reproducción de su propia voz en estilo directo corrigiendo a los niños (L. 423-424). Hasta aquí, se observan dos tipos de actitudes: una actitud positiva hacia la variedad vernácula pero una actitud pesimista hacia su futuro ya que esta tiende a converger, en las generaciones más jóvenes, hacia el estándar.

A partir de la L. 426, comienza un nuevo pasaje descriptivo en el que la hablante reconsidera su intervención anterior. Mediante una reformulación, cambia su posicionamiento y actitud hacia el futuro de la variedad vernácula *no podemoh desir que nuehtro dialecto se haya perdido ni mucho menos* (L. 429-430). Esta nueva actitud y afirmación de que la variedad vernácula aún no se ha perdido, se construye discursivamente a partir de dos argumentos principales. Por un lado, hay una mayor *consiencia de que eh importante conservar nuehtra forma de hablar* (L. 427-428). Por otro, la pérdida parcial construida anteriormente es categorizada como un *cambio normal* (L. 430). En pos de explicar esta pérdida y cambio, la hablante acude a un recurso ya analizado en varios de los fragmentos anteriores: la propia variedad es categorizada como una *tradisión* (L. 431). No obstante, esta tradición no se pierde sino que cambia y así lo hacen también *lah palabrah*. Es introducido así el aspecto de la innovación: *palabrah que desaparesen y aparesen otrah nuevah* (L. 432).

En la hablante, se encuentran presentes dos tipos de discurso. Por una parte, se suma a la visión de los restantes hablantes de que existe una pérdida, total o parcial, de la variedad canaria. Rechaza que se produzca en los niños un proceso de convergencia hacia la variedad estándar, definida aquí claramente por los rasgos "vosotros" y "c y z". Consecuentemente, se puede determinar que la hablante posee una actitud positiva hacia su variedad y la de su grupo, el posicionamiento de la hablante es en este sentido social, se construye discursivamente como un nosotros con una variedad lingüística determinada *nuehtro diale:to*. Por otra parte, se observa, un alto grado de reflexividad, en cuanto a la pérdida y recuperación de la variedad se refiere. La hablante se posiciona como activa ante la pérdida, toma una actitud de defensa desde su papel como maestra, corrigiendo a los niños si utilizan expresiones o rasgos de la variedad peninsular. Además de ello, la hablante es consciente del proceso de revaloración de la variedad vernácula y de la existencia de una Academia canaria de la lengua: *hay cada veh máh consiensia de que eh importante conservar nuehtra forma de hablar con todo eso de la academia canaria* (L. 427-428). Esta actitud de resistencia a la convergencia y de defensa (en el ámbito individual, en este caso, como maestra), se observa en los fragmentos a analizar en el próximo capítulo.

8.4. Discusión y conclusiones

En los fragmentos analizados en este capítulo, se ha tenido acceso a la percepción y a la reconstrucción discursiva que los hablantes tienen y/o hacen de la vitalidad de su variedad lingüística. Aunque esta percepción varía de un hablante a otro, se han diferenciado dos grandes grupos: por un lado, aquellos que han construido una asimilación total y una convergencia hacia el estándar y, por otro, aquellos que perciben una pérdida parcial y un proceso de innovación. Algunos fragmentos responden, como se dijo en la introducción, a la pregunta directa: ¿cree que se está perdiendo el dialecto/la forma de hablar de aquí/la variedad canaria? Las respuestas han sido predominantemente argumentativas. En los casos en los que la cuestión de la pérdida ha sido introducida por los propios hablantes, también han primado las argumentaciones.

8.4.1. *Las razones de la asimilación*

Las razones que los hablantes han dado para explicar el proceso de pérdida percibido, se pueden dividir en tres principales: razones endógenas, razones exógenas y razones de cambio. Las tres están íntimamente relacionadas con los distintos procesos de pérdida de dialecto, vistos de Auer (2005) en el punto 6.1.3, y con el concepto de asimilación de Zimmermann (1999), visto en las consideraciones previas.

a) Razones endógenas:

Varios hablantes (F. 32, 33, 34, 35 y 39) han esgrimido como un motivo principal del proceso de pérdida y de asimilación el abandono de los hablantes canarios de su propia variedad. En todos los casos, desempeña un papel fundamental el prestigio asociado a la variedad estándar y una minusvaloración de la variedad dialectal. Esto se observa de forma particular en los fragmentos 32 y 35, en los que ambos hablantes utilizan el verbo *aparentar*. Otra razón atribuida al abandono es el contacto con hablantes estándar (F. 33 y 35), por el que se tiende a converger hacia su variedad. Es importante resaltar el hecho de que los hablantes han construido este proceso de abandono, pero que en ningún momento se han incluido en él. Esto se debe a razones de construcción de la identidad individual en la interacción con la entrevistadora, como se explicará en el punto siguiente.

Si se tiene en cuenta el repertorio de Auer (2005) y las causas que pueden llevar a una pérdida de dialecto, los hablantes han reconstruido una pérdida de dialecto por infiltración paulatina de rasgos de la variedad estándar (ver también Zimmermann 1999: 113). En cuanto a la pérdida de lealtad local que esto supone, hay que diferenciar dos niveles: el que los entrevistados reconstruyen, que poseen otros miembros del endogrupo, y entre ellos mismos, donde el dialecto sigue funcionando como fuente de lealtad e identificación grupal.

b) Razones exógenas:

Entre las razones exógenas destaca la imposición, en directa concordancia con lo descrito con Zimmermann (1999[a]) en las consideraciones previas al análisis. Los entrevistados que han utilizado este argumento perciben una situación de conflicto en la que los hablantes estándar tienen, por razones de poder, la capacidad de imponer su variedad a los hablantes canarios. Es decir, perciben y reconstruyen en el discurso la relación de poder que, tanto en el capítulo 6, como en las consideraciones previas, se ha afirmado que existe entre ambas variedades. La pérdida por imposición tiene dos consecuencias fundamentales:

– En F. 34 y 39, la imposición provoca una convergencia hacia el estándar y está ligada a una situación conflictiva de diferencias de poder entre el exogrupo, que realiza la acción de imponer la variedad estándar, y el endogrupo, que recibe la acción. En ambos casos el exogrupo es, pues, construido como agresor (y no como amenaza, como bien diferencia Zimmermann 1999a: 112).

– En F. 40 y 41, la imposición provoca una actitud de resistencia y una reafirmación del endogrupo: aunque se pierda la variedad por imposición, no se produce una fragmentación del endogrupo, sino que *el sentimiento de nosotros* (F. 40: L. 325; F. 41: L. 176, 184, 187) se reafirma. Como se verá a continuación, ambos conllevan una construcción distinta de la identidad. Además de la imposición, otras razones exógenas son la movilidad laboral (fragmentos 32 y 39) y la influencia de los medios de comunicación (fragmentos 32 y 44).

c) El cambio:

El cambio, como razón de la pérdida ha sido utilizado en todos los fragmentos analizados en este punto, aunque de manera diferente. Frente al abandono o la imposición, el cambio es construido como un proceso *normal*. Por un lado, están los hablantes que achacan la pérdida a un cambio cultural y social. Subyace en ellos una comparación inherente de la variedad vernácula con otras manifestaciones sociales o culturales propias (*costumbres, cosas de la tierra, cultura, tradiciones, folclore, carnavales*), que sufren en la actualidad distintos procesos de asimilación. Sin embargo, aquí el agente no es claro, como en el caso de la imposición o el del abandono. Por otro lado, se percibe y reconstruye una pérdida por cambio generacional (F. 37, 38, 41, 42, 43 y 44). En los fragmentos 37, 41 y 43, dicha pérdida se percibe como únicamente a nivel léxico, pero no a nivel fonético. En el 42, 43 y 44, frente a la pérdida, es percibido y reconstruido en el discurso un proceso de innovación (ver análisis correspondiente)

8.4.2. *Posicionamiento en la interacción y en el discurso*

Según se expuso en el punto 4.5.2, y como se ha analizado ya en varios fragmentos, el posicionamiento se produce en el acto de la entrevista de dos modos principales: en la interacción misma, esto es, cómo el hablante se posiciona a través de lo que cuenta frente a la entrevistadora, y realiza así un "trabajo (interactivo) de identidad" y, dentro de su propia narración, también de manera propia y ajena (ver puntos 4.2.4 y 4.3). En los fragmentos analizados en este punto, se distinguen dos tipos principales de posicionamiento: el propio y el ajeno, a nivel del discurso mismo, y el propio en la interacción. A este respecto se puede concluir que se han producido los siguientes posicionamientos:

a) Posicionamiento propio y ajeno como miembro del endogrupo frente al exogrupo: los hablantes se han posicionado de esta forma en los siguientes fragmentos: 32, 33, 34, 35, 36, 39, 40, 41, 42 y 44. Este posicionamiento social es explícito y conlleva el trazado clásico de la frontera grupal entre el *nosotros* y el *ellos*, representados en este caso por los hablantes canarios y los hablantes estándar, respectivamente. La frontera se establece en unos casos de manera más clara que en otros. En F. 34, 35, 36, 39 40 y 41, los hablantes se posicionan claramente como miembros del endogrupo, que se define por alteridad con el exogrupo; en el resto, aunque está presente, no posee una importancia tan marcada. Los recursos discursivo-lingüísticos utilizados para el establecimiento de la frontera han sido, principalmente, la tercera y la primera persona del plural en las formas verbales y la utilización de deíxis.

En los casos donde la asimilación se percibe como imposición (F. 34, 39, 40 y 41), se ha trazado una frontera conflictiva mediante la asignación de culpa: el endogrupo constituye la parte que recibe la acción de agresión, frente al exogrupo, agente de la misma. Este tipo de posicionamiento social constituye, con ello, uno de los recursos más importantes, a través del cual los hablantes han construido su identidad.

b) Posicionamiento propio y ajeno dentro del endogrupo: este posicionamiento es, frente al anterior, que se producía en todos los casos de manera explícita, de carácter implícito. Los hablantes no se definen en ninguno de los casos analizados (exceptuando tal vez el 37, aunque tampoco es claro) como miembros del endogrupo que abandonan la variedad vernácula. Es decir, la pérdida es construida dentro del endogrupo, pero ajena al hablante concreto. Este hecho está directamente relacionado con el posicionamiento propio en la interacción, esto es, ante la entrevistadora.

c) Posicionamiento en la interacción: El hecho de que ninguno de los hablantes se ubique junto a aquellos miembros del endogrupo que abandonan su variedad, tiene que ver con la construcción narrativa de su identidad individual. Los hablantes no desean construirse frente a la entrevistadora como desleales a su grupo lingüístico, del que la interactuante es también miembro, para no traicionar, frente a ella, los valores de integridad y solidaridad grupal. Los hablantes se han construido de forma interactiva, por tanto, como leales a su variedad.

La construcción de la identidad a través de posicionamiento ha estado, en este caso, íntimamente ligada a la delimitación del endogrupo y del exogrupo. Consecuentemente, ha sido casi siempre un posicionamiento social. Un papel de gran importancia lo ha jugado la cuestión de la lealtad, ya que, aunque el abandono por parte de los hablantes vernaculares sea percibido como una de las razones de la pérdida, en los entrevistados se observa una posición explícita e implícita de lealtad. Esto implica una actitud positiva hacia la variedad vernácula.

8.4.3. *Actitudes hacia la variedad vernácula*

La cuestión de la pérdida ha producido en el plano de las actitudes dos tipos principales de las mismas, que corresponden en la tipología de Fasold (1984) a las siguientes:

a) Actitudes hacia el futuro de la variedad: se han dividido fundamentalmente en dos: positivas, esto es, una visión optimista acerca de la vitalidad y futuro de la propia variedad, y negativas, en tanto una visión pesimista. En algunos hablantes son observables las dos, dependiendo de a lo que hagan referencia. En los fragmentos 36, 38, 41 y 43, los hablantes poseen una actitud negativa hacia el futuro de la variedad en un plano léxico, pero positiva en el plano fonético. Es decir, pronosticaron únicamente la asimilación en el primer plano, pero no en el segundo. En el 39, 40 y 44, los hablantes cambian su actitud a lo largo del fragmento, siendo tan positiva como negativa. Por ejemplo, en el fragmento 39, el hablante tiene una actitud básicamente positiva pero, con relación al ascenso profesional, la muestra negativa. Es importante aclarar que siempre es negativa hacia el futuro de la variedad, y no hacia la variedad en sí.

b) Actitudes hacia la variedad vernácula: las actitudes positivas o negativas hacia la variedad vernácula han variado dependiendo del posicionamiento del hablante (se analizará a continuación). No obstante, se puede decir que, en casi todos los fragmentos, predomina una actitud positiva y abierta hacia la variedad vernácula. El 37 es el único fragmento, donde se observa una actitud negativa abierta, mientras que en el 38 (por ejemplo) se aprecia una actitud igualmente negativa, pero encubierta. Por lo demás, la actitud positiva generalizada hacia la variedad vernácula se corresponde con la que vista en los fragmentos analizados en el capítulo 7, así como en el resto de las entrevistas.

En los ejemplos de reconstrucción de situaciones de contacto y conflicto analizados en el capítulo anterior, la categorización de la variedad vernácula fue directamente relacionada con la categorización de sus hablantes, principalmente a través de pares de adjetivos (categorización por contraste), pero también sustantivamente. En este caso, los entrevistados no categorizan ni a los hablantes ni a la variedad en un sentido estricto, ya que algunos permanecen en el nivel de la comparación. Langacker (1987) (ver Croft & Cruse 2004: 55) considera la comparación como una operación cognitiva fundamental, previa a la categorización. Además, la comparación no sólo es base de la categorización, sino también de las metáforas.

Las comparaciones y las categorizaciones que los hablantes hicieron han servido de recurso de los argumentos, funcionando, en muchos de ellos, como cláusulas explicativas de los mismos, y necesitando un nivel de abstracción mayor (característico de las argumentaciones, por ser los pasajes más abstractos de las narraciones) que los de las descripciones y relatos. A continuación, se representan en una figura dichas categorizaciones: ¿A qué hacen referencia los sustantivos con los que se ha categorizado/comparado la variedad vernácula y en qué contexto han sido utilizados? Estas categorizaciones han sido construidas a modo de correlato de la pérdida de la variedad vernácula En el caso de la categoría *sentimiento*, fueron construidas como aquello que permanece, aunque cambien aspectos de la misma. En función de ello, se pueden dividir en dos grupos: (Véase Figura 9).

a) Variedad vernácula, en tanto *manifestación cultural*: se incluyen aquí aquellas categorías, que han funcionado como parte de un argumento, para explicar la pérdida de la variedad vernácula: *costumbres, folclore, cosas de la tierra, cultura* y *tradición*. La categorización de la variedad vernácula *costumbre* se produce de manera más clara en el fragmento 36, junto a *folklore*: (*no eh dialecto propio sino una cohtumbre entonseh se pierde como se pierden otrah cohtumbreh... el folklore*).

La categorización *costumbre*, que textualmente funciona a modo de argumento para explicar la pérdida, se da de forma similar en los fragmentos 32, 35 y 43, aunque en algunos de ellos (como en el 32) se queda en un nivel comparativo, y no llega a categorizarse.

La categorización *cosas de la tierra* se encuentra en el fragmento 32. En este caso, también se realiza una comparación con *los carnavales* que no llega hasta el punto de ser categorización, pero que sirve igualmente para explicar la pérdida (ver F. 32). Como *cultura* es categorizada claramente en el fragmento 34, con la función argumentativa explicada arriba y usada como comparación en los fragmentos 40 y 37. Por último, la categoría *tradición* se da en el fragmento 44. Se puede decir que los hablantes han construido la variedad vernácula en un sentido humboldtiano, en el que esta desempeña una función de "contenedor de la cultura", siendo además una relación recíproca: si se pierde la una, se pierde también la otra. La asimilación lingüística es relacionada con una asimilación cultural. Por tanto, en estas categorizaciones, la pérdida de la variedad vernácula está íntimamente ligada a la pérdida de una identidad cultural o colectiva. Esta es menos importante en aquellos casos donde, además de la pérdida, se percibe un proceso de innovación.

FIGURA 10
Construcción discursiva de variedad canaria

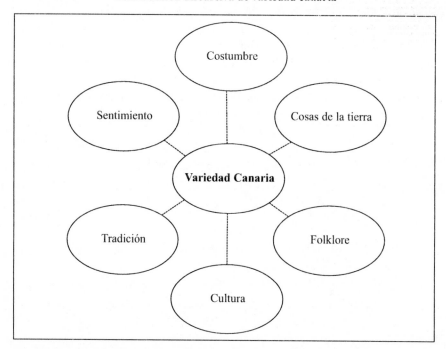

En esta figura no se produce una relación de heteronimia, como en la 7 y 9. Poseen una función intrínseca de comparación y no es posible considerarlas como subcategorías. Por ello, han sido marcadas con una línea discontinua, ya que no puede suponerse una relación categorial igual que las figuras 7 y 9. Estas categorías tienen más una función de *valor* y casi metafórica.

b) Variedad vernácula como *sentimiento*: esta categorización se produce en el fragmento 41, y simboliza aquello que permanece, aunque se pierda la variedad dialectal. También en F. 40 es utilizado *sentimiento* pero de manera comparativa y simbolizando lo que permanece. En F. 41, la categoría es además "llenada" con el adjetivo canario, mientras en F. 40 con "de nosotros". En la construcción, se percibe un fuerte sentido de la pertenencia grupal. La lengua funciona como fuente de sentido de la identidad grupal, conformando su "órgano" principal y, con ello, el constitutivo de su identidad como colectividad canaria, ya que por medio de este sentimiento (que es la variedad vernácula) se diferencian del exogrupo.

Antes, valga aclarar, una vez más, que he denominado aquí como *variedad vernácula* a conceptos utilizados por los hablantes como los siguientes: *nuestra forma de hablar, nuestro dialecto, el habla d:aquí, la lengua de uno, el canario*, etc.

Según se ha analizado ampliamente, en el contexto de pérdida-asimilación-estandarización la variedad vernácula ha sido construida de manera totalmente distinta que en las situaciones de contacto. A diferencia de estas, la actitud hacia la variedad vernácula ha sido predominantemente positiva. No obstante, se observan en los hablantes algunos aspectos encubiertos de inseguridad lingüística, que llevan nuevamente a recapacitar acerca de la inexistencia de una norma de prestigio. Antes de extraer una conclusión definitiva al respecto, se analizará, en el próximo capítulo, qué ocurre en casos donde los hablantes toman una actitud de resistencia; que no en vano, es la que más sobresale en las entrevistas.

9. RESISTENCIA A LA ESTANDARIZACIÓN E IDENTIDAD

En el capítulo 5, se concluyó que la globalización ha producido un proceso de deslocalización de las identidades colectivas y casi paralelamente un proceso de relocalización de las mismas dentro del orden global. Asimismo, se concluyó que, teniendo en cuenta esto, se pueden distinguir actualmente tres modos básicos de construcción de la identidad: por resistencia a los procesos homogeneizadores que impone el sistema global, por el proceso de redefinición de lo local en lo global y por interacción-narración (ver punto 5.3 y 5.4). Además, se ha analizado que, en el caso de Canarias, los procesos de deslocalización se han agravado con el turismo de masas y el crecimiento poblacional desorbitante, causa de los flujos inmigratorios internos y externos. La relocalización de la identidad colectiva ha estado marcada en los últimos años por el concepto de *lo nuestro* y de *identidad canaria* desde un ámbito institucional y por movimientos reivindicativos fuera del mismo. Ya sea por uno, por otro, o por la amenaza que supone la globalización a la integridad grupal (Hall 1994, Castells 1998) se ha concluido, de manera teórica, que existe un claro proceso de relocalización en Canarias y que está marcado, en gran parte, por procesos de resistencia. Se trata de lo que Castells denomina la "exclusión de los exclusores por los excluidos", donde los excluidos invierten los juicios de valor que los excluyen de las mayorías o de los grupos dominantes, reforzando de esta manera sus fronteras como colectividad. Esto se ha observado claramente en los análisis realizados hasta ahora y se verá confirmado en este capítulo.

La revaloración de la variedad canaria, así como el proceso de pluricentrismo se encuentran inmersos en este proceso de relocalización de las identidades en la globalización y su nuevo orden social (ver 5.4, 6.3, 6.4.4). En una supuesta situación de pluricentrismo o diaglosia, para que el estándar regional pueda establecerse como tal debe producirse un cambio de actitud en los hablantes, que revaloran su variedad como prestigiosa. Este capítulo posee una importancia fundamental en referencia a ello, ya que, a priori, se puede decir que las actitudes de resistencia y de defensa implican una valoración positiva de la variedad vernácula[1].

Los fragmentos que serán analizados a continuación poseen una estrecha relación con los fragmentos de conflicto y de asimilación. Como se advirtió en las consideraciones previas, es difícil realizar una separación absoluta de estos tres ámbitos. Es importante señalar a este respecto que sobre todo en la reconstrucción discursiva de situaciones de conflicto (aunque también en algunas de asimilación), ya se observaron estas actitudes de resistencia, en ambos casos ampliamente analizadas. Los fragmentos de este punto se han dividido a su vez en dos principales: por un lado, aquellos donde los hablantes toman una actitud de resistencia frente al proceso de asimilación lingüística, reconstruido por ellos mismos. Por otro, frente a las situaciones reconstruidas de conflicto. En distintos hablantes, no sólo se produce una actitud de resistencia, sino también de defensa. Estos dos conceptos tienen aquí connotaciones diferenciadas. Resistencia tiene una connotación estática (los hablantes tienen una actitud de conservar su variedad y resistir ante la asimilación mediante este mantenimiento) la defensa implica la realización de una acción que va más allá del mantenimiento a una posición activa de revaloración de la propia variedad, aunque siempre en el ámbito individual. Esto será analizado en detalle a continuación.

9.1. Resistencia a la asimilación

En los fragmentos analizados de pérdida de la variedad vernácula, muchos de los hablantes hicieron referencia a situaciones de abandono y convergencia por miembros del endogrupo, aunque en ningún momento se incluyeron ellos mismos en este abandono, sí fue construido un proceso de asimilación. Los fragmentos de este punto constituyen algunas de las reacciones que este proceso de asimilación producen en los hablantes. Algunos de ellos son continuación de los anteriores y casi ninguno responde a una pregunta concreta de la entrevistadora sino que se dieron por el transcurso normal de la entrevista.

9.1.1. *Actitudes de resistencia y prestigio*

La actitud de resistencia de los siguientes hablantes se traduce como deseo de mantenimiento de la propia variedad, aunque cambien algunos de sus rasgos.

---

[1] Esta actitud positiva es la que ha sobresalido en los casos de asimilación y en algunos casos también en los casos de reconstrucción del conflicto.

Según se dijo en el capítulo anterior, para los hablantes parece existir una diferencia entre cambio y pérdida. La pérdida significa una convergencia hacia la variedad estándar, el cambio un desarrollo normal de la variedad. En los siguientes fragmentos, se ve un deseo de mantenimiento de la variedad y una clara revaloración de la misma como prestigiosa, frente a la variedad estándar. Los hablantes *resisten*, eso sí, de manera individual, a un proceso de convergencia hacia el estándar.

F. 45: Israel M03/19: 333-347 'no creo que la forma lehítima d:hablar ehpañol sea el cahtellano'

((continuación F. 38))
333 L: o sea ¿tú cambiaríah tu manera de hablar... o no?
334 I: no/ me guhtaría conservá mi asento porque yo me siento bien hablando así=me siento
335 bien y creo que me ehpreso como otro cualquiera ¿no?=eh que nuehtra forma d:hablá
336 no ehtá mal, nuehtra fo:ma d:hablar s:entiende, la única diferensia é que nosotroh
337 pronunsiamoh iguá que loh arhentinoh o lo:Ccubanoh, tú puedeh tené... pueh... una
338 cultura buena y hablá de una manera diferente=no creo que la forma lehítima d:hablá
339 el ehpañol sea el cahtellano, porque si noh ponemoh con esah lo:Cahtellanoh que
340 hay son cuatro y la hente de habla hihpana SON MIleh=por ponerte una proporsión
341 ¿entiendeh lo que te quiero desir?
342 L: sí
343 I: ahora si te poneh a pensá que el cahtellano era así y que tiene una:Reglah pero bueno
344 a mí esoo me da iguá @@@@ e:desir, yo no creo que hable mal, ni que me ehprese
345 mal ni na- entonseh si mi asento se come una:Letrah u otrah me da iguá=ME DA
346 iguá, yo me siento bien ehpresándome d:esa manera y no creo que sea máh o menoh
347 corre:to que cualquier otro

Como se analizó en F. 38, el hablante posee una actitud positiva tanto hacia el futuro de la variedad vernácula (sobre todo en el plano fónico) como hacia la variedad vernácula misma. Se trata de un texto argumentativo, donde el hablante explica de manera causal su intervención de que le gustaría conservar su acento. La actitud de resistencia se observa en su posicionamiento discursivo dentro de la argumentación.

En la L. 334, comienza su intervención de manera causal, mediante la utilización de *porque*. El deseo de conservar su acento se explica por medio dos argumentos principales: *me siento bien hablando así* y *me ehpreso como otro cualquiera* (L. 334-335). En ambos, el posicionamiento es individual. En la frase siguiente, el hablante se sitúa como miembro del endogrupo y da tres argumentos más, desde esta posición del nosotros, para la *quaestio* principal de conservar el acento: 1. *nuehtra forma d:hablar s:entiende*; 2. *la única diferensia eh que pronunciamoh igual que loh arhentinoh o lo: Cubanos*; 3. *puedeh tené una buena cultura y hablá de una manera diferente* (L. 336-338). Los argumentos para conservar su *asento* abarcan pues, desde un bienestar y autoestima personal, en los dos primeros, a la intercomprensión existente entre los hispanohablantes a pesar de a pronunciación divergente y también a una cuestión de prestigio cultural.

A partir de L. 338, la argumentación toma un carácter de resistencia, el hablante no se posiciona ya sólo como miembro del endogrupo sino como miembro de todos aquellos hispanohablantes que no siguen la norma castellana y que en número superan a éstos en una proporción que el hablante ha construido de cuatro por mil (L. 340). En este caso, el argumento para conservar su acento es la cantidad de hispanohablantes que no siguen el estándar septentrional. Con ello, revalora no sólo su variedad, sino todas las variedades no castellanas (estándar septentrional) y se posiciona muy claramente con respecto al prestigio de la una y las otras: *no creo que la forma lehítima d:hablar el ehpañol sea el cahtellano* (L. 338-339).

A partir de la L. 343, el hablante toma nuevamente un posicionamiento individual y reafirma su primera intervención: *no creo que hable mal ni me ehprese mal* (L. 344-345) con una nueva actitud de resistencia. El *cahtellano* es construido como una variedad con ciertas reglas prescriptivas que él no cumple (L. 345-347). A pesar de este incumplimiento el hablante valora su variedad positivamente: *si mi acento se come una:Letrah u otrah me da iguá* (L. 345) y lo reafirma nuevamente en referencia al prestigio: *no creo que sea máh o menoh correcto que cualquier otro* (L. 346-347).

Este fragmento es, como se acaba de analizar, muy interesante en referencia a los términos manejados en el capítulo 7 acerca de la revaloración de las variedades vernáculas en una situación de pluricentrismo-diaglosia. El hablante ha construido el que para Bierbach (2000: 149, ver punto 6.2.3) es el criterio más importante a través del que se define y construye el pluricentrismo: la conciencia de los hablantes. Éstos reconocen una serie de formas lingüísticas como características y diferenciadoras para ese grupo, tienen una apreciación positiva de esas formas y no las ven como inferiores frente a otras variantes o a la variante normativa.

F. 46: Norberto M03/22: 115-134 'un idioma como el peninsular así, eso pá qué te vale?'

115 N: el que eh canario que hable canario como Dioh lo traho al mundo, pero qué va...
116 yo por lo menoh yo caNArio y fuera... a mí que no me obliguen=yo qué sé si loh de
117 la tele lo hasen eh porque quieren porque a mí obligándome no me van a desir que lo
118 haga y lo dehe de haser porque yo voy a seguir igual porque eh así, eh así fiho, yooo
119 no noy a dehar de hablar así pa´tal hmmmm, pa´hablar como un peninsular QUÉ va!
120 L: y la demáh hente, creeh que son como tú [o que-]
121 N: [NOO!] no va a dehar de hablar, no va a dehar de hablar eso eh ley de vida eso tiene

122 que ser así porque se tienen que acohtumbrar a eso, se va pasando unoh a otroh, unoh
123 a otroh hahta que todo el mundo habla así, por lo menoh loh que ehtamoh en las Ihlah
124 vamoh a hablar así ya el que sea de fuera y venga pueh tal... pueh no, ya tal pero loh
125 que ehtamoh en las Ihlah vamoh-hablar así...
126 L: ¿por qué?
127 N: porque no sé eso eh como desir una tradisión yo que sé eso eh típico d:aquí del habla
128 d:aquí, tú no puedeh rechasar una cosa así porque no, porque ehtáh acohtumbrado
129 así y no vah a cambiar de manera de ser, por ehemplo, yo a mí me lo disen, qué va qué
130 va, mira, por ehemplo el ingléh sí, el ingléh sí porque eh un lenguahe que te ayuda,
131 que vale pal futuro, te vale pa todo pero un idioma como el peninsular así, eso pá qué
132 te vale? así... no te ayuda en nada, SÍ hablarán máh claro máh tal=mehor, pero lo
133 nuehtro se entiende igual lo que pasa que son diferenteh palabrah cambiadah lah
134 palabrah pero se entiende igual... eh así

Este fragmento pertenece a una intervención del hablante en la que evalúa la cuestión de que en los medios de comunicación canarios, algunos presentadores sigan la variedad estándar. La única manera que el hablante tiene de explicarse este comportamiento lingüístico, es que: *si loh de la tele lo hasen eh porque quieren* (L. 116-117). El pasaje es de carácter argumentativo, primero realiza una evaluación (L. 115-125) y posteriormente una explicación causal (L. 127-134).

Que los locutores utilicen rasgos de la variedad estándar es evaluado negativamente por el hablante: *el que eh canario que hable canario como Dioh lo traho al mundo* (L. 115). El posicionamiento es, en esta primera parte de la evaluación (L. 115 a la 119), esencialmente individual. Se observa, de manera más clara aún que en los hablantes anteriores, una actitud de resistencia a una imposición, construida discursivamente por medio del verbo *obligar*. Se trata de un proceso de resistencia individual, marcado por las formas verbales *seguir igual* y *dehar de hablar* (L. 118-119). El hablante se construye como leal a su variedad lingüística.

Como consecuencia interactiva de la pregunta de L., este posicionamiento individual de resistencia es extendido al grupo: *no va a dehar d:hablar* (L. 121). Para el hablante, conservar la propia variedad es percibido como un hecho normal –*ley de vida* (L. 121)– y construido como proceso dinámico y aglutinador *se va pasando de unoh a otroh unoh a otroh hahta que todo el mundo habla así* (L. 122-123). No obstante, este hábito (ley de vida) posee un cierto grado de deber, marcado por la repetición de la perífrasis verbal tener que: *tiene que ser así, se tienen que acohtumbrar a eso* (L. 121-122). Los argumentos "hábito" y "deber" desempeñan un papel central en este caso. Por medio de la evaluación realizada queda patente, tanto el deseo manifiesto de conservar su modo de hablar y su lealtad lingüística hacia el endogrupo, como una actitud optimista hacia el futuro de la variedad vernácula: *loh que ehtamoh en lah ihlah vamoh a hablar así* (L. 123-124).

A partir de la L. 127, comienza la argumentación explicativa causal (introducida por *porque*). El mantenimiento de la variedad vernácula es explicado mediante varias categorizaciones de la misma como *tradisión* y como *típico d:aquí* (L. 127). Al contrario que en muchos de los fragmentos analizados en el punto anterior (F. 32, 35, 34, 37, 43 y 44), donde la pérdida de la variedad canaria se igualaba por categorización a la pérdida de otras manifestaciones socioculturales y de hábito como tradiciones, costumbres, folclore, etc. Ambas categorías funcionan aquí, precisamente, como los argumentos por los qué no se va a producir una asimilación.

El hablante introduce en la L. 128, una nueva argumentación subordinada a la anterior: *tú no puedeh rechasar una cosa así porque ehtáh acohtumbrado y no vah a cambiar tu manera de ser* (L. 128-129). Ambos argumentos están referidos nuevamente al hábito: costumbre y manera de ser. El pasaje argumentativo es ejemplificado mediante una comparación: mientras que el aprendizaje de una lengua extranjera, en este caso, el inglés, tiene diversas utilidades: *te ayuda, te vale pal futuro, te vale pa todo* (L. 130-131), la convergencia hacia la variedad estándar no tiene para el hablante ninguna utilidad o validez: *un idioma como el peninsular ¿eso pa qué te vale?* (L. 131-132). Esta actitud positiva hacia la variedad vernácula y de resistencia ante la asimilación es reafirmada en las últimas líneas, a pesar de la categorización de la variedad estándar como *máh claro* y *mehor* (L. 132) y aunque las palabras sean *diferenteh, se entiende igual* (L. 133-134).

La actitud positiva hacia la variedad vernácula está, en este caso, acompañada por una actitud negativa hacia la variedad estándar que el hablante ha construido "sin utilidad". Esto es así a pesar de haberla categorizado como *mah claro* y *mehor.* Nuevamente, se observa cómo el hablante ha integrado un discurso social existente y una categorización externa en su propio discurso y que teniéndolo interiorizado, sin embargo, lo rechaza. Los argumentos utilizados por el hablante por medio de los que se observa su actitud de resistencia han abarcado los siguientes tipos: deber, hábito (bienestar, costumbre), intercomprensión y utilidad.

F. 47: Aarón y Soraya S04/13: 189-206 'qué vamo:hablá=un peninsulá malo? un peninsulá chapurreado?'

((Continuación F. 41))

189   S: pueh yo sigo disiendo la sera=la sintasiva y a mí me disen >CITA: se DIse cinta
190   adhesiva< y yo digo >CITA: pueh yo le digo sintasiva y uhtedeh me la daban porque
191   sabían lo que era< claro sabeh? que son palabrah que la:Tieneh ahí, yo no voy a cambiá
192   ahora, ((rápido)) m:acuerdo cuando fuimoh a Ahturiah de viahe de fin de curso la
193   diferensia eh enorme porque La Península eh una cosa y nosotroh otra no? y CHACHO!
194   te ehtoy hablando d:aquel tiempo que fui hase como diesisiete añoh y en aquel tiempo
195   se notaban montón lah diferensiah y una profesora madrileña noh desía que
196   ehcucháramoh como se hablaba allí [y me DAba una Rabia]

197 A: [el madrileño lo que se] llama el godo serrado&
198 S: &me daba una RAbia porque noSotroh eh que no teNEmo: por QUÉ hablá así
199 ademáh eh aunque quisiéramoh no sabemoh=qué vamo:hablá? un peninsulá malo?
200 un peninsulá chapurreado? pa eso me quedo hablando canario que no se me va:pegá
201 d:hablá peninsular por mucho que me lo digan
202 A: &bueno, yo creo que ese tema pueh al final eh desisión de uno, no? porque a mí
203 por mucho que ehté en La Península o con una peninsular pueh [no se me va:pegá
204 tampoco]
205 S: [XXXX que no sé] la hente é a veseh así yo ya te digo sigo disiendo guagua y
206 sintasiva y esa:Cosah

Este fragmento es la continuación de F. 41, a diferencia de aquel, la hablante feme-
nina (S) ocupa más turnos de palabra. Ambos hablantes toman una posición de
resistencia ante el proceso de asimilación percibido y reconstruido en las intervenciones anteriores (ver F. 41). S. retoma el turno de palabra y afirma, que al contrario que en el caso descrito por A., ella va a seguir utilizando la variedad canaria
mediante voces que construye como propias: *sera* por *acera* y *sintasiva* por *cinta
adhesiva* (L. 189). Se observa el argumento de la intercomprensión, ya analizado
en los dos fragmentos anteriores (F. 45 y 46), así como el del hábito. El posicionamiento de resistencia de la hablante es individual y en referencia a aquellos miembros del endogrupo que sí abandonan su propia variedad.

En la L. 192, comienza un relato limitado temporalmente, en el que la hablante
cuenta acerca de un viaje a Asturias. El posicionamiento anterior cambia y se
convierte en social: la hablante se construye como miembro del endogrupo por
contraste con el exogrupo: *la peninsula eh una cosa y nosotroh otra* (L. 193). El
hecho relatado de que *una profesora madrileña noh desía que ehcucháramoh
cómo se hablaba allí* (L. 195-196) produce un rechazo en la hablante, que toma a
partir de ahí una actitud de resistencia mucho más explícita (L. 198): *no tenemoh
por qué hablá así*. Para S., incluso aunque los hablantes vernáculos trataran de
hacerlo no pueden: *aunque quisiéramoh no sabemoh* (L. 199). La imposibilidad
de converger hacia la variedad estándar es un argumento que, hasta ahora, no
había dado ningún hablante para justificar su actitud de resistencia. La variante
hablada en tal caso de convergencia es categorizada negativamente como un
peninsulá malo/ chapurreado (L. 199-200) lo que la lleva a reafirmarse aún más
en su propia variedad: *pa'eso me quedo hablando canario* (L. 200).

A. interviene (L. 202) y categoriza la convergencia o no a la variedad estándar
como *desisión de uno* (L. 202) y se posiciona asimismo con una actitud de resistencia al respecto. Como en los fragmentos anteriores, es interesante que el posicionamiento es individual en referencia a la resistencia, a pesar de que la hablante se posiciona como un *nosotros* y, por tanto, como miembro del endogrupo.

Hay una resistencia por parte de ambos hablantes a la asimilación, que en el F. 41 habían construido como léxica pero no fonética. Los argumentos principales han sido del tipo hábito (costumbre) e intercomprensión, además la hablante ha añadido el argumento de la imposibilidad de converger hacia la variedad estándar. Este último argumento es interesante con respecto a lo estudiado con Auer (6.1.3) acerca de la estandarización de las variedades vernáculas, que nunca llegan a ser "estándar". La hablante ha valorado además esta posible variante como sumamente negativa: *malo* y *chapurreado* (L. 199-200).

F. 48: Pablo S04/7: 89-98 'qué me trae cambiar mi asento?... ser mehó=el má CHAchi?'

89   P: eso se dise mucho aquí que lo: ccanarioh que mehor hablan son loh del Hierro porque
90   ha- hablan má pronunsiando como lo: ppenin- peninsulareh
91   L: sí
92   P: pero d:ahí a como pasa en la tele que obligan a la hente d:aquí a cambiar el asento=
93   CHA:cha! pero qué ehTRÉH cambiar a ehtah alturah el asento pa hablá como
94   unpeninsulá tú te imaHInah? yo no- no puedo, eh que no puedo cambiá como siempre
95   he hablado como... ehmmm como he aprendido, tendría que volvé a naser y enseñarme
96   a hablá di:tinto ademáh eso qué me trae qué me trae cambiar mi asento?... ser mehó,
97   el má:CHAchi? eso... no sirve pa nada... que-ca... cambiar ahora... yo no puedo no
98   puedo nii ni QUIEro

En las primeras líneas del fragmento, el hablante toma un discurso social existente y lo incluye en el suyo propio: la construcción social que la variante más prestigiosa dentro del español de Canarias es la herreña, por parecerse más a la variante estándar (ver F. 71). Igual que en F. 46, el fragmento se desata a partir del verbo *obligar*. El hablante se refiere a los locutores televisivos canarios que intentan utilizar la variedad estándar, aunque esta cuestión es introducida aquí sin que haya habido ninguna pregunta de L. al respecto. La convergencia hacia la variedad estándar es construida primeramente como *ehtrés*: *pero qué estréh cambiá a estah alturah el asento pa hablar como un peninsulá* (L. 93-94). Es decir, como en el F. 47, la convergencia es construida como irrealizable, repitiéndose así el argumento de la imposibilidad. En las líneas siguientes, esto es reafirmado: la imposibilidad es construida hiperbólicamente: *tendría que volver a naser y enseñarme hablar dihtinto* (L. 95-96).

Además de esta 'imposibilidad' para converger hacia la variedad estándar, la actitud de resistencia se desarrolla a partir de la L. 96 y como en F. 46, mediante el argumento de la 'utilidad': *qué me trae cambiar mi asento* (L. 96). El hablante responde a su propia pregunta de dos maneras principales: primero, con una nueva pregunta *ser el mehor, el máh chachi?* (L. 96-97) donde implícitamente se observa la "hipótesis de valor inherente" de la variedad estándar, por los superlativos *mejor* y *má chachi*; y segundo, mediante una afirmación que niega esta hipótesis: *eso no sirve de nada* (L. 97). Por último, el hablante reafirma nuevamente el factor de la imposibilidad: *eh que no puedo* (L. 94) y su actitud de resistencia: *ni quiero* (L. 98).

En definitiva, se pudo observar, también en este hablante, que la resistencia a la asimilación se argumenta tres maneras principales: por la 'imposibilidad' de converger hacia la misma, porque hacerlo no posee ninguna 'utilidad' y por una 'voluntad' manifiesta de no querer hacerlo.

9.1.2. *La defensa de la propia variedad*

En los próximos fragmentos los hablantes, no sólo toman una actitud de resistencia como deseo de mantenimiento de la propia variedad, sino que van un paso allá y se posicionan con una actitud activa de defensa. No obstante, esta se traduce siempre en el ámbito de lo individual y no llega, en ningún caso, a ser social. Resalta una actitud de defensa activa en el sentido de preocupación por transmitir la variedad vernácula a las generaciones más jóvenes, así como una actitud de reivindicación. Aunque, repito, defensa no puede entenderse aquí en el sentido visto con Zimmermann (1999[a]) en el punto 7.1, por tratarse siempre del plano de lo individual, los fragmentos que siguen poseen una clara diferencia con los anteriores y es, precisamente, el realizar una acción concreta para el mantenimiento de la variedad y no "únicamente resistir" al percibido proceso de asimilación.

F. 49: Jorge M03/23: 205-237 'yo reivindico hablar como hemoh hablado toda la vida'

205 L: hay hente en lah entrevihtah que me ha dicho eso, que presentadoreh canarioh hablan
206 pronunsiando con la sé y la seta.a ti eso qué te parese?
207 J: &no no no yo creo que el canario tiene que hablar como ehtá acohtumbrado a hablar,
208 AdeMÁh yo reivindico hablar como hemoh hablado toda la vida, eso lo reivindico
209 yo y o sea y desir eeehm todah la cosah que se disen… sahumerio eeehm el balde, no
210 sé qué desirlo como hay que desirlo porque yo creo que no tenemoh que adornar nada,
211 y el que no lo enTIENda que no lo entienda me da esa:taMENTE igual=o sea yo de
212 desirle eso de desirle ((sube el tono, está molesto)) YO TENgo que deSIRle a ehto
213 caHÓN? +++ Yo le DIgo gaVEta que eh lo que he hecho toda laVIda!! el que QUIEra
214 entenderlo que lo enTIENda=
     ((párrafo, correspondiente a F. 12))
226 entonsh yo no TENgo por qué ada:tarme al que viene de fuera, el que viene de fuera
227 TIEne que ada:tarse a MÍ si no que coha su liBRIto que lo lea y si no lo entiende QUE

228 preGUNte, yo no voy pa Inglaterra porque no sé ingléh, el día que sepa ingléh me
229 voy pa Inglaterra y si voy a Inglaterra no voy a hablar ehpañol o en AleMAnia!! Eso
230 eh así o sea que yo sigo disiendo que en Canariah se debe mantener... ademáh ehtoy
231 de acuerdo en que haya una Academia Canaria de la Lengua, ehtoy muy de acuerdo,
232 y reivindicar eso... me parese importante...
232 ((silencio))
233 L: hmmm ¿y por qué te parese importante?
234 J: que por QUÉ me parese imporTANTE? porque mira ehhh el caNArio hemoh tenido
235 la mala suerte de hasernoh a todo lo que viene de fuera, todo lo que viene de fuera eh
236 MUY imporTANte, lo de aquí NO eh importante, en veh de potensiar lo nuehtro
237 nosotroh hemoh ado:tado lo que viene de fuera

En este caso, la actitud de resistencia ante la asimilación es mucho más consciente y reflexiva que en los fragmentos anteriores. En estos, se apelaba a la corrección de la variedad canaria y los hablantes tomaban una actitud de resistencia más bien implícita, mediante la valoración positiva de la variedad vernácula frente a la estándar. En cambio, en este fragmento el hablante lo hace más explícitamente. La resistencia es construida como reivindicación en dos momentos distintos de la intervención; al principio (L. 208): *reivindico hablar como hemoh hablado toda la vida, eso lo reivindico* y posteriormente en referencia a la Academia Canaria de la Lengua: *reivindicar eso me parese muy importante* (L. 232).

En la primera parte (L. 205-214), el hablante responde a la pregunta de L. mediante una argumentación evaluativa introducida por el verbo *creer* (L. 207). La premisa: *yo creo que el canario tiene que hablar como ehtá acohtumbrado* (L. 207) se evalúa mediante distintos argumentos entre los que destacan nuevamente el del prestigio: *no tenemoh que adornar nada* (L. 210) y el del hábito: *como hemoh hablado toda la vida* (L. 208). Estos argumentos no están marcados únicamente por un deber (*desirlo como hay que desirlo*, L. 210), sino que el hablante los reivindica: *yo reivindico hablar como hemoh hablado toda la vida* (L. 208). La reivindicación implica un importante grado de conciencia y reflexividad, del que puede extraerse que, probablemente, no es la entrevista, la primera vez que el hablante se enfrenta con esta temática. El posicionamiento es, en referencia al acto de reivindicar, individual pero abarca a todo el endogrupo y no sólo asimismo, según se observa en las formas verbales utilizadas, que van de un yo a un nosotros *yo reivindico* y nosotros *hemoh hablado, no tenemoh,* etc. Justamente como en F. 46, el endogrupo es categorizado como *el canario* siendo la construcción casi idéntica con aquél. El hablante apoya su posición de reivindicación en una argumentación causal (L. 210): *yo creo que no tenemoh que adornar nada* y reafirma nuevamente su actitud de resistencia: *el que no lo entienda que no lo entienda me da esa:taMENte igual* (L. 211). A continuación, realiza una ejemplificación por medio de los vocablos *cajón* y *gaveta* (L. 213), anteponiendo la variante vernácula a la estándar. y reformula la frase anterior: *el que QUIEra entenderlo que lo enTIENda* (L. 213-214).

A partir de la línea 226, el hablante se reafirma en su actitud y explica lo expuesto en la reproducción de diálogo analizada en el F. 12: donde los otros, en este caso los hablantes estándar del diálogo, son construidos como *los que tienen que adaptarse* (L. 226-227) y no viceversa. El hablante lo justifica con argumentación causal (L. 234), donde aquello que procede del exterior es construido como *muy importante* frente a lo propio que es construido como *no importante* (L. 236). El endogrupo es percibido, a partir de ello, con una alta inseguridad en sí mismo por lo que *hemoh tenido la mala suerte de hasernoh a todo lo que viene de fuera* (L. 234-235). El hablante posee una actitud de resistencia frente a todo ello, y utiliza nuevamente el argumento del deber. En referencia a la variedad vernácula afirma: *en Canariah se debe mantener*, por eso le parece bien la existencia de una Academia Canaria de la Lengua (L. 231).

En cuanto a la construcción discursiva de la identidad, se observan dos aspectos principales. Por un lado, el hablante se construye individualmente como reivindicativo y con una actitud sumamente positiva hacia la variedad vernácula. En referencia a su posicionamiento social como miembro del endogrupo, se observa una construcción del grupo como inseguro y convergente hacia lo que es ajeno a él (*lo que viene de fuera*, L. 235). Los argumentos por medio de los que el hablante ha justificado su posición de resistencia han sido también de los de prestigio, deber y hábito, a los que se ha sumado el de la reivindicación.

F. 50: Carmita M03/12: 196-243 'pueh eso eh porque ehtá bien que se hable así en Canariah'

196 :C: yo... como te dihe anteh mi padre eh peninsular y nosotroh noh hemoh criado con
197 mi padre toda la vida y hamáh ninguno de loh cuatro=de nosotroh cuatro=hemoh
198 hablado nada así, que noh hemoh criado con él todo el día y no hablamoh como mi
199 padre, hablamoh como la hente d:aquí y ahora me parese un a:surdo de que venga un
200 niño d:aquí a hablar así porque oye a lo mehor mmm... a algún amigo o a alguna cosa
201 de esah... NO ME Guhta Nada=porque me cae mal=no me guhta para nada=no me
202 guhta...
203 L: ¿pero... por qué te cae mal?
204 C: ay pueh no SÉ, porque el modo de hablar nuehtro no eh ese=empesando por ahí y
205 nosotroh tenemoh que hablar y tener nuehtra identidá y nuehtrah cohtumbreh y por
206 qué lah vamoh a perder=porque entonseh si hoy vienen muchoh peninsulareh y
207 hablamoh como godoh y dehpuéh vienen otroh y así… entonseh ya lo nuehtro s:acaba.../
[la hablante cuenta en las líneas siguientes acerca de miembros de su familia que han ido a estudiar a Madrid y siguen hablando canario, por ello no entiende que haya per-

sonas que converjan hacia la variedad peninsular y cuenta del nieto de su hermana, que a veces llega del colegio *hablando peninsular*]

227 L: ¿y cuando oyeh a un niño hablando así como me dihihte anteh, o que viene así
228 hablando del colehio, qué le diseh?
229 C: pueh... no... eh que mi hermana tiene un nieto que eh el que ehtá ahí en la foto,
230 que siempre ehtá conmigo, que yo parehco la abuela y el ve muchoh dibuhoh animadoh
231 y eso le influye mucho a loh niñoh de pequeñoh y hablan todoh como la tele, como
232 todoh loh programah de la tele hablan peninsular... pueh el niño habla igual=y siempre
233 ehtamoh corrihiéndolo
234 L: ¿sí?&
235 C: siempre siempre...
236 L: ¿y el niño qué dise?
237 C: nada pueh él... lo correhimoh >CITA: aquí no se habla así se habla de ehta manera<
238 y dehpuéh él se olvida y vuelve otra veh a hablar así... eh que se dehan influensiar
239 mucho mucho por la tele... loh ninoh pequeñoh eh normal que hablen así porque ven
240 mucha tele y entonseh hablan como elloh, lo que oyen, ahora lah personah adultah
241 ya que ehtán hablando ahora así, pueh eso no lo entiendo... porque a loh niñoh chiquitoh
242 si siguen hablando así eso se leh va corrihiendo y se le quitará... eh que eh una manera
243 de hablar muy diferente

La estructura discursiva de este fragmento es de gran interés, ya que la hablante sigue, en todas sus respuestas, la misma estrategia narrativa de relato-argumentación-conclusión. Se pueden distinguir tres partes principales, cada una de ellas con pasajes de relato o argumentativos subordinados uno al otro. La primera parte abarca de la L. 196 a la 200, se trata de un relato en el que la entrevistada cuenta que es hija de un hablante estándar y que, sin embargo, ella y sus hermanos han hablado siempre canario. De este relato extrae una conclusión principal: *me parese un a:surdo que venga un niño d:aquí a hablar así* (como un peninsular, L. 199-200). Rechaza la convergencia hacia la variedad estándar, que se expresa mediante las formas verbales: *no me gusta nada* y *me cae mal* (L. 201).

Esto es justificado como consecuencia interactiva de la pregunta de L. a través de una argumentación causal (L. 203-207). Se observa una actitud positiva de la hablante hacia la variedad vernácula: *tenemoh que hablar y tener nuehtra identidá y nuehtrah cohtumbreh y por qué lah vamos a perder* (L. 205-206) y una actitud pesimista hacia su futuro, ya que le pronostica una asimilación total: *si hoy vienen muchoh peninsulareh y hablamoh como godoh... y despuéh entonceh ya lo nuestro s:acaba* (L. 206-207). Los argumentos a la premisa de que la variedad estándar no le *guhta nada* (L. 201), abarcan dos aspectos principales: el hábito (como identidad y costumbre) y el deber, nuevamente expresado por la perífrasis *tener que*.

De la L. 229 a la 243, se repite la estructura discursiva de relato-conclusión-eva-luación en dos ocasiones. En la primera (L. 229-235) la hablante relata acerca del nieto de su hermana quien ve mucho la tele, y lo amplía a los niños en general, que *hablan todoh como la tele* (L. 231). La conclusión de la hablante es que el nieto toma la variedad estándar peninsular *porque todoh los programah de la tele hablan peninsular* (L. 231-232). Según se vio anteriormente, la hablante rechaza la convergencia hacia el estándar y, en referencia al niño, toma una actitud de resistencia: *siempre lo ehtamoh corrigiendo* (L. 232-233).

La actitud positiva de la hablante hacia la variedad vernácula conlleva no sólo una posición de resistencia, sino de defensa activa en términos de transmisión a la generación más joven. De la L. 229 a la 243, la hablante relata cómo ella y su hermana rectifican al nieto de esta última cuando habla *como loh peninsulareh*: *aquí no se habla así se habla de esta manera* (L. 237). Sin embargo, factores exteriores, en este caso, la televisión, son construidos como más influyentes sobre el niño, quien se olvida de las correcciones de su abuela.

F. 51: Lola M03/7: 400-424 'CUANdo yo tenga mi nieto le enseño a desir todah lah cosah canariah'

400 Lo: &mira=en la empresa que yo trabaho, tú sabeh que en La Península a lah gavetah
401   del armario no lah conosen como gaveta sino como ((pone acento peninsular)) caJoneS,
402   yo he tenido que haser informeh >CITA: porque en tal sentro no me abrieron loh
403   cahoneh< yo te hago un informe y te digo >CITA: porque MIra en tal sentro no
404   pudimoh abrir lah gavetah< yo lo ehcribo tal y como lo digo y si me preguntan >CITA:
405   ¿ehto qué eh? son lo que uhtedeh llaman cahoneh< pero yo lo ehcribo como yo lo
406   hablo, punto, y si no/ QUE COHan puerta...
407 L: hmmm (...) ¿pero tú... creeh que nu-XX variedad se ehtá perdiendo?
408 Lo: ohalá no se pierda nunca... para mí eh importante que no se pierda...
409 L: ¿/por qué Lola?
410 Lo: porque tu identidá no la PUEdeh perder nunca, no la debeh de perder nunca, digo
411   yo, que no eh igual que hablar mal, diferente eh que tú tengah tuh palabrah=tuh asentoh
412   y tuh cosah de tu tierra=yo para mí eso no lo debeh perder nunca=no tiene por qué
413   perderse...
414 L: ... pero anteh me dihihte que había mucha hente d:aquí... que ehtaban hablando
415   peninsular=¿creeh que eso no va a llegar a nada o sí?
416 Lo: tú no puedeh perder tuh raíseh ni tu forma d:hablar por mucho que quierah imitar=
417   ¿qué sacah con imitar a nadie? tieneh que tener tu propia personalidá y ser tú de dónde
418   tú ereh te guhte o no, eso no quita con tuh prinsipioh, tu educasión, no quita una cosa
419   con la otra, porque muchah veseh ¿qué ocurre? que llenamoh todo en un saco=tu forma
420   de hablar con tu educasión=yo puedo tener mi forma de hablar canaria y ser tan corre:ta
421   como el que viene de otro sitio... yo por lo menoh lo considero así y ohalá que la hente
422   no lo pierda nunca, / / y CUANdo yo tenga mi nieto le enseño a desir todah lah cosah

423   canariah:leh guhte a suh padreh o no!!! me da igual, me da esa:tamente igual que
424   dehpuéh el niño no lo diga=bueno= pero que lo sepa

Un relato con reproducción de diálogo en estilo directo, inicia este fragmento que
se divide en dos partes principales. La primera abarca de la L. 400 a la 406 y la
segunda, iniciada por una pregunta de L, de la L. 407 a la 424, con dos argumentaciones una causal y una evaluativa. A lo largo de todo el fragmento, se observa
una actitud de resistencia a utilizar la variedad estándar.

En el relato, se reproduce un diálogo en estilo directo donde la hablante se niega
en su empresa a utilizar el vocablo estándar *cajón* (L. 401) y renunciar al vernáculo *gaveta* (L. 401) (los mismos términos fueron utilizados por el hablante del F.
49). De esta manera, toma una actitud de resistencia a un proceso de convergencia (en este caso léxica) hacia la variedad estándar. En el diálogo, son reproducidas dos voces: la de un hablante estándar cuando dice *cajones*, pronunciando la
velar como tensa y la /s/ final como implosiva, y la suya propia. De este modo, y
como se ha visto en otros casos de reproducción de diálogo, tanto mediante diferencia entre *cajón* y *gaveta*, como al cambiar su pronunciación en el diálogo,
sitúa al hablante estándar en un punto distinto del contínuum del que se sitúa a sí
misma y asigna así identidades sociolingüísticas diferentes. El tono de la hablante es casi "desafiante": *yo lo ehcribo como lo hablo y punto y si no que cohan
puerta* (L. 405-406). La hablante se reafirma en su variedad hacia la que posee
una actitud claramente positiva ya que la utiliza incluso en el medio escrito.

A partir de la L. 409, y como consecuencia interactiva de la pregunta de L.,
comienza una argumentación causal explicativa. En esta, explica por qué es
importante para ella que no se pierda la variedad vernácula y afirma su actitud
positiva hacia la misma. La forma verbal *no poder perder* (L. 410) es esencial en
este pasaje argumentativo. La primera de ellas es reformulada por deber: *tu identidá no la puedeh perder nunca, no la debeh perder nunca* (L. 410). La reformulación tiene una función de reafirmadora del significado de *poder*, es deóntico y
exhortativo y, en referencia a la actitud de resistencia, es menos significativo
que *deber* (L. 410-413). *Deber* funciona como argumento principal de la actitud
de resistencia. Además de ello, y en consonancia con lo que se vio en los fragmentos de asimilación, la variedad vernácula es comparada con la *identidá* (L.
410) / *cosah de tu tierra* (L. 412), *raíseh* (L. 416) y *personalidá* (L. 417). Estas
tampoco pueden perderse. La hablante realiza una interesante diferencia entre
hablar mal (L. 411) y tener *tuh palabrah* y *tuh asentoh* (L. 411). A partir de ello
basa su actitud de resistencia en el factor prestigio y corrección: *yo puedo tener
mi forma d:hablar canaria y ser tan correcta como el que viene d: otro sitio* (L.
420-421).

Esta actitud de resistencia que antes se calificó de "desafiante" puede observase en la última intervención de la hablante: *cuando yo tenga a mi nieto le enseño a desir todah lah cosah canariah: leh guhte a suh padreh o no!* (L. 422-423). El deseo que la generación más joven conserve la variedad canaria ya se vio en el fragmento anterior. Como en aquel, la hablante ha pasado de una actitud de resistencia estática, a una más activa en la que, de manera individual, se sitúa en una posición de defensa. Expresa, de manera consciente, un deseo de transmisión de la variedad vernácula a la generación más joven, en este caso, a su nieto.

F. 52: Remedios S04/5: 433-445 'que no ereh mehor por hablar como un godo'

((continuación F. 44))
433   R: [que yo siempre he sido]@@ muy ideaLIH!ta@ y muy reivindicativa=así
434   que se lo digo a lo:Niñoh y se lo digo a cualquiera que oiga hablando peninsulá >CITA:
435   oye pero cómo ehtáh hablando tú! que no ereh mehor por hablá como un godo<
436   @perdón que lo diga así pero eh que me molehta
437   L: sí
438   R: y eso... todo eso hay que revindicarlo que aquí se habla tan bien como en otroh
439   sitioh... que- que loh madriLEñoh no hablan mehor que nosotroh=ni mehó ni peo:,
440   hablan di:TINto ehmm que elloh pronunsian unah cosah así y nosotroh así=y elloh
441   también cometen erroreh con el laíhmo y todo eso
442   L: sí
443   R: así que yo se lo digo a todo el mundo... que aquí no tenemoh por qué avergonsarnoh
444   de nada cada uno habla a su manera y... que que... al fin y al cabo eh nuehtra identidá
445   que no podemoh perder

Igual que en F. 47, este fragmento es la reacción de la propia hablante al proceso de convergencia hacia el estándar –percibido en los niños del colegio donde es maestra– y reconstruido en su intervención anterior. Se trata de un texto argumentativo de tipo justificación, aunque también existen elementos descriptivos y de relato. La hablante se categoriza como *idealihta* y *muy reivindicativa* (L. 433). La categoría reivindicativa es "llenada" a partir de una descripción de hechos, donde, además, se da una reproducción de voces en estilo directo. La hablante se posiciona discursivamente en referencia a los hablantes vernáculos que abandonan su variedad mediante la escenificación de su propia voz: *oye pero cómo ehtáh hablando tú? Que no eres mehor por hablá como un godo* (L. 435). Con ello, se distancia de aquellos miembros del endogrupo que tienden a abandonar su variedad y se construye como lingüísticamente leal.

A partir de la L. 438, comienza un proceso de categorización por contraste de las variedades estándar y vernácula: *aquí se habla tan bien como en otroh sitioh* (L. 438-439) / *no hablan mehor que nosotroh* (L. 439) / *hablan dihtinto* (L. 440) /

pronuncian unah cosah así y otrah asá (L. 440) / *también cometen erroreh* (L. 441). Estas categorizaciones, que sirven de base a su justificación, resaltan el argumento del prestigio. La variedad vernácula es construida de manera positiva y como prestigiosa frente a la estándar, sin que haya por parte de la hablante ninguna inseguridad o minusvaloración al respecto.

Como en los dos fragmentos anteriores, se observa no sólo una actitud de resistencia, por la que ella misma no abandona su variedad sino una defensa activa al reivindicar la propia variedad como positiva ante los demás (L. 443-444). Esta defensa activa (deber) se ve en que la hablante se preocupa por transmitir y afirmar la corrección de la propia variedad a los niños de los que es maestra. Por último, por la hablante justifica esta posición con una categorización de la variedad vernácula como *identidá* (L. 444) que la hablante construye como *algo que no podemoh perder* (L. 445). Los argumentos utilizados han sido el del prestigio, el deber y la reivindicación.

Siguiendo la tipología de Auer y lo que se ha analizado a lo largo de todo el capítulo 5, a partir de la actitud de resistencia y de defensa activa de las hablantes de los tres últimos fragmentos (F. 50, 51 y 52) es difícil que se dé el caso de pérdida de dialecto, ya que este es transmitido de manera consciente a la generación más joven. Además, esto se ha relacionado con la cohesión y hábitos grupales y es percibido y reconstruido, en los tres casos, como un deber. Aunque no se poseen datos suficientes para sacar una conclusión fehaciente al respecto, es interesante observar el que esta preocupación por transmitir la propia variedad a las generaciones más jóvenes, se dé solamente entre hablantes femeninas.

9.2. Resistencia al conflicto

En los fragmentos siguientes, los hablantes se posicionan con una actitud de resistencia también hacia el proceso de asimilación. La diferencia es que este es percibido y reconstruido como imposición y conflicto en el sentido descrito en el punto 7.1 con Zimmermann (1999). Hay que remarcar, que los hablantes en los que más presente se encuentra esta actitud, es en aquellos que reconstruyeron situaciones de conflicto histórico y (Carmen M03/30, Pedro M03/18, Tomás S04/8) y en aquellos que "pronosticaron" un proceso de asimilación total a la variedad estándar (Rosa M03/4: 88-103, Yeray M04/20).

9.2.1. *La exclusión de los exclusores como resistencia*

He tomado esta metáfora que Castells (1998) hace para explicar los procesos de resistencia en la globalización y la construcción de la identidad colectiva que se da a través de la misma. Los hablantes de los próximos fragmentos se han construido como excluidos y realizan justo lo dicho por Castells, es decir, invierten los juicios de valor que los excluyen de las mayorías o de los grupos dominantes, reforzando de esta manera sus fronteras como colectividad. La resistencia no es tanto al proceso de asimilación en sí, sino al de conflicto sociolingüístico que esta conlleva ya que es sentida y reconstruida, en muchos casos, como imposición (ver punto 8.3.1).

F. 53: Carmen M03/30: 205-229 'hay muchah manerah corre:tah d:hablar cahtellano'

205 C: ... yo nunca he vihto a un cubano... qué te digo yo? o a un arhentino intentando
206 hablar godo=entonseh por qué tenemoh que haserlo nosotroh?
207 L. sí
208 C: que parese que ehtuviéramoh acomplehadoh y no tiene por qué ser así
209 L: ya... y por qué cree uHté que eh?
210 C: no sé tal veh por la educasión... la educasión aquí siempre ha ido en contra de
211 nosotroh... pu-
212 L. y eso?
213 C: &pueh que noh han dicho que loh canarioh hablamoh mal=que:... lah palabrah
214 d:aquí ehtán mal dichah...
215 L: sí
216 C: mira por ehemplo @@ nosotrah teníamoh una monHita en el colehio cuando yo
217 era chica que era... de la EhPAña proFUNda@ que noh desía >CITA: pero que bahe
218 DioSs y vea lo mal que habláiSs loSs canarioSs, que bahe Dioh y lo vea que no OSs
219 entiendo>@[@@@]
220 L: [@@@]
221 C: y noh obligaba a pronunsiar lah setah leyendo... era máh ruin que la hiel!@@
222 L: sí... y ahora cree que todavía pasa eso?
223 C: bueno... no pueh no creo que ya pase algo así en loh colehioh
224 L.-[ya]
225 C: [que] eso sería una vergüensa porque CLAro-bueno eh que además no eh- eh que
226 hay muchah manerah corre:tah de hablar cahtellano y nosotroh por qué tenemoh que
227 cambiarla? NO señor! noh han dicho toda la vida que aquí se habla mal? bueno pero
228 no eh así=que yo no me imahino a un cubano intentando hablar como un godo=cada
229 uno tiene su forma y nosotroh la nuehtra que eh igual de válida que la d:elloh

La hablante se posiciona desde el principio con una actitud de resistencia ante la convergencia a la variedad estándar. Primero, realiza una comparación con hablantes de otras variedades del español: cubanos y argentinos a quienes nunca ha visto *intentando hablar godo* (L. 205-206). De esta intervención, la hablante concluye, con referencia al endogrupo: *parese que ehtuviéramoh acomplehados* (L. 208). Esta premisa es justificada, por una pregunta de L., mediante una argumentación.

La razón que justifica la inseguridad lingüística y el *ehtar acomplehadoh* (L. 208), ha sido principalmente la educación, que mediante el sintagma preposicional *en contra* es construida como agresión al endogrupo: *la educasión aquí siempre ha ido en contra de nosotroh* (L. 210-211). Esta intervención provoca una nueva argumentación (L. 214-215) y un proceso de categorización de la variedad vernácula como *mal* y de las palabras vernáculas como *mal dichah* (L. 214). Es importante tener en cuenta que, una vez más, se trata de una categorización externa marcada por la forma verbal: *noh han dicho* (L. 213) que lleva implícita una "asignación de culpa". La hablante ejemplifica esta educación 'asimilacionista' a través de un relato con una reproducción de voz en estilo directo (L. 217-219). Escenifica a una maestra suya categorizándola como *de la EhPAña proFUNda* (L. 217) que decía a los niños *que baje DioS y vea lo mal que hablaiSs loSs canarioSH, que bahe Dioh y lo vea que no OS entiendo!* (L. 217-219). Como en otros casos de reproducción de voces, sitúa a la hablante estándar, mediante la pronunciación de la /s/ final y de la utilización de la segunda persona del plural *os,* en un punto distinto del contínuum del que se sitúa a ella y a su grupo, adscribiendo así identidades sociolingüísticas distintas.

A partir de la L. 225, y como consecuencia interactiva a una intervención de L., la hablante realiza una nueva argumentación, en este caso evaluativa. La actitud de resistencia se hace explícita mediante el argumento del prestigio y la legitimidad de la propia variedad, muy similar al hablante de F. 45: *hay muchah manerah correctah d:hablar cahtellano* (L. 226). El argumento de la legitimidad de las variedades lingüísticas no peninsulares, se desarrolla seguidamente por medio de la formulación de preguntas. En ellas, la hablante reconstruye la categorización externa utilizada antes; la respuesta es un rechazo a la misma: *y nosotroh por qué tenemoh que cambiarla? NO señOR / noh han dicho toda la vida que aquí se habla mal?... pero no eh así* (L. 226-228). Estas respuestas conllevan además una actitud sumamente positiva hacia la variedad vernácula.

Por último, la hablante repite su comparación inicial e introduce una nueva que reafirma su actitud positiva hacia su variedad: *la nuehtra que eh igual de válida que la d: elloh* (L. 229). El prestigio y la legitimidad lingüística de la propia variedad como prestigiosa, también ha sido resaltado por esta hablante. A tenor de lo visto en el capítulo 7, y como se verá en las conclusiones a este punto, el reconocimiento y valoración de la propia variedad como prestigiosa frente a la considerada históricamente como tal, es la premisa primordial de una teoría lingüística del pluricentrismo.

F. 54: Tomás S04/8: 123-140 'nuehtra forma d:hablar eh tan buena como la d:elloh'

123 T: hay peninsulareh que disen a veseh que no noh entienden... ehh... que siempre tienen
124 el basilón del hablar nuehtro y ya me cansa un poco siempre el mihmo rollo

125 L: qué [(disen)]
126 T: &[pero] eh que yo digo=yo digo >CITA: si yo te hablo tú me entendieh=me
127 enTIENdeh o no? si digo la guagua pasa a lah treh=m:entiendeh o no? y si no pueh
128 preGUnta lo que EH GUAgua=que yo no tengo por QUÉ ada:tarme a ti=si tú vieneh
129 aquí adá:tate a mí<
130 L: hmm
131 T: &eh que el fallo de loh canarioh eh que nosotroh noh creemoh que todo lo que
132 viene de fuera eh mehor y claro con la educasión colonial eh lo que noh han impuehto,
133 hahta la manera de hablar que eh mehor=todo lo de fuera eh mehor pero no eh así...
134 que... muchoh ya se dan cuenta entonseh nosotroh no tenemoh que ada:tarnoh a lo
135 que elloh di-ehh bueno a lo que han dicho toda la hihtoria de nosotroh...
136 L: sí
137 T: sino que nosotroh tenemoh nuehtra forma d:hablar=que eh tan buena como lah de
138 elloh=nuehtrah tradisioneh=OYE eh que por QUÉ noh tenemoh que achantar cuando
139 habla un godo? yo no me quiero poner por ensima de nadie entiendeh? pero tampoco
140 que se pongan por ensima de nosotroh porque no eh así

La actitud de resistencia del hablante del presente fragmento no surge de una percepción de convergencia a la variedad estándar, sino de resistencia hacia lo que él
construye como imposición y agresión al endogrupo y su variedad. También aquí
se trata de un fragmento argumentativo con elementos de relato, donde el hablante escenifica su propia voz. En esta reproducción de voces, toma un tono casi
amenazante al dirigirse a un hablante estándar ficticio a quien dice que si no
entiende lo que significa el vocablo canario *guagua* (L. 127), tiene que pregun-
tarlo. En las últimas líneas de este monólogo en estilo directo, se observa, más
claramente aún, la actitud de resistencia. De manera muy similar a fragmentos
analizados en otros capítulos (F. 9, 16, 17 y 49) el hablante dice: *que yo no tengo
por QUÈ adapatarme a ti=si tú vieneh aquí adá:tate a mí* (L. 128-129). El argumento de la adaptación, ampliamente analizado en el punto 7.5, tiene también
aquí una importancia creciente a medida que avanza el discurso del hablante.

El posicionamiento, que hasta ahora había sido individual, cambia a partir de la
L. 130. El hablante se sitúa como miembro de un nosotros y también de manera
muy similar al F. 49 (parece tratarse del mismo discurso social, ya que está construido de manera casi idéntica) el hablante afirma: *loh canarioh eh que noh creemoh que todo lo viene de fuera eh mehor* (L. 131-132). A diferencia del hablante
de F. 49, quien aducía esta inseguridad grupal a causas propias, aquí se hace a
externas. El argumento que explica la valoración de lo ajeno como mejor que lo
propio es –como en el caso anterior– el sistema educativo, categorizado como
colonial: con la educasión colonial eh lo que noh han impuehto (L. 132). Es
reconstruido discursivamente un proceso de agresión (Zimmermann 1999[a]) por
medio de la forma verbal *noh han impuehto*.

La inseguridad hacia el valor de lo propio y la valoración positiva de lo que procede del exterior (a las fronteras endogrupales), es ampliada por el hablante también a la variedad vernácula (L. 133): *hahta la manera de hablar eh mehor*. Esta categorización externa es rechazada, y el hablante se resiste a darle validez. Esto se argumenta, nuevamente, por medio del prestigio y la legitimidad de la variedad propia: *nosotroh tenemoh nuehtra manera d:hablar que eh tan buena como la d:elloh* (L. 137-138). La inseguridad lingüística de los hablantes canarios cuando interactúan con un hablante *estándar* es expresada mediante el verbo achantar y puesta en duda por el hablante: *por qué noh tenemoh que achantar cuando habla un godo?* (L. 138-139). Como conclusión a esta argumentación explicativa, reclama la igualdad lingüística y social que él ha construido como inexistente *toda la hihtoria de nosotroh* (L. 135) y afirma: *no me quiero poner por ensima de nadie, pero tampoco que se pongan por ensima de nosotroh* (L. 139-140).

La actitud de resistencia ha quedado patente, tanto mediante el posicionamiento individual del hablante en la argumentación, como de su posicionamiento social como miembro del endogrupo. Ha trazado una frontera conflictiva entre el nosotros y el ellos, marcada principalmente por un proceso de agresión a la variedad canaria y a sus hablantes y no tanto por asimilación o abandono de la variedad vernácula.

F. 55: Pedro M03/18: 167-183 'no voy a cambiarla por mucho que me digan que ehtá mal'

((continuación F. 5))
167 P: todo el tema ese que te dihe... eh que elloh se piensan que noso-... SOmoh africanoh
168 en realidad, no? pero se piensan que por ser africanoh tienen el derecho a venir a...
169 humillarnoh o a no sé, me ehplico?
170 L: bue[no]
171 P: [sí] el tema de la lengua eh igual porque noh han he- ya=te=lo=dihe=noh han hecho
172 creer que hablamoh mal cahtellano que no hablamoh nada... no?
173 L: &bueno... pero tú y yo hablamoh ahora mihmo algo... o no?
174 P: @@sí muher hablamoh claro! hablamoh canario y noh entendemoh pero eh loh
175 ehpañoleh noh han hecho creer que hablamoh mal sabeh? ese eh el problema
176 L: pero y tú qué creeh?
177 P: no:yo:... por mucho que elloh digan EHta eh nuehtra forma de hablar y-y no... no
178 sé no voy a cambiarla por mucho que me digan que ehtá mal y yo creo que hay mucha
179 hente así=mih colegah no leh digah tú que HAblen como GOdoh porque olvídate
180 ademáh por lo menoh yo-tú llegah y te encuentrah a un godo se pone de enterado y
181 ya en seguida como que por lo menoh nosotroh... dehde que lo veo ya lo tengo aquí...
182 y ehtoy ehperando que me salte pa desirle algo=sí sí, porque no me va nada la movida
183 de elloh

Este fragmento es la continuación de F. 5, donde el hablante había reconstruido una situación de conflicto histórico y donde la variedad vernácula fue categorizada como *más o menos castellano* y como *nada*. Una argumentación explicativa introducida por la conjunción porque marca toda la intervención del hablante, en la que repite y reformula algunos de los argumentos y categorizaciones de sus intervenciones anteriores (analizadas en F. 5).

El hablante sigue dando argumentos para justificar su posición de que en Canarias se *debería hablar bereber* (F. 5, L. 149). Hay una construcción del conflicto intergrupal mediante el verbo humillar: *se piensan que por se africanoh tienen el derecho de venir a humillarnoh* (L. 167-169). También se trata de un conflicto lingüístico con una asignación de culpa, donde los canarios representan la parte que recibe la acción: *noh han hecho creer* (L. 171-172). Esta forma verbal conlleva una categorización externa de la variedad vernácula repetida nuevamente como: *mal cahtellano y nada* (L. 172).

Tras la pregunta de L., el hablante reformula esta categorización de la variedad vernácula como *nada* y la categoriza a su vez como *canario*: *hablamoh canario y noh entendemoh* (L. 174). Repite, de nuevo, una categorización externa con asignación de culpa mediante la misma forma verbal: *noh han hecho creer* (L. 175). Tras L. preguntarle qué cree él, el hablante toma una actitud de resistencia individual *ehta eh nuehtra forma d:hablar y no voy a cambiarla por mucho que me digan que ehtá mal* (L. 177-178). Se observa el argumento del hábito pero también una interiorización de la categoría mal. A pesar de ella y de la valoración claramente negativa que el hablante hace de la variedad canaria y que llega hasta el extremo de categorizarla como *nada*, el hablante desea conservarla.

La actitud individual de resistencia es ampliada a otros miembros del endogrupo, ejemplificándola a modo de breve relato mediante sus *colegah* (L. 179). Relata un encuentro con un hablante estándar frente al que reacciona de manera activa: *ehtoy ehperando a que me salte pa desirle algo* (L. 182). Como en el fragmento anterior se ve que el hablante se construye discursivamente no solo como "resistente" que, en este caso, también se traduce como en una reacción activa a la agresión. El hablante ha incluido en esta construcción de sí mismo al endogrupo, a través de la ejemplificación con sus amigos.

9.2.2. *Cambio de actitud hacia la variedad canaria*

Los próximos dos fragmentos son interesantes en referencia al contínuum dialecto-estándar y al cambio de actitud hacia las variedades vernáculas que implica el pluricentrismo. Mientras que el primer hablante hace una clara determinación de lo que en Canarias se considera como estándar, la segunda hace referencia a un cambio de actitud, de manera directa y reflexiva, y lo adscribe, no sólo al ámbito de lo individual, sino también de lo social.

F. 56: Yeray M04/20: 312-317 'no hay ninguna manera mehor ni peor d:hablar'

312   Y: si se puede llamar diale:to=no ehtán rehpetando nuehtro diale:to... y digamoh que
313   eso no pasa sólo en la tele=pasa en el teatro=pasa en el sine=pasa en todo=en todah
314   parteh... como que noh tenemoh que habituar a un lenguahe ehtándar Madrí... \ o creo
315   que la sona de Saragosa o Valladolí que eh como el cahtellano perfe:to=YO CREO
316   que cada uno se comunica como puede y que no hay ninguna manera ni mehor ni
317   peor d:hablar...

En este breve fragmento, el hablante construye un proceso de agresión hacia la variedad vernácula y no de asimilación: *no ehtán rehpetando nuehtro dialecto* (L. 312). Hay una imposición de la variedad estándar y el endogrupo es construido primero como pasivo y, posteriormente, como aquellos que deben adaptarse *noh tenemoh que habituar a un lenguahe estándar* (L. 314). Se observa nuevamente la problemática de la adaptación, aunque de manera menos explícita que en otros fragmentos analizados hasta ahora. El hablante entiende como *lenguahe ehtándar* (L. 314) la variedad septentrional del español peninsular, explicitando así lo que en la mayoría de los hablantes queda de manera implícita: *Madrí... \ o creo que la sona de Saragosa o Valladolí que eh como el cahtellano perfecto* (L. 314-315). Ha situado a los hablantes estándar geográficamente y reproducido en su propio discurso el *mito* de que el español más correcto es el de Valladolid.

Frente a esta extendida construcción social, el hablante toma una actitud de resistencia: *cada uno se comunica como puede y no hay ninguna manera ni mehor ni peor d: hablar* (L. 316-317). La actitud de resistencia es nuevamente individual y se entiende como un acto de permanencia y de no ceder a una posible convergencia hacia el estándar. En esta última evaluación, se observa una vez más el argumento del prestigio y la legitimidad de la variedad lingüística.

F. 57: Rosa M03/4: 127-138 'un godo lo voy a tratar igual que si eh una persona d:aquí'

127   R: VAmoh a MÍ porque me hable un godo... lo voy a tratar igual que si eh una persona
128   d:aquí pero hay hente que no, que ve que si hablah godo lo ve como superior y hay
129   mucha hente que hablan godo para haserse notar para sentirse así superioreh y sí=mucha
130   hente hay que ya cuando le habla un godo se ponen a temblar...
131   L: hmmm y eso por qué?
132   R: pueh por eso porque loh ven como superioreh como mehor=alguna hente lo ve

133 así, pero VAmoh no todoh tampoco no? yo ya te digo no me creo menoh por hablar
134 así y claro también como ya hay mucha hente aquí
135 L: sí
136 R: &de todah manerah eh muy difísil cambiar la mentalidá de que el godo habla mehor
137 que nosotroh aunque ya te digo la hente también ehtá cambiando esa mentalidá y no
138 todo el mundo eh así

Este fragmento es de gran interés con relación a lo que supone la resistencia en referencia a la valoración positiva de la variedad vernácula y al cambio de actitud que se produce hacia la misma en una situación de pluricentrismo o diaglosia. La hablante construye a los canarios como muy inseguros lingüísticamente cuando interactúan con un hablante estándar *mucha hente hay que ya cuando le habla un godo se pone a temblar* (L. 129-130) y no se incluye a sí misma en esta construcción: *a mí porque me hable un godo lo voy a tratar igual que si eh una persona d:aquí* (L. 127-128). La hablante reformula esta construcción y no incluye a todos los hablantes dialectales como inseguros: *yo ya te digo no me creo mehor por hablar así y claro también como yo hay mucha hente aquí* (L. 133-134).

Interesantes son las L. 136 y 137, en cuanto a una situación de comienzos de pluricentrismo o diaglosia se refiere. A pesar de que la variedad estándar sigue siendo considerada como prestigiosa, existe un cambio de actitud: *eh muy difísil cambiar la mentalidá de que el godo habla mehor que nosotroh aunque la hente también ehtá cambiando esa mentalidá* (L. 136-137). El posicionamiento de la hablante, en este caso, ha sido distinto que el analizado para muchos de los fragmentos anteriores: la actitud de resistencia no sólo conlleva un posicionamiento individual, sino que este es extendido a algunos miembros más del endogrupo. Sin embargo, se posiciona como no perteneciente a aquellos miembros que, por inseguridad lingüística son desleales a su propia variedad y la abandonan en pos de la estándar.

9.3. Discusión y conclusiones

Los fragmentos analizados en el presente capítulo se han dividido fundamental-mente en dos: por un lado, aquellos en los que los hablantes se han posicionado con una actitud de resistencia frente al proceso de asimilación y, por otro, aquellos donde han construido este proceso de asimilación como agresión o imposición. La construcción discursiva de la resistencia, así como el posicionamiento dentro de la misma, ha variado de hablante a hablante. Sin embargo, el análisis delata que exis-te un grado alto de afinidad entre ellos. Se discutirá a continuación.

9.3.1. *Construcción discursiva de la resistencia*

A diferencia del conflicto y de la asimilación, la construcción narrativa de la resistencia no se ha hecho a través de categorizaciones (ni sustantivas, ni de hechos, sucesos ni por contraste). Al tratarse de una actitud y una disposición de los hablantes, ha quedado manifiesta en los argumentos utilizados para justificar la posición de resistencia. En estos argumentos han tenido especial importancia las formas verbales, entre las que a su vez se pueden distinguir dos principales:

a) Verbos cuyo significado implica una actitud de resistencia: este recurso no ha sido tan utilizado como b y c. No obstante, se distinguen formas verbales, cuyo significado contextual remite a una actitud de resistencia como: *conservar* (F. 45), *enseñar* (F. 51), *seguir igual* (F. 46), *pasar unos a otros* (F. 46), *se entiende igual* (F. 46), *reivindicar* (F. 49 y 52), *corregir* (F. 50), *seguir diciendo* (F. 47), *se debe mantener* (F. 51).

b) Verbos conjugados negativamente: Muchísimo más abundantes son las construcciones discursivo-lingüísticas, en las que los hablantes utilizan una forma verbal negativa. Según advierten Lucius-Hoene/Deppermann (2004: 226), las negaciones repetidas en las narraciones conversacionales significan que los hablantes ponen en tela de juicio algunas "presunciones de normalidad", es decir, ponen en duda o refutan aquello que es considerado como normal. En este caso, las negaciones están dirigidas a refutar el proceso de asimilación, frente al que los hablantes se han construido como "resistentes". Esto se encuentra en todos los fragmentos. Asimismo, se puede establecer una doble división de las mismas, dependiendo de si hacen referencia al mantenimiento de la variedad estándar o a la no-asimilación a la variedad estándar.

– Construcciones verbales negativas que implican un mantenimiento de la variedad propia y que se refieren a ella en los siguientes términos: *no creo que hable mal* (F. 45), *ni me exprese mal* (F. 45), *no la puedes perder* (F. 51), *no la debes perder* (F. 51), *no la puedes rechazar* (F. 51), *no vas a cambiar* (F. 46), *no voy a cambiarla* (F. 55), *no puedo cambiar* (F. 48), *no quiero cambiar* (F. 48), *no sirve para nada cambiar* (F. 48), *no voy a cambiar* (F. 47), *no tenemos que adornar nada* (F. 49), *no tener que avergonzarse* (F. 52), *no hay ninguna manera ni mehor ni peor d:hablar* (F. 53), *no podemoh perder* (F. 52). Según se ve, la construcción que más abunda en este caso es *no tener que / ir a* + cambiar , a partir de lo que se construye el mantenimiento. Hay que señalar además que todos estos verbos implican una actitud positiva hacia la variedad vernácula.

– Construcciones verbales negativas que implican la no asimilación a la variante estándar, y que hacen referencia a la misma: *no es la forma legítima de hablar*

(F. 45), *que no me obliguen* (F. 46), *no me van a decir que lo haga* (F. 46), *no te ayuda en nada* (F. 46), *no tengo por qué adaptarme* (F. 49), *no tenemoh que adaptarnoh* (F. 54), *no me gusta nada* (F. 50), *no se me va a pegar* (F. 47), *no eres mejor por hablar peninsular* (F. 48), *no les digas que hablen godo* (F. 55).

Tanto estas últimas formas verbales negativas, como las del punto anterior, forman parte de los argumentos mediante los que los hablantes han justificado su posición de resistencia hacia la asimilación o hacia el conflicto lingüístico. Con ellas, se han construido como leales a su variedad, con una valoración positiva de la misma. Asimismo, los argumentos utilizados se pueden dividir de la siguiente manera:

1. Prestigio, legitimidad: El argumento más utilizado para justificar la posición de resistencia a la asimilación, el conflicto lingüístico y la consecuente valoración positiva de la variedad vernácula, es el del prestigio. A él recurrieron más de la mitad de los catorce hablantes estudiados en este capítulo (F. 45, 49, 51, 52, 53, 54, 55, 56 y 57). Esto tiene una importancia fundamental, en referencia a la hipótesis de que existe un cambio de actitud en los hablantes canarios hacia su variedad. No sólo se prefiere a la estándar en ámbitos habituales como cercanía y solidaridad grupal, sino que es valorada como prestigiosa. La legitimidad es lo que, a su vez, justifica la actitud de resistencia de querer conservar la variedad. Es, pues, importante en términos de pluricentrismo y de diaglosia. Junto al argumento del prestigio y de la legitimidad, los argumentos más utilizados han sido los del hábito y el deber, por seis hablantes cada uno. Tras estos dos, haré alusión a otros tipos argumentativos de resistencia a la asimilación:

2. Hábito: los hablantes (F. 45, 46, 47,49, 50 y 55) que han utilizado este argumento para explicar que no van a abandonar su variedad lingüística y que esta sea valorada positivamente, se basan en una cuestión de hábito: costumbre, comodidad y bienestar personal, es decir, porque es la que siempre se ha utilizado.

3. Deber: el argumento del deber (F. 46, 49, 50, 51 y 52) implica un grado de conciencia mayor que el anterior. La resistencia a la asimilación se justifica por una cuestión de *deber* frente a la propia variedad y al endogrupo.

4. Imposibilidad: la resistencia a la asimilación se explica también porque existe una imposibilidad de converger hacia el estándar. Los hablantes (F. 46, 47 y 48) perciben esta convergencia como muy dificultosa y prefieren mantenerse, por ello, leales a su variedad.

5. Intercomprensión: una razón más por la que no abandonar la propia variedad es la intercomprensión, existente entre los distintos hispanohablantes. No es

necesario converger hacia el estándar septentrional, porque "lo nuehtro se entiende igual" (F. 45, 46 y 52).

6. Voluntad: la postura de la no-convergencia hacia el estándar es abordada directamente por los hablantes (F. 46, 48 y 55), sobre todo mediante el verbo *querer*, conjugado negativamente.

7. Utilidad: por último, tres hablantes han justificado su posición de resistencia a la asimilación, mediante el argumento de la utilidad: la convergencia hacia la variedad estándar no posee ninguna utilidad. Esto se observa especialmente en F. 46 y F. 48.

9.3.2. *Posicionamiento y construcción de la identidad colectiva*

El posicionamiento de los hablantes ha variado dependiendo, sobre todo, de si toma una actitud sólo de resistencia o también de defensa. De manera general, se pueden distinguir los siguientes:

a) Posicionamiento propio y ajeno como miembro del endogrupo frente al exogrupo (posicionamiento social): en primer lugar, y al igual que en todos los fragmentos analizados hasta ahora, el posicionamiento que más ha marcado al discurso de los hablantes (en palabras de Hall 1994, "el lugar desde el que hablan") es el *nosotros*. Este posicionamiento social, según se ha dicho en los capítulos anteriores, es explícito y conlleva el trazado clásico de la frontera grupal entre el *nosotros* y el *ellos*. En este caso, están representados por los hablantes canarios y los estándar, respectivamente. Esta construcción de la identidad colectiva por alteridad con el exogrupo se produce en todos los fragmentos y es construida discursivamente, a partir de la utilización de deíxis personal (primera y tercera persona del plural) y de lugar: aquí/allí. A diferencia de los puntos anteriores, aquí no han hecho apenas categorizaciones ni propias ni ajenas, aunque sí de las variedades.

b) Posicionamiento propio y ajeno, dentro del endogrupo, por actitudes de resistencia: al igual que se analizó en los casos de asimilación (ver punto 8.4.2), los hablantes se han posicionado siempre como leales a su variedad. En caso contrario, son otros miembros del endogrupo quienes abandonan la variedad vernácula, no ellos. En todos los fragmentos (menos en el 57), el posicionamiento, no sólo como leales, sino también como *resistentes* a la asimilación, ha sido individual, y nunca grupal, según se observa en el listado de verbos anterior. Esto hace reflexionar sobre dos aspectos principales: por un lado, puede ser un indicio de que la conciencia y la revaloración de la variedad vernácula aún no ha sido asimilada a nivel grupal. Por otro, puede tratarse de un discurso social ya existente (que como se ha visto, ya es explícito en los ámbitos políticos, institucionales y educativos), que los hablantes han incorporado al suyo de manera individual.

c) Posicionamiento propio y ajeno por actitudes de defensa: Igual que en el caso anterior, la actitud de defensa de los fragmentos 49, 50, 51 y 52 se construye siempre en el ámbito individual, e implica no sólo una resistencia a la asimilación, sino también una acción concreta para el mantenimiento de la variedad vernácula. En F. 50, 51 y 52, esta defensa se manifiesta en la preocupación consciente y reflexiva de las hablantes de transmitir la propia variedad a la generación más joven. Las hablantes se han posicionado discursivamente, no sólo como *resistentes*, pues también lo han hecho como activas en el proceso de revaloración y de mantenimiento de la variedad canaria. Ello supone un grado de conciencia mayor que el caso anterior, en el que los hablantes aún no han pasado a la defensa.

9.3.3. *Actitudes y categorización de la propia variedad*

Con respecto a las actitudes hacia la variedad vernácula, se puede concluir de manera breve, ya que está implícito en las conclusiones anteriores, que en los casos de construcción de la identidad por resistencia y defensa existe una actitud altamente positiva hacia la variedad vernácula. Ello es así, pues ella es el requisito primordial para que los hablantes puedan tener y manifestar en el discurso estas actitudes. Aún en casos como los del fragmento 77 y el 52, donde hay una valoración positiva encubierta de la variedad estándar, esto no es en detrimento de la variedad vernácula. Muy al contrario, aunque la estándar sea "mejor", los hablantes se construyen en posición de lealtad y con una actitud de resistencia ante la asimilación.

La variedad vernácula no ha sido construida a través de categorizaciones sustantivas, al modo que en casos de conflicto y asimilación. Sin embargo, sí se ha hecho a través de categorizaciones por contraste con la variedad estándar, y donde la variedad vernácula es positivamente valorada. Así se aprecia en la tabla de la página siguiente.

La mayoría de las categorizaciones han sido realizadas por contraste, con lo que la categorización de una implica la de la otra. Los hablantes han valorado positivamente su variedad, pero siempre a través de comparativos de igualdad. Es decir, la variedad vernácula no se construye como mejor o más correcta/válida..., que la estándar, sino siempre a un mismo nivel que esta. Esto es muy interesante en relación con el contínuum, en una situación de diaglosia. Recuérdese que, en

TABLA 10
Construcción discursiva de las variedades canaria y estándar
mediante categorización por contraste. Casos de resistencia

V. canaria	V. estándar
No está mal	"más claro"
Se entiende	"Mejor"
No más o menos correcta	no mejor
Se entiende igual	
Tan buena como	
Igual de válida que	
Ni mejor ni peor	
así	Asá

una situación tal, el estándar regional es el que guía la orientación lingüística de los hablantes. Además, a través de ese estándar regional construyen su identidad como grupo. No obstante, el estándar nacional sigue existiendo como norma de prestigio, aunque sólo sea a nivel referencial (ver punto 6.2).

Esta construcción positiva de la variedad vernácula, aunque no en competición con la estándar, parece remitir a una situación similar a la descrita en el caso de que existiera un estándar regional, y es un indicio más de que se está produciendo una revaloración de la variedad canaria por sus hablantes. En el próximo capítulo, se profundizará en ello, lo que permitirá extraer conclusiones más definitivas.

10. VALORACIÓN Y USO DE LA VARIEDAD CANARIA

Los juicios de valor sobre la adecuación de las lenguas o dialectos fueron ampliamente estudiados por Trudgill (1986: 206) y han ocupado un papel importante en
la investigación sociolingüística[1]. Como se ha repetido a lo largo del capítulo 7,
la adecuación de una lengua o dialecto no se justifica nunca por razones lingüísticas, sino por construcciones sociales acerca de las mismas. Los juicios de valor
sobre la estética de los acentos y las variedades han sido ampliamente estudiados
a partir de los trabajos de Giles (1971) y Trudgill (1983, 1990) en referencia a
tres conceptos principales:

a) Hipótesis del valor inherente: Esta hipótesis sostiene que unas variedades son
   consideradas como más atractivas que otras y que el cambio lingüístico se
   produce siempre por convergencia hacia estas variedades más prestigiosas,
   que suelen corresponder al estándar.

b) Hipótesis de las connotaciones sociales: Trudgill (1983) critica la propuesta
   de Giles ya que para él las variedades están determinadas por connotaciones
   sociales y no porque unas sean intrínsecamente más atractivas que las otras.
   Son las relaciones de poder entre los distintos grupos las que establecen que
   la variedad más prestigiosa y atractiva sea la que hablan los grupos sociales
   de más estatus.

c) Prestigio: Por último, un factor de evaluación fundamental es el prestigio.
   Según se dijo en las consideraciones previas, se pueden distinguir dos tipos
   principales del mismo: abierto y encubierto, ambos han podido constatarse en
   muchos de los fragmentos analizados hasta ahora.

En los siguientes fragmentos, los hablantes emiten distintos juicios acerca de su
variedad y la estándar, se han divido entre juicios de valor positivos, neutros y
negativos. Si se tiene en cuenta el corpus total de entrevistas, los juicios negati-

---

[1] Para un recuento bibliográfico al respecto ver Almeida (1999), Blas Arroyo (1999) y Álvarez (2001).

vos abiertos han sido escasos en comparación a los positivos, no obstante, se han extraído algunos por lo interesante de su análisis. A priori, parece que más que juicios negativos en sí, se trata de un grado excesivo de inseguridad lingüística, porque los hablantes no se identifican con una norma por la que guiarse. En todos los fragmentos, pueden observarse aspectos de los factores de conflicto, asimilación y resistencia analizados hasta ahora.

10.1. Juicios de valor positivos hacia la variedad vernácula

A continuación, se analizarán fragmentos en los que priman juicios de valor positivos hacia la variedad vernácula. Se ha sostenido hasta ahora que esta es la actitud general que poseen los hablantes de este corpus y ha sido analizada ampliamente[2]. Estos fragmentos corresponden, por lo general, a la parte más centrada de las entrevistas, donde hacía tres preguntas principales: ¿Se ha/te has dado cuenta si en los medios de comunicación canarios, los locutores de aquí hablan pronunciando la c y la z? ¿Qué le/te parece? ¿Cree/crees que tiene algo que ver con la corrección? ¿Cree/crees que la variedad peninsular es más correcta, menos correcta o igual que la canaria? ¿Cuál te gusta más/te parece más bonita? Los hablantes evaluaron en su mayoría negativamente que los locutores canarios adopten rasgos de español estándar.

10.1.1. *Rechazo a la variedad estándar*

La actitud positiva hacia la propia variedad se manifiesta discursivamente mediante distintos recursos. La mayoría de ellos han sido analizados en los capítulos anteriores, siendo uno de los principales la categorización por contraste. Mediante este recurso, los hablantes han valorado su variedad como positiva frente a la estándar. Lo mismo sucede con los fragmentos que siguen, aunque es algo común a todos los de este capítulo.

F. 58:   Haridián M03/2: 330-349 'eh la mía la que yo siento mi lengua=mi identidá'

330 L: ¿y qué te parese, te guhta? ((la variedad peninsular))
331 H: no no me guhta nada=si todavía son andaluseh pasa pero esoh GOdoh
332 SErradoh/fffff=QUITA...

---

2   Para la realización de este punto, he vuelto a escuchar muchas de las entrevistas detenidamente, para comprobar, una vez más, que esto es así. Los juicios de valor negativos abiertos hacia la variedad vernácula aparecen en un número reducido de entrevistas, como se puede comprobar en los fragmentos que siguen.

333 L: ¿y te hah dado cuenta si en loh medioh de comunicasión canarioh, presentadoreh
334 d:aquí
335 [intentan hablar como peninsulareh?]
336 H: [intentan imitar a loh godoh?] eso me parese una ehtupideh, una falta de rehpeto
337 para loh demáh canarioh, una imitasión basura&
338 L: ¿por qué creeh que se hase eso, te parese que la variedá peninsular eh máh corre:ta,
339 menoh corre:ta o igual de corre:ta que la nuehtra?
340 H:... no sé mah corre:ta no=eh corre:ta en su vocabulario=su lenguahe eh máh corre:to
341 en su tierra... cada una tiene suuuuh cara:teríhticah=porque lo que oiga en la tele sea
342 sólamente el peninsular no tieneh por qué hablar así=eh una PÉRdida del lenguahe
343 nuehtro...
344 L: ¿y cuál te parese máh bonita o te guhta máh?&
345 H: la canaria&
346 L: ¿por qué?&
347 H: porque eh la mía que yo siento mi lengua=mi identidá... no sé el muchacho...
348 palabrah canariah que son nuehtrah=loh peninsulareh vienen aquí mucha veseh y te
349 disen que qué significa=MUchah veseh no entienden

La hablante contesta a todas las preguntas de L. mediante distintas categorizaciones. Primero, rechaza la variedad estándar cuyos hablantes categoriza como
godoh serradoh (L. 331-332), exceptuando a los andaluces. Se observa una clara
actitud de rechazo al hecho de que los locutores canarios abandonen ciertos rasgos de su variedad. Que estos intenten *imitar a los godoh* (L. 336) es categorizado por la hablante como: *ehtupideh / falta de rehpeto para loh demáh canarioh* y
como *imitasión basura* (L. 336-337).

En referencia a la cuestión de la corrección, la variedad estándar es categorizada
mediante un juicio de valor neutro como *corre:ta en su vocabulario=su lenguahe
eh máh corre:to en su tierra* (L. 340-341). Estas categorizaciones llevan implícito
el argumento de la igualdad entre las variedades lingüísticas: *cada una tiene suh
cara:teríhticah* (L. 341). La hablante explica, a continuación, su posicionamiento
mediante una argumentación explicativa: el hecho de que en la televisión se utilice
la variedad estándar no significa que los hablantes/locutores canarios deban también hacerlo: *no tieneh por qué hablar así* (L. 342). La convergencia hacia el
estándar es construida como *una pérdida del lenguahe nuehtro* (L. 342-343).

En estas dos frases se observan tanto la referencia a un posible proceso de asimilación como una actitud de resistencia y una actitud positiva encubierta hacia la
variedad vernácula. Esta se explicita a partir de las últimas preguntas: la hablante
contesta sin dudar que le gusta más la variedad canaria, y lo justifica por medio
de tres argumentos: *eh la mía / la que yo siento mi lengua / mi identidá* (L. 347)
que tienen como argumento común la pertenencia.

Esta construcción de la variedad vernácula como *mi lengua* y *mi identidá* se ha visto en otros hablantes analizados anteriormente. Desde el punto de vista humboldtiano, y de lo discutido en el capítulo 3 acerca de la relación existente entre dialecto e identidad, esto es de gran importancia ya que esta relación es construida (y, como ella misma dice, sentida) por la hablante de manera clara y explícita. Los factores de conflicto, asimilación y resistencia se observan en referencia a los juicios de valor realizados, tanto de la variedad vernácula como de la estándar.

F. 59: Jonay M03/21: 189-199 'la d:elloh eh muy ehtresante (...) muy echadoh pa lante'

189   L: ¿y cuál te guhta máh?&
190   J: la nuehtra claro, la nuehtra me guhta máh&
191   L: ¿por qué?
192   J: la de elloh eh muy ehtresante... muy ehtresante, muy echad(a/oh) pa lante... ademáh
193   son muy materialihtah, la hente d:aquí eh como máh buena=máh tratable=no eh así
194   ese ehtréh ese ehtréh que tienen en La Península=porque aquí todavía ehtamoh y hay
195   pueh máh tranquilidá y en La Península eh todo un corre corre
196   L: ¿ y eso se ve en la forma de hablar o por qué diseh que hablan ehtresante?
197   J: la de elloh eh como… como máh fina… la nuehtra eh como un poco máh bruta… mi
198   forma de pensar eh esa… pero me guhta máh la canaria qué quiereh que te diga=a mí
199   eso de tanto pronunsiar la se y eso, así eso… no me guhta

El hablante de este F. afirma rotundamente preferir la variedad canaria, que construye como *la nuehtra* (L. 190). También justifica su preferencia por medio de un proceso de categorización de la variedad estándar y de sus hablantes. Primero categoriza la variedad estándar como *muy ehtresante* y como *muy echada pa'lante*[3] y a sus hablantes como *muy materialistah* (L. 192-193). Esta última se realiza por contraste a los hablantes canarios (entre los que el hablante se incluye): *máh buena / máh tratable* y *no así ese ehtréh que tienen en la Península* (L. 193-194).

Posteriormente, tras L. preguntar a qué se refiere con estresante, el hablante vuelve a realizar una categorización de la variedad estándar como *máh fina* y de la vernácula como *máh bruta* (L. 197). Esto deja entrever la categorización externa internalizada del hablante, y una actitud encubierta negativa hacia su propia variedad. A pesar de ello, el hablante se reafirma en su preferencia bajo la que subyace una clara valoración positiva hacia la misma: *pero me guhta máh la canaria* (L. 198) y un rechazo a la estándar a través de un rasgo fónico, nuevamente la interdental fricativa: *eso de tanto pronunciar la c y eso así no me guhta*

---

3   Engreído.

(L. 199). El posicionamiento del hablante es en todo momento social, se incluye siempre en el nosotros y lo hace en referencia a su variedad, que funciona como fuente de sentido en el proceso de identificación.

F. 60: María M03/13: 138-147 'también sabemoh hablar'

138 M: pa mí elloh hablan todoh bien elloh se leh entiende muy bien... como cada uno
139   puede hablar de la manera que quiere, elloh hablan de una manera, y nosotroh de
140   otra... bueno, hablamoh mago... así somoh loh magoh del campo
141 L: ¿y en qué hablan dihtinto?
142 M: bueno no no eh ni mehor ni peor, también sabemoh hablar lo que pasa eh que
143   tenemoh otra manera de desir lah cosah, le damoh a una palabra el mihmo significado
144   que elloh pero lah usamoh de otra manera... elloh... tienen una forma de hablar máh...
145   diferente que la nuehtra, un dehe que no dehamoh, un dehe que dehan en lah palabrah...
146   no sé a mí me guhta máh el mío, claro, eh que yo no encuentro feo desir voy a coher
147   la guagua porque se ha dicho siempre

La valoración positiva de la variedad vernácula no es –a diferencia de los dos hablantes anteriores– en detrimento de la variedad estándar. Ambas son valoradas de igual manera mediante una categorización por contraste, en la que, sin embargo, no hay casi adjetivos. Por ello, el juicio de valor no es tan claro como en los fragmentos anteriores. En primer lugar, categoriza la variedad estándar como *bien* y como *se leh entiende muy bien* (L. 138). Las categorizaciones por contraste se hacen de manera casi abstracta: *elloh hablan de una manera y nosotroh de otra* (L. 139-140), este *otra* es especificado con una nueva categorización *mago: nosotroh hablamoh mago* (L. 140-141). Tras la pregunta de L., la hablante sigue con la categorización por contraste: *no eh mehor ni peor* (L. 142). La comparación de las variedades continúa en todas las líneas siguientes, aunque no parecen llegar ya al grado de categorización. La hablante se centra más en la variedad vernácula.

A partir de esta línea, se trata de un pasaje en el que sobresalen los rasgos descriptivos y en el que subyace una comparación con la variedad estándar. Es decir, la canaria se define siempre en referencia a aquella por alteridad, aunque no hay una valoración: *tenemoh otra manera de desir lah cosah / le damoh a una palabra el mihmo significado que elloh pero lah usamoh de otra manera* (L. 143-144) y con referencia a la variedad estándar: *tienen una forma de hablar máh diferente que la nuehtra* (L. 144-145).

Sin que haya una pregunta de L., la hablante afirma preferir su propia variedad: *a mí me guhta máh el mío* (L. 146) y lo explica por medio del vocablo *guagua*, que no lo *encuentra feo* (L. 146). Esta última categorización se explica con el argumento del hábito: *porque se ha dicho siempre* (L. 147). En definitiva, la hablante posee una actitud positiva hacia su variedad y la prefiere frente a la estándar, sin embargo, esta valoración positiva no implica una valoración negativa de la estándar como se ha visto en F. 58 y 59.

10.1.2. *Suavidad y dulzura*

Según se ha analizado en los capítulos 7, 8 y 9, la variedad vernácula no ha sido valorada únicamente como positiva en el ámbito de la cercanía comunicativa, sino también en el de la lejanía. En el primero de estos ámbitos, han resaltado categorizaciones que llevan asociado un valor estético. Especialmente repetidas han sido las de suavidad, dulzura, lentitud y cercanía. En la parte centrada de las entrevistas, con preguntas directas por parte de la entrevistadora, se han repetido muchas de estas categorizaciones, según se puede observar a continuación.

F. 61: Rosa M03/4: 143-174 'eh mucho máh suave y (...) máh dehpasio'

143 -L: sí que me refiero a si en loh últimoh añoh se oye a presentadoreh canarioh hablar
144 con se o la seta, disiendo autobúh en veh de guagua, e:sétera, ¿eso qué te parese?
145 R: me parese una sole:ne EHTUpideh=una falta de rehpeto [sí sí, me parese mal]
146 L: [te parese] mal?...
147 R: &y no sólo en loh medioh sino a nivel heneral, la hente cuando quiere ehpresar
148 algo=SUPErior=como que lo sabe se dedica a pronunsiar la se como para darse
149 importansia, lo típico...
150 L: ¿pero por qué creeh que eh eso?
151 R: ... no sé... como que inconsientemente la hente asosia el tener ese lenguahe godo=
152 el pronunsiar la se=con saberlo todo bien / VAmoh como para darse importansia y se
153 emplea bahtante, se emplea bahtante... no sólo a nivel ihtitusional que lo he vihto=
154 sino a nivel también de la calle=LA HENte quiere darse máh importansia... no sé si
155 eh... por eso que loh puehtoh importanteh... no... no NO SÉ=que loh puehtoh
156 importanteh... o encuentran en las ihtitusioneh personah que pronunsien la se son
157 superioreh y hente de aquí que... / /DA VERGÜENsa que la hente de aquí se dedique
158 a haser eso
159 L: pero ¿tú creeh que a lo mehor tiene algo que ver con la corresión? ¿te parese que
160 la forma de hablar d:elloh eh máh corre:ta, menoh corre:ta o igual de corre:ta?
161 R: &pa mí no tiene nada que ver el lenguahe con ser máh corre:to o no ¿verdad? aquí
162 hay hente con mucha mucha cultura y no por eso dehan de pronunsiar y de hablar
163 como hablamoh aquí en Canariah, no por ser godo ereh máh corre:to o máh educado=
164 en absoluto=hente d:aquí muy educada=en Santa Cruh=en La Laguna=en La Orotava
165 y no por eso la hente deha de ser máh corre:ta y aquí hay mucha hente en sonah de
166 caMpo que pronunsian palabrah d:aquí que son corre:tah... yo creo que la cultura
167 para mí no tiene nada que ver con el lenguahe... con ser corre:to o no

168 L: y cuál te guhta máh?
169 R: la NUEH!tra=sin DUda ademáh
170 L: por qué
171 R: &pueh porque elloh te hablan te hablan RÁtatataTATA=muy rápido y con todah
172 esah setah y lah hotah que pronunsian tan fuerteh eh una manera de hablar muy fuerte
173 al compararla tú con la nuehtra que eh mucho máh suave... y tenemoh una forma
174 d:hablar no sé máh dehpasio y no tan agresiva no sé máh... máh suave

El presente fragmento es de gran interés desde el punto de vista del prestigio. A la pregunta inicial de L. acerca de los medios de comunicación (L. 143-144), R. responde de manera similar que en F. 58 por medio de dos categorizaciones: *ehtupideh y falta de rehpeto* (L. 145). Interesante es en este caso que la hablante traslada el uso de la variedad estándar de la televisión a *nivel general* (L. 147) y que esto lo asocia de manera abierta con una cuestión de prestigio: *la hente cuando quiere ehpresar algo superior, como que lo sabe se dedica a pronunciar la C para darse importansia* (L. 147-149). La interdental fricativa, uno de los rasgos más característicos de la variedad estándar, es construida por la hablante como marcador de prestigio y relacionado con las categorías *superior* y *que lo sabe* (L. 148).

Esta premisa es desarrollada mediante una evaluación (L. 151-158). La construcción de la hablante de que la convergencia hacia la variedad estándar no es un fenómeno que se produzca sólo en los medios de comunicación, sino *a nivel heneral* y *de la hente* (L. 147) es reformulado: su utilización es también común *a nivel ihtitusional* y *a nivel de la calle* (L. 153-154). Se trata nuevamente de una cuestión de prestigio: el uso de la interdental es relacionado con *loh puehtoh importanteh* (L. 155). Aunque lo repite dos veces, sólo en la última frase aclara de manera exacta a qué se refiere (L. 156-157): *o encuentran en lah institucioneh personah que pronuncian la c son superioreh*. La hablante ha construido con ello una situación sociolingüística "clásica" de abandono de rasgos vernaculares y adopción de estándares en pos de conseguir un ascenso social. No obstante, no se incluye a sí misma en este proceso de abandono que es categorizado como *una vergüenza* (L. 157).

A partir de la L. 161, adopta una actitud de resistencia y emite distintos juicios de valor hacia las variedades. No considera la variedad estándar como *máh corre:ta* (L. 161). Esta categorización es justificada mediante el argumento del prestigio y legitimidad de la variedad propia, además de incluir nuevamente la variable del estrato social: *aquí hay hente con mucha cultura y no por eso dehan de pronunsiar y d:hablar como hablamoh aquí en Canariah* (L. 161-163). R. se resiste a categorías asociadas a la variedad estándar y a sus hablantes por medio del recurso discursivo de la negación, que es, como se estudió en el punto. 7.3 uno de los recursos discursivos principales utilizados para demostrar una actitud de resistencia: *no por ser godo ereh máh correcto o máh educado* (L. 163). La hablante nombra a continuación zonas de Tenerife que ella construye como aquéllas donde se encuentra *hente d'aquí muy educada* (L. 164) y amplía seguidamente esta construcción a los hablantes rurales *que pronunsian palabrah d:aquí que son corre:ta* (L. 166). De su evaluación extrae la conclusión de que el nivel cultural no tiene importancia en referencia a la corrección, mostrando una vez más, una actitud de resistencia y con ello una actitud positiva hacia la variedad vernácula.

Esta actitud positiva se ve reafirmada a partir de L. 168, donde la hablante afirma rotundamente preferir su propia variedad. Lo justifica por medio de una argumentación causal donde ambas variedades son categorizadas por contraste: la variedad estándar es categorizada como *muy rápido*, (pronuncian) *tan fuerte*, *muy fuerte* y *agresiva*, frente a la vernácula: *mucho máh suave, máh dehpasio, no tan agresiva* (L. 171-174). Una vez más, la actitud positiva hacia la variedad canaria ha sido expresada discursivamente mediante el rechazo tanto hacia ciertos rasgos de la variedad estándar, como hacia el proceso convergencia. El conflicto ha sido expresado por medio de una categorización por contraste, en el que las categorías asociadas a la variedad estándar son de carácter negativo frente a las de la vernácula valorada como positiva tanto en el ámbito de cercanía como de lejanía.

F. 62: Carmita M03/12: 312-323 'hablamoh muy dulse'

312   C: la pronunsiasión nuehtra eh toda diferente y que no pronunsiamoh como elloh,
313   no? todo eh dihtinto…
314   L: ¿el qué?
315   C: pueh que somoh MÁH dulseh=por ehemplo toda la familia de mi padre que nosotroh
316   tenemoh un montoneh de primoh peninsulareh, porque mi padre eran ocho hermanoh,
317   entonseh pueh todoh hemoh ido allá y disen que todoh hablamoh tan dulse=que leh
318   encantaba como hablamoh y todo eso
319   L: ¿y cuál te guhta máh?
320   C: pueh bueno a mí por guhtarme pueh… me guhta máh la d:aquí pero de la peninsular
321   pueh no puedo desir tampoco que no me guhte porque también me he criado con ella,
322   sabeh? por mi padre=pero bueno por guhtarme sí claro que me guhta mucho máh la
323   dulsura y la suavidá d:aquí, claro me guhta máh eso

Desde el principio del fragmento, la hablante categoriza la variedad vernácula como *dulse* (L. 315) y durante toda su intervención reafirma esta categorización. Primero, categoriza ambas variedades de manera neutra como *diferente* y como *dihtinto* (L. 312-313). Tras L. preguntar en qué consisten tales diferencias, comienza dicha categorización de la variedad vernácula como *dulse* (L. 317). Ésta es "llenada" a partir de un relato donde la hablante narra acerca de la familia peninsular de su padre y de las visitas que realizaban a la misma y donde los familiares poseían una actitud positiva hacia la variedad canaria: *disen que todoh hablamoh muy dulse=que leh encantaba cómo nosotroh hablamoh* (L. 317-318). La hablante ha realizado esta categorización tanto de manera interna, como a través de los otros de manera externa, sirviendo esta última como forma de reafirmar la suya propia.

Al preguntarle acerca de su preferencia, la hablante no es tan rotunda como las dos anteriores: afirma que le gusta más su propia variedad pero no en detrimento de la estándar ya que con ésta posee también una relación familiar. No obstante, al final la hablante muestra su preferencia de manera más abierta: *me guhta mucho máh la dulsura y la suavidá d:aquí* (L. 322-323) complementando la categoría *dulse* de manera sustantiva con *suavidá* (L. 323).

F. 63: Yolanda M03/5: 373-380 'mucho máh sercano, máh cariñoso... no tan seco'

373 L: y qué manera d:hablar te guhta máh la d:aquí o la de La Península?
374 A: pueh la verdá que... bueno me parese a mí que la d:aquí eh máh... no sé bueno sí sí
375 CLAro=la d:aquí me guhta máh que... no sé loh peninsulareh((rápido)) son máh secoh
376 aquí el lenguahe nuehtro eh como máh=tenemoh nuehtrah palabrah, mucho máh
377 sercano, máh cariñoso... no tan seco tan... VAmoh yo he trabahado con personah que
378 son d:allá y a lo mehor diseh >CITA: oye me dah un sigarro y te disen el qué? un
379 Cigarrillo?< como si no te hubieran entendido elloh son máh secoh y máh dihtanteh
380 que aquí... vamoh, me resulta a mí eso

La hablante afirma que prefiere la variedad canaria. Al igual que en los fragmentos anteriores lo justifica por medio de un proceso de categorización tanto de los hablantes como de sus respectivas variedades. Los hablantes estándar son categorizados como *máh secoh* (L. 375) frente a la variedad vernácula –construida como *lenguahe nuehtro* (L. 376)– y categorizada como *mucho máh sercano, máh cariñoso* y *no tan seco* (L. 376-377).

Además de ello, la hablante realiza una reproducción de diálogo en estilo directo, donde se observa una percepción clara de la hablante de los ámbitos de cercanía y lejanía comunicativa (ver punto 6.2). Se reproduce la voz de una hablante estándar y la suya propia: Y. pide un *sigarro* a una compañera de trabajo y ésta le contesta *un CigaRRIllo?* (L. 378-379) La hablante pronuncia la interdental fricativa y utiliza el término que considera estándar *cigarrillo* situándose a ella y a su interactuante en un punto distante de continuo y adscribiendo así distintas identidades lingüísticas. El diálogo finaliza con una conclusión en la que vuelve a categorizar las variedades por contraste y en referencia a la cercanía y la lejanía comunicativas: *elloh son máh secoh y máh dihtanteh que aquí* (L. 379-380) Hay,

por tanto, una actitud positiva hacia la variedad vernácula y un posicionamiento
social que se define a través de ella.

F. 64: Luisa M03/8: 234-242 'el dehe nuehtro de... de cariñoso que eh y muy dulse'

234 Lu: nuehtra forma de hablar eh muchísimo máh dulse, a lo mehor somoh máh brutoh
235 hablando que loh peninsulareh pero no tiene comparasión el dehe nuehtro de... de
236 cariñoso que eh y no sé muy dulse muy suave ya loh de La Palma ya pueh hahta tienen
237 una manera d:hablar como cantando
238 L: ¿cuál le guhta máh?
239 Lu: a mí pueh... bueno la nuehtra... la nuehtra me guhta máh sí
240 L: y por [qué]
241 Lu: [por eso] mihmo porque no vah a comparar nuehtra dulsura con esa manera de
242 hablar que tienen elloh tan fuerte que parese que no sé... que te ehtuvieran insultando

De manera muy similar a los fragmentos anteriores, la hablante categoriza la variedad vernácula como *máh dulse / cariñosa / muy dulse / muy suave* y *como cantando*
(L. 234-237) y la estándar como *fuerte* y como *que te ehtuvieran insultando* (L.
242). Frente a estos juicios de valor positivos, se encuentra también la categoría *máh
brutoh* (L. 234) analizada en el F. 59 y que, en cierto modo, se contradice con *dulse*
o *suave*. Según se vio con Trujillo (1981), Morera (1990) y Déniz Ramírez (1996) en
el punto 6.4, parece tratarse de una de las creencias más generalizadas de los hablantes canarios hacia su variedad. Ésta aparece de manera encubierta en el discurso, en
aparente contradicción con las demás categorías. No obstante, tal contradicción no
lo es, si se observa desde el punto de vista de la integración de discursos sociales
existentes al discurso propio. Es por ello muy significativo en referencia al cambio
de actitud en una situación de pluricentrismo que, a pesar de que en muchos hablantes aún se encuentren presentes juicios de valor negativos hacia su propia variedad,
ésta sea valorada positivamente y preferida a la estándar, de manera abierta.

Esta preferencia se constata a partir de la L. 241 y lo argumenta a través de dos de
las categorías anteriores: *no vah a comparar nuehtra dulsura con esa manera
d:hablar que tienen elloh tan fuerte...* y añade una más: *que parese que te ehtuvieran insultando* (L. 241-242). Las categorías asociadas a ambas variedades se
basan en un aspecto estético, menos ésta última que se relaciona más con una
acción. No obstante, en ella subyace la categoría agresivo, vista en muchos fragmentos de los capítulos anteriores.

10.2. Juicios de valor neutros

En los siguientes fragmentos, los hablantes afirman no tener ninguna preferencia
hacia una variedad u otra. En este sentido, he considerado estos juicios de valor

como neutros aunque –según se verá en los análisis– también aquí hay una valoración positiva no sólo de la variedad canaria, sino de otras variedades dialectales del español.

F. 65: Yeray M04/20: 241-252 'no solamente hay un lenguahe=hay diferenteh lenguaheh'

241 L: creeh que tiene que ver con la corresión que eh... máh corre:ta, menoh corre:ta o
242 igual [de corre:ta que la nuehtra?]
243 Y: [no, no tiene que ver con la corresión], yo creo que hay un lenguahe=o sea=no
244 solamente hay un lenguahe=hay diferenteh lenguaheh y lo importante del lenguahe
245 eh significar y dehpuéh comunicar... o sea, que no ehtamoh aquí para ir dehprehtihiando
246 a alguien porque hable mal=sino hay que entender a lah personah, saber que noh
247 entendemoh unoh a otroh, YO CREo que ese eh el fin básico del... del lenguahe, seah
248 de donde seah...
249 L: y cuál eh que te guhta máh?
250 Y: &pueh si te digo la verdá me da igual ya te digo no eh una cuehtión de guhtar sino
251 de entenderse, si yo te entiendo me da igual qué asento tengah o cómo hableh, no me
252 guhtan ni me dehan de guhtar o te entiendo o no te entiendo eso eh lo importante, no?

En este fragmento, el hablante da una respuesta casi de carácter *científico* (es estudiante de filología inglesa) a la pregunta de la corrección. Se trata de una argumentación evaluativa, en la que no considera una variante más prestigiosa que la otra, para él *lo importante del lenguahe es significar y dehpuéh comunicar* (L. 244-245). Además, es relevante el aspecto de la intercomprensión, que ya se ha visto en algunos fragmentos del capítulo anterior (F. 45, 47, 50). El *entenderse significar* y *comunicar* son construidos como *el fin básico del lenguahe* (L. 247).

Tras la pregunta de L., el hablante afirma no tener ninguna preferencia por una variedad u otra. Para explicar esta postura se reafirma en su intervención anterior donde lo importante es la intercomprensión: *no eh una cuehtión de guhtar sino de entenderse / no me guhtan ni me dehan de guhtar o te entiendo o no te entiendo* (L. 250-252). La valoración del hablante parece ser, pues, neutra. Sin embargo, en otro pasaje analizado de la misma entrevista, (F. 39) valoraba la variedad estándar como *seca* y *engreída*, frente a la vernácula como *cariñosa* y muy *tranquilita*. Esto demuestra que los hablantes, dependiendo de su posicionamiento discursivo y de la imagen que quieran construir de sí mismos frente a la interactuante, pueden reformular intervenciones anteriores, dependiendo de cuál sea su meta comunicativa exacta (ver punto. 4.3).

F. 66: Noelia M03/1: 228-241 'no creo que sea uno máh corre:to que el otro'

228 L: bueno anteh me desíah con lo de ehcribir, tú creeh que tiene que ver con la corresión?
229 G: no no al revéh, en la ortografía yo dihe lo de la se y la seta pero eh lo único porque

230 por ehemplo en Madrí lo he notado muchísimo que la hente eh MOnTÒN de laíhta y
231 me suena supermal cuando disen >CITA: la dihe que no sé qué<... yyyy cosah así me
232 chocan muchísimo así que supongo que cada sitio tendrá suh falloh o sea que no creo
233 que sea uno máh corre:to que el otro
234 L: sí... ¿y qué manera de hablar te guhta máh?
235 G: noo... pueh me da igual=yo lo que pienso que cada uno que hable como quiera,
236 loh andaluseh también lo cambian o algunoh catalaneh que intentan haserlo como
237 asento indefinido y intentan haser una cosa máh ehtándar, que por un lado pienso
238 que deberían deharlo como de suh raíseh pero siempre y cuando no sea tampoco muy
239 serrado, porque hay veseh que también a un andaluh o un canario cuando eh muy
240 serrado tampoco se le entiende mucho, o sea canario sí, pero tampoco de un pueblo
241 así perdido en la montaña

La hablante del presente fragmento tampoco evalúa una variedad como más correcta que la otra. Con referencia a la variedad estándar, e igual que se vio en F. 6 y 52, esto es justificado a través del laísmo: *en Madrí... la hente eh montón de laíhta* (L. 230). Este rasgo de algunas hablas septentrionales es rechazado por la hablante, que considera por ello que: *no creo que sea uno máh correcto que el otro* (L. 232-233). A la pregunta sobre la preferencia, la hablante responde igual que en F. 65 que le *da igual* (L. 235), aunque es argumentado de una forma distinta que aquel. La hablante hace referencia a un proceso de asimilación al estándar de otros hablantes dialectales (andaluces y catalanes) que *intentan haser una cosa máh ehtándar* (L. 236-237). Su intervención tiene dos consecuencias interactivas: por un lado, adopta una cierta actitud de resistencia: *deberían deharlo como de suh raíseh* (L. 238) y por otro, una actitud de rechazo hacia las formas más vernáculas *siempre y cuando no sea muy serrado / un canario cuando eh muy serrado no se le entiende mucho* (L. 238-240). La hablante construye esto como condición para el mantenimiento de la variedad vernácula: *canario sí pero tampoco de un pueblo perdido de lah montañah* (L. 239-241).

Como se vio en el capítulo 6, Villena (1999) y Trujillo (2003) sostienen, tanto para el caso del andaluz como del canario, que los hablantes no toman como prestigioso el estándar septentrional, pero tampoco las formas más vernáculas. Según se discutió ampliamente, el estándar regional debe ocupar una dimensión de prestigio distinta que el académico, para poder servir como modelo orientador de la actuación lingüística de la comunidad hablante. Justamente este hecho, se ha podido observar en este fragmento, la hablante no parece identificarse ni con el estándar académico, ni con las formas más vernáculas del dialecto.

F. 67: Jaime S04/10: 298-320 'eh un asento y ya ehtá'

298 J: ((pronuncia algunas interdentales, es hijo de hablantes estándar)) no sé si tú hablah
299 así pueh hahlo pero no no intentar forsarlo porque sea máh adecuado... entiendeh?

300 L: qué quiereh desir con máh adecuado?
301 J: ((muy rápido)) sí, que pa algo ehtán lah letrah=se tienen que pronunsiar=pero cada
302 uno eh de donde eh=tú no vah a desir a loh gaditanoh que dehen de pronunsiar lah seh
303 y lah setah y empiesen a pronunsiar lah eseh, simplemente eh así, se habla de una
304 manera y tú la sigueh... o no, que no creo que una manera sea máh corre:ta o no, que
305 si a la hora de ehcribir lo haseh corre:to el rehto no cuenta eh un asento y ya ehtá
306 L: sí
307 J: si tú hablah de una manera no te van a desir >CITA: ay qué tonto o qué inculto por
308 hablar así< eh un asento, tú te hah criado en una tierra que habla así y punto que no
309 puedeh haser nada al rehpe:to... y eh que también aquí hay muchísima influensia
310 sudamericana que si se habla así pueh se habla así no vah a poder no puedeh desir
311 >CITA: ay pueh loh que sesean son tontoh< no eh una cosa máh corre:ta que la otra,
312 luego tú vah a Palensia y puedeh pronunsiar lah sés y lah setah perfe:tah pero
313 dehpuéh tienen laíhmo y leíhmo y esah cosah sabeh? que nooo, siempre hay falloh
314 en cualquier sitio a la hora de hablar...
315 L: y a ti qué forma de hablar te guhta máh?
316 J: a mí... me da un poco lo mihmo o sea depende de la sona yo creo que el canario eh
317 mucho máh suave, que eso a lo mehor el típico asento de Madrí, de chuleta de ehte
318 típico de Madrí me parese demasiado fuerte y prefiero el canario pero también depende,
319 el catalán por ehemplo no me guhta, pero depende depende, yo creo que el canario eh
320 máh suave, eso sí me guhta máh pero no noto ninguna prioridad por la una o por la otra

En este F. el hablante posee una actitud positiva, no sólo hacia la variedad canaria sino hacia otras variedades dialectales, más abierta que la hablante anterior. Del mismo modo que los dos hablantes anteriores, afirma no tener ninguna preferencia por una variedad u otra.

De la L. 299 a la 314, el hablante realiza una evaluación a su intervención anterior de que los acentos no deben forzarse, aunque unos sean *máh adecuado* (L. 299) que otros. Según la construcción discursiva del hablante, el ser *máh adecuado* significa que *lah letrah se tienen que pronunciar* (L. 301). Esto es, sin embargo, refutado y reformulado mediante la conjunción adversativa pero: *pero cada uno eh de donde eh* (L. 301-302) y ejemplificado con la utilización que los gaditanos hacen de la interdental fricativa (L. 302-303). La corrección es construida como relevante en el plano escrito, pero no en el hablado: *que si a la hora de ehcribir lo haceh corre:to el rehto no cuenta eh un acento y ya ehtá* (L. 304-305).

A partir de la L. 307, el hablante toma una actitud de resistencia a la asimilación, no sólo de la propia variedad, sino también de los rasgos dialectales propios de cualquier dialecto. Pone en duda el prestigio de una variante sobre la otra: *si tú hablah de una manera no te van a desir >CITA: ay que tonto o que inculto por hablar así<* (L. 307-308). Su intervención es justificada mediante el argumento del hábito: *tú te has criado en una tierra que habla así y punto que no puedeh haser nada al rehpe:to*

(L. 308-309). Posteriormente, la variedad canaria (y se sobrentiende que aquellas variedades seseantes) es valorada positivamente: *No puedeh desir>CITA: ay pueh loh que sesean son tontoh<* (L. 310-311). Como la hablante anterior, éste justifica su posicionamiento con respecto a las variedades por medio del argumento que incluso los hablantes considerados de las zonas más estándar como Palencia tienen *falloh*: nuevamente el leísmo y el laísmo (L. 313). No obstante, si se analiza más profundamente la intervención del hablante, se ve que, a pesar de su actitud de resistencia y de tomar las variedades no más correctas unas que las otras, tanto el seseo como el leísmo y el laísmo son construidos como algo erróneo. Reproduce así inconscientemente precisamente la creencia de que existen formas erróneas de hablar.

En cuanto a la pregunta de la preferencia, afirma no poseer ninguna. Sin embargo, esta respuesta es reformulada a lo largo de su intervención: La variedad canaria es primero categorizada como *mucho máh suave* en referencia al *típico asento de Madrí* que categoriza como *fuerte* (L. 317-318). Frente a los acentos madrileño y catalán, el hablante afirma que prefiere el canario (L. 318). Esta preferencia es nuevamente acotada a su primer posicionamiento 'neutral': en referencia a la categoría *suave* prefiere la variante canaria, sin embargo, afirma: *no noto ninguna prioridad por la una o por la otra* (L. 320). En este posicionamiento, aparentemente contradictorio y no coherente discursivamente, puede jugar un factor importante que el entrevistado sea hijo de hablantes estándar (de Madrid) y tener una unión emocional con ambas.

10.3. Juicios de valor negativos

En los fragmentos siguientes, los hablantes se posicionan con más de una actitud hacia su propia variedad, emitiendo juicios de valor negativos hacia la misma. Aunque, como se verá, en algunos de ellos subyace un prestigio encubierto, se perciben algunas actitudes contradictorias y no siempre coherentes entre sí. Esto produce un conflicto en los hablantes a la hora de identificarse con una variedad de habla determinada, ya sea la dialectal o la estándar.

F. 68: Yasmina M03/6: 123-134 'aquí se ha hablado siempre fatal'

123   Y: a lo mehor... yo no digo que nuehtra forma de hablar a lo mehor que ehté mal, no?
124   pero dehde luego que tampoco ehtá bien, entonseh creo que la hente hoven sí hemoh
125   mehorado mucho porque aquí se ha hablado siempre fatal, sabeh?
126   L: y eso?
127   Y: pueh la hente pronunsia la mitá de lah palabrah y la otra mitá se lah come=además
128   no había educasión en lah personah y entonseh, pueh ahora sí, ahora hemoh avansado
129   un poco y nuehtra forma d:hablar eh un poco mehor pero tampoco todo el mundo no?

130 L: y cuál sería para ti la manera corre:ta d:.hablar?
131 Y: pueh... no sé no te voy a desir peninsular tampoco, no? porque tampoco tenemoh
132 que pronunsiar lah seh y lah setah=pero sí que la hente hable no sé, no... tan bruto=no
133 tan serrado como en loh puebloh, sino pronunsiando y vocalisando lah palabrah [...]
134 que ya no somoh magoh del campo y esa manera d:hablar eh muy serrada

La hablante evalúa su propia variedad desde un posicionamiento social, como perteneciente a la generación más joven del endogrupo. Esta evaluación abarca las líneas 124 y 125. Aunque primeramente no dice de manera abierta que cree que la variedad canaria es incorrecta, tampoco la considera como correcta: *dehde luego que tampoco ehtá bien* (L. 124). La entrevistada afirma de manera causal que, aunque la generación más joven ha *mehorado mucho* (L. 125), la variedad vernácula es incorrecta: *aquí se ha hablado siempre fatal* (L. 125).

Esta intervención desata, a partir de la L. 127, una argumentación explicativa, donde *hablar fatal* es explicitado mediante una categorización: *la hente pronunsia la mitá de lah palabrah y la otra mitá se lah come* (L. 127). El argumento principal es el de la educación: la hablante percibe un cambio generacional *hemoh avansado un poco* (L. 128-129) aunque este no atañe *a todo el mundo* (L. 129).

A partir de la L. 131, y como consecuencia interactiva de la pregunta de L., el rechazo de la hablante hacia la variedad canaria es acotado no sólo a un grupo etario determinado, sino también a las hablas más rurales. Por un lado, no percibe que la forma correcta de hablar sea *peninsular* (L. 131). Por otro, no se identifica con las hablas rurales que categoriza como *brutah* y *serradah* (L. 132-133) y se distancia, no sólo a ella misma sino al nosotros, del modo vida tradicional que asocia a dichas hablas: *que ya no somoh magoh del campo* (L. 134). El modo correcto de hablar es construido como *pronunsiando y vocalisando lah palabrah* (L. 133). Como se vio en el F. 67, el estándar septentrional no es percibido como norma de prestigio, pero tampoco lo son las formas más vernaculares, claramente rechazadas. Se observa, pues, la inexistencia de una norma lingüística a seguir que dé seguridad suficiente a los hablantes y que sea tomada como prestigiosa.

F. 69: Mari Nieves S16/04: 135-159 'hente d:aquí que hablan FATAL=loh niñoh se ehpresan FATAL'

135 : ((muy rápido)) que yo te digo una cosa, el canario=nosotroh loh caNArioh tenemoh
136 nuehtra forma d:Hablar=nuehtro asento. BUEno, no todoh loh canarioh hablamoh
137 igual, a mí por ehemplo me da VERGÜE!NSA cuando oigo hablar a alguna hente
138 d:aquí que HAblan FATAL=loh niñoh se ehpresan FATAL!=entonseh, me encanta
139 cuando oigo un caNArio que sin tener que pronunsiar lah seh y lah setah, se le note
140 que eh canario=ehtá en la Península>CITA: AH! ese eh caNArio< a mí eso me encanta=

141 pero que hable corre:tamente, pero YO comIÉNdose la mitá de lah paLAbrah que
142 me digan que Eso eh hablar en caNArio? a mí eso no=no me guhta=
143 L: y qué eh hablar corre:[tamente]
144 MN: .... [vamoh a] ver con rehpe- si te poneh a analisar elloh
145 hablan=loh peninsulareh hablan hmmmm quisáh... ((duda, suspira)) hmmmm máh
146 corre:tamente- PROnunsian, NO hablan=una cosa eh hablar y otra eh pronunsiar,
147 una cosa eh que pronunsien y otra eh que hablen=NO, no nesesariamente tienen por
148 qué hablar mehor para nada... no no
149 L: sí
150 MN: entonseh pueh a mí me preocupa que loh niñoh no sepan ehpresarse=que loh
151 niñoh canarioh no SAben ehpresarse y OYE tú veh a un niño peninsular hablando
152 por la tele y piensah: HOLÍN Cómo se ehpresan esoh chiQUIlloh...
153 L: pero eso por qué pasa=¿por qué creeh que loh niñoh canarioh no saben ehpresarse?
154 MN: pueh yo creo que hay máh riquesa de la lengua allí, se utilisa máh, se utilisa mucho
155 máh o leen máh, a veseh yo digo>CITA: Será que leen máh?< Aunque incluso, loh
156 maehtroh... porque en realidad yo me imahino que loh programah ehtarán unificadoh
157 L: sí
158 MN: a mí me da mucha mucha trihtesa, tú veh a un niño y Fatal o sea yo loh veo y te
159 digo, loh niñoh d:aquí no saben ehpresarse

El presente fragmento es de carácter evaluativo y está caracterizado por las continuas reformulaciones de la hablante, cuyo discurso es rápido y en ocasiones atropellado. En una misma intervención cambia de posicionamiento, sin que haya
habido ninguna pregunta o intervención de la entrevistadora al respecto. Para
seguir el discurso de la hablante, es necesario hacer una delimitación clara de las
partes discursivas.

La primera abarca de la L. 135 a la 143. La hablante afirma de manera neutra que
loh canarioh tenemoh nuehtra forma de hablar=nuehtro asento (L. 135-136).
Esta premisa es inmediatamente acotada y reformulada afirmando que no todos
los canarios hablan igual. Distingue entre dos tipos: aquellos que *hablan fatal* y *se
comen la mitá de lah palabrah* (L. 138 y 141) y aquellos que *sin tener que pronunsiar lah seh y lah setah, se le note que eh canario / que hable corre:tamente*
(L. 139-141). En referencia a los primeros, expresa una actitud negativa: *a mí eso
no me guhta* (L. 142) y hacia los últimos expresa una actitud positiva: *m:encanta*
(L. 138). No obstante, la hablante no define explícitamente lo que ella denomina
"correcto", aunque sí implícitamente cuando rachaza que hablar canario sea
comIÉNdose la mitá de lah paLAbrah (L. 141). Como en F. 68, se repite la metáfora de *comerse las palabras*. La respuesta de la hablante no se basa en explicar lo
que considera un canario correcto, sino que se traslada a los hablantes estándar.

La segunda parte (L. 144-148), es esta respuesta explicativa de la hablante acerca
de lo que ella considera hablar correctamente: *loh peninsulareh hablan quisáh*

más corre:tamente (L. 145-146). Esta afirmación es reformulada seguidamente mediante una distinción entre pronunciar y hablar: los peninsulares pronuncian más correctamente pero *no tienen por qué hablar mehor* (L. 147-148). A partir de la L. 150, la hablante se centra en los niños canarios, que son categorizados por contraste con los peninsulares. Mientras que los primeros *no saben ehpresarse* (L. 151), los segundos sí lo saben. La hablante explica esto por medio de un argumento evaluativo donde valora positivamente la variedad estándar: *hay máh riquesa de la lengua allí* (L. 154). En su última intervención, y como conclusión a su argumentación, se reafirma en lo dicho anteriormente: *loh niños d:aquí no saben ehpresarse* (L. 159).

Se puede concluir que en este fragmento, queda manifiesta la inexistencia de una norma lingüística de prestigio que guíe la orientación lingüística de la hablante. Aunque tiene una valoración claramente positiva de los hablantes peninsulares, también la tiene hacia aquellos hablantes canarios que *hablan corre:tamente* (L. 141). Lo correcto no puede definirlo más que en referencia a los hablantes estándar, es decir, no tiene un criterio de corrección y prestigio por el que guiarse, más que el que le ofrece la variedad estándar.

F. 70: Candelaria S6/04: 147-162'nosotroh prá:ticamente hablamoh mal'

147 C: cuando se vocalisa me imahino yo que hay que pronunsiar lah eseh porque nosotroh
148 loh canarioh no lah pronunsiamoh y tenemoh que pronunsiahlah=en el vocabulario ehtá
149 por ehemplo que si una palabra lleva ese hay que pronunsiahla, lo que no podemoh hasé
150 eh coMEhnohlah... en la Península sí te lah pronunsian y de las ihlah pueh=MIra El
151 Hierro también... nosOtroh eh que prá:ticamente hablamoh mal porque noh comemoh
152 monTÓN de palabrah...
153 L: ya... bueno ¿Y qué manera de hablar le guhta máh entonseh?
154 C: no se trata hmmm... no que... no de que sea boNIto o FEo entiendeh?
155 L: hmmm
156 C: sino de la pronunsiasión corre:ta que eh máh corre:ta (la de) elloh que de nosotroh,
157 cada provinsia tiene su diale:to, no? vamoh a desirlo así diale:to, se dirá de otra forma,
158 entonseh yo si... (por ehemplo) la palabra verdadera eh=la palabra eh autoBÚH y en
159 el disionario canario ehtá GUAgua entiendeh?
160 L: no... [no mucho]
161 C: ....[la palabra] verdadera eh autobúh entonseh en cada provinsia se dirá de dihtinta
162 manera, aquí desimoh guagua pero no eh la palabra que debe ser... lo que pasa que
163 ehtamoh acohtumbradoh a desihlo así.

Como en los dos fragmentos anteriores, el principal argumento que da la hablante para explicar su posicionamiento de que los canarios *hablan mal* es que *noh comemoh monTÓN de palabrah* (L. 151-152). En su primera intervención, se posiciona, siempre desde el nosotros, a partir de las formas verbales *hay que* y *tener que* (L. 147 y 148) y apela a un argumento prescriptivo donde el hablar mal o bien se basa en lo que estipula *el vocabulario: en el vocabulario ehtá por ehemplo que si una palabra lleva ese hay que pronunciahla* (L. 148-149). Para la hablante, los canarios no siguen esta normativa y *lo que no podemoh hasé eh comehnohlah* (L. 149-150). Se deduce de la intervención, que lo correcto son aquellas variedades que sí las producían como la peninsular y, según la construcción social de la hablante, la herreña[4]. En su última intervención la pronunciación del fonema /s/ se reformula como *palabrah,* de manera hiperbólica. La minusvaloración que la entrevistada tiene de su propia variedad queda con ello aún más patente: *noSOtroh eh que prácticamente hablamoh mal porque noh comemoh montón de palabrah* (L. 151-152).

La hablante no responde a la pregunta de qué variedad le gusta más y sigue reformulando el argumento de la corrección: *no se trata de si eh bonito o feo sino de la pronunsiasión corre:ta que eh máh corre:ta (la de) elloh que de nosotroh* (L. 154-156). Este posicionamiento es ejemplificado a través de los términos *autobúh* y *guagua* (L. 158-159). Su argumentación es de gran interés en referencia al prestigio que se asocia a las variedades dialectales y las estándares, aunque *cada provinsia tiene su diale:to* (L. 157) e incluso una codificación de los mismos en diccionarios, el término percibido como *corre:to* es el asociado a la variedad estándar, esto es, *autobúh*. La utilización de *guagua* es una cuestión de hábito: *que ehtamoh acohtumbradoh a desihlo así,* pero *guagua no eh la palabra que debe ser* (L 162-163).

La valoración que la hablante tiene de su propia variedad es esencialmente negativa y se basa en la dicotomía corrección-incorrección. Ha incluido en ella no solo a la variedad canaria, sino, por extensión, a otras variedades dialectales (como incorrectas, frente a la estándar).

F. 71: Lele S5/04: 298-315 'la palabra corre:ta eh autobúh'

298 Le: ...el mehor que habla por quí por las ihlah eh el del Hierro
299 L: sí? por qué?
300 Le: ohhh porque se parese al peninsular hmmm, yo... no he ehtado por El Hierro, pero
301 he oído mucha hente=mucha hente disiendo... El Hierro habla un poquito máh... máh
302 fino o no sé, que habla tiene otro idioma dihtinto, no sé le dan otra cosa DISE la hente,
303 yo no he ehtado en El Hierro pero lo he oído montoneh desir eso, también de hente
304 máh de ehtudioh

---

4   Esta es una creencia extendida entre los hablantes canarios.

305 L: pero por qué loh del Hierro y loh peninsulareh hablan mehor?
306 Le: ohhh no sé que pronunsian mehor será... que pro-hablan mehor sí, dehpuéh por
307 ehemplo lo que ehtábamoh hablando anteh yo he nasido y me he criado sin pronunsiar
308 por ehemplo la ese y yo no puedo ponerme a hablar como un penins- como loh
309 peninLAreh como un madriLeño, no no puedo, ni como un cubano y pienso que ni
310 elloh como nosotroh
311 L: sí
312 Le: loh canarioh no creo que noh parehca mal eh una cosa que hemoh nasido con
313 ello y noh hemoh criado con ello... que me viene una persona y me diga lah patatah,
314 noh suena raro porque nosotroh le desimoh la papa como en Venesuela se dise...
315 caraota en Cuba otro nombre y así

La premisa del hablante de que los canarios que mejor hablan son los de El Hierro es justificada mediante cuatro argumentos, entre los que destaca el primero de
ellos: *porque se parese al peninsular* (L. 300). Los siguientes son: *habla un
poquito máh... máh fino / tiene otro idioma dihtinto/ le dan otra cosa* (L. 301-
302). En este fragmento queda patente que el que la variedad herreña sea considerada como la variante más prestigiosa, es una construcción social, que el
hablante toma e incluye en su discurso individual. Él mismo no ha estado en El
Hierro (lo repite dos veces), pero ha oído a *mucha hente / montoneh desir eso* (L.
301-303). Para dar un mayor grado de validez a esto, añade: *también de hente
máh de ehtudioh* (L. 303-304).

A pesar de esta valoración positiva de la variedad herreña por su parecido a la
peninsular, el hablante no se identifica con esta última. Esto se justifica mediante
los argumentos del hábito y la incapacidad, estudiados en el capítulo anterior (ver
punto 9.3.1). El primero de ellos, se construye discursivamente por medio de las
formas verbales: *he nasido y me criado* (L. 307) y que repite en plural *hemoh
nasido y noh hemoh criado* (L. 312-313) y hace referencia tanto a un plano fonético: *sin pronunsiar por ehemplo la ese* (L. 307-308) como léxico: *me viene una
persona y me diga lah patatah, noh suena raro porque nosotroh le desimoh la
papa* (L. 313-314). La incapacidad de converger hacia otra variedad no es referida únicamente al caso del estándar peninsular, sino también al de otras variedades como la cubana o la venezolana: *yo no puedo ponerme a hablar como un
penins- como los peninsuLAres como un madriLeño, ni como un cubano* (L. 308-
309) y tampoco viceversa.

Aunque el hablante minusvalora su propia variedad por considerarla menos
correcta, expresa su incapacidad de converger hacia la estándar. Esta actitud
muestra que el hablante no posee una norma hacia la que orientar su actuación
lingüística, la variedad estándar clásica es la considerada como correcta pero no
sirve de modelo al hablante.

10.4. Discusión y conclusiones

A diferencia de los capítulos anteriores, a continuación, me centraré únicamente en el aspecto de los juicios de valor emitidos hacia las variedades vernáculas y estándar, y en las consecuencias que estos tienen en el uso que los hablantes hacen de la primera. El posicionamiento y las estructuras textuales no divergen en demasía de las estudiadas ampliamente en los tres capítulos anteriores. Por ello, no se les prestará una atención tan detallada en esta última parte de discusión.

10.4.1. *Los juicios emitidos*

Los juicios de valor emitidos han sido previamente divididos en positivos, negativos y neutros. En el caso de los dos primeros, los hablantes de casi todos los fragmentos (47, 49, 50, 51, 52, 55, 58 y 59) recurrieron a una categorización por contraste. Consecuencia de ello es que los juicios de valor positivos hacia la variedad canaria, conllevan uno negativo hacia la estándar, y viceversa. Esto se observa con claridad en las tablas 11 y 12.

Las categorías correspondientes a la variedad canaria remiten todas ellas al ámbito de la cercanía comunicativa. En el punto 6.2.3, se analizó que las condiciones comunicativas del polo *cercanía* son, entre otras, la privacidad, la confianza, la emocionalidad, la unión al contexto y a la acción, la cercanía física, la dialogicidad, la espontaneidad, etc. Las categorías pueden subsumirse en el ámbito de la emocionalidad (*suave, no agresiva, dulce, cariñosa, no seca*) y en el de la cercanía física (*cercana, despacio* y *cantando*), aunque este último también puede ser entendido desde un punto de vista emocional. Todas sus categorías se refieren, además, a un valor estético (Fasold 1984). Las más repetidas por los hablantes han sido *dulce* y *suave*, analizadas asimismo en los capítulos 7 y 9.

Las categorías correspondientes a la variedad estándar remiten más al ámbito de la lejanía comunicativa, cuyas condiciones son, entre otras: lo público, lo ajeno, la falta de emocionalidad, la separación del contexto y de la acción, la monologicidad, la reflexividad etc. Como en el caso anterior, estas pueden subsumirse en el ámbito de la emocionalidad (*fuerte, agresiva, insultando, estresante, seca, echada pa' lante, materialistas, secos*). En sus categorías destaca el sentido de la agresividad (*fuerte, agresiva, insultando*). Por otra parte, *rápida* y *distante* pueden ser entendidos tanto desde este mismo ámbito de la emocionalidad, como desde el de lo ajeno.

Por todo ello, se puede concluir, en referencia al contínuum dialecto-estándar, que los hablantes han realizado sus valoraciones positivas, a partir del polo de cercanía, y las negativas, desde el polo de lejanía. Es muy difícil determinar si el

TABLA 11
Construcción discursiva de las variedades canaria y estándar
mediante categorización por contraste. Juicios de valor positivos

Variedad canaria	Variedad estándar
Suave	Fuerte
Despacio	Rápida
No agresiva	Agresiva
Dulce	Insultando
Cercana	Distante
Cariñosa	Estresante
No seca	Seca
Cantando	Echada pa'lante

TABLA 12
Construcción discursiva de la identidad mediante categorización por contraste.
Juicios de valor neutros

Hablantes canarios	Hablantes peninsulares
Buenos	Materialistas
Tratables	Secos
Educados	Distantes
	"Superior"
	"Lo sabe todo"

polo de cercanía y las categorías asociadas a él hacen referencia a la construcción de una identidad local o regional. Más bien, en el sentido estudiado con Villena en el punto 6.4.6, si la identidad regional se arbitra como resistencia a la nacional y lleva aparejada la consolidación de un estándar regional, en el caso de Canarias, y debido a la inexistencia de una variedad estándar canaria, está aparejado a una identidad local. No obstante, es difícil afirmar a qué se refieren los hablantes; siempre hablan desde un *nosotros* generalizador, aunque en algunos casos se concreta en *canarios*: *nosotroh loh canarioh/aquí en Canariah* (46, 57, 58 y 59). Es relevante que no se concrete en un marco isleño/local, del tipo de *aquí en Tenerife* o *nosotros los gomeros*.

Los hablantes en los que prima una valoración negativa de su identidad se han referido más a una cuestión de prestigio. El ámbito de la cercanía comunicativa no ha sido tan relevante como en el caso de los juicios de valor positivos. Es decir, la variedad canaria ha sido valorada más en referencia al polo de lejanía del contínuum y las características atribuidas a este. Los juicios de valor realizados han sido:

TABLA 13
Construcción discursiva de las variedades canaria y estándar
mediante categorización por contraste. Juicios de valor negativos

Variedad canaria	Variedad estándar
No bien	Muy bien
Mal	Correcta
Bruta	Fina
Fatal	adecuada
Cerrada	

Estos hablantes no manifiestan un cambio de actitud hacia la variedad vernácula, sino que sigue predominando la actitud "tradicional", descrita, como se ha visto en distintos capítulos, por autores como Morera (1990), Trujillo (1981), Ortega (1981)

En esta línea de valoración negativa de la propia variedad, ha sido común la metáfora "comerse las palabras o las letras": *la hente pronunsia la mitá de lah palabrah y la otra mitá se lah come* (fragmento 56); *comIÉNdose la mitá de lah paLAbrah que me digan que Eso eh hablar en caNArio? a mí eso no= no me guhta* (57); *noSOtroh eh que prá:ticamente hablamoh mal porque noh comemoh monTÓN de palabrah* (58). Esta metáfora se vio también en fragmentos del capítulo 7: *nosotroh noh comemoh lah letrah y hahta palabrah entrerah noh comemoh si noh dejan* (F. 18) y del capítulo 9 *mi asento se come una: Letrah* (F. 33).

Una construcción discursiva muy similar es la realizada por algunos hablantes, con referencia a la acción de pronunciar, por ejemplo en el fragmento 20: *sin pronunsiar tanto.*

10.4.2. *Valoración de la propia variedad y el estándar regional canario*

A tenor de todos los fragmentos analizados, y teniendo en cuenta el corpus total de entrevistas, se puede afirmar que las actitudes negativas abiertas han sido mucho menos cuantiosas que las positivas. Lo más relevante, en referencia al pluricentrismo, es que los hablantes no sólo han valorado su variedad con relación al ámbito de la cercanía comunicativa, sino también en referencia al del prestigio. Sin embargo, y más que en ninguno de los capítulos anteriores, se ha visto con una claridad absoluta que los hablantes tengan una actitud positiva o negativa, no se identifican con la variedad estándar peninsular, y en muchos casos, tampoco con las formas más vernáculas de la variedad dialectal.

Con ello, y siguiendo la interesante aportación de Villena (ver punto 6.2), se concluye lo siguiente: el estándar regional canario que guíe la actuación lingüística de los hablantes y funcione como norma de prestigio y lengua de distancia debe ser lo más divergente posible del estándar septentrional, pero también de las formas más vernáculas de habla. Según muestran los datos analizados, la mayoría de los hablantes no se identifican con la una ni con la otra. Esto coincide con los planteamientos de Villena (1999), y es especialmente válido para el caso de Canarias, si se tiene en cuenta el grado de urbanización de la sociedad isleña. Como se explicó con profundidad en el capítulo 6, el establecimiento de este estándar no supone una nivelación ni una homogeneización de todas las hablas del Archipiélago, pues esto ni es deseable, ni es posible. Se trataría pues de que el canario pudiera ser para sus hablantes una variedad con norma propia de prestigio y, naturalmente, con sus variaciones diasistemáticas.

10.5. Conclusiones generales del análisis y validación de los resultados

Tanto en la introducción, como en las consideraciones previas, se plantearon dos objetivos principales para el análisis: 1. Cómo los hablantes construyen discursivamente su identidad como grupo, en referencia a la variedad vernácula, en *situaciones* de conflicto, de asimilación y de resistencia. 2. Qué actitud poseen en estas *situaciones* hacia la variedad vernácula.

En pro de ellos, se ha realizado un análisis meticuloso e individual para cada hablante y, en cada capítulo, se han puesto en común los resultados obtenidos en el análisis. Me detendré a continuación en los dos aspectos más importantes de estos resultados. No obstante, es absolutamente necesario tener en cuenta las conclusiones de cada capítulo.

a) Construcción de la identidad colectiva:

Para analizar la construcción de la identidad colectiva, se ha cristalizado como especialmente importante el análisis del posicionamiento. Según se concluyó en los capítulos 7, 8, 9 y 10, los hablantes se han posicionado como miembros de un nosotros/hablantes dialectales, que se define, en lo esencial, por alteridad con un ellos/hablantes estándar. La frontera grupal construida ha sido, en la mayoría de los casos, conflictiva, al percibir y reconstruir los hablantes a ambas variedades en una posición de desigualdad y conflicto. A pesar de ello, ha primado la construcción de una imagen positiva de sí mismos y de su grupo[5].

Los casos en los que ha primado una construcción negativa del nosotros, esta ha sido realizada generalmente a través de categorizaciones sociales externas, esto es, adscritas por el exogrupo, que los hablantes tienen asumidas, pero que a su vez rechazan. En cuanto al exogrupo, y por alteridad con la imagen del endogrupo, ha sobresalido la construcción de una imagen negativa, donde los atributos positivos asignados son también de carácter externo. Estos son los que los hablantes han construido como los que el exogrupo se ha atribuido a sí mismo. La valoración mayoritariamente positiva de sí mismos está íntimamente ligada a la valoración positiva de la variedad vernácula.

b) Valoración de la variedad vernácula:

Como se acaba de decir, los hablantes poseen, por lo general, una actitud positiva hacia su variedad. No obstante, se observan diferencias en los tres puntos tratados: En la reconstrucción de las situaciones de conflicto es donde la actitud de los hablantes ha sido más ambigua: por un lado, se ha visto que aún está muy presente la construcción social de que la variedad vernácula es inferior, incorrecta, etc., ante la estándar y que en ello influye la percepción que los hablantes tienen de la estructura social, donde los hablantes estándar ocupan los estratos más altos socialmente[6]. Por otro, también se ha visto justo el caso contrario, es decir, la propia variedad ha sido valorada positivamente en referencia a los valores de cohesión y de solidaridad grupal, así como en relación con el prestigio. Por ello, se concluyó que los hablantes otorgan a su variedad un estatus aún no definido, y que existen actitudes contradictorias hacia la propia variedad en el contacto de la población local y la inmigración interna. Según lo analizado, el problema radica en que no se observa, en los hablantes entrevistados, una conciencia ni una identificación con una norma de prestigio canaria que oriente su actuación lingüística.

---

[5] Como se dijo en los análisis, esto puede deberse también a razones de construcción de la identidad propia en la narración, en tanto acto interactivo en el que el hablante se presenta y se construye frente a la entrevistadora.

[6] Ver punto 7.5; es importante tener en cuenta lo dicho en este punto que esta es una percepción y construcción de los hablantes, que se corresponde con la realidad estadística.

En los casos de asimilación, se han apreciado dos tipos de actitudes principales.

1. Hacia la variedad vernácula misma, que ha sido valorada de forma mayoritariamente positiva.

2. Hacia su futuro: en esta hay una variación mayor: a) una actitud negativa hacia su futuro, los hablantes han construido una asimilación total al estándar; b) una actitud negativa hacia el futuro de ciertos rasgos: sobre todo han construido una asimilación a nivel léxico pero no fonético; y c) un proceso de innovación construido como paralelo a la asimilación de ciertos rasgos. Es importante repetir que, incluso en aquellos hablantes que pronostican una asimilación total al estándar, se ha observado una actitud muy positiva hacia la variedad vernácula.

En los casos de resistencia, la valoración de la variedad vernácula ha sido más claramente positiva que en los casos anteriores. Esta positividad es el requisito básico para que los hablantes adopten una actitud de resistencia y, aún más, en los casos en que los hablantes muestran una actitud activa de defensa.

La principal conclusión que se ha extraído del capítulo 10 es el hecho de que no se observa, en ninguno de los hablantes entrevistados, la existencia de una norma de prestigio con la que identificarse. Esto es así, ya tengan una actitud positiva, neutra o negativa hacia la variedad propia. Lo que queda claro es que la variedad estándar clásica sigue sin guiar la actuación lingüística de los hablantes canarios. Sin embargo, ninguna forma propia es considerada como tan prestigiosa que sirva para orientarse hacia ella.

Estas conclusiones generales, que se quedan hasta cierto punto en el nivel del discurso de los hablantes, ya han sido discutidas con profundidad en cada capítulo. Asimismo, serán retomadas en el capítulo 11, con referencia a la teoría y a los objetivos generales de esta investigación. Antes de ello, se procederá a la validación de los datos obtenidos, utilizando como fuente una conversación natural, donde no hay presencia de la investigadora.

10.5.1. *Conversación en la oficina*

En el siguiente fragmento de conversación, se observan muchos de los aspectos estudiados en los capítulos 7, 8, 9 y 10. A continuación, se estudiarán estos aspectos con referencia a los ámbitos de contacto-conflicto, asimilación, resistencia y con respecto a los juicios de valor emitidos. Según se podrá observar, en esta conversación natural las hablantes reproducen, en todos los ámbitos, distintas posturas y construcciones ya analizadas en las entrevistas. A continuación, se partirá de las conclusiones extraídas para cada capítulo, es decir, no se realizará un análisis del discurso *strictu senso* como se ha hecho hasta ahora. Por el contrario, se analizarán las posturas de las hablantes con referencia a los temas tratados en los capítulos anteriores, con el objetivo principal de mostrar el grado de validez de los datos y resultados obtenidos en las entrevistas.

Conversación oficina

Procedencia: Corpus febrero-abril de 2003.
Código: M03/32.
Transcripción básica y detallada: Laura Morgenthaler.
Sistema de transcripción: Grupo Val.Es.Co.
Contexto: conversación entre las empleadas de una gestoría social en Santa Cruz de Tenerife. La grabación se realizó sin la presencia de la entrevistadora, pero después de haber realizado una entrevista de grupo a varias de las hablantes. Tras la entrevista, las participantes siguieron hablando acerca de ello. Este es un fragmento de dicha conversación. Se trata de 5 mujeres jóvenes de entre 25 y 32 años, procedentes de distintas zonas Tenerife de Santa Cruz Marta= M y Vanesa=V, de La Orotava =Sonia: S, de La Palma Faina= F y de La Gomera Carol: C.

F. 72: Conversación oficina M03/32: 205- 'yo creo que todoh loh asentoh en heneral en Ehpaña se ehtán intentando anular'

205 1S1: yo creo que todoh loh asentoh en heneral en Ehpaña se ehtán intentando anular
206 2C1: eh que aquí en Canariah también hay hente que no eh de loh medioh y que se
207 pone a hablar peninsular
208 3S2: sí sí, también también muchísima hente...
209 4L1: ¿Y eso por qué?
210 5S3: yo qué sé porque se creerán que [son inferioreh o algo así]
211 F1: .... [se creerán que son mehoreh si hablan así]
212 6S: no o a lo mehor eh que hay mucha hente que se piensa que la manera de hablar de
213 [aquí no eh corre:ta]
214 7M1: [miren ¿y no creen] el problema eh el contrario?
215 8S4: ¿el qué?
216 9M2: el problema eh todo lo contrario&
217 10S5: que nosotroh hablamoh mal!?
218 11M3: NO! yo creo que el problema puede ehtar también en que hay hente que se le
219 pega lo que sea
220 C1: [no, hay hente que se le pega]
221 12F2: [eso sólo eh si te vah fuera][7]
222 V1: [eso eh si lo fuersah]

---

[7] Se distinguen las voces, pero es imposible saber quién lo dice antes.

223 13F: si tú viveh aquí y tu familia eh de aquí... a mí no se me ocurre en mi vida desir
224 asul eh que me suena hahta mal
225 14C2: a mí también me suena mal pero hay hente que se cree que ehtá mehor dicho
226 15M4: pueh el niño de mi prima lo dise
227 (XXXXXXXXXX) ((discusión acalorada, no se entiende nada))
228 16V2: no no no, Eduardo eh de aquí y habla peninsular, Eduardo utilisa el vosotroh
229 17F3: pero eso eso eh [por loh libroh]
230 18M: .... [claro claro]
231 19F: porque tú en un libro no tieneh caldero sino caserola
232 20M5: pero no eh que lo ehtén intentando forsar sino que leh sale
233 V3: [no qué va hay un montón de hente que lo fuersa]
234 F4: [no yo ehtoy hablando de hente de nuehtra edad que]
235 22M: entonseh yo creo que el problema ehtá en que todo va a cambiar porque si la
236 siudad cambia por qué no puede cambiar también [nuehtro propio asento]
237 F5: [yo no ehtoy de acuerdo]
238 V4: [yo me niego a cambiar]
239 23M: no convertirse en otra cosa sino que va cambiando de hecho nosotroh tenemoh
240 muchah cosah sudamericanah, eso no eh canario y sin embargo ya ehtá integrado en
241 nuehtra forma de hablar y son palabrah y formah de referirse a lah cosah como
242 sudamericanah
243 24F6: como qué?
244 25S6: hay muchah
245 26M5: cómo qué como qué, hay muchah muchísimah y no sólo palabrah sino
246 cohtrusioneh de fraseh que se suelen utilisar que son sudamericanah que son propiah
247 sudamericanah, sobre todo cubanah
248 27S7: y mi abuelo lah usaba, mi abuelo lah usaba mucho
249 (XXXXXXXXXXX)
250 28M6: pueh entonseh eh lóhico que si viene mucho peninsular aquí se te peguen cosah
251 29V5: sí sí pero yo no me refiero a eso me refiero a mucha hente de aquí que lo hasen
252 y como que loh peninsulareh piensan que la manera de hablar o el diale:to, que tenemoh
253 un diale:to o algo así y no, no eh así sabeh? Entonseh piensan que la manera de hablar
254 corre:ta eh la de elloh y entonseh mucha hente creen que tienen que adaptar esa manera
255 porque eh la corre:ta, esa manera peninsular, por ehemplo mi tía que eh de Salamanca
256 y a mí me dihcute y me dihcute y me dihcute que eh que nosotroh hablamoh mal y
257 ella habla a su manera y yo hablo a la mía
258 30M7: bueno... eso ya son casoh ((extremos))
259 31F7: no no no ehtremoh nada hay muchoh godoh que piensan que hablamoh mal
260 32V6: eh que ella dise eh que nosotroh aquí en Canariah hablamoh mal
261 33F8: pero por qué, por qué dise eso?
262 34V7: porque eh máh tonta! @@@
263 ((RISAS GENERALIZADAS))
264 35V8: porque ella piensa... y ensima en Salamanca que hablan SUPER, sabeh?
265 36F8: eh que yo pienso que en La Península de la mitad pa arriba hablaaann...
266 37C: MUCHO máh fuerte, máh bruto BRUTO

267 S8: sí
268 38F: y de la mitad pa baho
269 39V: que nosotroh desimoh palabrah mal dichah por ehemplo
270 40S9: eh que nosotroh cortamoh lah palabrah
271 41M8: no no te creah no cortamoh tanto lah palabrah
272 42V: incluso ella le hiso mi primo, eh una cosa que me parese mal, fatal, mi primo habla
273 como ella como si hubiera nasido en Salamanca O SEA, mi primo nasió aquí, tiene
274 el chiquillo ya dose o trese añoh y habla peor que ella y porque ella le obliga a él a
275 hablar así
276 43M9: como el niño de mi prima, aunque el niño de mi prima no, le salen cosah
277 canariah
278 44F9: hombre si al niño le sale algo pero que lo obligue? pueh me parese fatal que le
279 digan eso
280 45S9: hombre yo tengo unoh amigoh de mih primah el eh catalán y la amiga de mi
281 prima eh de aquí, pueh la niña habla peninsular pero palabrah de aquí, osea una cosa
282 rarísima
283 46M10: pero eso eh lo que yo le digo a ella que se va formando, que tampoco tenemoh
284 que verlo como algo horrible
285 47S10: pero mira que no me obliguen que no me obligan y eh que casi que noh ehtán
286 obligando
287 48V9: no no no yo no a mí no me parese bien, yo no pienso hablar así
288 49F10: no no no a mí que no me obliguen a mí no me parese nada bien que cambie,
289 mis hihoh que hablen canario@@@
290 @@@
291 50M11: tampoco tenemoh que verlo así que noh ehtán invadiendo, noh van a invadir?
292 y no se va trahformando, eh que se ha ehtado trahformando durante todo ehte tiempo,
293 si tú coheh a un cana- a mi abuelo yo ni de coña hablo como hablaba mi abuelo y el
294 no hablaba ni de coña como hablaba su abuelo
295 51F11: eso sí eh verdad mi abuelo yo no lo entendía cuando hablaba, mi abuelo era del
296 Hierro y hablaba así:y yo desía eh? Mi abuelo era mi abuelo era del Hierro y hablaba
297 así hablaba así siempre y dígase dígale de no sé qué
298 (XXXX)
299 52S11: yo no ehtoy nada de acuerdo contigo en que nuehtra manera de hablar se pierda
300 53M12: pero bueno yo no digo que se pierda, al contrario si lo que digo eh que nuehtro
301 diale:to se va a seguir trahformando pero va a seguir siendo nuehtro porque lah
302 influensiah que noh llegan a nosotroh no son lah mihmah que le llegan a otroh, va a
303 seguir siendo nuehtro diale:to pero no el mihmo de hase 50 añoh y creo varían todoh
304 loh diale:toh
305 54F12 : bueno eh que yo creo que siempre ha variado y siempre variará aquí y en
306 todah parteh
307 M13: claro aquí y en todah parteh
308 55F13: sí siempre eh lo mihmo que varía, pero no de la manera esaherada que ehtán
309 intentando que sea aquí, que dehemoh de hablar como hablamoh
310 56M14: pero no lo veah como una amenasa:que viene hente de fuera y noh pegue

311 cosah nooo
312 57S12: oye no eh una amenasa eh una realidad que eh así, sal a la ccalle pa que veah
313 58V10: eh que para ti lo veh todo muy fásil y eso va a traer muchoh problemah porque
314 al final se pierden montoneh de cosah y no sólo la forma de hablar, así que eh verdad
315 lo que dise Sonia, sal a la calle y veráh

La conversación posee como tema fundamental la asimilación, alrededor de la que se arbitran las intervenciones de las distintas hablantes. La primera intervención es la que desata este debate acerca de la pérdida de la variedad vernácula y se observan tanto posicionamientos como argumentaciones y percepciones casi idénticas a las estudiadas hasta ahora.

En el capítulo 8, se concluyó que los hablantes perciben un proceso de asimilación y que este posee 3 tipos de razón fundamentales: 1. razones exógenas donde la asimilación se ha construido como un proceso de convergencia hacia el estándar por imposición; 2. razones endógenas en la que la principal ha sido el abandono de los hablantes canarios de su propia variedad por razones de prestigio; 3. por un proceso natural de cambio. Además, se resaltó el hecho de que los hablantes, aunque perciben y reconstruyen en el discurso este proceso de asimilación, jamás se incluyen en él, sino que toman una posición de resistencia. Todos estos aspectos se observan en la presente conversación:

De la L. 205 a la 228: En la L. 205 la hablante introduce la temática de la asimilación y afirma que no es un proceso que suceda sólo en Canarias sino un proceso de convergencia general en todo el Estado. Sobresale el argumento de la imposición, exógeno a la hablante y a su grupo: *se ehtán intentando anular todos loh asentoh*. En la línea siguiente, la hablante S. traslada este proceso a Canarias y resalta el argumento del abandono de la propia variedad. Las hablantes siguientes reafirman esta postura y dan dos razones, ampliamente estudiadas: el prestigio y la corrección. Los hablantes abandonan su variedad porque la consideran incorrecta. La construcción discursiva es casi idéntica a la estudiada en varios fragmentos: *se creerán que son mejores si hablan asi/ que son inferiores o algo así / a lo mejor es que hay mucha hente que se piensa que la manera de hablar de aquí no es correcta* (L. 210-213). La hablante M. incide en el argumento del abandono y esto provoca distintas reacciones en las demás hablantes: mientras que C. reafirma a M. en esta premisa, F. y V. niegan, en parte, la intervención de M. Acotando los posibles casos del abandono: *sólo eh si te vah fuera / eso eh si lo fuerzah* (L. 221-222). Seguidamente, en la misma intervención (L. 223), F. toma una actitud de resistencia: *si tú vives aquí y tu familia es de aquí... a mí no se me ocurre en mi vida decir aZul eh que me suena hahta mal* (L. 223-224). M. interviene nuevamente poniendo un ejemplo del abandono en su familia. Esto produce una discusión acalorada que es imposible de entender y, por consiguiente, de transcribir.

De la L. 229 a la 257, cada una de las hablantes se reafirma en sus distintas posturas: de la L. 231 a la 234, se da una razón más al abandono, también estudiada en varios fragmentos (por ejemplo en F. 7, 13, 14, 34 y 53): la educación *porque tú en un libro no tienes caldero sino caCerola* (L. 231), mientras que estas hablantes categorizan la convergencia como *forsar* para M., no se trata de forzar sino es algo que *sale* (L. 232).

A partir de la L. 234 se observan las distintas posturas:

a) El cambio: La hablante M., con una argumentación explicativa, se posiciona con respecto a la asimilación, que percibe y reconstruye como cambio y que compara mediante la ciudad: *si la siudad cambia por qué no va a cambiar nuestro propio asento* (L. 235-236) y precisa su intervención: *no convertirse en otra cosa sino que va cambiando* (L. 239). Esta postura produce varias consecuencias interactivas donde las interactuantes F. y V. reaccionan nuevamente con una postura de resistencia: *yo no estoy de acuerdo / yo me niego a cambiar* (L. 237-238). La conclusión de M.: *entonseh eh lóhico que si viene mucho peninsular aquí se te peguen cosah* (L. 250).

b) La valoración de los otros: A partir de la L. 251 la hablante V. diverge de esta razón endógena del abandono y se centra en la razón exógena de la valoración de los otros. V. parece achacar la convergencia de hablantes canarios hacia el estándar peninsular, a la valoración negativa que estos últimos tienen de la variedad canaria. Esta valoración del exogrupo es tan poderosa, que causa que los miembros del endogrupo abandonen su variedad. Nuevamente se observa el recurso de la *adaptación: creen que tienen que ada:tar a esa manera porque eh la corre:ta= esa manera peninsular* (L. 254-255).

De la 258 a la 297 las hablantes dan distintos ejemplos de situaciones de contacto en el ámbito familiar. En todas ellas, se trata de matrimonios mixtos, donde los hijos utilizan la variedad estándar y no la canaria. La primera de ellas es introducida por V., como ejemplo a la categorización externa *hablar mal* (L. 256): *mi tía que eh de Salmanca y a mí me dihcute y me discute y me dihcute que eh que nosotroh hablamoh mal* (L. 255-256). En este caso, el niño habla peninsular porque su madre lo obliga, ya que esta valora negativamente la variedad canaria. Mientras que en el caso relatado por F. y M., los niños hablan una variedad mixta. Los relatos tienen consecuencias interactivas intercaladas entre las intervenciones donde se observan actitudes de resistencia y donde se emiten distintos juicios de valor. Mientras que en V., F. S. y C, se observa una clara actitud de resistencia:

pero mira que no me obliguen que no me obligan y es que casi que nos están
obligando / no no no yo no a mí no me parece bien, yo no pienso hablar así: no
no no a mí que no me obliguen / a mí no me parece nada bien que cambie, mis
hijos que hablen canario (L. 285-289). M. no se posiciona tan claramente y se
apoya nuevamente en el argumento del *cambio normal*, basándose en un cambio
generacional. Argumenta que ella ya no habla como su abuelo ni este como el
suyo *yo ni de coña hablo como hablaba mi abuelo y el no hablaba ni de coña*
como hablaba su abuelo (L. 293-294) (F. 38, 42, 43 y 44). Esta intervención de
M. es interpretada y rechazada por S.: *yo no estoy nada de acuerdo contigo en*
que nuestra manera de hablar se pierda (L. 299). La respuesta de M. es de suma
importancia ya que aclara su posición en las intervenciones anteriores: a lo que
hace referencia a un proceso de cambio general pero no de pérdida: *al contrario*
si lo que digo es que nuestro dialecto se va a seguir transformando pero va a
seguir siendo nuestro porque las influencias que nos llegan a nosotros no son las
mismas que le llegan a otros, va a seguir siendo nuestro dialecto pero no el
mismo de hace 50 años (L. 300-303). El argumento es similar al estudiado en F.
42 y 43, y hace referencia a un proceso de innovación, dentro de la propia variedad lingüística y no de convergencia hacia el estándar. Las demás hablantes reafirman esta intervención.

No obstante, en la L. 308, F. hace una reformulación e incluye nuevamente el
argumento de la imposición: *sí siempre es lo mismo que varía, pero no de la mane-*
ra exagerada que están intentado que sea aquí, que dejemos de hablar como
hablamos (L. 308-309). M. categoriza esta intervención como *amenasa*, mientras
que F. y V. la categorizan como *realidad*. En la última intervención de V., hace
referencia a la pérdida no sólo de la variedad sino de *montoneh de cosah* (L. 314).

En este fragmento de conversación relativamente corto, se ha podido comprobar,
que no se encuentra ninguna postura o construcción, que no se haya analizado ya
en las entrevistas. La reconstrucción de situaciones de contacto con hablantes
estándar como conflictivas; la percepción y reconstrucción discursiva de un proceso de cambio (ya sea este sentido como cambio normal o como asimilación al
estándar por abandono o por imposición); así como distintos tipos de actitudes de
resistencia y juicios de valor hacia ambas variedades, tienen todos correlato con
las narraciones individuales de los hablantes entrevistados, lo que aporta validez
a estos datos. Se discutirá más detalladamente a continuación.

10.5.2. *Representatividad de los resultados obtenidos*

Está claro que la representatividad de los datos y resultados obtenidos en todo
trabajo empírico, pueden ser siempre cuestionados, y, dependiendo de la postura

que se tome al respecto, especialmente los de aquellas investigaciones que utilicen una metodología cualitativa. Si los más de 70 hablantes entrevistados y grabados en conversaciones naturales para este trabajo, son representativos de los discursos sociales existentes en Canarias acerca de la propia variedad y su relación con la estándar peninsular, puede ser también cuestionable. No obstante, hay que apuntar al respecto varias cuestiones:

Si se comparan los resultados obtenidos en las entrevistas, con el fragmento analizado de *Conversación en la oficina*, se puede ver con claridad que las construcciones narrativas de los hablantes, así como los distintos tipos de actitudes son, más que narraciones individuales, un "modo básico de construcción social de la realidad" (Kraus 2000: 4). Además de ello, si se observa el discurso de los medios de comunicación local, páginas de Internet con largos debates acerca del habla canaria[8], así como cualquier conversación por la calle, aquel que conozca mínimamente la sociedad canaria, reconocerá los discursos de los hablantes. Esto ni es asombroso, ni significa que los resultados y datos obtenidos sean algo extraordinario, sobre todo si se tiene en cuenta lo estudiado a lo largo de los capítulos 4 y 5, acerca de la naturaleza de las narraciones y el proceso de construcción que estas llevan aperejado. Así, con Frindte (1998) y Zimmermann (2004a), se vio que, aun cuando las construcciones de la realidad son siempre individuales, debido al proceso de interacción social, estas adquieren un carácter afín y se convierten en construcciones sociales de la realidad.

Con Keupp (2002), Kraus (2000) Lucius-Hoene/Deppermann (2004), Schmidt (1992) y Frindte (1998), entre otros, se constató, justo en este sentido, que las narraciones no son "bienes propios", sino "producto del intercambio social". En las narraciones conversacionales cotidianas, se utilizan formas y contenidos anclados socialmente, aprehendidas e internalizadas en los campos de interacción y de significado de la comunidad a la que se pertenezca (ver punto 5.3.2). Los discursos y narraciones individuales representan "la expresión de nuestra unión cognitiva y emocional con tradiciones de representación e interpretación (...) de nuestro entorno cultural" (Lucius-Hoene/Deppermann 2004: 67; Tr. LM).

También se ha podido ver en los datos que los individuos poseen una serie de formas narrativas afines, que pueden reconocerse en el discurso, a pesar de estar siempre reconstruidas en él de manera individual. Así, se han estudiado muchos casos, donde las construcciones discursivas de los hablantes eran muy afines, tanto en el contenido como en lo formal, llegando en algunos casos a ser casi

---

[8] En el anexo se incluyen algunos ejemplos de estos debates on –line acerca de la variedad canaria.

idénticas, (ver, ejemplos clarísimos de ello en F. 15 y 19; F. 8 y 9). Si se toma como ejemplo el capítulo 8, se ha podido comprobar, que los hablantes utilizan como recurso narrativo para explicar un proceso, que ellos mismos construyeron como de pérdida de su variedad, una serie de comparaciones con un alto grado de afinidad entre ellas. Las construcciones sociales de la realidad han sido expresadas en la interacción y narraciones de manera afín.

Por ello, se puede concluir, que estos datos pueden tomarse como fehacientes y represervativos de los discursos sociales existentes en Canarias, acerca de la variedad lingüística propia y su relación con la estándar peninsular.

11. CONCLUSIONES FINALES

El proceder seguido en la presente investigación ha sido tal, que, en cada capítulo, y en muchas de las ocasiones, en cada punto, se ha prestado especial atención a la relación existente entre los distintos aspectos teóricos y empíricos tratados y se han extraído conclusiones detalladas y amplias al respecto. Por esta razón, remito a ellas, y en lo que sigue, me centraré en abordar brevemente y de manera crítica los resultados obtenidos, con particular referencia a los tres objetivos que se plantearon en la introducción. Recuérdese que las cuestiones principales de estos tres objetivos eran:

1. Cómo se producen los procesos de construcción de la identidad colectiva en la globalización y qué papel juega la propia variedad lingüística.

2. Cuál es el estatus de las variedades estándar y no estándar del español actual bajo la perspectiva teórica del pluricentrismo y, para el caso canario, bajo la perspectiva de los/as hablantes canarios/as.

3. Si existe entre los hablantes una *narratividad colectiva* con respecto a sí mismos como grupo y a su variedad de habla.

Antes de analizar lo que de estos objetivos se ha alcanzado y lo que no, quiero resaltar un aspecto tratado en la introducción. En ella, hice referencia a la importancia que tiene, para la sociolingüística en general y para Canarias en particular, no sólo *tener en cuenta* el aspecto sociológico, sino considerarlo como una parte fundamental y necesaria. Creo haber demostrado que, debido a la complejísima situación social por la que atraviesa el Archipiélago, es ineludible incluir un análisis sociológico adecuado que posibilite situar correctamente la problemática actual de la variedad canaria. Sin esto, habría sido imposible entender e interpretar correctamente muchos de los aspectos de los datos empíricos, como las actitudes de rechazo de los hablantes canarios hacia la variedad peninsular y hacia sus hablantes, las situaciones de conflicto reconstruidas y la valoración algo contradictoria de la propia variedad.

11.1. Identidad colectiva, glocalización, estandarización

La pregunta inicial realizada en los capítulos 2 y 5 acerca de si, debido a los procesos de fragmentación, deslocalización, individualización, homogeneización, etc., que la globalización trae consigo (y señalando la postura posmodernista del *fin de la historia*, de la metanarración, de la diversidad,...), se puede hablar de un *fin de la identidad*, se ha respondido negativamente y, por ende, se ha extraído la conclusión clara de que la *globalización no supone el fin de la identidad, ni en lo individual ni en lo colectivo*. Más bien, y siguiendo la metáfora de Keupp (2002), se ha visto que la identidad está sometida en la actualidad a diversos "campos de tensión", en los que los individuos se ven inmersos todavía en estructuras de la modernidad clásica y en la impronta de la modernidad tardía. Como consecuencia, se agudiza la necesidad que estos tienen de adecuar individualmente los mundos internos y externos, la individualización, la diversificación de los roles sociales y de establecer una coherencia y continuidad consigo mismos, para poder concebirse como una unidad coherente. Se trata de un *trabajo de identidad* propio y reflexivo, en el que continuidad y coherencia son establecidas a través del discurso, especialmente a través de las narraciones del yo.

Se ha estudiado con amplitud que, en el ámbito de lo colectivo, pasa algo similar. En la globalización, las comunidades humanas están sometidas a distintos campos de tensión y a procesos de deslocalización, por la diversificación de las relaciones centro-periferia, los flujos migratorios, los medios de comunicación de masas, el desarrollo de un capitalismo cada vez más desorganizado, etc. No obstante, se ha aclarado con Hall (1994, 1997, 1998), Beck (1997), Hannerz (1998, 2001), Robertson (1992, 1996) y Castells (2001) que no es en absoluto posible hablar de un *fin de la identidad colectiva en la globalización*. La pregunta que surge a partir de ello, y que ha ocupado el capítulo 5 (también aspectos del 2 y del 7), es cómo se producen exactamente los procesos de identificación colectiva. Tras diversos recorridos teóricos, se ha concluido que hay tres maneras principales:

Por un proceso de *relocalización de lo local en lo global*: la globalización no sólo trae consigo procesos de deslocalización y homogeneización, sino que los procesos de relocalización y de diversificación, son inherentes a su propia dialéctica. Sin embargo, lo local está, situado en un ámbito ineludiblemente global. Las identidades colectivas, perfectamente localizadas en la modernidad, se deslocalizan en la vorágine de la globalización y vuelven a localizarse glocalmente. Lo local y lo global están de tal modo entrelazados que, más que globalización, sería necesario siempre tener en cuenta el término de Robertson (1992) de *glocalización*.

Por *resistencia* a los procesos fragmentadores, deslocalizadores y homogeneizadores de la globalización: según se vio en el capítulo 5, una de las maneras más
importantes que los individuos de una comunidad determinada tienen de relocali-
zarse como tal es la resistencia. La nostalgia por la comunidad, por la naturaleza
o por la religión tienen un potencial de resistencia, que, en algunos casos, lleva en
la actualidad incluso a conflictos con un alto grado de violencia. Muchos de estos
procesos de resistencia, sobre todo aquellos ligados al nacionalismo cultural, se
institucionalizan, son reflexivos y, como se vio con Castells, dicha resistencia se
convierte en cultura institucionalizada, aprovechada políticamente, tal es el caso
indudable de Canarias.

Por *procesos de interacción social y narraciones* de sí mismo como grupo: una
vez que queda claro que el ámbito de lo local no ha desaparecido con la globalización, me he preguntado cómo exactamente se construye la identidad colectiva.
Para ello, me he valido de algunos postulados del construccionismo social y de la
concepción de *afinidad en la construcción*. Esto ha resultado especialmente fruc-
tífero para explicar la importancia que, en la era de la globalización, sigue teniendo la interacción social, así como las narraciones que el grupo hace de sí mismo.

Según se ha analizado, estos tres aspectos son perfectamente observables en Canarias. Tanto los datos socioeconómicos, como la relación centro-periferia en sus múltiples variantes, los tipos de inmigración totalmente divergentes entre sí, el turismo
de masas, un virulento capitalismo desorganizado, etc., permiten calificar al Archipiélago como *globalización en miniatura*. Debido a que el cambio en la estructura
social y económica de las Islas es tan reciente, estas se han presentado como un
interesante caso de estudio de los procesos de localización-deslocalización-relocalización. Se observan a la perfección los tres modos de construcción de la identidad
colectiva, vistos arriba: por relocalización de lo local en lo global, por resistencia y
por el establecimiento de fronteras grupales en la interacción social. Que la interacción y la dicotomización entre un *nosotros* y un *ellos* sigue funcionando, como
modo básico de construcción de la identidad colectiva en el ámbito de lo glocal, ha
sido demostrado con los datos empíricos, según se verá a continuación.

Antes, es necesario resaltar que uno de los objetivos, importantes para mí, era
determinar cómo influye el estatus de periferia en las dinámicas de deslocalización y relocalización de las identidades. Esto no ha podido ser estudiado con la
profundidad que hubiera deseado. Ello se debe a dos razones principales: por un
lado, a que la mayor parte de los estudios acerca de la problemática de la deslocalización y la construcción de las identidades colectivas en la globalización ha
estado mucho más centrada en los *centros* que en las *periferias*. Según he señalado con autores como Friedman (1997: 79), Canclini (2001: 19-20), Hannerz
(1998: 95), Keupp (2002: 53) o Castells (1998: 30), dicha situación ha implicado,

en muchos casos, una visión en exceso elitista y eurocéntrica. Por otro lado, debido a la complejidad de las relaciones centro-periferia y de la inmigración en Canarias, estas no son fácilmente extrapolables a otras zonas periféricas. Estudios que se ocupen de ello serían, por consecuencia, de gran interés. Sobre todo, si se tiene en cuenta que, objetivamente, las diferencias entre los centros y las periferias (el desarrollo y el subdesarrollo o como quiera llamarse), lejos de disminuir, se hacen cada vez mayores.

Por otra parte, cabe apuntar que tomar a la población receptora como objeto de estudio de la lingüística de la migración, se ha revelado como de gran interés. Esto amplía las miras científicas de la misma, tanto en el ámbito de lo teórico como de lo empírico. Si se tienen en cuenta la gran cantidad de flujos migratorios y la diversificación de los mismos en la era de la globalización, así como las consecuencias de los mismos, la lingüística de la migración se perfila como una disciplina cada vez más interesante. Por ello, esta debe diferenciar las distintas partes implicadas, es decir, no sólo los grupos de emigrantes, sino, siempre que sea relevante, también casos de población receptora como el estudiado aquí. Los aspectos empíricos relacionados con el modo en que los hablantes de este corpus han construido su identidad se han estudiado ampliamente en los capítulos anteriores. Para evitar repeticiones innecesarias, y al estar íntimamente ligados al objetivo 3, serán precisados, con referencia a dicho objetivo, en el punto 11.3.

11.2. Estatus del español actual, pluricentrismo y español de Canarias

El segundo, y más importante objetivo de la presente investigación, se ha alcanzado plenamente, tanto en el ámbito teórico como en el empírico. A medida que avanzaba la investigación, el hecho de que los datos empíricos obtenidos no coincidieran con los planteamientos iniciales (ver Introducción), junto a las dificultades que esto ha entrañado, se ha revelado especialmente esclarecedor. La necesidad de encontrar respuestas teóricas al cambio de actitud de los hablantes canarios hacia su propia variedad, que parecía desprenderse de los datos, me llevó a términos tan interesantes y recientes (para el caso del español) como pluricentrismo y diaglosia. Estos conceptos han permitido dar una respuesta clara a cuál es el estatus del español de Canarias, a la luz de la situación general del español actual.

11.2.1. *Aspectos teóricos*

Tras aclarar algunos aspectos controvertidos de la terminología relacionada con los conceptos dialecto y estándar, me he ocupado de qué ocurre con estas constelaciones en el español actual. Se ha concluido que, en cuanto al prestigio se refiere, muchas variedades del español están en un proceso de cambio, al ser revaloradas positivamente por sus hablantes. Esto está produciendo algunas variaciones en el contínuum dialecto-estándar, donde la variedad estándar clásica (el español septentrional como norma académica) pierde prestigio, a la par que lo van ganando los estándares regionales y/o nacionales.

El concepto de estándar regional no puede aplicarse de la misma manera en la América hispanohablante, ya que regional se refiere aquí a más de una nación, mientras que en el Estado español hace referencia a distintas variedades de prestigio dentro del Estado mismo. Por ello, ha sido necesario hacer una distinción terminológica para delimitar ambos casos. Para la situación de las variedades del Estado español, se ha cristalizado como especialmente válido el término de *diaglosia* de Auer (2005). No obstante, tras diversos análisis y con la ayuda de los planteamientos de Villena con respecto al caso del andaluz, se ha ampliado este concepto de Auer. Primero, se ha concluido que *pluricentrismo y diaglosia reconstruyen como concepto teórico exactamente el mismo proceso de cambio, en el que los parámetros de prestigio no están asociados al estándar "clásico", sino a un cambio en la conciencia de los hablantes, que revaloran de manera positiva la variedad propia* (nacional o regional). Ambos conceptos poseen entre sí una diferencia fundamental. Una situación diaglósica se da dentro de los límites de un mismo Estado, con un estándar regional, que marca la actuación lingüística de los hablantes y funciona como norma de prestigio, pero que convive con un estándar nacional aceptado suprarregionalmente. Una situación pluricéntrica (en español y en otras lenguas como el inglés) se da cuando está implicada más de una nación, y donde el estándar regional o nacional es el polo más distante del contínuum. En el español, se dan ambos casos: de diaglosia dentro del Estado español, con la constitución de estándares regionales de alto prestigio, y de pluricentrismo a nivel internacional, puesto que, en la América hispanohablante, existen estándares regionales que han sustituido completamente al estándar normativo español.

Para la situación de algunas de las variedades dialectales dentro del Estado español, se ha extraído la siguiente conclusión:

Se da una *situación de diaglosia*, entendiendo por ésta: *la existencia de formas intermedias en el contínuum dialecto vernáculo-estándar nacional*, que se dividen en dos:

a) Los dialectos regionales que forman parte del contínuum vertical dialecto-estándar.

b) Los estándares regionales que ocupan una dimensión distinta en el contínuum y que funcionan como orientadores de la actuación lingüística de los hablantes y como norma de prestigio altamente valorada. Esto no significa que el

estándar nacional deje de existir, sino que coexiste como dimensión de prestigio con el regional, aunque sólo de manera referencial.

Esta discusión, realizada a partir de los conceptos de pluricentrismo y diaglosia
para las variedades del español, ha sido la que ha permitido explicar cuál es el
estatus actual del español de Canarias, qué prestigio tiene y si orienta la actuación
lingüística de sus hablantes. Se ha demostrado que:

1. En Canarias, se está produciendo un cambio de actitud hacia la variedad vernácula, que puede observarse en distintos ámbitos: el académico, el político y
el institucional (no tanto en los medios de comunicación), y, como se ha visto,
también en los hablantes. Este desarrollo es común al que se da en otras regiones hispanohablantes, en las que existe un cambio de actitud, pero no una
norma de prestigio propia. El establecimiento de un estándar regional, que
sirva como variedad de prestigio, orientadora de la actuación lingüística de los
hablantes canarios, aún no se observa en Canarias.

2. El estatus del español de Canarias es, desde este punto de vista, estrictamente
teórico, aún indefinido. Aunque en distintos ámbitos se ha producido un proceso de revaloración y a pesar de que las instituciones políticas han expresado
su voluntad de "implantar el canario como modalidad lingüística"[1], esto no ha
sucedido hasta el momento (de igual manera que para muchas otras variedades del español).

Estas características no son exclusivas del español de Canarias, sino, como acabo
de decir, también de otras variedades del español. Por ello, sería de gran interés la
realización de estudios que ayuden a determinar el estatus de las distintas variedades del español, teniendo en cuenta, en primer lugar, a los hablantes, para lo
que se necesitaría siempre un enfoque empírico. Únicamente con estudios que
incluyan a los hablantes puede saberse si el español funciona realmente como
"patria común" (del Valle 2007) de su inmensa comunidad hablante o si esto es
una apreciación de sus lingüistas.

11.2.2. *Aspectos empíricos*

Los resultados de los análisis empíricos han sido de gran ayuda y han demostrado
que los hablantes canarios tampoco otorgan a su variedad un estatus definido,
pero que se está produciendo un cambio de actitud con el que la variedad verná-

---

[1]   Palabras de un miembro importante del Gobierno de Canarias. Ver periódico *El Día*
8.04.2005.

cula está siendo revalorada. De forma más concreta, de los análisis realizados, se puede concluir lo siguiente:

1. Los hablantes canarios no se identifican con la norma peninsular y la valoran negativamente, tanto en el ámbito de la cercanía, y más importante aún, en el de la lejanía comunicativa. Es decir, el prestigio que siempre la ha acompañado es cada vez más débil, y no funciona como orientadora de la actuación lingüística de los hablantes.

2. Poseen actitudes contradictorias hacia su propia variedad:

a) Los datos demuestran que los hablantes canarios no rechazan ni minusvaloran su variedad, como había sido postulado por autores como Trujillo, Ortega o Morera, sino que se está produciendo un cambio de actitud, donde la variedad vernácula es valorada de manera abierta como positiva y prestigiosa, tanto en el ámbito de cercanía, como en el de la lejanía comunicativa.

b) No obstante, de manera encubierta, se ha visto en los hablantes que aún sigue existiendo un alto grado de inseguridad lingüística y que las categorizaciones sociales que construyen la variedad canaria como *inferior*, *mal hablada* o *incorrecta*, están aún muy presentes en muchos de los hablantes.

c) Es muy importante señalar que los hablantes perciben un proceso de asimilación y convergencia hacia la variedad estándar y que, frente a este, se han posicionado como resistentes. Como se ha analizado, esta postura de resistencia no es exclusiva del corpus de este trabajo y es observable asimismo en otras esferas. Esta se explica y justifica porque es parte del proceso de relocalización de la identidad colectiva, donde la variedad vernácula juega para los hablantes un papel primordial en su identificación como grupo.

d) Existen todos los motivos teóricos, sociales y lingüísticos, para que se establezca un estándar regional canario, que sirva como norma de prestigio orientadora de la actuación lingüística de los hablantes canarios. Que este estándar regional tenga la capacidad de influir positivamente en la inseguridad lingüística de hablantes de una variedad históricamente periférica, sería sin duda deseable, pero queda, por el momento, en mera conjetura.

11.3. Identidad y narratividad colectiva

En la validación de los datos, realizada en el punto 10.4, se han extraído ya las conclusiones más importantes, en referencia a este objetivo. No obstante, se pueden precisar aquí algunos aspectos.

1. En cuanto a la construcción narrativa de la identidad colectiva desde un discurso individual de entrevista narrativa, se puede concluir: que el análisis del posicionamiento, "aquel aspecto de la interacción a través del cual los interactuantes se asignan posiciones sociales e identidades" (Lucius-Hoene/Deppermann 2004: 196; Tr. LM), ha sido el que más ha iluminado cómo los hablantes construyen su identidad colectiva desde el discurso individual. Según se ha analizado ampliamente y se concluyó en el capítulo 10, los hablantes han construido su identidad colectiva, posicionándose siempre en un nosotros frente a un ellos, es decir, como "grupo nosotros" (*Wir Gruppe*). Este resultado no es en absoluto novedoso ni asombroso. Muchos estudios de análisis de la conversación y análisis etnometodológico lo han demostrado ya, es decir, es una confirmación más de estos resultados. Lo que sí se puede resaltar es que el análisis del posicionamiento narrativo de los hablantes se ha mostrado como la llave metodológica principal para determinar cómo se construye la identidad colectiva desde un discurso individual. Por tanto, puede ser un recurso metodológico muy importante para otros casos que estudian la construcción de la identidad colectiva con el método de la entrevista narrativa (cfr. Morgenthaler 2007b).

Un aspecto a resaltar de los datos del corpus, con referencia a esta construcción del nosotros por posicionamiento, es que este nosotros ha sido de carácter archipielágico. Es decir, ha sido, en una gran mayoría de los casos, un nosotros canarios/as, abarcador de todas las Islas, y no como tinerfeña, gomero, etc., que se define interactivamente por alteridad con un ellos no-canario. También se ha demostrado que los atributos culturales y que las fuentes de sentido que definen ese nosotros han sido cambiantes de hablante a hablante. Los *símbolos de identidad*[2] (ver crítica a este concepto en el punto 5.5) han resultado bastante arbitrarios. No obstante, hay que tener en cuenta lo dicho en el punto anterior, ya que la variedad vernácula ha sido una de las fuentes de sentido e identificación intergrupales más constantes en el discurso de los hablantes.

2. En cuanto a la existencia de una forma afín de narrar, característica de un grupo determinado, que lo define como tal al diferenciarse de las construcciones narrativas de otro, se puede concluir lo siguiente:

a) Este ha sido un objetivo que no se ha alcanzado plenamente. Aunque los datos demuestran que es posible realizar un análisis de este tipo, para llegar a una conclusión fehaciente al respecto, se necesitaría realizar un trabajo de análisis sólo dirigido a alcanzar este propósito. Esto no ha sido posible aquí, pues se

---

[2] Acerca de este concepto institucional, bastante hábil y etéreo, ha sido discutido ampliamente en el punto 5.5.

mostró como más importante el análisis de otros elementos, como la valoración de la variedad vernácula, la construcción de la identidad por posicionamiento, etc. No obstante, lo que Lucius-Hoene/Deppermann (2004) ha denominado "modelos culturales de interpretación premarcados", Kraus (1996, 2000), Keupp (2002) "Ready Mades", Schmidt (1994) "familias narrativas", Zimmermann (2004ª) "afinidad en la construcción", etc., son del todo observables en los datos presentados aquí, pero me ha sido imposible analizar con profundidad, ya que, repito, esto supondría un objetivo de análisis necesitado de exclusividad. En el capítulo 8, por ejemplo, se ha podido observar con claridad la existencia de esta "narratividad colectiva", en referencia a la pérdida de la variedad vernácula y a cómo esta se ha construido discursivamente (ver capítulo 8). En los restantes capítulos también se *intuye* esta narratividad colectiva[3].

b) Lo que sí se puede decir a este respecto, tras los numerosos análisis realizados, es lo siguiente: el análisis de las estructuras discursivas, así como de los recursos lingüístico-textuales utilizados en los mismos (la repetición de ciertas fórmulas narrativas, argumentos, categorizaciones e incluso estructuras semánticas), son una llave importante para analizar la existencia de esta narratividad colectiva. Profundizar en la existencia de la misma con el análisis de los recursos mediante la que se expresa en el discurso, compararla con otros discursos sociales existentes, puede ser un interesantísimo y poco explorado objeto de estudio para el análisis de la conversación.

11.4. Últimas reflexiones: ¿planificación lingüística para Canarias?

En el punto 11.2.2, así como en el capítulo 6, se expusieron las razones por las que sería conveniente una planificación lingüística para Canarias y el establecimiento de un estándar regional como norma de prestigio, que sirva de orientadora de la actuación lingüística de los hablantes canarios. A partir de los resultados teóricos y empíricos de este trabajo, se pueden apuntar varias cosas al respecto.

Uno de los argumentos que se han esgrimido para argumentar la inexistencia de una norma de prestigio canaria es la fragmentación y el polimorfismo de las distintas variedades insulares, rurales y urbanas (ver capítulos 6 y, en particular, el

---

[3] El lector o lectora que haya leído con detenimiento los fragmentos y los análisis estará de acuerdo conmigo en que esta narratividad colectiva es fácil de percibir, pero no de determinar, sin un análisis exhaustivo. Por ello, repito, sería necesario un estudio dedicado plenamente a ello.

punto 6.4). He mostrado que el polimorfismo de las hablas canarias no es una característica exclusiva ni anómala, pues se produce de igual manera en otras variedades del español, sin que esto invalide que en dichas variedades se haya constituido un estándar regional (clarísimo ejemplo de ello es el andaluz). Tal polimorfismo no es más que una variación interna, propia a cualquier variedad idiomática, que incluya variedades diatópicas, diastráticas y diafásicas. Suponer que el establecimiento de un estándar regional lleva a que desaparezcan completamente las marcaciones diasistemáticas es un absurdo. Esta idea parece surgir, como advierte Zimmermann (1999ª), de una concepción descriptivista y, en el peor de los casos, purista, de lo que es una planificación lingüística. Justo esta idea es la que se debe dejar de lado, si se entiende desde una postura actual.

Según se ha visto en el capítulo 6, la concepción teórica del pluricentrismo supone que la variedad lingüística que se constituya como centro para una nación o un país, debe sufrir un proceso de codificación y establecerse como lengua de distancia. Como se ha discutido ampliamente, esto es más difícil en el caso del Estado español, pues el peso del estándar nacional, que ha sido el marcador de prestigio para todas las variedades del español, no es el mismo que para la América hispanohablante. No obstante, las variedades meridionales del español, desprestigiadas hasta hace muy poco, también han sufrido y sufren este proceso de revaloración. Para que este cambio de actitud se refleje legislativa e institucionalmente debe por fin reconocerse la validez de estas variedades frente a la que ha sido considerada como *su lengua*, de la cual estas hablas no son más que sus *dialectos*. Que la diferencia entre lengua y dialecto es en gran parte extralingüística ha sido demostrado por muchos autores para distintas lenguas y tratado ampliamente en el capítulo 6. Por ello, el que unas variedades se hayan codificado ha sido una cuestión de poder. Este hecho, reconocido por la lingüística, no se ha traducido de forma legal para muchas variedades del español, entre ellas, la canaria.

Este estudio muestra, con sus limitaciones pertinentes y aclaradas anteriormente, que en los hablantes canarios se está produciendo un cambio de actitud hacia su propia variedad, que es revalorada como prestigiosa. Es decir, los agentes más importantes del proceso de pluricentrismo (los hablantes) poseen una clara actitud de resistencia hacia un proceso de pérdida (que no de cambio) de su variedad, por convergencia hacia la estándar peninsular. Como se ha analizado, este cambio de actitud también se observa en otros ámbitos y, por tanto, existen las condiciones básicas para comenzar un proceso de planificación y regulación lingüística, como el que se está llevando a cabo, por ejemplo, en Andalucía. Cómo, con qué métodos, de qué manera y qué aspecto exacto debe tener esta planificación lingüística en Canarias necesita un estudio concreto, amplio y riguroso, en el que estén implicados distintos sectores y expertos, como es común en la planificación lingüística. Lo que, a priori, sí se puede decir, es que esta planificación no puede partir de una actitud folclorista, ni de quienes arbitran ese concepto peligrosamente vacío de *lo nuestro*. Como se ha analizado con distintos autores (ver punto 5.5 y 6.5), estos inventores de la demagogia de *lo nuestro* han confundido el *hablar canario* con el *hablar rústicamente*; concepción totalmente absurda, si se tiene en cuenta el grado de urbanización y terciarización de la sociedad canaria actual, en la que lo rural, por suerte o por desgracia, forma parte más de un pasado relativamente reciente, que de una realidad contemporánea.

12. BIBLIOGRAFÍA

AALE [Asociación de Academias de la Lengua Española] (2004): *La nueva política lingüística panhispánica*. Madrid: Real Academia Española.

ACUÑA, Leonor (2002): "El español como recurso económico: de Colón al Mercosur", en: *Novedades de antropología*, 42 (11), 19-22.

ADORNO, Theodor/HORKHEIMER, Max (2003 [1969]): *Dialektik der Aufklärung*. Frankfurt: M. Fischer.

AGHEYISI, Rebeca/FISHMAN, Joshua (1970): "Language attitude studies: A brief survey of methodological approaches", en: *Antropological Linguistics* 12, 137-57.

AGUIRRE BELTRÁN, Gonzalo (1983): *Las lenguas vernáculas. Su uso y desuso en la enseñanza: la experiencia de México*. México D. F.: Ediciones de la Casa Chata.

ALBROW, Martin (1996): *The Global Age: State and Society beyond Modernity*. Cambridge: Polity Press.

ALBROW, Martin/O'BYRNE, Darren (2000): "Rethinking State and Citizenship under Globalized Conditions", en: GOVERDE, Henry (ed.): *Global and European Polity? Organisations, Policies, Contexts*. Aldershot: Ashgate, 65-82.

ALMEIDA, Manuel (1989): *Diferencias sociales en el habla de Santa Cruz de Tenerife*. La Laguna: Instituto de Estudios Canarios.

— (1990): *El habla de Las Palmas de Gran Canaria. Niveles sociolingüísticos*. La Laguna: Centro de la Cultura Popular Canaria.

— (1994): "Creencias y actitudes lingüísticas en el español canario", en: *Anuario de Lingüística Hispánica* 10, 9-23.

— (1999): *Manual de sociolingüística*. La Laguna: Servicio de publicaciones Universidad de La Laguna.

ALMEIDA, Manuel/PÉREZ VIDAL, Carmelo (1995): "Variación socioestilística del léxico: un estudio contrastivo", en: *Homenaje a Rodolfo Oroz, BFUCh* 35, 49-75.

ALVAR LÓPEZ, Manuel (1953): *El dialecto aragonés*. Madrid: Gredos

— (1959): "El español hablado en Tenerife", en: *Revista de Filología Española* 59. Anejo LXIX.

— (1962): *Dialectología española*. Madrid: CSIC.

— (1969): *Variedad y unidad del español*. Madrid: Gredos.

— (1975-78): *Atlas lingüístico y etnográfico del español de Canarias*. Las Palmas de Gran Canaria: Cabildo Insular de Las Palmas de Gran Canaria.

398 Laura Morgenthaler García

— (1996): *Manual de dialectología hispánica: El español de España*. Barcelona: Ariel Lingüística.
— (1996): *Manual de dialectología hispánica: El español de América*. Barcelona: Ariel Lingüística.
— (2003): "Canarias y Venezuela", en: Díaz Alayón, Carmen/Morera, Marcial/Ortega, Gonzalo (eds.): *Estudios sobre el español de Canarias*. La Laguna: Academia Canaria de la Lengua, (1), 19-43.

Alvar López, Manuel/Quilis, Antonio (1984): "Reacción de unos hablantes cubanos ante diversas variedades del español", en: *Lingüística Española Actual* 6, 225-239.

Álvarez, Alexandra (2001): "Actitudes lingüísticas en Mérida y Maracaibo: otra cara de la identidad", en: *Boletín Antropológico* 52 (2), 145-166.

Álvarez, Alexandra/Freites, Francisco (2000): "Normas de prestigio y normas de poder: actitudes lingüísticas en los Andes venezolanos", en: Ponencia presentada en las *XIII Jornadas lingüísticas ALFAL*. Caracas: Universidad Simón Bolívar.

Ammon, Ulrich (1986): "Explikation der Begriffe Standardvarietät und Standardsprache auf normtheoretischer Grundlage", en: Holtus, Gerhard/Radtke, Edgar (eds.): *Sprachlicher Substandard*. Tübingen: Niemayer, 1-64.

— (2003): "On the social forces that determine what is a standard in a language and on conditions of successful implementation", en: *Sociolinguistica* 17, 1-10.

Apel, Karl Otto (1980): *Die Idee der Sprache in der Tradition des Humanismus von Dante bis Vico*. Bonn: Bouvier Verlag.

Appadurai, Arjun (2001): *La modernidad desbordada. Dimensiones culturales de la globalización*. Buenos Aires/Montevideo: FCE/Ediciones Trilce.

Appel, René/Muysken, Pieter (1987): *Language contact and bilingualism*. London: Edward Arnold.

Armas Marrón, Ana C. (2002): "El habla canaria en la prensa local de Tenerife", en: *Revista Latina de Comunicación Social* 50 (5). Universidad de La Laguna: (URL): http://www.ull.es/publicaciones/latina/2002/latina50mayo/5010armas.htm [Tomado el 21.08.2005].

Assman, Jan (1992): *Das kulturelle Gedächtnis. Schrift, Erinnerung und politische Identität in frühen Hochkulturen*. München: C. H. Beck.

Auer, Peter (2005): "Europe's sociolinguistic unity, or: A typology of European dialect/ standard constellations", en: Delbecque, Nicole/Auwera, Johan van der/Geeraerts, Dirk (Eds.): *Perspectives on variation: sociolinguistic, historical, comparative*. Berlin/ New York: Mouton de Gruyter, 8-42.

Auer, Peter/Hinskens, Frans (1996): "The convergence and divergence of dialects in Europe. New and not so new developments in an old area", en: *Sociolinguistica* 10, 1-29.

Auer, Peter/Hinskens, Frans/Kerswill, Paul (eds.) (2005): *Dialect Change. Convergence and Divergence in European Languages*. Cambridge: Cambridge University Press.

Bhabha, Homi K. (2002): *El lugar de la cultura*. Buenos Aires: Manantial.

Baldacchino, Godfred/Greenwood, Rob (eds.) (2001): *Competing Strategies of Socioeconomic Development of Small Islands*. New York/London: Macmillan Press.

BALDACCHINO, Godfred/MILNE, David (eds.) (2000): *Lessons from the Political Economy of Small Islands: The Resourcefulness of Jurisdiction*. New York/London: Macmillan Press.

BALDWIN, John D (1987): *George Herbert Mead: a Unifying Theory for Sociology*. London: Sage.

BARTH, Frederik (1969): *Ethnic Groups and Boundaries. The Social Organization of Culture Difference*. London: Allen & Unwin.

— (1994): "A Personal View of Present Tasks and Priorities in Cultural and Social Anthropology", en: BOROFSKY, Robert (ed.): *Assessing cultural Anthropology*. New York: McGraw Hill, 349-361.

BAR-TAL, Daniel (1998): "Group Beliefs as an Expression of Social Identity", en: WORCHEL, Stephen (ed.): *Social Identity: International perspectives*. London: Sage, 93-113.

BARTOLOMÉ, Miguel A. (1997): *Gente de costumbre y gente de razón. Las identidades étnicas en México*. México D. F: Siglo XXI.

BAUMAN, Zygmunt (1992): *Intimations of Postmodernity*. London/New York: Routledge.

— (1998): *Globalization, the Human Consequences*. Cambridge: Polity Press.

BAXTER, Alan (1992): "Portuguese as Pluricentric Language", en: CLYNE, Michael (ed.): *Pluricentric Languages*. Berlin/New York: Mouton de Gruyter, 12-44.

BECK, Ulrich (1986): *Risikogesellschaft. Auf dem Weg in einer andere Moderne*. Frankfurt: Suhrkamp.

— (1997): *Was ist Globalisierung? Irrtümer des Globalismus - Antworten auf Globalisierung*. Frankfurt: Suhrkamp.

— (1998): *Perspektiven der Weltgesellschaft*. Frankfurt: Suhrkamp.

BENTIVOGLIO, Paola/SEDANO, Mercedes (1999): "Actitudes lingüísticas hacia las distintas variedades del español", en: PERL, Matthias/PÖRTL, Klaus (eds.): *Identidad cultural y lingüística en Colombia, Venezuela y en el Caribe hispánico*. Tübingen: Niemeyer, 135-160.

BERGASA PERDOMO, Óscar/GONZÁLEZ VIÉITEZ, Antonio (2003): *Desarrollo y subdesarrollo en la economía canaria*. Santa Cruz de Tenerife: Idea [Primera edición 1969 Madrid: Guadiana].

BERGER, Peter/LUCKMANN, Thomas (1986): *La construcción social de la realidad*. Buenos Aires: Amorrortu.

BIERBACH, Mechthild (2000): "Spanisch –eine plurizentrische Sprache?–", en: *Vox Romanica* 59, 143-170.

BLAS ARROYO, José Luis (1999): "Actitudes hacia la variación intradialectal en la sociolingüística hispánica", en: *Estudios filológicos* 34, 48-72.

BLOOMFIELD, Leonard (1935): *Language*. New York: Holt.

BÖHNKE, Bettina (2002): *Tenerife: zwischen Autonomie und Tourismus. Eine ethnologische Untersuchung zur Konstitution von ethnischer Identität auf einer Kanareninsel*. Münster: LIT.

BORREGO NIETO, Julio (1999): "El español de Castilla León ¿Modelo lingüístico o complejo dialectal?", en ÁLVAREZ TEJEDOR, Antonio (ed.): *La lengua española patrimonio de todos*. Burgos: Caja de Burgos, 13-40.

— (2001): "El concepto de *norma regional* y su aplicación a las hablas castellano-leonesas", en: *Actas del II Congreso Internacional de la Lengua Española"*. URL: http://cvc.cervantes.es/obref/congresos/valladolid/ [Tomado el 23.06.03].

BRINKER, Klaus (2001): *Linguistische Gesprächsanalyse: eine Einführung*. Berlin: Erich Schmidt.

BRITO GONZÁLEZ, Oswaldo/PÉREZ VOITURIEZ, Antonio (1982): *Canarias. Encrucijada Internacional*. Santa Cruz de Tenerife: Ecotopía.

BURRIEL DE ORUETA, Eugenio (1982): *Canarias: Población y agricultura en una sociedad dependiente*. Barcelona: Oikos-Tau.

CALVET, Louis Jean (1981): *Lingüística y colonialismo. Breve tratado de glotofagia*. Madrid: Júcar.

CASTELLS, Manuel (1998): *The information Age: Economy, Society and Culture. The Power of Identity*. Vol II. Oxford: Blackwell.

CATALÁN, Diego (1989): *El español. Orígenes de su diversidad*. Madrid: Paraninfo.

CECCHINI, Daniel/ZICOLILLO, Jorge (2002): *Los nuevos conquistadores*. Madrid: Ediciones Foca.

CENTRO DE INVESTIGACIÓN ECONÓMICA Y SOCIAL (CIES) (1976): *Canarias en 1975: Análisis de su economía. Entre el subdesarrollo y el neocolonialismo*. Las Palmas de Gran Canaria: Caja Insular de Canarias.

— (1977): *Economía canaria 76. Desarrollo del subdesarrollo: Especulación y necesidades* (Vol. I y II). Las Palmas de Gran Canaria: Caja Insular de Canarias.

— (1980): *Estructura social de Canarias. Desarticulación y dependencia claves de la formación social canaria*. Las Palmas de Gran Canaria: Caja Insular de Canarias.

CLYNE, Michael (1992): "Pluricentric Languages: Introduction", en: CLYNE, Michael. (ed.): *Pluricentric Languages*. Berlin/New York: Mouton de Gruyter, 1-11.

— (1992): "Epilogue", en: CLYNE, Michael. (ed.): *Pluricentric Languages*. Berlin/New York: Mouton de Gruyter, 455-465.

CONSEJO ECONÓMICO Y SOCIAL DE CANARIAS (CES) (2001): "Demografía y mercado de trabajo", en: *Informe anual sobre la situación económica, social y laboral de Canarias durante el año 2000*. Santa Cruz de Tenerife/Las Palmas de Gran Canaria: CES, 233-268.

— (2003): "Canarias Región Insular: la insularidad como condicionante en el análisis socioeconómico y territorial", en: *Informe Anual 2003*. Santa Cruz de Tenerife/Las Palmas de Gran Canaria: CES, 403-440.

CORBEIL, Jean-Claude (1983): "Éléments d'une théorie de la régulation linguistique", en: BÉDART, Edith/MAURAIS, Jaques (ed.): *La norme linguistique*, 281-301. Québec: Conseil de la langue française.

CORRALES Zumbado, (1996): "Lexicografía canaria", en: MEDINA LÓPEZ, Javier/CORBELLA DÍAZ, Dolores (eds.): *El español de Canarias hoy: análisis y perspectivas*. Madrid/Frankfurt: Iberoamericana/Vervuert, 143-178.

COSERIU, Eugenio (1981a): *Lecciones de lingüística general*. Madrid: Arco.

— (1981b): "Los conceptos de dialecto, nivel y estilo de lengua y el sentido de la dialectología", en: *Lingüística española actual* 3, 1-32.

— (1990): "El español de América y la unidad del idioma", en: *I Simposio de Filología latinoamericana*, 43-45.

CROFT, William/CRUSE, Alan (2004): *Cognitive linguistics*. Cambridge: Cambridge University Press.

CROSSLEY, Michele (2000): *Introducing Narrative Psychology. Self, Trauma and the Construction of Meaning*. Buckingham: Open University Press.

CZARNIAWSKA, Bárbara (2004): *Narratives in Social Science Research*. London: Sage.

DELANTY, Gerard (2001): *Modernity and Posmodernity*. London: Sage.

DEL VALLE, José (2006): "U.S. Latinos, *la hispanofonía*, and the language ideologies of high modernity", en: MAR-MOLINERO, Clare/STEWART, Miranda (eds.): *Globalization and language in the Spanish-speaking world: macro and micro perspectives*. New York: Palgrave Macmillan, 27-46.

— (ed.) (2007): *La lengua: ¿patria común? Ideas e ideologías del español*. Madrid/Frankfurt: Iberoamericana/Vervuert.

DEL VALLE, José/Gabriel-Stheeman, Luis (eds.) (2002a): *The battle over Spanish between 1800 and 2000: language ideologies and Hispanic intellectuals*. London/New York: Routledge.

DEMONTE, Violeta (2003): "Lengua estándar, norma y normas en la difusión actual de la lengua española", en: *Circunstancia: Revista de ciencias sociales del Instituto Universitario Ortega y Gasset* 1, 1-23.

DÉNIZ RAMÍREZ, Francisco A. (1996): "Las hablas canarias y el poder", en: *Revista del Museo Canario* 51, 321-336.

— (2002): "Consideraciones sobre el concepto de identidad nacional: una discusión entre náufragos", en: *Disenso: Revista Canaria de análisis y opinión* 32, 14-17.

DEPPERMANN, Arnulf (1999): *Gespräche analysieren. Eine Einführung in konversationsanalytische Methoden*. Opladen: Leske & Budrich.

— (2000): "Ethnographische Gesprächsanalyse: zu Nutzen und Notwendigkeit von Ethnographie für die Konversationsanalyse", en: *Gesprächsforschungs-Online-Zeitschrift zur verbalen Interaktion*, 96-124. URL: www.gesprächsforschung-ozs.de. [Tomado el 30.07. 2001].

DEPPERMANN, Arnulf/HARTUNG, Martin (2003): *Argumentieren im Alltag*. Stuttgart: Stauffenburg.

DI FILIPPO, Armando (1998): "La visión centro-periferia hoy", en: *Revista de la CEPAL*, Nro. Extraordinario, 2-14.

DITTMAR, Norbert (2002): *Transkription. Ein Leitfaden mit Aufgaben für Studenten, Forscher und Laien*. Opladen: Leske & Budrich.

DOS SANTOS, Teotonio (1998): "La teoría de la dependencia, un balance histórico y teórico", en: LÓPEZ SEGRERA, Francisco (ed.): *Los retos de la globalización. Ensayos en honor a Theotonio Dos Santos*. Caracas: UNESCO, 93-149.

DUBOIS, Jean (1973): *Dictionnaire de linguistique*. Paris: Larousse.

DÜRRSCHMIDT, Jörg (2002): *Globalisierung*. Bielefeld: Transcript Verlag.

DUSZAK, Anna (2002) (ed.): 'Us and Others': Social Identities across Languages, Discourses and Cultures. Amsterdam: Benjamins.

EICKELPASCH, Rolf/RADEMACHER, Claudia (2004): *Identität*. Bielefeld: Transkript Verlag.

ELBOJ SASO, Carmen/GÓMEZ ALONSO, Jesús (2001): "El giro dialógico de las ciencias sociales: hacia la comprensión de una metodología dialógica", en: *Acciones e investigaciones sociales* 12, 77-94.

ERIKSON, Erik (1973): *Identität und Lebenszyklus*. Frankfurt: Suhrkamp.

FASOLD, Ralph (1984): *The Sociolinguistics of Society*. Oxford: Basil Blackwell.

FERGUSON, Charles (1959): "Diglossia", en: *Word* 15, 325-340.

FERNÁNDEZ RODRÍGUEZ, Mauro A. (2000): "Cuando los hablantes se niegan a elegir: multilinguismo e identidad múltiple en la modernidad reflexiva", en: *Estudios de Sociolingüística* 1, 47-58.

FISHMAN, Joshua (1967): "Bilingualism with and without diglossia, diglossia with and without bilingualism", en: *Journal of social Issues* 32, 28-38.

— (1991): "Putting the 'socio' back in the sociolinguistic enterprise", en: *International Journal of the sociology of language* 92, 127-138.

FLECK, Ludwig (1993): *Entstehung und Entwicklung einer wissenschaftlichen Tatsache. Einführung in die Lehre vom Denkstil und Denkkollektiv*. Frankfurt: Suhrkamp.

FLORES FARFÁN, José Antonio (1999): *Cuatreros somos y toindioma hablamos: contactos y conflictos entre el náhuatl y el español en el sur de México*. México D. F.: CIESAS.

FORTUNA, Mario/DENTINHO, Tomás/VIEIRA, José (2001): *Os Custos da Perifericidade*. Bruselas: Parlamento Europeo.

FRIEDMAN, Jonathan (1997): "Global Crisis, the Struggle for Cultural Identity: Cosmopolitans versus Locals, Ethnics and National in an Era of De-Hegemonisation, en: WERBNER, Pnina/MOOD, Tariq (eds.): *Debating Cultural Hybridity. Multicultural Identities and the Politics of Anti-Racism*. London: Zed Books, 70-89.

FRINDTE, Wolfgang (1998): *Soziale Konstruktionen: sozialpsychologische Vorlesungen*. Opladen: Westdt. Verlag.

GALVÁN TUDELA, José Alberto (2002): "La construcción de la identidad cultural en regiones insulares: el caso de las Islas Canarias", en: GARCÍA RODRÍGUEZ, José L. (ed.): *Identidad y desarrollo local. Perspectivas de la globalización desde las Islas Canarias*. Santa Cruz de La Palma: Cabildo Insular de La Palma, 171-194.

GARATEA GRAU, Carlos (2006): "Pluralidad de normas en el español de América", en: *Revista Internacional de Lingüística Iberoamericana* 7, 141-158.

GARCÍA CANCLINI, Néstor (2000): *La Globalización Imaginada*. Buenos Aires/Barcelona/México: Paidós.

— (2001): "Las culturas híbridas en tiempos globalizados", en: *Culturas híbridas. Estrategias para entrar y salir de la modernidad*. Buenos Aires/Barcelona/México: Paidós, 13-33.

GARCÍA MOUNTON, Pilar (1999): *Lenguas y dialectos de España*. Madrid: Arco.

GARCÍA RODRÍGUEZ, José L./FEBLES RAMÍREZ, Miguel F. (2002): "Identidad y desarrollo local en Canarias", en: GARCÍA RODRÍGUEZ, José L. (ed.): *Identidad y desarrollo local. Perspectivas de la globalización desde las Islas Canarias*. Santa Cruz de La Palma: Cabildo insular de La Palma, 295-333.

GARFINKEL, Harold (1967): *Studies in ethnomethodology*. Englewood Cliffs, N.J.: Prentice-Hall.

GARÍ-MONTLLOR HAYEK, Domingo (1990): *Historia del Movimiento Canarias Libre.* La Laguna: Editorial Benchomo.

— (1992): *Los fundamentos del nacionalismo canario.* La Laguna: Editorial Benchomo.

GAUGER, Hans-Martin (1992): "Sprachbewusstsein im spanischen Lateinamerika", en: REINHARD, Wolfgang/WALDMANN, Peter (eds.): *Nord und Süd in Amerika. Gemeinsamkeiten, Gegensätze, Europäischer Hintergrund.* Freiburg: Rombach.

GERGEN, Kenneth (1998): "Erzählung, moralische Identität und historisches Bewusstsein. Eine sozialkonstruktionistische Darstellung", en: STRAUB, Jürgen (ed.): *Erzählung, Identität und historisches Bewusstsein. Die psychologische Konstruktion von Zeit und Geschichte. Erinnerung, Geschichte und Identität.* Frankfurt: Suhrkamp, 170-202.

GERGEN, Kenneth/GERGEN, Mary (1983): "Narratives of the self", en: SARBIN, Theodore/ SCHEIBE Karl (eds.): *Studies in social identity.* New York: Praeger, 121-137.

GIDDENS, Anthony (1994): *The Consequences of Modernity.* Cambridge: Polity Press.

GILES, Howard/POWESLAND, Peter F. (1975): *Speech Style and Social Evaluation.* London: Academic Press.

GIRTLER, Roland (2001): *Methoden der Feldforschung.* Wien: Böhlau UTB.

GLASERSFELD, Ernst von (1987): "Siegener Gespräche über Radikalen Konstruktivismus", en: SCHMIDT, Siegfried (ed.): *Diskurs des Radikalen Konstruktivismus.* Frankfurt: Suhrkamp, 401-440.

— (2003): "Konstruktion der Wirklichkeit und des Begriffs der Objektivität", en: FOERSTER, Heinz von et. al. (eds.): *Einführung in den Konstruktivismus.* München/Zürich: Piper, 9-39.

GODENAU, Dierk/HERNÁNDEZ MARTÍN, Raúl (1996): "Insularidad: ¿Un concepto de relevancia analítica?", en: *Estudios Regionales* 45, 177-192.

GOFFMAN, Erving (1968): *Stigma: über Techniken der Bewältigung beschädigter Identität.* Frankfurt: Suhrkamp.

GONZÁLEZ CASANOVA, Pablo (1963): "Sociedad plural, colonialismo interno y desarrollo", en: *América Latina, Revista del Centro Latinoamericano de Ciencias Sociales* 3, IV, 15-32.

— (1969): *Sociología de la explotación.* México D. F: Ediciones S. XXI.

— (2003): "Colonialismo interno: una redefinición", en: *Revista Rebeldía.* URL: http://www.revistarebeldia.org/revistas012/art06.htm [Tomado el 20.04.2004].

GONZÁLEZ RODRÍGUEZ, José Manuel (2003): *Turismo y población en Canarias. Ciclos de vida en los destinos de expansión complementaria.* La Laguna: Ediciones Geneto.

GUGENBERGER, Eva (1995): *Identität und Sprachkonflikt in einer pluriethnischen Gesellschaft. Eine soziolinguistische Studie über Quechua Sprecher und Sprecherinnen in Peru.* Wien: Wiener Universitätsverlag.

— (2003): "Einflussfaktoren auf Migrantensprachen", en: ERFURT, Jürgen (ed.): *Sprache, Mehrsprachigkeit und Migration als Gegenstand und Ressource sozialer Identifikationsprozesse.* Frankfurt: Peter Lang, 37-62.

— (2004a): "Sprache –Identität– Hybridität: Das Beispiel der Galicier/innen in Galicien und Argentinien", en: *Grenzgänge* 11, 115-149.

— (2004b): "Wandern durch sprachliche Räume. Sprache und Territorium am Beispiel der internen Migration in Peru", en: BORN, Joachim (ed.): *Peru zur Jahrtausendwende. Kultur, Bildung, Sprache, Musik und Kirche*. Dresden: Thelem, 77-102.

— (2005): "Der dritte Raum in der Sprache: Sprachliche Hybridisierung am Beispiel galicischer Migrant/inn/en in Buenos Aires", en: CICHON, Peter/CZERNILOFSKY, Barbara/TANZMEISTER, Robert/HÖNIGSPERGER, Astrid (eds.): *Entgrenzungen. Für eine Soziologie der Kommunikation*. Wien: Praesens, 354-376.

— (2006): *Migrationslinguistik. Akkulturation, Sprachverhalten und sprachliche Hybridität am Beispiel galicischer Migrant/inn/en*. Tesis de habilitación inédita. Universidad de Bremen.

GUILLAUMIN, Paul (2000): *La dimension ultrapériphérique de l'Union Européenne*. Paris: Mimeo.

GÜLICH, Elisabeth/KOTSCHI, Thomas (1985): "Reformulierungshandlungen als Mittel der Textkonstitution: Untersuchungen zu französischen Texten aus mündlicher Kommunikation", en: MOTSCH, Wolfgang (ed.): *Satz, Text, sprachliche Handlung*. Berlin: Akademie Verlag, 199-262.

GUMPERZ, John J./HYMES, D. (1972): *Directions in Sociolinguistics: The Ethnography of Communication*. New York: Holt, Rinehart and Winston.

GUMPERZ, John J./LEVINSON, Stephen. C. (eds.) (1996): *Rethinking Linguistic Relativity*. Cambridge: Cambridge University Press.

HALL, Stuart (1994): *Rassismus und kulturelle Identität*. Hamburg: Argument Verlag.

— (1996): "Who Needs Identity?", en: HALL, Stuart/DU GAY, Paul (eds.): *Questions of Cultural Identity*. London: Sage.

— (ed.) (1997): *Representation. Cultural Representation and Signifying Practices*. London: Sage.

HALWACHS, Maurice (1950): *La mémoire collective*. Paris: Presses Universitaires de France.

HANNERZ, Ulf (1992): *Cultural Complexity. Studies in the Social Organization of Meaning*. New York: Columbia University Press.

— (1998): *Conexiones transnacionales: cultura, gente, lugares*. Madrid: Frónesis/Cátedra.

— (2001): "Center-Periphery Relationships", en: SMELSER, Neil/BALTES, Paul (eds.): *International Encyclopedia of the Social and Behavioral Sciences*. Oxford: Elsevier, 513-519.

HANSEN, Klaus/CARLS, Uwe/LUCKO, Peter (1996): *Die Differenzierung des Englischen in nationale Varianten: Eine Einführung*. Berlin: Schmidt.

HARRÉ, Rom/VAN LANGEHOVEN, Luk (eds.) (1999): *Positioning Theory: Moral Contexts of Intentional Action*. Oxford: Blackwell.

HAUSENDORF, Heiko (2000): *Zugehörigkeit durch Sprache: Eine linguistische Studie am Beispiel der deutschen Wiedervereinigung*. Tübingen: Niemeyer.

HAUSENDORF, Heiko/KESSELHEIM, Wolfgang (2002): "The Communicative Construction of Group Relationships: A Basic Mechanism of Social Categorization", en: DUSZAK, Anna (ed.): *'Us and others'– Social Identities Across Languages, Discourses and Cultures*. Amsterdam: Benjamins, 265-289.

HECHTER, Michael (1975): *Internal colonialism. The celtic Fringe in british national Development, 1536-1966*. London: Routledge.

HERNÁNDEZ, José M. (2002): "Digital Information and Communication Technologies (ICTs), Opportunity for the Development of the Rural Collectivities in Ultraperipherical Regions of EU. The Case of the Canary Islands" en: http://www.keihannaplaza.co. jp/ictpi2002/proceedings/ProceedingsOfICTPI2002-0815-Rev.1.pdf [Tomado el 6.12.04].

HESTER, Stephen/EGLIN, Peter (1997): "Membership categorization analysis: An introduction", en: HESTER, Stephen/EGLIN, Peter (eds.): *Culture in action: Studies in Membership Categorization Analysis*. Washington D.C.: University Press of America, 1-24.

HESTER, Stephen/EGLIN, Peter/HOUSLEY, William (eds.) (2002): *Language, Interaction and National Identity: Studies in the Social Organisation of National Identity in Talk-in-Interaction*. Aldershot: Ashgate.

HILL, Jane H./HILL, Kenneth (1986): *Speaking Mexicano: Dynamics of Syncretic Language in Central Mexico*. Tucson: University of Arizona Press.

HINCHMAN, Lewis P./HINCHMAN, Sandra (eds.) (1997): *Memory, Identity, Community. The Idea of Narrative in the Human Sciences*. Albany: State University of New York Press.

HUMBOLDT, Guillermo de (1990): *Sobre el estudio comparado de la lenguas en relación con las diversas épocas de su evolución*. Madrid: Anthropos.

— (1991): *Escritos sobre el lenguaje*. Barcelona: Ediciones Península.

INSTITUTO CANARIO DE ESTADÍSTICA ISTAC (2004): Informes Anuales del Instituto Canario de Estadística 2000-2004. Santa Cruz de Tenerife: ISTAC.

JENKINS, Robert (1997): *Rethinking Ethnicity*. London: Sage.

KALLMEYER, Werner (1987): "Konversationsanalytische Beschreibung", in: Ammon, ULRICH/Dittmar, Norbert/Mattheier, Klaus (eds.): *Sociolinguistics: An International Handbook of the Science of Language and Society*. Bd. 2. Berlin: de Gruyter, 1095-1108.

KESSELHEIM, Wolfgang (2003): *Prozesse der Gruppenkonstitution: Die konversationelle Herstellung von Gruppen im aktuellen argentinischen Einwanderungsdiskurs*. Tesis de doctorado. Universidad de Bielefeld (Fakultät für Linguistik und Literaturwissenschaft).

KEUPP, Heiner/AHBE, Thomas/GMÜR, Wolfgang/HÖFER, Renate/MITZSCHERLICH, Beate/KRAUS, Wolfgang/STRAUS, Florian (2002): *Identitätskonstruktionen: das Patchwork der Identitäten in der Spätmoderne* Hamburg: Rowohlt.

KLEIN, Wolfgang (1980): "Argumentation und Argument", en: *Zeitschrift für Literaturwissenschaft und Linguistik* 38/39, 9-57.

KLOSS, Heinz (1978): *Die Entwicklung neuer germanischer Sprachkulturen*. Düsseldorf: Schwan.

KLUGE, Bettina (2005): *Identitätskonstitution im Gespräch. Südchilenische Migrantinnen in Santiago de Chile*. Madrid/Frankfurt: Iberoamericana/Vervuert

KOCH, Peter/OESTERREICHER, Wulf (1990): *Gesprochene Sprache in der Romania: Französisch, Italienisch, Spanisch*. Tübingen: Niemeyer.

KRAUS, Wolfgang (1996): *Das erzählte Selbst. Die narrative Konstruktion von Identität in der Spätmoderne*. Herbolzheim: Centaurus.

— (2000): "Identität als Narration: die narrative Konstruktion von Identitätsprojekten", en: *Psychologie und Posmoderne* 3, 1-9.

KREFELD, Thomas (2004): *Einführung in die Migrationslinguistik*. Tübingen: Gunter Narr.

KREFT, Ferdinand (2003): *Grundkonzepte der Kulturanthropologie*. Berlin: Dietrich Reimer Verlag.

LABOV, William (1983): *Modelos sociolingüísticos*. Madrid: Cátedra.

LABOV, William/WALETZKY, Joshua (1973): "Erzählanalyse: Mündliche Versionen persönliche Erfahrungen", en: IHWE, Jens (ed.): *Literaturwissenschaft und Linguistik*, Bd. 2. Frankfurt: Athenäum, 78-126.

LAFONT, Robert (1984): "Pour retrousser la diglossie", en: *Lengas* 15, 5-36

LAMBERT, Wallace E. (1977): "The Effects of Bilingualism on the Individual: Cognitive and Sociocultural Consequences", en: HORNBY, Peter A. (ed.): *Bilingualism: Psychological, social, and educational implications*. New York: Academic Press, 15-27.

LAMBERT, Wallace E. (1979): "Language as a Factor in Intergroup Relations", en: GILES, Howard/ST. CLAIR, Robert N. (eds.): *Language and Social Psychology*. Baltimore: University Park Press, 186-192.

LANGACKER, Roland (1987): *Foundations of Cognitive Grammar. Theoretical Prerequisites*. Vol. I. California: Stanford University Press.

LARA, Luis Fernando (1990): *Dimensiones de la lexicografía. A propósito del Diccionario del Español de México*. México D. F.: El Colegio de México.

— (1996): "Por una redefinición de la lexicografía hispánica", en: *Nueva Revista de Filología Hispánica* 64 (2), 345-364.

— (2004): *Lengua histórica y normatividad*. México: El Colegio de México.

— (2005): "Por una reconstrucción de la idea de la lengua española. Más allá de las fronteras instituidas", en: *Revista Internacional de Lingüística Iberoamericana* 6, 171-190.

LASH, Scott/URRY, John (1987): *The End of Organized Capitalism*. Madison: University of Wisconsin Press.

— (1994): *Economies of Sings and Space*. London: Sage.

LEBSANFT, Franz (1998): "Spanische Sprachkultur: Monozentrisch oder plurizentrisch?", en: GREULE, Albrecht/LEBSANFT, Franz (eds.): *Europäische Sprachkultur und Sprachpflege*. Tübingen: Akten des Regensburger Kolloquiums, 255-276.

— (2004): "Plurizentrische Sprachkultur in der spanischsprachigen Welt", en: GIL, Alberto/OSTHAUS, Dietmar/POLZIN-HAUMANN, Claudia (eds.): *Romanische Sprachwissenschaft, Festschrift für Christian Schmitt zum 60. Geburtstag*. Frankfurt: Peter Lang.

LE PAGE, Robert/TABOURET-KELLER, André (1985): *Acts of Identity. Creole-Based Approaches to Language and Ethnicity*. Cambridge: Cambridge Universtiy Press.

LÉVI Strauss, Claude (1994): "Anthropologies, Race, and Politics: A Conversation with Didier Eribon", en: BOROFSKY, Robert (ed.): *Assessing Cultural Anthropology*. New York: McGraw Hill, 412-427.

LOPE BLANCH, Juan M. (1986) *El estudio del español hablado culto: historia de un proyecto*. México D. F.: UNAM.

LÓPEZ AGUIAR, José F. (2001): "El hecho diferencial canario: ultraperiferificidad e insularidad", en: *Vector* 18, 77-85.

LÓPEZ MORALES, Humberto (1989): *Sociolingüística*. Madrid: Gredos.

LOUIS LENGRAND & ASSOCIÉS/SEMA GROUP SAE (España)/Instituto de engenharia desiste-mas e computadores do Porto (2001): *Estudio del impacto de las TIC en las regiones ultraperiféricas de la Unión Europea. Informes regionales: Islas Canarias.* (Contrato n° 20745).

LUCIUS-HOENE, Gabriele/DEPPERMANN, Arnulf (2004): *Rekonstruktion narrativer Identität: Ein Arbeitsbuch zur Analyse narrativer Interviews.* Wiesbaden: Verlag für Sozialwissenschaft.

LUDWIG, Ralph (1986): "Mündlichkeit und Schriftlichkeit. Felder der Forschung und Ansätze zu einer Merkmalsystematik im Französischen", en: *Romanistisches Jahrbuch* 37, 15-45.

LUENGO, Ana (2004): *La encrucijada de la memoria.* Berlin: Tranvía.

MACHADO CARRILLO, Antonio (1990): *Ecología, medio ambiente y desarrollo turístico en Canarias.* Santa Cruz de Tenerife: Centro de la Cultura Popular Canaria.

MALGENESI, Graciela/JIMÉNEZ, Carlos (2000): *Guía de conceptos sobre migraciones, racismo e interculturalidad.* Madrid: Catarata.

MARTÍN RUIZ, José F. (1987): *Canarias, entre el éxodo y la inmigración.* Santa Cruz de Tenerife. Cabildo Insular/Centro de la Cultura Popular Canaria.

MARTÍN ZORRAQUINO, María A. (1996): "Sociolinguistic Attitudes and Beliefs Towards Dialectal and Standard Varieties in la Franja de Aragón (Spain)", en: *Sociolingüística* 10, 131-144.

MATURANA, Humberto R. (1982): *Erkennen: Die Organisation und Verkörperung von Wirklichkeit. Ausgewählte Arbeiten zur biologischen Epistemologie.* Braunschweig/Wiesbaden: Vieweg.

MEAD, Herbert (1978): *Mind, Self and Society. From the Standpoint of a Social Behaviourist.* Chicago: The University of Chicago Press.

MEDINA LÓPEZ, Javier (1996): "La investigación lingüística sobre el español de Canarias", en: MEDINA LÓPEZ, Javier/CORBELLA DÍAZ, Dolores (eds.): *El español de Canarias hoy: análisis y perspectivas.* Madrid/Frankfurt: Iberoamericana/Vervuert, 9-48.

METIN, Mehmet (1999): *Ausländerstereotype in der Sprache.* Frankfurt/New York/Paris: Lang.

MEUTER, Norbert (1995): *Narrative Identität. Das Problem der personalen Identität im Anschluß an Ernst Tugendhat, Niklas Luhman und Paul Ricoeur.* Stuttgart: M&P Verlag.

MILROY, James (1992): *Linguistic variation and change: on the historical sociolinguistics of English.* Oxford: Basil Blackwell.

MILROY, James/MARGRAIN, Sue (1980): "Vernacular language loyalty and social network", en: *Language in Society* 9, 43-70.

MORALES, Javier (1996): *Análisis psicosocial del prejuicio.* Madrid: Síntesis.

MORENO DE ALBA, José G. (1993): "Dialectología y enseñanza del español como lengua extranjera", en: *Estudios de Lingüística Aplicada* 11 (cuaderno 17), México D. F.: UNAM, 7-17.

MORERA, MARCIAL (1990): *Lengua y colonia en Canarias.* La Laguna: Edición propia.

— (1995): *En defensa del habla canaria*. La Laguna: Academia Canaria de la Lengua.
— (1997): *Español de Canarias e identidad nacional*. Puerto del Rosario: Servicio Publicaciones Cabildo de Fuerteventura.
— (2002): "La identidad lingüística del canario", en: *Disenso. Revista Canaria de análisis y opinión* 32. Las Palmas de Gran Canaria/Santa Cruz de Tenerife: Sociedad de Estudios Canarias Crítica, 10-12.
— (2005): *El habla canaria en la Escuela*. Puerto del Rosario: Servicio Publicaciones Cabildo de Fuerteventura.
MORGENTHALER GARCÍA, Laura (2002): "Globalización lingüística y pérdida de identidad", en: *Disenso. Revista Canaria de análisis y opinión* 32. Las Palmas de Gran Canaria/Santa Cruz de Tenerife: Sociedad de Estudios Canarias Crítica, 7-9.
— (2007[a]): "Construcción y transgresión de límites grupales mediante posicionamiento en narraciones conversacionales", en: KLUGE, Bettina/MÜLLER, Andreas/SCHRADER-KNIFFKI, Martina (eds.): *Revista Internacional de Lingüística Iberoamericana* 9, ¿?
— (2007[b]): "Die Kanarischen Inseln: ein Paradies für transkulturelle Begegnungen? Eine soziolinguistische Annährung", en Sandten, Cecile/Schrader-Kniffki, Martina/Stark, Kathleen (eds.): *Transkulturelle Begegnungen Kritische Beiträge zum postkolonialen und transkulturellen Diskurs*. Trier: Wissenschaftlicher Verlag Trier.
NINYOLES, Rafael (1977): *Cuatro idiomas para un estado. El castellano y los conflictos lingüísticos en la España periférica*. Madrid: Ed. Cambio 16.
OBEDIENTE, Enrique (1999): "Identidad y dialecto: el caso de los Andes venezolanos", en: PERL, Matthias/PÖRTL, Klaus (eds.): *Identidad cultural y lingüística en Colombia, Venezuela y en el Caribe hispánico*. Tübingen: Niemeyer.
OESTERREICHER, Wulf (2001): "Plurizentrische Sprachkultur. Der Varietätenraum des Spanischen", en: *Romanistisches Jahrbuch* 5, 287-317.
— (2002): "El español, lengua pluricéntrica –perspectivas y límites de una autoafirmación lingüística nacional en Hispanoamérica. El caso mexicano", en: *Lexis. Revista de lingüística y literatura* 26, 275-304.
ORTEGA OJEDA, Gonzalo (1981): "El español hablado en Canarias: visión sociolingüística", en: *Revista de Filología de la Universidad de La Laguna* 0, 111-115.
ORTEGA OJEDA, Gonzalo/GONZÁLEZ Aguiar, M. Isabel (2002): *La competencia léxica de los hablantes canarios*. Islas Canarias: Academia Canaria de la Lengua, Cuadernos de dialectología.
POLKINGHORNE, Donald E. (1998): *Narrative Knowing and the Human Sciences*. Albany: State University of Albany Press.
PREBISCH, RAÚL (1949): *Estudio Económico de America Latina*. Buenos Aires: CEPAL.
QUASTHOFF, Uta (1980): *Erzählen in Gesprächen*. Tübingen: Narr.
REIMANN, Horst (1992): *Transkulturelle Kommunikation und Weltgesellschaft. Zur Theorie und Pragmatik globaler Interaktion*. Opladen: Westdeutscher Verlag.
RICOEUR, Paul (1991): *Zeit und Erzählung. Die erzählte Zeit*. Vol. 3. München: Fink.
ROBERTSON, Roland (1992): *Globalization: Social Theory and Global Culture*. London: Sage.
— (1998): "Glokalisierung: Homogenität und Heterogenität in Raum und Zeit", en: BECK, Ulrich (ed.): *Perspektiven der Weltgesellschaft*. Frankfurt: Suhrkamp, 192-220.

RODRÍGUEZ MARTÍN, José A. (2002): "Mundialización y territorialización: una visión desde Canarias", en: GARCÍA RODRÍGUEZ, José L. (ed): *Identidad y desarrollo local. Perspectivas de la globalización desde las Islas Canarias*. Santa Cruz de La Palma: Cabildo Insular de La Palma, 19-71.

RODRÍGUEZ TOMP, Rosa (2002): "La alteridad ayer y hoy. Una mirada a la identidad étnica a través del discurso de Manuel Castells", en: *Espiral, Estudios sobre Estado y Sociedad* 22, 225-250.

ROSENBLAT, Ángel (1977): "El castellano de España y el castellano de América. Unidad y diferenciación", en: *Sentido mágico de la palabra y otros estudios*. Caracas: Universidad de Venezuela, 97-128.

ROTH, Gerhard (1987): "Erkenntnis und Realität: Das reale Gehirn und seine Wirklichkeit", en: SCHMIDT, Siegfried (ed.): *Der Diskurs des Radikalen Konstruktivismus*. Frankfurt: Suhrkamp, 229-255.

— (1996): *Das Gehirn und seine Wirklichkeit: kognitive Neurobiologie und ihre philosophischen Konsequenzen*. Frankfurt: Suhrkamp.

— (2003): *Fühlen, Denken, Handeln: Wie das Gehirn unser Verhalten steuert*. Frankfurt: Suhrkamp.

ROYLE, Stephen (2001): *Geography Of Islands: Small Island Insularity*. London: Routledge.

SACKS, Harvey (1972): "On the Analizability of Stories by Children", en: GUMPERZ, John J./HYMES, D. (eds.): *Directions in Sociolinguistics: The Ethnography of Communication*. New York: Holt, Rinehart and Winston. 329-345.

SALVADOR, Gregorio (1992): *Política lingüística y sentido común*. Madrid: Istmo.

SAMPER PADILLA, José Antonio (1990): *Estudio sociolingüístico del español de Las Palmas de Gran Canaria*. Las Palmas de Gran Canaria: Caja Insular de Canarias.

SAMPSON, Edward. (1994): *Celebrating the Other. A Dialogic Account of Human Nature*. Boulder: Westview Press.

SÁNCHEZ LÓPEZ, Cristina (2000): "La negación", en: BOSQUE, Ignacio/DEMONTE, Violeta (eds.): *Gramática descriptiva de la lengua española*. Vol II. Madrid: Espasa, 2561-2634.

SAN JUAN, Esteban/ALMEIDA, Manuel (2005): "Teoría sociolingüística y red social: datos del español canario", en: *Revista Internacional de Lingüística Iberoamericana* 5, 133-150

SANTANA TALAVERA, Agustín (1994): "Encuentros turísticos: efectos de los estereotipos en los cambios socioculturales (Islas Canarias)", en: *Estudios y perspectivas en turismo* 3, 199-214.

— (1997): *Antropología y turismo. ¿Nuevas hordas, viejas culturas?* Barcelona: Ariel.

— (2003): "Patrimonios culturales y turistas: Unos leen lo que otros miran", en: *Revista de turismo y patrimonio cultural* 1 (1), 1-12.

SAPIR, Edward (1970): *Culture language and personality. Selected Essays*. California: University of California Press.

SCHMIDT, Siegfried J. (ed.) (1987): *Der Diskurs des Radikalen Konstruktivismus*. Frankfurt: Suhrkamp.

— (1992): *Der Kopf, die Welt, die Kunst. Konstruktivismus als Theorie und Praxis*. Wien: Böhlau

— (1995): "El constructivismo radical: un nuevo paradigma en el discurso interdiscipli-
nario", en: *Teoría/Crítica* 2, 37-83.

SCHÜTZE, Fritz (1987): *Das narrative Interview in Interaktionfeldstudien* I. Hagen: Fernu-
niversität.

SELTING, Margret/AUER, Peter/BARDEN, Birgit /BERGMANN, Jörg/COUPER-KUHLEN, Eliza-
beth/GÜNTHNER, Susanne/MEIER, CHRISTOPH/QUASTHOFF, Uta/SCHLOBINSKI,
Peter/UHMANN, Susanne (1998): "Gesprächsanalytische Transkriptionssytem (GAT)",
en: *Linguistische Berichte* 173, 179-198.

SERRANO, María J. (1994): *La variación sintáctica: Formas verbales del período hipotético en español.* Madrid: Enitema.

SOMMERS, Margaret R. (1994): "The Narrative Constitution of Identity: a Relational and
Network Approach", en: *Theory and Society* 23, 605-649.

STEWARDT, William (1972): "A Sociolinguistic Typology for Describing National Multi-
lingualism", en: FISHMAN, Joshua (ed.): *Readings in the Sociology of Language.*
Paris/The Hague: Mouton de Gruyter, 531-553.

STROSS, Brian (1999): "The Hybrid Metaphor: from Biology to Culture", en: *Journal of
American Folklore* 112, 254-267.

TAJFEL, Henri. (1984): *Grupos humanos y categorías sociales.* Barcelona: Herder.

TERRÉN, Eduardo (2001): "La conciencia de la diferencia étnica: identidad y distancia cultural en el discurso del profesorado", en: *Papers* 63/64, 83-101.

— (2002): "La etnicidad y sus formas: aproximación a un modelo complejo de pertenecia
étnica", en: *Papers* 66, 45-57.

THOMPSON, R. W. (1992): "Spanish as a Pluricentric Language", en: CLYNE, Michael.
(ed.): *Pluricentric Languages.* Berlin/New York: Mouton de Gruyter, 46-70.

TRUDGILL, Peter (1978): *Sociolinguistics Patterns in British English.* London: Edwuard
Arnold.

— (1983): *Sociolinguistics: an Introduction to Language and Society.* London: Sage.

— (1986): *Dialects in Contact.* Oxford: Basil Blackwell.

TRUDGILL, Peter/ANDERSON, Lars G. (1990): *Bad Language.* Oxford: Basil Blackwell.

TRUDGILL, Peter/CHAMBERS, J. K. (1998): *Dialectology.* Cambridge: Cambridge University Press.

TRUJILLO, Ramón (1981): "Algunas características de las hablas canarias", *en: Estudios
Colombinos*, 11-24.

— (1986): *Introducción a la semántica española.* Madrid: Arco.

— (2003): "El español de Canarias: política lingüística y enseñanza", en: DÍAZ ALAYÓN,
Carmen/MORERA, Marcial/ORTEGA, Gonzalo (eds.): *Estudios sobre el español de
Canarias* (I). Santa Cruz de Tenerife: Academia Canaria de la Lengua, 195-220.

TULVING, Endel. (2000): "Where in the Brain is the Awareness of one's Past?" en: SCHAC-
TER, Daniel L./SCARRY, Elaine (eds.): *Memory, Brain and Belief.* Cambridge: Harvard
University Press, 111-117.

VARELA, Francisco (1981): "Autonomy and Autopoiesis", en: ROTH, Gerhard/SCHWEGLER,
Helmut (eds.): *Self-organizing Systems: an Interdisciplinary Approach.* Frankfurt:
Lang, 14-23.

VILLENA PONSODA, José A. (1996): "Convergence and Divergence in a Standard-Dialect Continuum: Networks and Individuals in Málaga", en: *Sociolinguistica* 10, 112-137.

—— (1999): "Identidad y variación lingüística: Prestigio nacional y lealtad vernacular en el español hablado en Andalucía", en: BOSSONG, Georg/BÁEZ DE AGUILAR, Francisco (eds.): *Identidades lingüísticas en la España autonómica*. Madrid/Frankfurt: Iberoamericana/Vervuert, 107-150.

WALLERSTEIN, Immanuel (1983): *The Capitalist World-Economy*. Cambridge: Cambridge University Press.

—— (1991): *Geopolitics and Geocultures*. Cambridge: Cambridge University Press.

WELSCH, Wolfgang (1999): "Transculturality – The Puzzling Form of Cultures Today", en: LASH, Scott/FEATHERSTONE, Mike (eds.): *Spaces of Cultures: City, Nation, World*. London: Sage, 194-213.

WHORF, Benjamin L. (1940): "Science and Linguistics", en: *Technology Review* 42, 229-248.

WITZEL, Andreas (1982): *Verfahren der qualitativen Sozialforschung. Überblick und Alternativen*. Frankfurt/New York: Campus.

—— (2000): "Das Problemzentrierte Interview", en: *Forum Qualitativer Sozialforschung*. Revista On-Line. Dirección URL: http://qualitativeresearch.net/fqs [Tomado el 23.04.2002].

WÖLFEL, Dominik J. (1965): *Monumenta Linguae Canariae. Die kanarischen Sprachdenkmäler*. Graz: Akademische Druck und Verlagsanstalt.

WOOD, David (1991): *On Paul Ricoeur: Narrative and Interpretation*. London: Routledge.

WORCHEL, Stephen (ed.) (1998): *Social Identity: International Perspectives*. London: Sage.

WORTHAM, Stanton (2000): "Interactional Positioning and Narrative Self-Construction", en: *Narrative Inquiry* 10 (1), 157-184.

—— (2001): *Narratives in Action. A Strategy for Research and Analysis*. New York: Columbia University, Teachers College.

YANES MESA, Julio (1997): *Crisis económica y emigración en Canarias*. La Laguna: Centro de la Cultura Popular Canaria.

ZIMMERMANN, Klaus (1992a): *Sprachkontakt, ethnische Identität und Identitätsbeschädigung. Aspekte der Assimilation der Otomí-Indianer an die hispanophone mexikanischer Kultur*. Madrid/Frankfurt: Iberoamericana/Vervuert.

—— (1992b): "Diglosia y poliglosia", en: HOLTUS, Günter/MELTZETIN, Michael/SCHMIDT, Christian: *Lexikon der Romanistischen Linguistik*. Tübingen: Niemeyer.

—— (1999a): *Políticas del lenguaje y planificación para los pueblos amerindios*. Madrid/Frankfurt: Iberoamericana/Vervuert.

—— (1999b): "El problema de la relación entre lengua e identidad: el caso de Colombia (e Hispanoamérica)", en: PERL, Matthias/PÖRLT, Klaus (eds.): *Identidad cultural y lingüística en Colombia, Venezuela y en el Caribe hispánico*. Tübingen: Niemeyer, 221-232.

—— (2003): "Postkoloniale Migration, Jugend und Sprache in Frankreich", en: *Jugend und Immigration – Neue Romania* 27, 63-92.

—— (2004a): "Die Frage der Sprache hinter dem Sprechen: Was kann die Gehirnforschung dazu beitragen?", en: GRAUMANN, Andrea/HOLZ, Peter/PLÜMACHER, Martina (eds.):

Towards a Dynamic Theory of Language: A Festschrift for Wolfgang Wildgen on occasion of his 60ᵗʰ birthday. Bochum: Brockmeyer, 21-57.

— (2004[b]): "El contacto de las lenguas amerindias con el español en México", en: *Revista Internacional de Lingüística Iberoamericana* 4, 19-39.

— (2006[b]): "Política lingüística e identidad: una visión constructivista", en: MASSON, Peter/MÜHLSCHLEGEL, Ulrike/SÜSELBECK, Kirsten (eds.): *Políticas de regulación del plurilingüismo: relaciones entre lengua, nación, identidad y poder en España, Hispanoamérica y Estados Unidos*. Madrid/Frankfurt: Iberoamericana/Vervuert (en prensa).

— (2007): "La selección de una variedad nacional como variedad principal para la enseñanza del español como lengua extranjera: Problemas de la política lingüística de lenguas extranjeras y de la política lingüística exterior en el Mundo Hispánico", en: GARCÍA LANDA/TERBORG, Roland (eds.): *Los retos de la planificación del lenguaje en el siglo XXI*, México D. F.: UNAM, 565-590.

13. ANEXOS

13.1. DATOS DEL TRABAJO DE CAMPO

TABLA 14

**Relación completa de 23 mujeres entrevistadas por edad, nivel sociocultural
e isla de procedencia**

Hablante Código	Edad	Nivel sociocultural	Isla de procedencia	Transcripción
Noelia M03/1	18-35	Medio-alto	Tenerife	Partes
Haridián M03/2	18-35	Medio	Tenerife	Completa
Gloria M03/3	18-35	Medio-bajo	Tenerife	Completa
Rosa M03/4	18-35	Medio	La Palma	Partes
Yolanda M03/5	18-35	Medio	La Gomera	Completa
Yasmina M03/6	18-35	Medio-alto	Tenerife	Partes
Guacimara S04/1	18-35	Medio-alto	Gran Canaria	Partes
Carolina S04/2	18-35	Medio	Gran Canaria	Sin transcribir
Lola M03/7	35-55	Medio-alto	La Gomera	Completa
Luisa M03/8	35-55	Medio	Lanzarote	Completa

TABLA 14 (Cont.)

Hablante Código	Edad	Nivel sociocultural	Isla de procedencia	Transcripción
Amada M03/9	35-55	Medio-bajo	Tenerife	Partes
Nieves M03/10	35-55	Medio-bajo	Tenerife	Sin transcribir
Olga S04/3	35-55	Medio	Gran Canaria	Partes
Pino S04/4	35-55	Medio-bajo	Gran Canaria	Partes
Mari Nieves M03/11	35-55	Medio-alto	Tenerife	Completa
Carmita M03/12	55-85	Medio	Tenerife	Casi completa
María M03/13	55-85	Medio-bajo	Tenerife	Partes
Estefanía M03/14	55-85	Medo-bajo	Tenerife	Casi completa
Candelaria M03/15	55-85	Medio-bajo	La Gomera	Partes
Mirta M03/16	55-85	Medio	La Palma	Sin transcribir
Remedios S04/5	55-85	Medio-alto	Gran Canaria	Completa
Carmela S04/6	55-85	Medio-bajo	Gran Canaria	Sin transcribir

TABLA 15
Relación completa de 21 hombres entrevistados por edad, nivel sociocultural e isla de procedencia

Hablante Código	Edad	Nivel sociocultural	Isla de procedencia	Transcripción
Óscar M03/17	18-35	Medio-alto	Gran Canaria	Completa
Pedro M04/18	18-35	Medio-bajo	Tenerife	Completa
Israel M04/19	18-35	Medio-alto	Gran Canaria	Completa
Yeray M04/20	18-35	Medio-alto	Tenerife	Partes
Jonay M03/21	18-35	Medio-bajo	La Palma	Partes
Norberto M03/22	18-35	Medio–bajo	Tenerife	Partes
Pablo S04/6	18-35	Medio	Gran Canaria	Completa
Jorge M03/23	35-55	Medio-alto	La Gomera	Completa
Peraza M03/24	35-55	Medio	Tenerife	Partes
José Luis M03/25	35-55	Medio-bajo	La Gomera	Partes
Jose M03/26	35-55	Medio	Tenerife	Partes
Tomás S04/7	35-55	Medio-alto	Lanzarote	Completa
Eduardo S04/9	35-55	Medio-alto	Gran Canaria	Casi completa
Jaime S04/10	35-55	Medio	Fuerteventura	Partes

TABLA 15 (Cont.)

Hablante Código	Edad	Nivel sociocultural	Isla de procedencia	Transcripción
Vicente M03/27		55-85	Medio-bajo	Tenerife Partes
Gonzalo M03/28	55-85	Medio	Tenerife	Completa
Andrés M03/29	55-85	Medio	Tenerife	Completa
Antonio M03/30	55-85	Medio-bajo	La Palma	Sin transcribir
Isidro M03/28	55-85	Medio	Tenerife	Sin transcribir

TABLA 16
Entrevistas grupales y conversaciones naturales

Hablantes Código	Núm. de hablantes	Isla de procedencia	Transcripción
Teo y Paloma M03/27	2	Tenerife	Partes
Mari y Yurena M/03/28	2	Tenerife	Casi Completa
Luis y Alberto M/03/29	2	Tenerife	Sin trasncribir
Carmen y Roberto M03/30	2	Tenerife-La Palma	Completa
Arón y Soraya S04/31	2	Gran Canaria	Casi Completa
Ofelia y Cándido S04/32	2	Gran Canaria	Partes
Entrevista Grupo en CFP1 M03/31	6	Tenerife	Partes
Conversación en la Oficina M03/32	8	Tenerife	Casi completa
Conversación en el invernadero 1M03/33	5	Tenerife, La Palma, La Gomera	Partes

13.2. SÍMBOLOS DE TRANSCRIPCIÓN UTILIZADOS SIGUIENDO EL SISTEMA GAT

( )	transcripción insegura.
(XX)	sílaba no identificable, X por sílaba
(( ))	comentario transcriptora
@	risa
((bajo))	comentario acerca del tono de voz
>CITA:<	repetición de estilo directo
COsas:	mayúscula: acentuación
co:sas:	estiramiento de la vocal
cos-	ruptura de una palabra o frase
[ ]	los hablantes se interrumpen, hablan a la vez
=	cambio rápido sin pausa perceptible
&	cambio rápido del turno de palabra
,	pequena pausa
..	pausa media (hasta 0,5 segundos)
...	pausa larga (de 0,5 a 1)
\	entonación descendente
/	entonación ascendente

Rasgos dialectales transcritos:

h	aspiración de /s/ implosiva y de la velar tensa /x/: h
gg	repetición de dos consonantes; tensión articulatoria de las oclusivas /b/ /d/ /g/ /y/ en algunos casos de la sonora /k/, en los hablantes de Gran Canaria
s	seseo de la interdental fricativa /c/

La /ch/ adherente así como el yeísmo no han sido transcritos, para no dificultar en demasía la lectura.